REVISTA TRIMESTRAL DE

DIREITO PÚBLICO

42/2003

MALHEIROS EDITORES

Revista Trimestral de Direito Público

RTDP
Publicação trimestral de
MALHEIROS EDITORES LTDA.
Rua Paes de Araújo, 29, cj. 171
CEP 04531-940 - São Paulo, SP - Brasil
Tel.: (011) 3078-7205 - Fax.: (011) 3168-5495
Diretor responsável: Álvaro Malheiros
Diretora: Suzana Fleury Malheiros

Assinaturas e comercialização:
CATAVENTO DISTRIBUIDORA DE LIVROS S.A.
Rua Conselheiro Ramalho, 928
CEP 01325-000 - São Paulo, SP - Brasil
Tel.: (011) 3289-0811 - Fax.: (011) 3251-3756
Supervisão Gráfica: Vânia Lúcia Amato
Editoração Eletrônica: Letra por Letra Studio

SUMÁRIO

DOUTRINA

CORREÇÃO DE PROVA DE CONCURSO PÚBLICO E CONTROLE JURISDICIONAL 5
— Almiro do Couto e Silva

SERVIÇO POSTAL E ATIVIDADE ECONÔMICA 19
— Celso Antônio Bandeira de Mello

RESPONSABILIDADE CIVIL OBJETIVA POR DANO AMBIENTAL COM BASE NO RISCO CRIADO 29
— Toshio Mukai

OBSERVÂNCIA DO DEVIDO PROCESSO LEGAL PELO TRIBUNAL DE CONTAS 34
— Adilson Abreu Dallari

A CONSTITUIÇÃO E O MEIO AMBIENTE – ALGUNS PRINCÍPIOS APLICÁVEIS À MATÉRIA E CERTOS TEMAS CORRELATOS 40
— Marcelo Figueiredo

ALGUMAS ANOTAÇÕES A RESPEITO DO CONTEÚDO E POSSÍVEL EFICÁCIA DO DIREITO À MORADIA NA CONSTITUIÇÃO DE 1988 55
— Ingo Wolfgang Sarlet

REFLEXÕES SOBRE A PRESTAÇÃO DE SERVIÇOS PÚBLICOS POR ENTIDADES DO TERCEIRO SETOR 90
— Vladimir da Rocha França

CONTROLE DIFUSO E CONCENTRADO DE CONSTITUCIONALIDADE 105
— José Rubens Costa

PARECERES

BENS PERTENCENTES A EMPRESAS ESTATAIS PRESTADORAS DE SERVIÇOS PÚBLICOS – REGIME JURÍDICO A QUE SE SUJEITAM ESSAS EMPRESAS – USO DESSES BENS POR PARTICULARES: PERMISSÃO DE USO OU LOCAÇÃO? 115
— Eros Roberto Grau

RECOMPOSIÇÃO DO EQUILÍBRIO ECONÔMICO-FINANCEIRO DA CONCESSÃO DE DISTRIBUIÇÃO DE ENERGIA ELÉTRICA 126
— Carlos Ari Sundfeld

PECULIARIDADES DO CONTRATO DE ARRENDAMENTO PORTUÁRIO 142
—FLORIANO DE AZEVEDO MARQUES NETO e FÁBIO BARBALHO LEITE

ESTUDOS E COMENTÁRIOS

JUROS BANCÁRIOS: REFLEXÕES JURÍDICO-CONSTITUCIONAIS SOBRE O EMBATE DIALÉTICO QUE O TEMA SUSCITA 165
— FRANCISCO PINTO RABELLO FILHO

A LESÃO À ORDEM PÚBLICA COMO FUNDAMENTO DE SUSPENSÃO DOS EFEITOS DE MEDIDA LIMINAR E DE SENTENÇA 201
— JOSÉ ANACLETO ABDUCH SANTOS

PUNIÇÃO ELEITORAL COMO IMPEDIMENTO À PARTICIPAÇÃO EM LICITAÇÕES 208
— CHRISTIANNE DE CARVALHO STROPPA

FUNÇÃO ADMINISTRATIVA - II 220
— RICARDO MARCONDES MARTINS

ÂMBITO DE VALIDADE DA LEI DE PROCESSO ADMINISTRATIVO (LEI 9.784/1999) - PARA ALÉM DA ADMINISTRAÇÃO FEDERAL Uma Proposta de Interpretação conforme a Constituição de seu Art. 1º 251
— BERNARDO STROBEL GUIMARÃES

DOUTRINA

CORREÇÃO DE PROVA DE CONCURSO PÚBLICO E CONTROLE JURISDICIONAL

ALMIRO DO COUTO E SILVA

Professor de Direito Administrativo do Curso de Pós-Graduação em Direito da UFRGS

1. A orientação tradicional da jurisprudência. 2. Critérios de correção de provas e poder discricionário. 3. Discricionariedade e conceitos jurídicos indeterminados. 4. Conclusão.

1. A orientação tradicional da jurisprudência

Está consolidada, já há algum tempo, na jurisprudência brasileira a orientação dominante no sentido de que não cabe ao Poder Judiciário examinar os critérios adotados pela Administração Pública na correção de provas dos concursos que realiza, para a admissão de seus servidores. Geralmente afirmam as decisões dos nossos Tribunais, quando enfrentam essa matéria, que não lhes é dado substituir os juízos ou valorações feitos pelos órgãos administrativos competentes pelos seus próprios juízos ou valorações. Tratar-se-ia, portanto, de uma área de desempenho da função administrativa jurisdicionalmente insindicável.

A fundamentação jurídica para essa conclusão estaria em que o juízo sobre o acerto ou o desacerto de questões formuladas em prova de concurso público, a correção ou incorreção de respostas dadas pelos candidatos, quando comparadas com o gabarito oficial, seria matéria que diria respeito ao mérito dos atos administrativos.

Em outras palavras, todas essas indagações estariam relacionadas com a discricionariedade administrativa, campo ao qual jamais se permitiu que o Poder Judiciário tivesse acesso, pois, do contrário, restaria violado o princípio da separação das funções do Estado. O controle judicial dos procedimentos de concurso público ficaria restrito, assim, a aspectos formais e ao exame da observância do princípio da igualdade, no que tange ao tratamento dispensado aos candidatos.[1] É equivocado afirmar-se, entretanto,

1. Assim tem-se pronunciado o STF, como se pode ver do acórdão proferido pela 2ª Turma, rel. Min. Carlos Velloso, no RE 140.242, com remissões aos precedentes jurisprudenciais do próprio STF e do antigo TFR (*RDA* 210/280). No mesmo sentido o STJ: MS 288, rel. Min. Carlos Velloso,

como logo se verá, que esses limites à investigação judicial decorreriam da impossibilidade, que lhe é reconhecida, de penetrar ou se imiscuir nas razões de conveniência ou oportunidade da ação administrativa, de que só tem sentido falar-se quando estamos diante de atos administrativos que expressam exercício de poder discricionário.

2. *Critérios de correção de provas e poder discricionário*

Nos atos discricionários, como é sabido, tem o agente público competente a faculdade de escolher, pelo menos, entre duas alternativas juridicamente possíveis, cabendo-lhe ordinariamente decidir sobre o "se" e o "como" da providência, desde que conveniente ao interesse público.

Se quisermos arrumar essa situação numa estrutura silogística, teremos, num exemplo: se ocorrer "A", pode ocorrer "B" ou "C". Nesse esquema, "A", que é o fato previsto na norma, é certo e determinado, competindo à Administração, caso queira realizar ato administrativo,[2] escolher entre "B" ou "C". Cabe observar, porém, que as alternativas que as normas jurídicas deixam à escolha da autoridade administrativa, quando lhes conferem poder discricionário, podem ser em menor ou maior número. A escolha pode, assim, dizer respeito só a "B" ou "C", como no exemplo dado, que é a hipótese mínima; mas poderá também ser concernente a "B", "C", "D", "E"... até, digamos, "Z", ou apenas até "F" ou "H", variando o número de escolhas possíveis conforme a extensão da área de discricionariedade legalmente instituída.

O que é típico dos atos de exercício de poder discricionário é que qualquer uma das alternativas que se inserem no espaço marcado pela lei é igualmente legítima e, pois, incensurável quando confrontada com o princípio da legalidade. Ilustremos isso com um exemplo: na nomeação de magistrado para provimento de vaga em tribunal reservada ao chamado "quinto constitucional" tem o chefe do Poder Executivo competente o poder discricionário de escolher qualquer um dos nomes constantes da lista tríplice que lhe foi encaminhada e que preencha os pressupostos constitucionais e legais.[3] Seja qual for a pessoa nomeada, o ato administrativo respectivo será perfeitamente válido. O juízo que a Administração Pública exerce, e que se materializa na escolha do magistrado, é, aí, um juízo de conveniência, que, juntamente com o juízo sobre a oportunidade, está intimamente relacionado com o "mérito" do ato administrativo – território em que não se pode imiscuir a atividade jurisdicional.

Examinados os atos administrativos de correção de provas de concurso público à luz dessas noções pertinentes à discricionariedade administrativa, que são hoje univer-

DJU 25.6.1990, p. 6.016; MS 3.596, rel. Min. Peçanha Martins, *DJU* 19.12.1994, p. 35.223. Mais recentemente, sintetizando o pensamento do Tribunal, é expressivo o acórdão proferido, por unanimidade, pela 3ª Seção, rel. Min. Jorge Scartezzini, em cuja ementa se lê: "Consoante reiterada orientação deste Tribunal, não compete ao Poder Judiciário apreciar os critérios utilizados pela Administração na formulação, correção e atribuição de notas nas provas de concurso público (cf. RMS ns. 5.988-PA e 8.067-MG, entre outros)" (*DJU* 17.3.2003, p. 218). Também: TJRS, 3ª C. Cível, Ap. 596049932 e Ap. 595038910, rel. Des. Araken de Assis.

2. Atos administrativos em que a discrição do agente se limita à escolha entre praticar ou não praticar o ato, chama-os Ruy Cirne Lima de "atos administrativos facultativos" (*Princípios de Direito Administrativo*, São Paulo, Ed. RT, 1982, p. 91). A doutrina alemã denomina tal discricionariedade de "discricionariedade quanto à decisão" (*Entschliessungsermessen*), enquanto a discricionariedade que concerne à eleição das providências ou medidas possíveis é designada como "discricionariedade quanto à escolha" (*Auswahlermessen*). Sobre isso: Hartmut Maurer, *Allgemeines Verwaltungsrecht*, 12ª ed., Munique, C. H. Beck, 1999, p. 124. V. também nosso "Poder discricionário no direito administrativo brasileiro", *RDA* 179/57.

3. CF, art. 94 e parágrafo único.

salmente reconhecidas, caberá indagar, inicialmente, se terá a banca ou comissão examinadora o poder de considerar certa uma resposta que seja errada, ou vice-versa, como se ambas as alternativas – a certa e a errada – valessem o mesmo juridicamente, repousando a escolha de uma ou outra apenas num juízo de pura conveniência. Se afirmativa a conclusão, estaremos diante de ato administrativo que expressa exercício de poder discricionário, pois tanto a resposta certa como a errada são possíveis, sob o aspecto jurídico, e estão, pois, em conformidade com a lei.

Sucede, porém, que nas provas chamadas "objetivas", feitas geralmente pelo método de múltipla escolha, pede-se que o candidato assinale a resposta certa ou a resposta errada. O certo ou o errado será aferido pelo confronto da resposta com o estado atual das ciências, da técnica ou das artes, conforme a área de conhecimento em que tais provas se situam. O gabarito oficial deverá espelhar com fidelidade essa situação, indicando como alternativa certa a que assim for considerada pelo estado atual das ciências, da técnica ou das artes. Se a resposta em conformidade com o gabarito oficial é a considerada certa, a que a ele não se ajustar é tida como errada. É tudo ou nada; não há meio-termo, pois não há qualquer espaço para avaliação das respostas por critérios subjetivos, não sendo também necessário comparar as provas entre si. A comparação é apenas com o gabarito.

Nas provas chamadas "dissertativas" o problema muda de feição. Dilata-se substancialmente, nessa hipótese, a margem de subjetivismo da avaliação. Geralmente, nessa espécie de provas, a avaliação final leva em consideração as dissertações feitas pelos demais candidatos, identificando-se a melhor prova para, a partir daí, escalonarem-se as demais. Já se vê que, nesses casos, a substituição do juízo de quem conferiu grau à prova pelo juízo de outra pessoa pressuporia que esta última realizasse também a análise das provas prestadas pelos demais candidatos. Bem se percebe, portanto, que haverá diferença, no tocante ao controle jurisdicional dos critérios de correção, entre as duas espécies de prova aqui examinadas.

No tocante às provas dissertativas existirá, necessariamente, na generalidade dos casos, um espaço, margem ou "área de apreciação" de que goza a Administração Pública – área que, em princípio, não existe quando se trata de prova dita objetiva. O reconhecimento da existência de uma "área de apreciação" quer significar que o controle jurisdicional, em tais situações, é *limitado* – o que vale dizer que o juiz não poderá substituir os critérios de correção adotados pela banca ou comissão examinadora pelos seus próprios critérios, desde que aqueles se mostrem razoáveis.

No que diz, porém, com as provas objetivas, em que não há necessidade de estabelecer comparações com as provas dos demais candidatos, apenas o que caberá verificar é se a resposta indicada como certa no gabarito é realmente correta, em face do estado atual das ciências, da técnica ou das artes. *Resposta certa* e *resposta errada* não são intercambiáveis, não têm ambas a mesma significação jurídica. Evidenciado que a resposta é efetivamente incorreta, elimina-se tal resposta como alternativa possível a ser escolhida pela Administração Pública. E, não havendo alternativa de escolha, não há, evidentemente, possibilidade de exercício de poder discricionário e não há, também, que falar em mérito do ato administrativo, conceito indissociavelmente ligado ao de conveniência e oportunidade da ação administrativa.

Assim, referentemente ao controle judicial dos critérios de correção de provas de concurso público, será forçoso concluir que não se trata propriamente de interferir no mérito dos atos administrativos, para analisar sua conveniência ou oportunidade.

Na verdade, não se questiona que a resposta reputada como correta no gabarito é, ou não, mais conveniente para o interesse público, e muito menos se cogita, evidentemente, de oportunidade, da escolha do momento em que se deve fazer presente a atuação do Poder Público.

O que se coloca sobretudo em debate, nessas hipóteses, é se as respostas "X" ou "Y", consideradas como certas pelos padrões da banca ou comissão examinadora do concurso público, são efetivamente corretas em face do estado atual das ciências, da técnica ou das artes, do ramo ou da área – enfim, do saber e da cultura em que se insere a prova.

3. Discricionariedade e conceitos jurídicos indeterminados

Já se vê que o problema proposto escapa do campo da discricionariedade para se situar adequadamente no da aplicação de "conceitos jurídicos indeterminados", como entendem a doutrina e a jurisprudência alemãs contemporâneas, ou na impropriamente chamada "discricionariedade técnica", do Direito Italiano.

Não se controverte, como observado, sobre conveniência ou oportunidade de ato administrativo, nem sobre escolha entre distintas conseqüências jurídicas, todas possíveis dentro do quadro normativo – o que é, como já dissemos, típico dos atos discricionários.

Está em debate o enquadramento de uma resposta, versando sobre afirmativa de caráter científico, técnico ou artístico, em conceito contido em norma de concurso público que exigia que tal resposta fosse correta em face do estabelecido pelo estado atual das ciências, da técnica e das artes.

Terá a banca ou comissão examinadora, por exemplo, o poder de afirmar, sem possibilidade de reexame pelo Judiciário, que a teoria da relatividade foi concebida por Galileu, e não por Einstein, que o anteprojeto que se transformou no Código Civil Brasileiro de 1916 foi o de Teixeira de Freitas, e não o de Clóvis Beviláqua, que Chopin compôs a *9ª Sinfonia*, que José de Alencar foi o autor de *Quincas Borba* ou, ainda, que 2 + 2 são 5, que as regras sobre prescrição das pretensões de direito privado são de direito processual, e não de direito material, ou que a constatação da existência do bacilo de Koch serve ao diagnóstico da sífilis?

Terá, em suma, o poder de transformar o branco em preto, o quadrado em redondo, e de fazer do falso o verdadeiro, e vice-versa?

Caso se diga que sim, que a banca ou comissão examinadora tem esse poder, desde que assegurado tratamento igual para todos os candidatos, por certo se estará asseverando, implicitamente, que, ao proceder desse modo, não estará causando a autoridade administrativa qualquer lesão a direito individual, sendo impertinente, nesse contexto, a invocação do art. 5º, XXXV, da CF ou de qualquer outro princípio ou regra constitucional, muito especialmente os que se referem à Administração Pública, relacionados no art. 37, onde estão consignadas as normas atinentes ao acesso aos cargos, funções e empregos públicos, ou até mesmo do princípio maior, do Estado de Direito, proclamado no art. 1º da Constituição da República.

As indagações antes feitas poderiam ainda ser desdobradas em outras, da máxima relevância para a Teoria Geral do Direito, como as que a seguir se formulam: estando os conceitos indeterminados contidos em normas jurídicas, será admissível que o Poder Judiciário se recuse a apurar a correta aplicação dessas normas só porque elas são enunciadas em termos vagos (por exemplo, em cláusulas gerais), ou porque os aplicadores de tais regras são órgãos que exercem uma outra função do Estado, a função administrativa, comumente desempenhada pelo Poder Executivo?

Na hipótese de se afirmar, entretanto, que existe controle do Poder Judiciário sobre os atos da Administração que apliquem conceitos jurídicos indeterminados, será de se perquirir, então, se esse controle é (a) pleno ou total, embora o Judiciário possa manter o ato administrativo por entendê-lo razoável ou plausível, ou se (b) será, de regra, limitado, só se efetivando quando existir erro manifesto de apreciação, como no Direito Francês, ou, até mesmo, nem sequer nesta última hipótese.

A tentativa de esclarecimento das dúvidas e de eliminação das inquietações que essas questões provocam deve começar pela elucidação das diferenças entre os atos administrativos que expressam exercício de poder discricionário e os atos administrativos que aplicam conceitos jurídicos indeterminados, ou entre a verdadeira discricionariedade e a "discricionariedade técnica", que só impropriamente pode ser qualificada como discricionariedade.

Por muito tempo pensou-se que essas duas categorias de ato administrativo fossem a mesma coisa, sendo ambas tratadas com formas da discricionariedade. E até hoje em alguns sistemas jurídicos – como o francês e o nosso – a orientação francamente dominante é a de englobar os atos administrativos de aplicação de conceitos jurídicos indeterminados na categoria dos atos administrativos de exercício de poder discricionário.[4]

A elaboração do conceito de "discricionariedade técnica", que é largamente usado no direito administrativo italiano, muito contribuiu para separar ambas as espécies de atos administrativos – os de exercício de poder discricionário e os de aplicação de conceitos jurídicos indeterminados.

A expressão "discricionariedade técnica" tem pertinência com aquelas decisões tomadas pelo administrador ao ter de se manifestar, pela via do ato administrativo, sobre questões de natureza científica, técnica ou artística, a respeito das quais pode haver multiplicidade de opiniões, cuja correção ou incorreção muitas vezes são de difícil verificação, em razão do elevado grau de abstração das proposições, regras e conceitos envolvidos.

Há mais de 100 anos, em 1886, escrevendo precisamente sobre a chamada "discricionariedade técnica", em um livro clássico na história do direito administrativo – *Rechtsprechung und materielle Rechtskraft* (*Jurisprudência e Força Jurídica Material*) –, o jurista austríaco Edmund Bernatzik concluía que nesses casos se tornava impossível o controle jurisdicional. Contudo, advertia que as "conclusões dos *experts* não dependiam de sua vontade, mas eram condicionadas pelas regras da ciência e da arte, sendo certamente impugnável a opinião que manifestamente contrariasse essas regras".[5]

Não é aqui a ocasião de descrever o caminho percorrido pela Ciência Jurídica de expressão alemã para distinguir entre atos

4. Cf., no Direito Brasileiro, Diogo de Figueiredo Moreira Neto, no seu excelente ensaio sobre *Legitimidade e Discricionariedade*, Rio de Janeiro, Forense, 1991; Celso Antônio Bandeira de Mello, *Discricionariedade e Controle Jurisdicional*, São Paulo, Malheiros Editores, 1991 – que reconduz ao conceito de discricionariedade tanto aquelas situações em que a norma haja descrito de modo impreciso a situação fática (o que caracterizaria os conceitos jurídicos indeterminados) quanto aquelas em que a norma tenha aberto ao agente público alternativas de conduta (discricionariedade propriamente dita), "seja (a) quanto a expedir ou não expedir o ato, seja (b) por caber-lhe apreciar a oportunidade adequada para tanto, seja (c) por lhe conferir liberdade quanto à forma jurídica que revestirá o ato, seja (d) por lhe haver sido atribuída competência para resolver sobre qual será a medida satisfatória perante as circunstâncias" (p. 19). Também nessa linha Maria Sylvia Zanella Di Pietro, *Discricionariedade Administrativa na Constituição de 1988*, São Paulo, Atlas, 1991, ao entender como hipótese de discricionariedade a relacionada com a aplicação de conceitos jurídicos indeterminados (p. 46). Aceitando essa posição, mas não inteiramente, por último, Marcelo Harger, "A discricionariedade e os conceitos jurídicos indeterminados", *RT* 756/33.

5. "Die Schlüsse der Sachvertändigen hängen nicht vom ihren Belieben ab, sondern sind durch die Regel der Wissenchaft oder Kunst bedingt; ein Gutachten, das diesesen Regel offenbar wiederspricht, ist gewiss anfechtbar" (Scientia Allen, 1964, reprodução fotomecânica da edição de 1886, Viena, p. 44, nota 7).

administrativos discricionários e atos administrativos de aplicação de conceitos jurídicos indeterminados.[6] Bastará registrar o atual *status quaestionis*, com a observação da importância que ela adquiriu, por influência do Direito Germânico, no direito administrativo espanhol, notadamente pela obra de García de Enterría e Tomás-Ramón Fernández,[7] e no direito administrativo português,[8] com reflexos também no direito administrativo brasileiro.

Embora a discussão fosse antiga, por volta da metade do século XX é que passaram os administrativistas germânicos, ou de expressão alemã, a estabelecer habitualmente a distinção entre atos administrativos de exercício de poder discricionário e atos administrativos de aplicação de conceitos jurídicos indeterminados. Enquanto nos primeiros, como já se realçou, a faculdade de escolha que tem o agente se refere à própria ação administrativa ou à conseqüência jurídica, nos últimos a questão se transfere para a subsunção do fato na norma enunciada em termos vagos, elásticos, imprecisos, pela utilização de conceitos indeterminados.[9]

Nesse contexto é sempre lembrada a famosa imagem cunhada por Philipp Heck,[10] que distinguia, nos conceitos jurídicos indeterminados, um *núcleo* perfeitamente nítido, em que a subsunção dos fatos se realizava sem maiores discussões, e um *halo* dentro do qual a subsunção seria feita sempre com maior dificuldade, ou com maiores dúvidas, à medida que se afastava do núcleo central, até chegar-se numa zona em que todos concordariam que os fatos ali situados não mais seriam subsumíveis no conceito.

Bernatzik, com outras palavras, de algum modo já dissera isso ao observar que, se alguém afirmasse que o céu era sempre vermelho, teria a repulsa ou a contestação de todos quanto ouvissem tal assertiva, muito dos quais talvez chamassem o autor daquela afirmação de cego ou de louco. Mas em outras matérias as opiniões não seriam assim uniformes. À afirmação de que tal comida era ruim, ou que determinada música era tediosa, ou que certa melodia era banal, a reação das pessoas poderia ser de aprovação por uns e de oposição por outros, não se chegando jamais a consenso. Quem estaria certo? Quem estaria errado? Algo semelhante acontece na vida jurídica – concluía o jurista austríaco.[11]

Daí tirava ele a ilação de que em questões técnicas, como muito freqüentemente não se poderia desde logo saber qual a opinião que seria certa ou errada, tornava-se impossível o controle jurisdicional.

A crítica que se pode fazer a Bernatzik é a de ter comparado questões sobre o gosto das pessoas, em que uma imensa margem de subjetivismo é ineliminável – como

6. V., sobre a evolução histórica: Horst Emcke, *"Ermessen" und "Unbestimmter Rechtsbegriff" im Verwaltungsrecht*, Tübingen, J. C. B. Mohr, 1960, pp. 7 e ss.; António Francisco de Souza, *"Conceitos Indeterminados" no Direito Administrativo*, Coimbra, Livraria Almedina, 1994, pp. 34 e ss. Também, ainda que de forma muito sumária, Almiro do Couto e Silva, "Poder discricionário no direito administrativo brasileiro", cit., *RDA* 179/57.

7. García de Enterría e Tomás-Ramón Fernández, *Curso de Derecho Administrativo*, Madrid, Civitas, 2002, pp. 459 e ss.

8. V., por exemplo: José Manuel Sérvulo Corrêa, *Legalidade e Autonomia Contratual nos Contratos Administrativos*, Coimbra, Livraria Almedina, 1987, pp. 331 e ss.; António Francisco de Sousa, *"Conceitos Indeterminados" no Direito Administrativo*, cit., *passim*, mas especialmente pp. 205 e ss.

9. V., além de Hartmut Maurer (*Allgemeines Verwaltungsrecht*, cit., 12ª ed., pp. 132 e ss., e *Elementos de Direito Administrativo Alemão*, trad. de Luís Afonso Heck, Porto Alegre, Sérgio Antônio Fabris, 2000, pp. 54 e ss.), Fritz Ossenbühl, in Hans-Uwe Erichsen, *Allgemeines Verwaltungsrecht*, Berlim/Nova York, 1995, pp. 194 e ss.; Hans Julius Wolff/Otto Bachof/Rolf Stober, *Verwaltungsrecht I*, Munique, C. H. Beck, 1994, pp. 365 e ss.

10. Phlipp Heck, "Gesetzauslegung, Begriffsbildung und Interessen Jurisprudenz", in *AcP* 112 (1914) 0./1 e ss.

11. Bernatzik, *Rechtsprechung und materielle Rechtskraft*, cit., p. 43.

já reconheciam os romanos na máxima célebre *de gustibus et coloribus non est disputandum* –, com a tarefa de subsunção de um fato da vida ou da Natureza num conceito de elevado grau de abstração contido em regra jurídica.

Por mais genérica que seja a norma jurídica, tanto o administrador quanto o juiz têm de aplicá-la. Não fosse assim, estariam eles impedidos de aplicar as cláusulas gerais, que são tão comuns nos ordenamentos positivos dos nossos dias, de direito privado ou de direito público. Seria inadmissível, por exemplo, que o juiz alemão se recusasse aplicar o § 242 do *BGB* sob a alegação de que a noção de "boa-fé", ali expressa, é fluida, vaga, nebulosa ou imprecisa; ou que o juiz brasileiro, por idênticas razões, negasse aplicação ao art. 51, IV, do CDC ou ao art. 422 do CC de 2002.

A conduta que para uns seria considerada conforme à boa-fé poderia ser, para outros, caracterizadora de comportamento desleal.

De qualquer modo, em face do fato e da norma, sopesando os argumentos num sentido e noutro, terá o juiz de decidir se o fato em cogitação se relaciona, ou não, com a norma. Para este problema só há duas respostas hipoteticamente possíveis, *sim* ou *não*, e o juiz terá necessariamente de escolher uma delas. Em termos lógicos, só uma dessas respostas é a correta. Quando o juiz chega à sua conclusão e decide que o fato se enquadra na norma (ou que não se enquadra), para ele a única solução certa é a que adotou.

Ao juiz pode ser proposta, em face do caso concreto que lhe incumbe julgar, a questão de saber se a norma jurídica que contém conceito jurídico indeterminado foi corretamente interpretada e aplicada pela Administração Pública, ao realizar ato administrativo.

O que antes se disse a propósito da posição do juiz na direta aplicação de conceitos jurídicos indeterminados por certo vale também para o controle jurisdicional, que ele exerce, a respeito de atos administrativos de aplicação de conceitos jurídicos indeterminados.

Nesses atos administrativos já vimos que não tem o agente público – como também não terá o juiz incumbido da revisão judicial – a possibilidade de livremente escolher entre a solução "A" e a solução "B" – como sucede nos atos discricionários –, sendo ambas as soluções equivalentes perante o Direito.

Nos atos discricionários, escolhida a solução "A" ou a solução "B", está o Poder Judiciário inibido de discutir o acerto ou erro de qualquer uma dessas soluções, pois tanto uma quanto outra são soluções perfeitamente jurídicas.

Percebe-se, desse modo, que o controle jurisdicional sobre os atos discricionários é sempre e necessariamente limitado. Ele compreende, é óbvio, os aspectos formais, mas encontra limite no mérito do ato administrativo, no exame da conveniência e da oportunidade da medida, bem como na escolha da providência adotada – desde que, é claro, esteja dentro dos limites legais ou, como hoje talvez fosse mais adequado dizer, dentro dos limites do Direito.

Modernamente, os limites jurídicos à atuação do Poder Público, quando o faz pela forma de atos administrativos discricionários, foram consideravelmente restringidos por princípios constitucionais, como o da igualdade, o da imparcialidade, o do devido processo legal substancial, o da razoabilidade, ou, ainda, pelo princípio da proporcionalidade – este último há muito destacado pela ciência do direito administrativo em tema de discricionariedade, mas só recentemente incorporado ao direito constitucional.

De todo modo, o que parece importante realçar é que os limites à investigação judicial dos atos administrativos de exercício de poderes discricionários já estão *a priori* definidos. Identificado o ato administrativo como pertencente a essa categoria, já se sabe, previamente a qualquer outra análise, que ele terá uma área substancial – o mérito – imune a qualquer revisão pelo Poder Judiciário.

No que respeita, porém, à aplicação de conceitos jurídicos indeterminados pela Administração Pública, o controle jurisdicional sobre os atos administrativos é, em princípio, *ilimitado* ou *total*, só existindo umas poucas exceções a essa regra – como mais adiante se verá – quando, no processo de aplicação do conceito, aperceber-se o aplicador de que inexistem elementos que lhe permitam convencer-se de que a solução adotada pela Administração Pública é equivocada, embora também faltem elementos para que afirme ser ela correta.

Otto Bachof, em 1955, elaborou a teoria da "área de apreciação" (*Beurteilungsspielraum*), pela qual afirmava existir, em certas circunstâncias, na aplicação de conceitos jurídicos indeterminados, um espaço impenetrável à revisão judicial. Propunha ele que esse conceito substituísse o de "discricionariedade na subsunção" (*Subsumtionsermessen*) ou de "discricionariedade cognitiva" (*kognitiven Ermessen*), muito embora a atividade de subsunção de um fato em uma norma seja sempre de caráter cognitivo. De discricionariedade só se poderia falar, portanto, quando se tratasse de um ato de vontade do aplicador da norma, como ocorre na verdadeira e típica discricionariedade administrativa.

A teoria da margem de apreciação, de Bachof, implicava o estabelecimento de um controle jurisdicional sempre limitado no que respeita aos atos administrativos de aplicação de conceitos jurídicos indeterminados. Outras teorias, como a das soluções "sustentáveis" (*vertretbaren*), de Ule, ou a da "prerrogativa de avaliação" (*Einschätzungsprärrogative*), de H. J. Wolff, de que gozaria a Administração Pública, conduzem a resultados muito parecidos aos da teoria de Bachof, motivo pelo qual elas, hoje, são geralmente examinadas como espécies da teoria da margem ou da "área de apreciação".[12]

Num primeiro momento, tanto o Tribunal Constitucional Federal, o *Bundes Verfassungsgericht*, quanto o Tribunal Federal Administrativo, o *Bundes Verwaltungsgericht*, inclinaram-se pela aceitação da teoria da margem, espaço ou "área de apreciação".

Atualmente, porém, ambos esses Tribunais rejeitam aquela teoria, bem como as que lhe são assemelhadas, muito embora o debate siga vivo no campo doutrinário.

Sinala Maurer, a este propósito, que "a Corte Administrativa Federal, no início, só exercia um controle limitado sobre os conceitos jurídicos indeterminados, mas, logo após, passou a sustentar a tese segundo a qual, abstração feita das exceções, que serão apresentadas mais adiante, os conceitos jurídicos indeterminados são suscetíveis de um controle integral por parte dos tribunais, não tendo a Administração, conseqüentemente, nenhuma margem de apreciação".[13]

A primeira dessas exceções concerne justamente à questão que estamos analisando, pois diz respeito ao controle jurisdicional das respostas consideradas como corretas pela Administração Pública em exames realizados por seus órgãos ou instituições.

De novo é Maurer – talvez o mais divulgado dos administrativistas alemães contemporâneos e dos mais reputados entre eles – quem descreve a posição atual da jurisprudência germânica sobre essa matéria: "A área de apreciação quanto ao Direito aplicável aos exames foi reconhecida pela antiga jurisprudência administrativa a partir da decisão fundamental do Tribunal Administrativo Federal de 25.4.1959 (*BVerwGE* 8, 272)

12. Assim, por exemplo, por Hartmut Maurer, *Allgemeines Verwaltungsrecht*, cit., 12ª ed., p. 134, e *Elementos de Direito Administrativo Alemão*, cit., pp. 56 e ss.

13. Hartmut Maurer, *Allgemeines Verwaltungsrecht*, cit., 12ª ed., pp. 136 e ss., e *Elementos de Direito Administrativo Alemão*, cit., pp. 58 e ss.

porque, no âmbito escolar, as apreciações são de caráter técnico e científico mas também, igualmente, de caráter pedagógico, e, no mais das vezes, a situação existente no dia do exame não pode ser repetida, faltando, além disso, para o posterior controle judicial do caso concreto, a necessária comparação com as provas dos outros candidatos. Assim, a correção das provas não poderia ser materialmente controlada, restringindo-se o controle à verificação de ter o examinador (1) observado as regras do procedimento, (2) partido de uma constatação exata dos fatos, (3) seguido os critérios de avaliação geralmente aceitos e (4) não se ter deixado guiar por considerações impertinentes. Desse modo, as afirmações dos candidatos de que o examinador, ilegitimamente, considerou errada uma resposta que era correta não podem ser levadas em conta, nem mesmo sob o aspecto dos critérios gerais de avaliação. Seria diferente se a avaliação material parecesse ser arbitrária".[14]

Prossegue o mesmo autor notando que o Tribunal Constitucional Federal tomou posição contrária a esse entendimento desde duas decisões importantes, proferidas em 14.4.1991, nas quais se pronunciou sobre exames para o acesso ao exercício profissional. Nessas decisões firmou o Tribunal Constitucional Federal a orientação de que, em matéria técnica ou científica, o controle judicial é pleno e ilimitado, inexistindo qualquer margem ou "área de apreciação".

Os tribunais administrativos, nesses casos, podem e devem apreciar integralmente as avaliações feitas pela Administração em questões de natureza técnica, inclusive com a ajuda, se necessário, de peritos.

Uma vez que fique evidenciado que a resposta do candidato é adequada (*zutreffend*) ou, pelo menos, "sustentável" (*vertretbar*) e fundamentada com ponderáveis argumentos, não pode ela ser considerada errada, como acertadamente decidiu o Tribunal Constitucional Federal.[15]

Só existe um controle judicial limitado das avaliações das provas quando elas estiverem especificamente relacionadas com o exame (*prüfungsspezifische Wertungen*), de tal modo que a consideração isolada da prova de um candidato possa hostilizar a igualdade de chances e, pois, o princípio constitucional da igualdade (GG, art. 3 I).

Conclui Maurer que, embora esses julgados do Tribunal Federal Constitucional tenham sido proferidos em casos de exames exigidos para o exercício profissional, eles devem se estender para qualquer espécie de exame.[16]

Cremos que o Tribunal Constitucional Federal alemão colocou a questão nos devidos termos ao sustentar a inexistência de margem de apreciação no tocante às questões de exame de natureza técnica ou científica e à existência dessa margem ou "área de apreciação" quando se cogitar de prova, por exemplo, cuja avaliação não dispense a análise das provas de todos os demais candidatos. É o que sucede nas provas de natureza dissertativa, nas quais, para a justa avaliação de uma delas, será indispensável o cotejo com as outras.

Também é razoável o reconhecimento de "área de apreciação" nas provas realiza

14. Hartmut Maurer, *Allgemeines Verwaltungsrecht*, cit., 12ª ed., pp. 139 e ss., e *Elementos de Direito Administrativo Alemão*, cit., pp. 56 e ss.

15. Hartmut Maurer, *Allgemeines Verwaltungsrecht*, cit., 12ª ed., p. 140: "Der Kandidat ist daher auch mit der Behauptung zu hören, seine Antwort auf die Prüfungsfrage sei zutreffend oder zumindest vertretbar gewesen. Zu Recht stellt das BVerfG fest das eine vertretbare un mit gewictigen Argumenten folgerichtig begründete Lösung nicht als falsch gewetet wwerden darf". E, ainda mais incisivo, *Elementos de Direito Administrativo Alemão*, cit., p. 59: "O examinador não deve avaliar como errônea uma solução exposta pelo examinando se ela está conseqüentemente fundamentada e na literatura, em alguma parte, é sustentada seriamente, mesmo que ele próprio a considere como errônea".

16. Hartmut Maurer, *Allgemeines Verwaltungsrecht*, cit., 12ª ed., p. 140.

das em escolas públicas, quando entram outros fatores, como os de natureza pedagógica, como já salientado na jurisprudência tradicional dos tribunais administrativos alemães.

Além do mais, é de se ponderar que nas escolas e instituições públicas de ensino conhece o aluno a orientação dos mestres e o que eles consideram certo ou errado.

Entretanto, nas provas chamadas "objetivas", ou de múltipla escolha, ordinariamente realizadas nos concursos públicos brasileiros, não há razão alguma que autorize o reconhecimento de uma margem de apreciação à banca ou comissão examinadora que devesse ser respeitada pelo Poder Judiciário, pois as considerações sobre igualdade de chances ou sobre a necessidade do cotejo de uma prova com todas as demais não têm qualquer sentido. O que resta, nessas hipóteses, é a indagação sobre se, em matéria científica, técnica ou artística, pode a banca reputar como certa uma resposta insustentável à luz da técnica ou da ciência ou, inversamente, considerar como errada uma resposta que, por aqueles padrões, é correta. Neste particular, o controle jurisdicional é, em princípio, total e irrestrito, só podendo ser limitado pelo próprio órgão julgador caso conclua que os elementos constantes do processo não lhe permitem afirmar que a solução tida como correta pela banca ou comissão examinadora é errada, ou vice-versa.

Não são poucas as situações de aplicação de normas jurídicas cujo conteúdo é composto por noções técnicas ou científicas grandemente abstratas e, por isso mesmo, vagas ou imprecisas, em que a Administração Pública, por estar mais próxima dos problemas concretos e dispor de meios técnicos que faltam ao Poder Judiciário, terá melhores condições que o juiz de aplicar corretamente aquelas noções incorporadas aos textos legais.

Isso ocorre sobretudo na área das licitações. Mas acontece também nos concursos públicos, notadamente naqueles realizados para o provimento de cargos técnicos, das mais diferentes áreas de conhecimento. É claro que, sendo, em princípio, pleno o controle judicial dessas questões, no curso do processo, com a colaboração dos peritos e assessores técnicos e com as contribuições trazidas nos respectivos laudos, poderá o juiz formar convicção firme de que, ao contrário do que consignava o gabarito, a resposta correta era a do candidato, ou que nenhuma resposta do gabarito, no pertinente a determinada ou determinadas questões, era certa. Se assim efetivamente acontecer, não haverá razão alguma, nem lógica, nem jurídica, para que o juiz, convencido do erro da Administração, cruze os braços diante da iniqüidade, ao argumento de que, se agisse diferentemente, estaria atravessando linha rigidamente imposta pelo princípio constitucional da separação dos Poderes.

Cabe advertir, entretanto, que, na generalidade dos casos, a apuração da correção ou incorreção do gabarito não dispensará o auxílio de peritos – o que torna inviável, já se vê, a utilização do mandado de segurança para discutir questões da natureza da que estamos examinando.

4. Conclusão

A jurisprudência brasileira em tema de controle judicial de atos administrativos praticados em procedimento de concurso público para provimento de cargos e empregos públicos é extremamente conservadora e continua a se orientar por padrões incompatíveis com os apregoados pelo direito constitucional contemporâneo, como, por exemplo, o da maior efetividade possível da Constituição[17] – o que vale dizer, do próprio Estado de Direito.

17. Esclarece J. J. Gomes Canotilho: "Este princípio, também designado por *princípio da eficiência* ou princípio da interpretação efectiva, pode ser formulado da seguinte maneira: a uma norma constitucional deve ser atribuído o sentido que maior eficácia lhe dê. É um princípio operativo em

O direito de acesso aos cargos e empregos públicos está prestigiado na nossa Constituição da República como um direito subjetivo público, correlacionado com o direito ao trabalho, que é um direito fundamental,[18] cercado de garantias que resultam, sobretudo, do princípio democrático, dentre as quais avulta a que se expressa na exigência de concurso público a que terão de se submeter os que aspiram a alcançar aquelas posições.

O concurso público para a admissão nos serviços do Estado é um procedimento sério de seleção de candidatos, no qual deverá existir, em linha de princípio, a possibilidade de controle – não apenas administrativo, pelos caminhos dos recursos pertinentes, mas também de caráter jurisdicional – dos critérios de correção das provas, sob pena de poder transformar-se em fraude e burla dos interesses dos competidores.

Já foi anteriormente ressaltado que a Administração Pública não tem o poder incontrastável de reputar como certo o que bem lhe parecer, pois isso seria arbítrio.

Via de regra, no estágio atual do direito administrativo não se admite que, salvo em casos excepcionais, goze a Administração Pública de "área de apreciação" na correção de questões científicas, técnicas ou artísticas formuladas em provas de concurso público. Dito de outro modo, nessa hipótese o controle jurisdicional não é, *a priori, limitado*, como ocorre com o controle dos atos administrativos de exercício de poder discricionário, mas, sim, *a priori, ilimitado*.

As exceções ao controle ilimitado ou pleno do Judiciário, nessas situações, podem decorrer, como já ressaltado, do tipo de prova realizada e do modo como foi ela aplicada. Há, por exemplo, "área de apreciação" da Administração Pública, quando é indispensável, para a correção da prova ou atribuição de grau, o exame comparativo das provas prestadas pelos demais candidatos, como sucede nas provas dissertativas.

Outra exceção pode verificar-se quando, em razão da complexidade da matéria versada, o juiz não se considerar capacitado a afirmar se está correta ou incorreta a resposta dada como certa ou errada pela Administração Pública, apesar dos pronunciamentos e dos esclarecimentos prestados pelos técnicos que se manifestaram no processo.

De qualquer modo, a essa conclusão só chegará o juiz por uma limitação cognoscitiva identificada *no final* de todo um esforço desenvolvido ao longo do processo e endereçado a apurar, no confronto do gabarito oficial com as soluções recomendadas pelo estado atual das ciências, da técnica e das artes, se eles estavam, ou não, em harmonia. Isso não sendo possível, caberá ao juiz manter as valorações e juízos da Administração Pública, nada justificando que os substitua por seus próprios juízos ou valorações.

A jurisprudência brasileira dominante tem ficado fiel, há muito tempo, no concernente ao controle jurisdicional de correção de provas em concursos públicos, a orientação que hoje se poderia chamar tranqüilamente de anacrônica, por desconhecer os avanços técnicos verificados, no século passado, nos campos específicos do direito constitucional e do direito administrativo.

Nas mais das vezes, as decisões que se incorporam aos rumos da nossa jurisprudência dominante nessa matéria nem mesmo cogitam – como o faz o Direito Francês – dos "erros manifestos de apreciação" no exercício do poder discricionário.

Como é sabido – e como tive ocasião de registrar em outra ocasião –, na França, só muito recentemente é que os atos administrativos de exercício de competência dis-

relação a todas e quaisquer normas constitucionais, e, embora a sua origem esteja ligada à tese da actualidade das normas programáticas (Thoma), é hoje sobretudo invocado no âmbito dos direitos fundamentais (no caso de dúvidas deve preferir-se a interpretação que reconheça maior eficácia aos direitos fundamentais)" (*Direito Constitucional e Teoria da Constituição*, Coimbra, Livraria Almedina, 2000, p. 1.187).

18. CF, art. 6º.

cricionária, além da submissão ao controle jurisdicional comum – sob aspectos externos, como a competência, a forma e o procedimento, ou mesmo internos, como o desvio de poder, o erro de direito e o erro na verificação material dos fatos –, passaram a sujeitar-se à revisão dos tribunais administrativos também quando expressam 'erro manifesto de apreciação' ou, ainda, especificamente em matéria de desapropriação, não haja proporcionalidade entre custos e benefícios, na ponderação feita pela autoridade administrativa.

No que toca ao primeiro tema – ao "erro manifesto de apreciação" –, é oportuno transcrever as palavras de uma das mais ilustres administrativistas contemporâneas, Jacqueline Morand-Deviller:

"Nas áreas onde ela dispõe de um poder discricionário, à Administração se reconhece 'um poder para errar', *a power to err*, como dizem os administrativistas anglo-saxões. Mais exatamente, uma certa dose de imprecisão lhe é concedida. A oportunidade das escolhas é apreciada com tolerância e a margem de liberdade é tanto maior quanto forem numerosas as alternativas oferecidas.

"Mas há um 'limiar' que não pode ser ultrapassado. Se a decisão em causa pode prestar-se a discussão, ela não poderá desafiar o bom senso e a lógica a ponto de atingir o absurdo. O erro manifesto é grave, grosseiro e tão evidente que poderia ser identificado por qualquer leigo. Dispor de poder discricionário não autoriza a Administração a fazer o que bem entende. O erro de apreciação é tolerado pelo juiz, o erro manifesto é censurado."[19]

Por essas observações bem se percebe que a teoria francesa do "erro manifesto" de algum modo se aproxima da teoria alemã da margem ou área de apreciação (*Beurteilungspielraum*) ou, ainda, das soluções que a jurisprudência italiana geralmente tem dado aos casos em que se verifica *discrezionalità tecnica*.

A *discrezionalità tecnica* – segundo antigo entendimento, hoje por vezes contestado – distingue-se do *accertamento tecnico* pelo nível de certeza que a ciência, a técnica ou as artes podem oferecer diante de determinados fatos. Assim, a identificação do teor alcoólico de uma bebida é um *accertamento tecnico*, e a qualificação de um acidente da Natureza como dotado de beleza paisagística é um ato que envolve *discrezionalità tecnica*, comportando vários modos de apreciação e, pois, conclusões distintas.[20] Segundo Rocco Galli, a discricionariedade técnica exprime "um dos perfis do mérito administrativo", razão pela qual, em princípio, conforme a jurisprudência tradicional, não está sujeita ao controle do Judiciário.[21]

Contudo, a doutrina tem criticado severamente o entendimento de que a discricionariedade técnica seria verdadeiramente espécie de discricionariedade,[22] preferindo aproximar essa noção da concepção germânica dos "conceitos jurídicos indeterminados", na medida em que ela se refere "a un momento conoscitivo e implica solo giudizio".

19. Jacqueline Morand-Deviller, *Cours de Droit Administratif*, Paris, Montchrestien, 2001, p. 264: "Dans les domains où elle dispose d'un pouvoir discrétionnaire, l'Administration se voit reconnaître *a power to err*, comme disent les administrativiste anglo-saxons. Plus, exactement, une certaine dose d'imprécision lui est concédée. L'opportunité des choix est appréciée avec tolérance et la marge de liberté est d'autant forte que les alternatives offertes sont nombreuses. Mais il y a un 'seuil' à ne pas franchir. Si la décision retenue peut prêter à discussion, elle ne saurait défier le bon sens et la logique au point d'atteindre l'absurdité. L'erreur manifeste est grave, grossière et si évidente qu'elle pourrait être décelée par n'importe quel profane. Disposer d'un pouvoir discrétionnaire n'autorise pas l'Administration à faire n'importe quoi. L'erreur d'appréciation est tolérée par le juge, l'erreur manifeste est censurée".

20. Rocco Gall, *Corso di Diritto Amministrativo*, Pádua, CEDAM, 1994, pp. 377-378.

21. Idem, pp. 378-379.

22. Quanto a isso, por todos, M. S. Giannini, *Diritto Amministrativo*, vol. 1º, Milão, Giuffrè Editore, 1970, p. 488.

Por outro lado, mesmo nos casos de discricionariedade em sentido próprio o Direito Italiano – quer pela doutrina, quer pela jurisprudência – a tem consideravelmente restringido mediante a singular feição que assumiu, no Direito Peninsular, o "excesso de poder". Este se expressaria, por exemplo, nas hipóteses de "injustiça manifesta", de "manifesta irracionalidade" ou de *macroscopiche illogicità* da escolha discricionária, entre outras situações em que ressalte a falta de razoabilidade da medida. Com a razoabilidade ligam-se, também, as noções de "congruência", "adequação" e "proporcionalidade". Todas elas são balizas postas à ação administrativa discricionária, as quais implicam ampliação do controle jurisprudencial sobre a discricionariedade, seja administrativa, seja técnica.[23]

Esse tratamento diferenciado, particularizado, diríamos até "matizado", que o Direito Estrangeiro – especialmente o Alemão, o Francês e o Italiano – vem dando às hipóteses que versam matéria de controle jurisdicional de atos administrativos de exercício de poder discricionário ou de aplicação de conceitos jurídicos indeterminados, curiosamente, não tem tido maior influência sobre as decisões dos Tribunais Brasileiros quando se pronunciam sobre a revisão judicial das correções de provas de concursos públicos.

Ordinariamente, permanecem nossos Tribunais aferrados à antiga e ultrapassada concepção de que o controle do Poder Judiciário, nesses casos, é sempre e *a priori* limitado, não cabendo, por conseqüência, ao juiz investigar a correção ou incorreção das respostas reputadas como certas pela Administração Pública, nem mesmo quando haja "erro manifesto de apreciação".

Quanto ao discrímen entre atos administrativos de exercício de poder discricionário e atos administrativos de aplicação de conceitos jurídicos indeterminados, que importa um notável progresso no controle dos atos administrativos pelo Poder Judiciário, é ponto absolutamente ignorado pela jurisprudência brasileira.

A explicação – nunca confessada – dessa posição excessivamente conservadora dos nossos Tribunais parece estar numa visão equivocada de política judiciária. A ampliação do controle jurisdicional sobre os concursos públicos é claro que aumentaria também, e de forma considerável, o trabalho do Poder Judiciário Brasileiro, gerando número elevado de ações relacionadas, por exemplo, com os exames vestibulares realizados pelas universidades públicas, ou com as provas efetuadas para ingresso nas carreiras da Magistratura, do Ministério Público ou das demais assim chamadas "carreiras jurídicas", bem como para o provimento em cargos e empregos públicos qualificados como técnico-científicos.

Em muitas dessas ações teriam os juízes de apreciar questões de natureza científica ou técnica de considerável complexidade, o que lhes demandaria tempo, esforço e estudo para formar convicção sobre elas. Tudo isso entravaria ainda mais o funcionamento do nosso Judiciário, exatamente num momento em que uma de suas grandes preocupações é a busca de fórmulas que reduzam o número imenso de ações com que se vê a braços, a grande maioria das quais tem como réu o Poder Público.

Nenhuma dessas razões, entretanto, por ponderáveis que possam parecer, explica ou justifica que agravos a direitos subjetivos públicos dos indivíduos, que envolvem direitos fundamentais, sejam excluídos de apreciação do Poder Judiciário apesar da garantia constitucional expressa em termos inequívocos (CF, art. 5º, XXXV), ao argumento de que os critérios de correção de provas de concursos públicos adotados pela Administração Pública se situam em área de apreciação imune ao controle jurisdicional, por caracterizarem exercício de poder discricionário.

23. Cf. Umberto Zuballi, "Il controllo della discrezionalità", in *Potere Discrezionale e Controllo Giudiziario*, Milão, Giuffrè Editore, 1998, p. 155; José Manuel Sérvulo Corrêa, *Legalidade e Autonomia Contratual nos Contratos Administrativos*, cit., p. 176.

Os problemas do Poder Judiciário por certo não haverão de ser resolvidos reduzindo a efetividade da Constituição, ao se admitir que as regras, nela consignadas, concernentes aos concursos de acesso à função pública possam ser interpretadas pelos tribunais em desfavor dos candidatos injustiçados naqueles certames, ou porque as questões estavam mal-formuladas, ou porque o gabarito estava incorreto, ou porque os candidatos acertaram as respostas às questões propostas e a Administração considerou, equivocadamente, tais respostas como erradas, ou por outro vício qualquer nos critérios de correção.

A lamentável omissão do Poder Judiciário, nesses casos, ao consagrar a intangibilidade de graves lesões a direitos subjetivos públicos, a direitos fundamentais e à justiça material, apenas serve para acentuar a distância entre o Estado de Direito que temos e um outro, bem mais perfeito, que poderíamos ter.

SERVIÇO POSTAL E ATIVIDADE ECONÔMICA

CELSO ANTÔNIO BANDEIRA DE MELLO

Professor Titular de Direito Administrativo da Faculdade de Direito da PUC/SP

1. No direito constitucional *brasileiro* as noções de "domínio econômico", "ordem econômica" ou "exploração de atividade econômica" apresentam o mais subido relevo. Deveras, elas têm importância absolutamente fundamental como critério definidor da própria compostura de nosso sistema jurídico político. É que, conforme decisão da Lei Magna Brasileira, este foi o fator por ela eleito a fim de delimitar o campo pertinente à liberdade própria dos particulares em seus empreendimentos geradores de riqueza individual – que, bem por isto, fica, em princípio, interdito ao Estado, o qual nele só pode penetrar em caráter excepcional, perante circunstâncias ali mesmo apontadas. Pelo comprovar basta referir o disposto no art. 173, de acordo com o qual: "Ressalvados os casos previstos nesta Constituição, a exploração direta de *atividade econômica* pelo Estado só será permitida quando necessária aos imperativos da segurança nacional ou a relevante interesse coletivo, conforme definidos em lei".

Eis, pois, que o texto em apreço deixou meridianamente claro que só em três hipóteses admite que o Estado proceda à exploração direta da atividade econômica: (a) nos casos já ressalvados na Constituição, vale dizer, naqueles em que, *inobstante se trate de atividade desta natureza, instituiu monopólio dela* em favor do Poder Público no art. 177, isto é: pesquisa e lavra das jazidas de petróleo, gás natural e outros hidrocarbonetos fluidos, refinação do petróleo nacional ou estrangeiro, importação e exportação dos produtos e derivados básicos deles resultantes, transporte marítimo do petróleo bruto nacional ou de seus derivados básicos, transporte por conduto do petróleo bruto, seus derivados e gás natural, assim como a pesquisa, lavra, enriquecimento, reprocessamento, industrialização e comércio de minérios e minerais nucleares e seus derivados; (b) quando, conforme for definido em lei, a exploração da atividade econômica for necessária para atender a *imperativos da segurança nacional*; (c) quando, conforme for definido em lei, a exploração da atividade econômica seja necessária para atender a *relevante interesse coletivo.*

Fora destas três hipóteses – que se constituem em exceções à regra geral – o Estado não pode explorar diretamente atividade econômica, pois este não é seu campo próprio de ação.

De fato, a atividade econômica pertence aos particulares, na conformidade do art. 170, e parágrafo único, segundo cujos dizeres:

"Art. 170. A ordem econômica, fundada na valorização do trabalho humano e na *livre iniciativa*, tem por fim assegurar a todos existência digna, conforme os ditames da justiça social, observados os seguintes princípios: (...) IV — livre concorrência; (...).

"Parágrafo único. É assegurado a todos *o livre exercício de qualquer atividade econômica*, independentemente de autorização de órgãos públicos, salvo nos casos previstos em lei" (grifamos).

2. Se a exploração de atividade econômica é a matéria que define o campo próprio da atuação dos particulares, opostamente, os serviços públicos constituem o objeto qualificador da *esfera própria do Estado* no que atina a empreendimentos materiais. No art. 21 a CF faz um arrolamento (embora não exaustivo) daquele que se constitui no domínio natural do Estado, pois é apontado como sendo *de competência sua*; não dos particulares, cuja área de atuação, como visto, foi definida de outro modo e em outro sítio topográfico da Lei Magna. Destarte, em relação a estes assuntos foi, pois, *excluída a possibilidade de serem titularizados por particulares*. Estes tão-somente podem vir a *prestar o serviço* nos casos em que caiba concessão ou permissão.

Por se tratar de um setor *público*, da alçada estatal, de domínio do Estado, atinente a interesses públicos – perfeitamente alheio, então, ao universo em que podem se mover os interesses privados –, é óbvio, é evidente, e da mais cristalina evidência, que nesta seara *não comparece o tema da livre iniciativa ou da livre concorrência* – conceitos referidos a realidades que transitam em outro universo e que nada, absolutamente nada, têm a fazer neste outro mundo em que o que entra em pauta é a *exclusiva* conveniência do todo social, e não a satisfação das ambições privadas de cada qual.

Deveras, o mencionado preceptivo é perfeitamente claro ao indicar esta outra espécie de atividades como de pertinência estatal, sem prejuízo de admitir que, *na maior parte dos casos* (conquanto não na totalidade deles), particulares pudessem *desempenhá-las*, uma vez credenciados por quem lhes detém a senhoria – isto é, pelo Estado. Veja-se: "Art. 21. *Compete à União*: (...) X – manter o serviço postal e o correio aéreo nacional; XI – explorar, diretamente ou mediante autorização, concessão ou permissão, os serviços de telecomunicações, nos termos da lei, que disporá sobre a organização dos serviços, a criação de um órgão regulador e outros aspectos institucionais; XII – explorar, diretamente ou mediante autorização, concessão ou permissão: a) os serviços de radiodifusão sonora, e de sons e imagens; b) os serviços e instalações de energia elétrica e o aproveitamento energético dos cursos de água, em articulação com os Estados onde se situam os potenciais hidroenergéticos; c) a navegação aérea, aeroespacial e a infra-estrutura aeroportuária; d) os serviços de transporte ferroviário e aquaviário entre portos brasileiros e fronteiras nacionais, ou que transponham os limites de Estado ou Território; e) os serviços de transporte rodoviário interestadual e internacional de passageiros; f) os portos marítimos, fluviais e lacustres; (...)".

Estas mesmas determinações estão estampadas com inobjetável clareza no art. 175 da CF, cujo *caput* determina: "Incumbe ao *Poder Público*, na forma da lei, diretamente ou sob regime de concessão ou permissão, sempre através de licitação, *a prestação de serviços públicos*".

3. Assim, em nosso direito constitucional percebe-se nitidamente que as noções de "serviço público", de um lado, e "domínio econômico" ou "exploração de atividade econômica", de outro, expressam uma fundamental antinomia. Os dispositivos constitucionais arrolados traçam expressamente uma linha divisória entre o que é do Estado e o que é dos particulares e se valem, para firmar este antagonismo delimitador, ou das expressões "atividade econômica" e "domínio econômico" para referir o campo de ação privada e do expediente de dizer que as atividades tais ou quais "competem à União" (de fora parte as hipóteses de competência estadual e municipal).

Eis por que em nosso Direito jamais se poderia falar em "serviços públicos econômicos", pois "serviço público" e "atividade econômica" são, em nosso direito constitucional, expressões que se repelem, que se antagonizam, que se prestam justamente para compor idéias antitéticas, porquanto a Lei Magna as elegeu como termos juridicamente responsáveis pela identificação de *regimes jurídicos contrapostos*:

• o da titularidade estatal e *regime de direito público* (presidido pela idéia de função, de dever, de prerrogativas de autoridade e de restrições especiais para proteção de terceiros e do interesse público em geral) e

• o da titularidade privada e *regime de direito privado* (presidido pela idéia de autonomia da vontade, da liberdade no desempenho, da busca do interesse individual, da maximização dos lucros, da igualdade na relação com terceiros).

4. Para completar este panorama, é necessário registrar, ainda, a existência de determinados serviços que quando prestados pelo Estado são serviços públicos mas, ao contrário de quaisquer outros, o Estado não detém sobre eles a titularidade exclusiva. São casos muito específicos e peculiares, *expressamente anotados na Constituição*, a qual admite que sobre determinadas matérias coexista titularidade do Estado, visto que os coloca sob sua responsabilidade de prestação, e titularidade de particulares, pois explicitamente confere liberdade à iniciativa privada para *promover empreendimentos nesta área. É o que se passa com a saúde, educação, previdência social e assistência social.*

Com efeito, embora a Lei Magna os declare um "dever do Estado" (arts. 196 e 197 para a saúde; 205, 208, 211 e 213 para a educação; 201 e 202 para a previdência social; e 203 e 204 para a assistência social), afirma também ou que "são livres à atividade privada" (arts. 199 para a saúde, 209 para a educação), ou expressamente contempla a presença de particulares no setor, independentemente de concessão ou permissão (art. 204, I, e II, para a assistência social) ou pressupõe uma atuação "complementar" da iniciativa privada (art. 202, para a previdência social).

5. É, pois, visível que o texto constitucional ostensivamente abordou de modo completo, sem deixar qualquer omissão ou espaço para elucubrações construtivas, o modelo que reputou desejável no País para enquadrar todas as atividades de prestações materiais suscetíveis de ocorrer, distribuindo-as entre Estado e iniciativa privada. Assim:

• o que chamou de "domínio econômico" atribuiu aos particulares e nele só por exceção admitiu protagonização estatal – caso do monopólio, cujo âmbito já ficou definido na própria Constituição, dos imperativos da segurança nacional e do relevante interesse público, estes conforme definidos em lei;

• o que chamou de "serviço público" outorgou ao Estado, excluindo, como é natural, a iniciativa privada desta órbita, admitindo como exceção, tal como o fizera em relação à excepcionalidade do monopólio estatal no setor estranho à sua competência natural, *casos que expressamente nominou* (*saúde, educação, assistência social* e *previdência social*).

6. Convém acentuar que, ao ser constitucionalmente montada a contraposição básica "domínio econômico/serviço público", esta antinomia só pode significar uma nomenclatura proposta como representativa de uma *dualidade de regimes*. É que, em Direito, as noções categoriais – e, portanto, as palavras adotadas para exprimi-las – não têm outro sentido senão o de identificar "unidades de regime normativo", isto é, termos aglutinantes de princípios e de regras.

O regime de serviço público é o que se articula sobre um conjunto de princípios. A doutrina – quer alienígena, quer nacional – alude a eles, variando, embora, na taxinomia ou mesmo na quantidade arrolada. No Brasil, Hely Lopes Meirelles enumera cinco princípios: (a) o da *permanência*, que é o nome que atribui ao princípio da *continuidade*; (b) o da *generalidade*, que corresponde ao princípio da *igualdade*; (c) o da *eficiência*, que "exige a atualização do serviço", outra designação para a chamada "mutabilidade"; (d) o da *modicidade*, exigente de tarifas razoáveis; e (e) o da *cortesia*;[1] Maria Sylvia Zanella Di Pietro enuncia os mesmos aludidos princípios geralmente mencionados na doutrina francesa;[2] e o mesmo é feito por Diógenes Gasparini.[3]

Deveras, como de outra feita averbamos, "o único objeto que o juiz, o advogado, os intérpretes do sistema em geral procuram é o conjunto de regras que regula determinada situação ou hipótese. Segue daí que de nada lhes adianta qualquer conceito, categoria ou noção, por mais aliciante que seja, se não lhes fornecer a indicação dos princípios e regras pertinentes à solução de questões jurídicas. *Eis, pois, que um conceito jurídico é necessariamente um ponto terminal de regras, um termo relacionador de princípios e normas*"[4] (grifamos).

Daí por que já há quase quatro décadas havíamos anotado que "não teria sentido para o cultor do Direito procurar categorias que não existissem em correspondência exata com um determinado feixe harmônico de direitos e deveres. O que o estudioso do Direito quer saber é, unicamente, quais os princípios que se aplicam e as normas cabíveis à vista de determinados fatos e situações. Incumbe-lhe, pois, identificar tão-só os princípios lógicos encampados pelas normas e que presidem os critérios seletivos de sua aplicação em dependência da hipótese ocorrida ou a ocorrer".[5]

7. Diante das dicções constitucionais que produziram uma composição explícita e de inegável clareza, articulada sobre a oposição entre "atividade econômica" e "serviço público", percebe-se, mesmo a um primeiro súbito de vista, que somente por completa desatenção ao nosso próprio direito constitucional e por acrítica repetição do Direito estrangeiro (notadamente o Francês) é que, obumbrados por este, certos autores no Brasil têm falado em "serviços públicos econômicos", em despeito de seu total descabimento no ambiente jurídico da Constituição pátria.

Na França – onde, evidentemente, não vige a Constituição Brasileira e onde não há, de conseguinte, o esquema que a nossa montou para repartir as esferas de serviço público e atividade econômica – surgiu a referida nomenclatura, que, de fato, lá faz muito sentido (e nenhum no Brasil). É que naquele país a expressão "serviço público econômico" foi cunhada para nominar certos serviços sujeitos a um *regime jurídico próprio*, distinto daquele que se aplica à generalidade dos demais serviços públicos.

Note-se, outrossim, que a adoção, entre nós, da referida taxinomia simplesmente para aludir à circunstância de que os serviços em questão são suscetíveis de proporcionar a produção de ganhos, de lucros, seria um equívoco de proporções enormes. De fato, descaberia pretender configurar "atividade econômica" como aquela suscetível de produzir lucro, ou como aquela que é explorada lucrativamente. Como de outra feita dissemos: "Qualquer atividade (salvantes as de mera benemerência) e mesmo os serviços públicos mais típicos são suscetíveis de produzir lucro e de exploração lucrativa. Aliás, se não o fossem, não poderia existir

1. Hely Lopes Meirelles, *Direito Administrativo Brasileiro*, 14ª ed. (última em vida do autor), São Paulo, Ed. RT, 1989, p. 293 (v. 32ª ed., São Paulo, Malheiros Editores, 2006, p. 334).

2. Maria Sylvia Zanella Di Pietro, *Direito Administrativo*, 14ª ed., São Paulo, Atlas, 2002, pp. 101-103.

3. Diógenes Gasparini, *Direito Administrativo*, 5ª ed., São Paulo, Saraiva, 2000, p. 255.

4. Celso Antônio Bandeira de Mello, *Curso de Direito Administrativo*, 19ª ed., São Paulo, Malheiros Editores, 2005, pp. 634-635.

5. Celso Antônio Bandeira de Mello, *Natureza e Regime Jurídico das Autarquias*, São Paulo, Ed. RT, 1968, p. 239.

a concessão de serviços públicos, pois o que nela buscam os concessionários é precisamente a obtenção de lucros com a exploração do serviço".[6]

8. É, pois, também inteiramente despropositado considerar "atividade econômica" como um gênero do qual o "serviço público" se apresentasse como espécie. Isto significaria, ao invés de sistematizar o Direito a partir de noções jurídicas, pretender organizá-lo segundo critérios de alguma outra (não se sabe qual) hipotética ciência, obtendo, inevitavelmente, como resultado algo perfeitamente inútil para o Direito e até mesmo nocivo para sua compreensão.

Deveras, como superiormente disse o notável administrativista italiano Giovanni Miele: "(...) nada existe para o ordenamento jurídico se não tem vida nele e por ele, e toda figura, instituto ou relação com que nos encontramos percorrendo as suas várias manifestações têm uma realidade própria que não é menos real que qualquer outro produto do espírito humano em outros campos e direções. A realidade do ordenamento jurídico não tem outro termo de confronto senão ele mesmo: donde ser imprópria a comparação com outra realidade com o fito de verificar se, porventura, as manifestações do primeiro conferem com aquela ou se se afastam das manifestações do mundo natural, histórico ou metafísico".[7]

De fato, qualquer comparação que seja feita entre realidades jurídicas e realidades de outro naipe – como as históricas, sociológicas, políticas ou morais – só tem préstimo para valorá-lo *ao lume dos critérios destas ciências*; nunca, porém, para determinar sua existência, sua fisionomia e sua validade jurídica, as quais são decididas unicamente pelo próprio Direito posto, uma vez que – a teor da precisa averbação de Vittorio Otaviano – uma análise ou procedimento desinteressado da regulação normativa seria "apriorístico e injurídico, já que, em última análise, viria a prescindir do próprio ordenamento, que é, obviamente, o único cânone para um juízo de avaliação jurídica".[8]

9. É ao lume do quadro descrito que se deve considerar a índole do serviço postal e enfrentar a hipótese, levantada por alguns, segunda a qual dito serviço seria uma atividade econômica – a ela, pois, se aplicando os princípios da livre iniciativa e da livre concorrência, previstos no art. 170 da CF, bem como o disposto no art. 173. De uma questão de tal ordem pode-se dizer o mesmo que o eminente ex-Ministro do STF Orozimbo Nonato disse ao propósito de outra na qual a resposta era igualmente de uma evidência solar: "O mesmo é propor a questão que lhe dar resposta negativa".

Com efeito, se o art. 21 da CF disse que "compete à União (...) manter o serviço postal", como ali está estampadamente dito com todas as letras (inciso X), é óbvio – e da mais fulgurante obviedade – que *não se trata de atividade econômica*, pois esta última espécie de atividade é justamente aquela que *não compete ao Estado*; logo, rigorosamente o contrário do que ali está escrito; compete – isto, sim – aos particulares, de tal sorte que, consoante a previsão do art. 173, só excepcionalmente poderá ser explorada pelo Estado.

Donde, se não se trata de atividade econômica, é de inquestionável evidência que a ela – atividade postal – não se aplicam os princípios da livre iniciativa e livre concorrência, porquanto estes, conforme o art. 170 da CF, são predicados concernentes à ordem econômica, ali alocados sob o capítulo "Dos Princípios Gerais da Atividade Econômica".

É certo, igualmente, então – como se percebe já a um primeiro súbito de vista –,

6. Celso Antônio Bandeira de Mello, *Curso de Direito Administrativo*, cit., 19ª ed., p. 654, nota de rodapé 31.

7. Giovanni Miele, *Principi di Diritto Amministrativo*, reimpr. da 2ª ed., vol. I, Pádua, CEDAM, 1060, p. 81.

8. Vittorio Otaviano, *Considerazioni sulli Enti Pubblici Strumentali*, Pádua, CEDAM, 1959, p. 5.

que, por se tratar de atividade posta a cargo da União (de par com todas as demais atividades materiais igualmente mencionadas nos incisos XI e XII), não é a ela – atividade postal – como não é às referidas nestes incisos que o art. 173 está se reportando na ressalva que fez. Ou seja: é livre de qualquer dúvida ou entredúvida que o art. 173 não está aludindo à atividade postal, nem às outras atividades previstas no art. 21, quando ressalvou da proibição ao Estado de explorar atividade econômica "os casos previstos nesta Constituição" (o monopólio do art. 177) e os decorrentes de "imperativos da segurança nacional" ou de "relevante interesse coletivo, conforme definidos em lei". Eis, pois, que os arts. 170 e 173 nada, absolutamente nada, têm a ver com o que ficou disposto no art. 21, X.

10. Inversamente, a atividade "serviço postal" deve ser havida como serviço público. Anote-se que o fato de haverem prosperado no mundo tendências neoliberais, proclives ao "encolhimento" do Estado e à liberação de atividades estatais aos particulares, não autoriza, em nosso Direito, interpretações que a descaracterizem como tal.

Perante o sistema constitucional brasileiro é estreme de qualquer dúvida que a atividade serviço postal é serviço público. Com efeito, bem o disse Dinorá Grotti, de modo singelo e preciso: "Cada povo diz o que é serviço público em seu sistema jurídico. A qualificação de uma dada atividade como serviço público remete ao plano da concepção do Estado sobre seu papel. É o plano da escolha política, que pode estar fixada na Constituição, na lei, na jurisprudência e nos costumes vigentes em um dado tempo histórico".[9]

Se o direito positivo de um dado país qualifica a atividade tal ou qual como sendo "serviço público", é da mais completa e total irrelevância para o intérprete, para o aplicador do Direito, se, acaso, em outros países diversa for sua qualificação.

Mais irrelevante ainda, se possível, seria o fato de em dada época estarem sendo disseminadas, sobreposse em países subdesenvolvidos, teses (de interesse dos países cêntricos e de suas elites econômicas, e às quais aderem as elites locais) que preconizam a "diminuição" do Estado, a privatização de inúmeros serviços, a entrega à iniciativa privada de encargos até então havidos como da alçada do Poder Público. É compreensível que o empresariado ambicione assumi-los, ao farejar a possibilidade de extrair deles uma alta lucratividade, e até mesmo que teóricos do Direito acorram pressurosos para acolitar estes anelos; mas tais circunstâncias são absolutamente incapazes de alterar o Direito posto e juridicamente inaptas para supedanear interpretações dele desviantes. Com efeito, Carlos Maximiliano, nosso maior Mestre de Hermenêutica, advertiu: "Cumpre evitar não só o demasiado apego à letra dos dispositivos, como também o excesso contrário, o de *forçar a exegese* (...)".[10]

"Em todo caso, o hermeneuta *usa*, mas não *abusa* da sua liberdade ampla de interpretar os textos."[11]

Ora, bem: no caso em tela, como abundantemente visto, o art. 21, X, da CF declara que o serviço postal "compete à União". Tal serviço – assim como todas as demais atividades materiais arroladas no mesmo artigo – são, obviamente, serviços públicos. Ninguém imaginaria que não é serviço público um serviço que "compete à União", consoante disposição expressa da Lei Maior, que, demais disto, a toda evidência, responde à satisfação de necessidades gerais da coletividade e que, pelas razões já expostas, manifestamente não é exploração de ativida-

9. Dinorá Grotti, *O Serviço Público e a Constituição Brasileira de 1988*, São Paulo, Malheiros Editores, 2003, p. 87.

10. Carlos Maximiliano, *Hermenêutica e Aplicação do Direito*, 15ª ed., Rio de Janeiro, Forense, 1995, p. 103.

11. Idem, p. 154.

de econômica. Logo, não há como tergiversar a respeito.

11. Averbe-se também que a circunstância de tal serviço vir sendo prestado pela União por via de uma empresa pública não traz consigo predicação alguma capaz de sugerir a descaracterização do serviço como serviço público. Com efeito, empresas públicas, tanto quanto sociedades de economia mista, são simples instrumentos de que o Estado se vale, ora para "explorar atividade econômica", ora para prestar *serviços públicos propriamente ditos*. De resto, no Brasil estas figuras de estruturação administrativa têm sido larga e corriqueiramente utilizadas para a prestação de serviços públicos. Na órbita federal, como qualquer o sabe, serviços do setor energético têm sido prestados por tal meio, assim como também eram deste modo prestados os serviços de telecomunicações, estes *inclusive por explícita determinação constitucional*, enquanto não sobreveio a Emenda 8, de 15.8.1995, sem que jamais alguém houvesse levantado a mais remota suspeita de que por tal motivo deixassem de ser serviços públicos.

É claro que toda vez que um serviço público for prestado por pessoa jurídica estruturada nos moldes do direito privado, em despeito do caráter do sujeito que o desempenha, o regime que lhe presidirá a prestação *será sempre um regime público*, o regime de serviço público.

Dito regime caracteriza-se pela submissão a determinados princípios. Por amor à brevidade, não se fará mais que uma enumeração deles, sem lhes comentar o conteúdo. Prestado por empresa estatal delegatária do serviço ou por concessão a particulares (ou permissão), de toda sorte vigorarão sempre os princípios da supremacia do interesse público sobre o privado; do dever governamental de lhes assegurar a prestação; da adaptabilidade; da universalidade; da impessoalidade; da continuidade; da transparência; da motivação; da modicidade das tarifas; e do controle.

Não se suporia que estes princípios a que se aludiu, e que caracterizam o serviço público, pudessem deixar de ser impositivos quando em pauta o serviço postal. *De outro lado, também ninguém imaginaria que os mesmos princípios, as mesmas exigências, pudessem ser feitos a uma atividade privada, oriunda da livre iniciativa e cujos destinos fossem ordenados meramente pelos critérios do mercado e da livre concorrência, supostos no art. 170 da CF.*

Assim, aliás, e por mais esta poderosíssima razão, exibe-se o caráter de serviço público próprio do serviço postal, cuja índole, constitucionalmente consagrada, em nada se afeta pela circunstância de ser prestado por empresa pública. É também evidente que, se acaso fosse possível outorgá-lo a particulares por via de concessão ou permissão – e não é, como ao diante se demonstrará –, particulares jamais poderiam desempenhá-los, salvo se estivessem arrimados nesta titulação outorgada pelo Estado, a qual, *ipso facto*, os colocaria sob a sujeição ao aludido *indispensável* regime, coisa inconcebível se de atividade privada se tratasse.

12. Por último, vale anotar que o serviço postal *não está arrolado* entre aqueles que, de acordo com previsão constitucional, admitem tanto *titularidade do Estado* sobre o serviço propriamente dito quanto *titularidade concorrente* dos particulares (saúde, educação, previdência e assistência social). Por que a Constituição não o fez? Como admitir a possibilidade de que particulares pudessem, em concorrência com o Estado, prestar serviço postal se, podendo arrolá-lo entre os quatro que mencionou, não o fez? Há nisto a óbvia decisão de não conferir um tratamento particularizado que outorgou a outros.

De resto, nada do que está contemplado no art. 21 foi objeto de inclusão constitucional nesta situação de titularidade dúplice. E é óbvio por que não o foi. No esquema constitucional de distribuição das atividades materiais existentes no seio da vida social – repita-se – foi adotado o critério de atribuir aos particulares senhoria exclusiva (com ressalva das exceções do art. 173) sobre o que foi denominado "exploração de atividade econômica", ou "domínio econômico" ou "ordem econômica".

Inversamente, foi atribuída ao Estado senhoria exclusiva sobre o que foi apresentado como sendo de sua competência, isto é, no que concerne à União, basicamente o que foi arrolado no art. 21, X a XII – isto é, os serviços públicos. Finalmente, dentro da mesma lógica, foram *enumerados*, evidentemente fora desta aludida relação, *determinados e específicos serviços* (unicamente saúde, educação, previdência e assistência social) sobre os quais foi conferida senhoria tanto a particulares quanto ao Poder Público, de sorte que, quando por este *prestados*, dever do qual não pode se omitir, serão serviços públicos, muitas vezes conhecidos como "serviços sociais".

De todo modo, emerge com insofismável clareza que, se fora para excepcionar o regime de exclusividade, seria necessária uma explícita manifestação constitucional da qual se extraísse o intento de contrariar o princípio por ela mesma composto. Eis, pois, que é insuscetível de dúvida que particulares carecem radicalmente de qualificação que lhes facultasse prestar, *sponte propria*, serviço postal. Se admissível fosse que operassem em tal seara – e não é, como ao adiante se dirá –, evidentemente a hipótese só seria abstratamente cogitável quando estivessem habilitados pelo Poder Público mediante concessão ou permissão.

Anote-se que, ressalvado o que foi dito no período anterior, até aqui se esteve a falar tão-somente de *titularidade sobre o serviço propriamente*, e não sobre eventual *titularidade em relação tão-só à prestação dele*, a qual, em tese, poderia existir em favor dos que fossem investidos na qualidade de concessionários ou permissionários, *se não existissem, para tanto, óbices constitucionais*. Esta, aliás, é a questão a ser examinada em seguida.

13. Trata-se, em suma, de saber se o serviço postal poderia ser prestado por particulares com base em uma concessão ou permissão, a teor do que prevê o já referido art. 175 da Lei Maior, ou se o Poder Público haverá de deter *com exclusividade o próprio exercício de tal serviço*.

Comece-se por reiterar que não se pode confundir a titularidade do *serviço* com a titularidade da *prestação do serviço*. Uma e outra são realidades jurídicas visceralmente distintas.

O fato de o Estado (União, Estados, Distrito Federal e Municípios) ser titular de serviços públicos – ou seja, de ser o sujeito que detém "senhoria" sobre eles – não significa que deva obrigatoriamente *prestá-los* por si ou por criatura sua quando detenha a titularidade exclusiva do serviço.

Na esmagadora maioria dos casos estará apenas obrigado a discipliná-los e a *promover-lhes* a prestação.

Assim, tanto poderá prestá-los por si mesmo ou por entidade sua, como poderá *promover-lhes* a prestação *conferindo a entidades estranhas ao seu aparelho administrativo* (particulares e, dentro de certos limites, outras pessoas de direito público interno ou da Administração indireta delas) titulação para que os desempenhem, isto é, para que os prestem segundo os termos e condições que fixe, e ainda assim enquanto o interesse público aconselhar tal solução. Ou seja, poderá conferir "concessão" ou "permissão" de serviços públicos (que são as expressões constitucionalmente utilizadas no art. 175 e que o art. 21, XI e XII, menciona), de par com a "autorização",[12] para que sejam efetuados por tais pessoas.

12. Ao nosso ver, o tratamento correto é o que consta do art. 175, pois a expressão "autorização" utilizada no art. 21 está reportada apenas às seguintes situações: (a) uma que corresponde a hipóteses em que efetivamente há serviço de telecomunicação, como o de rádio-amador ou de interligação de empresas por cabos de fibras óticas, mas não propriamente serviço público, mas

14. Há, entretanto, duas espécies de serviços que *só podem ser prestados pelo próprio Estado*, isto é, que não podem ser prestados por concessão, permissão ou autorização. São eles os de *serviço postal* e *correio aéreo nacional*, como resulta do art. 21, X.

Isto porque, ao arrolar no art. 21 competências da União quanto à prestação de serviços públicos, menciona, nos incisos XI e XII (letras "a" a "f"), diversos serviços. A respeito deles esclarece que a União os explorará "diretamente ou mediante autorização, concessão ou permissão". Diversamente, ao referir, no inciso X, o serviço postal e o correio aéreo nacional, não concedeu tal franquia. Assim, é visível que não quis dar o mesmo tratamento aos vários serviços que considerou. Foi o que anotamos em obra teórica retrocitada.[13]

Com efeito, em seu senso normal, pessoa alguma imaginaria que o constituinte se distraiu e não percebeu que em duas hipóteses distinguiu as alternativas de prestar diretamente ou trespassar o exercício do serviço a terceiro, autorizando a ambas, e em outra hipótese não tomou acordo de que deixara de abrir tais alternativas e que não facultara a prestação por meio de particulares concessionários, permissionários ou autorizatários. Omissão, aliás, tanto mais significativa porque a hipótese na qual deixou de facultá-lo é justamente a primeira delas, a que consta do inciso X.

Ninguém é tão distraído assim, e ao intérprete não é dado irrogar ao legislador, maiormente ao constituinte, um descuido na elaboraçao do texto, uma desatenção de um porte tão grande, que mais pareceria própria de um padecente do mal de Alzheimer. Acresce que a própria linguagem do inciso X é distinta e até muito mais incisiva que a dos incisos XI e XII. Enquanto nestes referiu "explorar diretamente ou mediante autorização, concessão ou permissão", no inciso X valeu-se da expressão "manter" – palavra que etimologicamente provem de *manu tendere*, isto é, "ter na mão". De fato, "manter" significa, de acordo com os dicionários, "prover do necessário à subsistência", "sustentar", "segurar", "conservar", "reter".

É, portanto certo, para além de qualquer dúvida ou entredúvida, que o texto constitucional decidiu que o serviço postal não poderia ser dado em concessão, permissão ou autorização, mas, pelo contrário, a própria União (ou criatura dela mesma, desdobramento personalizado de seu aparelho administrativo) deveria se encarregar da prestação de tal serviço.

15. É, pois, compreensível que em nível infraconstitucional – isto é, no patamar legal ou de ato que a Constituição declare possuir força equivalente à da lei – existem normas que declaram ser exclusivamente da alçada da União ou de empresa pública federal a competência para a prestação de serviço postal. Assim, a Lei 6.538, de 22.6.1978, em seu art. 9º, estabelece que serão exploradas pela União "em regime de monopólio" as atividades ali arroladas; e o art. 2º, I, do Decreto-lei 509, de 20.3.1969, estatui que à ECT compete "executar e controlar, em regime de monopólio, os serviços postais em todo o território nacional".

Embora com técnica legislativa padecente de dolorosa indigência – pois foi utilizada a expressão "monopólio", que é incabível para serviços públicos, pois diz respei-

serviço de interesse privado delas próprias. Aí, então, a palavra "autorização" foi usada no sentido corrente em direito administrativo para exprimir o ato de "polícia administrativa", que libera alguma conduta privada, propriamente dita, mas cujo exercício depende de manifestação administrativa aquiescente para verificação se com ela não haverá gravames ao interesse público; (b) outra a de abranger casos em que efetivamente está em pauta um serviço público, mas se trata de resolver emergencialmente uma dada situação, até a adoção dos convenientes procedimentos por força dos quais se outorga permissão ou concessão. Por isto mesmo, a palavra "autorização" está utilizada também no art. 223 da CF.

13. Celso Antônio Bandeira de Mello, *Curso de Direito Administrativo*, cit., 19ª ed., p. 649.

to à exploração de atividade econômica, e não a atividades típicas do Estado –, é perfeitamente identificável nos dispositivos mencionados o sentido, o alcance, do comando em questão: conferir à União ou empresa pública sua – no caso, a ECT – *exclusividade na própria prestação de serviços postais*, cortando cerce a possibilidade de que terceiros alimentem a pretensão de vir a prestá-los, ainda que com habilitação conferida pela União.

16. Ao cabo destas considerações, parece razoável concluir que o serviço postal, a que alude o art. 21, X, da CF Brasileira, a toda evidência, não é atividade econômica; que a ele, obviamente, não se aplicam os princípios da livre iniciativa e da livre concorrência, previstos no art. 170, assim como não há como ou por quê aplicar-se-lhe o disposto no art. 173 da CF; que a atividade "serviço postal" deve, para além de qualquer dúvida ou entredúvida, ser havida como serviço público, sendo irrelevante, para fins de lhe interpretar a correta caracterização no direito constitucional brasileiro, o fato de haverem prosperado idéias neoliberais; que a circunstância de ser prestado por empresa pública não é, de modo algum, indício de desqualificação do serviço postal como serviço público; que, em face da Constituição Federal, não se pode admitir a concomitante titularidade do Estado e particulares sobre o serviço postal em apreço, sendo literalmente impensável que pudessem desempenhá-los independentemente de autorização, concessão ou permissão; que, em face da Constituição Federal, o serviço postal não pode ser prestado por particulares com base em concessão ou permissão – taxinomia utilizada no art. 175 da Lei Maior –, nem com apoio em autorização – para mencionar, também, expressão constante dos incisos XI e XII do art. 21. Pelo contrário, *ex vi Constitucionis*, o Poder Público terá de deter *com exclusividade o próprio exercício de tal serviço*, a ser prestado tão-somente pela União ou por sujeito integrante de seu aparelho administrativo; que é perfeitamente compreensível, então, que existam em nível infraconstitucional, isto é, em nível legal ou constitucionalmente designado como equivalente, normas que conferem à União ou empresa pública federal exclusividade na prestação de serviço postal.

RESPONSABILIDADE CIVIL OBJETIVA POR DANO AMBIENTAL COM BASE NO RISCO CRIADO

TOSHIO MUKAI

Mestre e Doutor em Direito (USP) – Ex-Professor de Direito Administrativo da Faculdade de Direito da Universidade Mackenzie/SP – Secretário da Sociedade Brasileira do Direito do Meio Ambiente – Membro da Comissão de Meio Ambiente da OAB/Conselho Federal

Sabe-se que, em tema de responsabilidade civil, a regra é a da prevalência da teoria subjetiva, podendo, em relação a determinados assuntos, por previsão legal expressa, ser essa responsabilidade de ordem objetiva, ou seja, independente da demonstração de culpa ou dolo.[1]

Porém, também é sabido que a teoria objetiva se assenta na idéia de risco.

Como ensina Caio Mário da Silva Pereira, "em termos de responsabilidade civil, o risco tem sentido especial, e sobre ele a doutrina civilista desde o século passado vem se projetando, com o objetivo de erigi-lo em fundamento do dever de reparar, com visos de exclusividade, ou como extremação teórica, oposta à culpa".[2]

E, como adverte o referido autor, as discussões sobre o assunto geraram diversas teorias acerca das modalidades (subespécies) de risco: risco integral, risco profissional, risco-proveito, garantia, a teoria dos atos anormais e a teoria do risco criado.

Como também se sabe, somente a primeira e a última ganharam reconhecimento no Direito Comparado.

Diz Caio Mário: "No primeiro plano, e forte em comparação filosófica mais ampla, emerge a idéia de que a responsabilidade civil não deve assentar em um conceito positivo. Abolindo a idéia de culpa, proclama-se que qualquer fato, culposo ou não-culposo, deve impor ao agente a reparação, desde que cause um dano. Trata-se de uma tese puramente negativa. Não cogita de indagar como ou por que ocorreu o dano. É a denominada doutrina do risco integral, que no campo do direito privado não fez escola, uma vez que os mais extremados objetivistas procuram sempre subordinar a idéia de ressarcimento a um critério que retire o princípio da responsabilidade civil do universo incontrolável do ambiente aleatório. Sujeitando-se por isto às críticas mesmo dos partidários do risco, não prosperou no direito privado".[3]

1. Art. 927, parágrafo único, do CC de 2002: "Haverá obrigação de reparar o dano, independentemente de culpa, nos casos especificados em lei, ou quando a atividade normalmente desenvolvida pelo autor do dano implicar, por sua natureza, risco para o direito de outrem".

2. Caio Mário da Silva Pereira, *Responsabilidade Civil*, 4ª ed., Rio de Janeiro, Forense, 1993, p. 277.

3. Caio Mário da Silva Pereira, *Responsabilidade Civil*, cit., 4ª ed., p. 279.

Quanto à teoria do risco criado, o autor assevera que a tendência do nosso direito positivo é pela sua admissão entre nós.[4]

Ao comentar sobre seus requisitos, exige que estes sejam: (a) a ocorrência de um dano; (b) relação de causalidade (nexo causal). Quanto a este segundo requisito, afirma: "O elemento assim visado deve ser determinado em função de ser em decorrência da atividade (ainda que normal) do agente. É preciso, então, como dizem Malaurie e Laurent, determinar a 'função causal' de cada uma das atividades, do autor e da vítima do dano, o que, de certo modo, não é possível. Onde se situa, portanto, a presença deste elemento é na comprovação de que 'o dano deve-se deduzir de uma apreciação objetiva das circunstâncias do acidente'".[5]

Com relação ao Estado, nunca em nossa história constitucional (desde a Constituição Federal de 1946) abraçamos a teoria do risco integral. Hely Lopes Meirelles, já em 1966, no seu *Direito Administrativo Brasileiro*,[6] alude aos que sustentam a adoção, pela nossa Constituição, da teoria do risco integral, declarando-se energicamente contrário a esse entendimento e preconizando a do risco administrativo.

Informa-nos José Aguiar Dias que "a opinião do exímio Seabra Fagundes é no sentido de que a Constituição adotou o princípio do risco criado (*O Controle dos Atos Administrativos pelo Poder Judiciário*, 2ª ed., p. 218). Ela não importa, entretanto, adesão ao princípio do risco integral, pois as expressões não são sinônimas e as conseqüências que o grande tratadista tira daí comportam essa conclusão".[7]

Na jurisprudência do STF desde longa data a teoria do risco administrativo é que sempre predominou, como, por exemplo, em acórdão publicado na *RTJ* 52/7, relator o Min. Amaral Santos. Assim também, em outros arestos o STF rejeitou expressamente a teoria do risco integral em relação ao Estado.

Para Aguiar Dias: "A Constituição de 1988, em seu art. 37, § 6º, sufragou o princípio do risco como regedor da responsabilidade civil das pessoas jurídicas de direito público (...)".[8]

Antes de seguir à frente, há que recordar, com Tupinambá Miguel Castro do Nascimento, que, "entre as duas hipóteses, responsabilidade por risco administrativo ou por risco integral, existem diferenças. No risco integral, basta o nexo causal entre a conduta do agente e o dano resultante, baseando-se a responsabilidade nesta causação, não a excluindo nem o caso fortuito, ou força maior, nem a culpa exclusiva da vítima ou ofendido. O risco abarca todas as situações, sendo integral. No risco administrativo, mesmo exigível o nexo causal, há excludentes da responsabilidade estatal: culpa exclusiva da vítima e caso fortuito, ou força maior".[9]

Informa o autor que noticia Arnoldo Wald[10] que, modernamente, tanto a doutrina como a jurisprudência brasileiras consagram a responsabilidade objetiva, por risco administrativo.

Outro aspecto assaz importante foi ressaltado pelo Des. Cavalieri Filho: "Convém registrar que a teoria do risco administrativo não se confunde com a do risco integral, muito embora alguns autores neguem a existência de qualquer distinção entre elas, chegando mesmo a sustentar que tudo não passa de uma questão de semântica. A realidade, entretanto, é que a distinção se faz necessária para que o Estado não venha a ser res-

4. Idem, p. 283.

5. Idem, p. 284.

6. P. 531.

7. Aguiar Dias, *Da Responsabilidade Civil*, 9ª ed., vol. II, 1994, p. 607.

8. Idem, p. 616.

9. Tupinambá Miguel Castro do Nascimento, *Responsabilidade Civil do Estado*, Rio de Janeiro, AIDE, 1995, p. 17.

10. Arnoldo Wald, "Os fundamentos da responsabilidade civil do Estado", *Ajuris* 58/153-171.

ponsabilizado naqueles casos em que o dano não decorra direta ou indiretamente da atividade administrativa".[11]

E, em outra passagem, assevera o autor: "Destarte, a partir da Constituição de 1946, a responsabilidade do Estado Brasileiro passou a ser objetiva, *com base na teoria do risco administrativo*, onde não se cogita da culpa, mas, tão-somente, da relação de causalidade".[12]

E informa:

"Convém ainda registrar que a nossa Suprema Corte reiteradamente decidiu que: 'A responsabilidade objetiva, insculpida no art. 194 e seu parágrafo único da CF de 1967 e 1969, arts. 105 e 107, respectivamente, não importou no reconhecimento do risco integral, mas temperado (RE 68.107-SP, rel. Min. Thompson Flores, *RTJ* 55/50-54)'. Ao fundamentar seu voto, o insigne Relator refere-se a outro voto que proferiu no RE 66.013 (*RTJ* 51/704), sustentando que, 'embora tenha a Constituição admitido a responsabilidade objetiva, *aceitando mesmo a teoria do risco administrativo, fê-lo com temperamentos, para prevenir os excessos e a própria injustiça*'. Aduz, a seguir, que a teoria do risco não priva o Estado do propósito de eximir-se da reparação quando deflui do comportamento doloso ou culposo da vítima.

"*A contrario sensu* – conclui – *seria admitir a teoria do risco integral* que obriga a Administração a indenizar sempre, e que, pelo absurdo, levaria Jean Defroidmont a cognominá-la de brutal."[13]

Quanto ao raciocínio jurídico pelo qual tanto a doutrina quanto a jurisprudência, como vimos, acolheram, entre nós, a responsabilidade civil do Estado com base na teoria do risco administrativo, reportamo-nos ao que escrevemos no nosso *Direito Ambiental Sistematizado*: "Mas por que a teoria do risco administrativo e não a do risco integral?".[14]

Se formos a Hely Lopes Meirelles, veremos esta sutil explicação: "A Constituição acolheu a teoria objetiva do risco administrativo, revogando em parte o art. 15 do CC" [*de 1916*], mas "não chegou aos extremos do risco integral" porque "o que a Constituição distingue é o dano causado pelos agentes da Administração (funcionários) *dos danos causados por atos de terceiros*, ou por fenômenos da Natureza. Observe-se que o art. 194 [*Carta de 1946*] só atribui responsabilidade objetiva à Administração *pelos danos que seus funcionários, nessa qualidade, causem a terceiros*. Portanto, o legislador constituinte só cobriu o risco administrativo da atuação, ou inação, dos servidores públicos; *não responsabilizou objetivamente a Administração por atos predatórios de terceiros*, nem por fenômenos naturais que causem danos aos particulares".[15]

Da mesma forma, o Des. Sérgio Cavalieri Filho assevera: "Duas outras conclusões podem ser extraídas do texto constitucional em exame. O Estado só responde pelos danos que os *seus agentes, nessa qualidade*, causem a terceiros. A expressão grifada – *seus agentes, nessa qualidade* – está a evidenciar que o constituinte adotou expressamente a *teoria do risco administrativo* como fundamento da responsabilidade da Administração Pública, e não a *teoria do risco integral*, porquanto condicionou a responsabilidade objetiva do Poder Público ao dano decorrente da sua atividade administrativa, isto é, aos casos em que houver relação de causa e efeito *entre a atividade do agente público e o dano*. Sem essa relação de causalidade, como já ficou assentado, não há como e nem por quê responsabilizá-lo. Importa

11. Sérgio Cavalieri Filho, *Programa de Responsabilidade Civil*, 2ª ed., 3ª tir., São Paulo, Malheiros Editores, 1999, p. 162.

12. Idem, p. 165.

13. Idem, ibidem.

14. Toshio Mukai, *Direito Ambiental Sistematizado*, 4ª ed., Rio de Janeiro, Forense Universitária, 2002.

15. Hely Lopes Meirelles, *Direito Administrativo Brasileiro*, 1ª ed., São Paulo, Ed. RT, 1964, p. 494.

dizer que o Estado não responderá pelos danos causados a outrem pelos servidores quando não estiverem no exercício da função, nem agindo em razão dela. Não responderá, igualmente, quando o dano decorrer de fato exclusivo da vítima, caso fortuito ou força maior e *fato de terceiro*, por isso que tais fatores, por não serem agentes do Estado, excluem o nexo causal".[16]

No mesmo diapasão e raciocínio jurídico, escreve Tupinambá Miguel Castro do Nascimento: "A '*culpa exclusiva*', *seja da vítima, seja de terceiro*, que não seja o agente 'nessa qualidade' (§ 1º do art. 37 da CF), é causa excludente da responsabilidade estatal *porque desfaz o próprio nexo causal necessário* à responsabilização. Com efeito, se a causa exclusiva, ou única, dos danos é a culpa da vítima ou de terceiro, este sem qualquer vinculação com o Estado, o *nexo causal* não tem origem na atividade da Administração Pública ou em sua omissão. Ao contrário, o nexo causal se daria entre o ato ou omissão culposos da vítima e os danos então resultantes. Esta excludente ataca a raiz da responsabilidade".[17]

Dessas lições doutrinárias e jurisprudenciais relativas à responsabilidade objetiva retiramos a orientação central da limitação dessa responsabilidade à teoria do risco administrativo: *é a redação do dispositivo constitucional que inadmite o acolhimento da teoria do risco integral.*

O texto atual correspondente ao art. 194 da CF de 1946 e ao art. 107 da Emenda Constitucional 1/1969 é o § 6º do art. 37 da CF de 1988, *in verbis*: "As pessoas jurídicas de direito público e as de direito privado prestadoras de serviços públicos *responderão pelos danos que seus agentes, nessa qualidade, causarem a terceiros*, (...)".

Ora, se compararmos essa redação – que empenha a responsabilidade do Estado somente quando houver uma ação ou omissão do agente público, nessa qualidade, que cause o dano (daí as excludentes já mencionadas) – com o que prescreve o § 1º do art. 14 da Lei 6.938/1981, veremos que aquele mesmo raciocínio jurídico pode e deve ser feito.

Reza o referido dispositivo: "Sem obstar à aplicação das penalidades previstas neste artigo, *é o poluidor obrigado*, independentemente da existência de culpa, a indenizar ou reparar os danos causados ao meio ambiente e a terceiros *afetados por sua atividade*".

Destarte, segundo o texto que acolhe a responsabilidade objetiva em relação aos danos ambientais, é o *poluidor* que é obrigado a indenizar ou reparar os danos que *causar ao meio ambiente* e a terceiros *afetados por sua atividade.*

Portanto, da mesma forma que em relação ao Estado, há que haver um nexo causal entre o dano e uma ação do funcionário, nessa qualidade, para que aquele seja responsabilizado pelo dano; aqui também há que ficar configurado o nexo causal entre o dano ambiental e a terceiros e o *poluidor, por sua atividade.*

Assim, não há falar em responsabilidade de um eventual "poluidor" se houve ação de terceiros na causa do dano ambiental, vítima ou não; e, evidentemente, nesse rol ainda estão o caso fortuito (evento causado pela ação humana de terceiros) e a força maior (evento causado pela Natureza).

Conclusões: à semelhança do que ocorre no âmbito da responsabilidade objetiva do Estado é que, no direito positivo pátrio, a responsabilidade objetiva por danos ambientais é da modalidade do *risco criado* (admitindo as excludentes da culpa da vítima ou terceiros, da força maior e do caso fortuito), e não a do risco integral (que inadmite excludentes), nos exatos e expressos termos do § 1º do art. 14 da Lei 6.938/1981, que, como vimos, somente empenha a responsabilidade de alguém por danos ambientais se ficar comprovada a ação efetiva (ati-

16. Sérgio Cavalieri Filho, *Programa de Responsabilidade Civil*, cit., 2ª ed., 3ª tir., pp. 166-167.

17. Tupinambá Miguel Castro do Nascimento, *Responsabilidade Civil do Estado*, cit., p. 19.

vidade) desse alguém, direta ou indiretamente, na causação do dano.

No mesmo sentido, lê-se em Alvino Lima:

"A responsabilidade pelo dano ecológico, à vista do disposto no art. 14 da Lei 6.938/1981, na conformidade da jurisprudência atual, é objetiva, pois obriga o poluidor a indenizar ou reparar os danos causados ao meio ambiente e a terceiros, afetados por sua atividade, independentemente de existência de culpa.

"Portanto, em cada caso concreto, haverá de existir a prova de dois pressupostos indispensáveis: *a existência do dano ambiental e seu nexo causal com a ação ou omissão do pretenso responsável que seja a causa eficiente do evento capaz de gerar o prejuízo a ser indenizado.*"[18]

Fica, assim, definitivamente demonstrado que, em virtude do texto expresso da Lei 6.938/1981, a responsabilidade pelo dano ambiental é fundada na teoria do risco criado, e não na do risco integral.

18. Alvino Lima, *Culpa e Risco*, 2ª ed., atualizada por Ovídio Rocha Barros Sandoval, São Paulo, Ed. RT, 1998, p. 320.

OBSERVÂNCIA DO DEVIDO PROCESSO LEGAL PELO TRIBUNAL DE CONTAS

ADILSON ABREU DALLARI

Professor Titular de Direito Administrativo da PUC/SP

Nos termos do disposto nos arts. 70, 71 e 75 da CF, o controle externo da Administração Pública, Federal, Estadual e Municipal, compreendendo a fiscalização contábil, financeira, orçamentária, operacional e patrimonial das entidades da Administração direta e indireta, quanto à legalidade, legitimidade, economicidade, aplicação das subvenções e renúncia de receitas, é exercido pelo Poder Legislativo da respectiva pessoa jurídica de capacidade política, com o auxílio do Tribunal de Contas correspondente.

Dentro desse amplo universo de atribuições, compete ao Tribunal de Contas verificar a legalidade de contratos celebrados pela Administração Pública com particulares, podendo o Tribunal declarar a nulidade do ajuste, adotar medidas necessárias para sustar sua execução e, inclusive, aplicar sanções aos responsáveis.

O particular, empresa ou pessoa física, que assina um contrato com a Administração Pública incorpora ao seu patrimônio jurídico o direito de executá-lo e auferir a correspondente remuneração. A declaração de nulidade de um contrato e a sustação de seu cumprimento correspondem a uma dilapidação do patrimônio jurídico do particular contratado. E, sendo essa perda decorrente de um indigitado comportamento ilícito ou irregular, tal situação enquadra-se perfeitamente no conceito de sanção.

Diante disso, é irrecusável que o particular contratado está amparado pelo disposto nos incisos LIV e LV do art. 5º da CF, segundo os quais ninguém pode sofrer perda de seus bens sem o devido processo legal, nem ser punido sem que, previamente, lhe seja assegurado o direito à ampla defesa.

Não obstante a cristalina clareza desses dispositivos constitucionais, na prática, alguns Tribunais de Contas, até com o beneplácito de decisões judiciais, entendem que, em caso de denúncia de irregularidade de algum contrato, devem oferecer oportunidade de defesa apenas à entidade pública ou ao agente público responsável pelo ajuste, sem necessidade de assegurar o direito de defesa também ao contratado particular afetado.

Não é raro ocorrer que, em virtude da alternância no poder, característica do sistema democrático, a autoridade intimada para apresentar defesa seja adversária ou inimiga política daquela que firmou o contrato impugnado, tendo interesse pessoal na condenação do antecessor. Lamentavelmente, também não é difícil acontecer que o novo governante até promova a decretação de nulidade de contratos anteriores, para favorecer contribuintes de sua campanha eleitoral.

Quando isso ocorre, o particular anteriormente contratado fica totalmente indefeso.

Para afastar, definitivamente, qualquer dúvida sobre a obrigatoriedade de acatamento às garantias constitucionais do devido processo legal e da ampla defesa pelos Tribunais de Contas, convém transcrever o texto do acima mencionado inciso LV: "LV – aos litigantes, em processo judicial ou administrativo, e aos acusados em geral são assegurados o contraditório e ampla defesa, com os meios e recursos a ela inerentes".

Havendo uma acusação formal, uma denúncia ou, mesmo, um ato rotineiro de fiscalização apontando supostas ilegalidades na licitação da qual decorreu a contratação ou no próprio contrato firmado, é inegável a potencialidade de uma sanção ou de uma lesão ao direito do contratado particular.

Ora, havendo uma acusação, uma irrogação, uma atribuição de comportamento sancionável, é de rigor o oferecimento de oportunidade de ampla defesa, "com os meios e recursos a ela inerentes", a quem quer que possa ser atingido pela sanção aplicável, conforme ensina a melhor doutrina: "Assim, a ordem constitucional brasileira não tolera qualquer decisão que envolva a liberdade ou a propriedade dos indivíduos que não provenha de um processo regido por regras claras permissivas do exercício do direito à defesa e que haja passado sob o crivo de um magistrado independente".[1]

Salta aos olhos que ninguém pode ser punido sem, pelo menos, saber do quê está sendo acusado. Mas essa gritante aberração efetivamente ocorre quando o particular contratado nem mesmo é comunicado da existência do processo perante o Tribunal de Contas. Quando a Corte de Contas ouve apenas a autoridade pública responsável pela licitação ou pelo contrato, sem intimar o contratado particular, este acaba sendo diretamente atingido pela decisão proferida.

Estas afirmações valem para qualquer um dos Tribunais de Contas existentes no país. Porém, dada a impossibilidade de examinar a legislação aplicável a cada um deles, o presente estudo tomará como referência a legislação federal e a legislação estadual de São Paulo, acreditando que nos outros casos possivelmente existam disposições correlatas.

Sem a menor sombra de dúvida, decisão proferida pelo Tribunal de Contas do Estado de São Paulo sem oferecer oportunidade de defesa ao particular contratado afronta claramente a Constituição Estadual, que, obviamente, se aplica a todas as instituições públicas paulistas: "Art. 4º. Nos procedimentos administrativos, qualquer que seja o objeto, observar-se-ão, entre outros requisitos de validade, a igualdade entre os administrados e o devido processo legal, especialmente quanto à exigência da publicidade, do contraditório, da ampla defesa e do despacho ou decisão motivados".

Quando examina a legalidade de licitações e contratos, especialmente em razão de alguma denúncia, toda e qualquer Corte de Contas o faz por meio de um processo administrativo. No caso de São Paulo em nenhuma hipótese pode ser ignorado o disposto no art. 4º, acima transcrito. Entretanto, o Tribunal Paulista, lamentavelmente, insiste em proferir julgamentos secretos para o contratado, caminhando na contramão da História, desatento à importância crescente que vem sendo dada à processualização das decisões administrativas.

Tanto a União Federal quanto o Estado de São Paulo já editaram suas respectivas Leis Gerais de Processo Administrativo (Lei federal 9.784, de 29.1.1999, e Lei estadual 10.177, de 30.12.1998), cuja significação e abrangência são destacadas pela doutrina: "Uma lei geral de processo administrativo não regula apenas os chamados processos administrativos em sentido estrito, mas toda a atividade decisória da Administração, sem exceções, independentemente do modo como ela se expressa. Na visão

1. Edgar Silveira Bueno Filho, *O Direito à Defesa na Constituição*, São Paulo, Saraiva, 1994, p. 46.

brasileira mais comum, processo administrativo é um conjunto de trâmites exigidos em certas situações especiais, especialmente na demissão de servidor (processo disciplinar), no lançamento ou autuação tributária, bem como em sua impugnação (processo fiscal ou tributário). Quando pensamos na ação administrativa como um todo, normalmente não vinculamos a ela a idéia de processo. É justamente a essa visão que uma lei geral de processo (ou procedimento) administrativo se opõe radicalmente. O pressuposto lógico de uma lei é o de que, na Administração Pública, decidir é fazer processos – isto é, toda a atividade decisória é condicionada por princípios e regras de índole processual".[2]

As leis gerais de processo administrativo, ainda quando não diretamente aplicáveis, fornecem substanciosos parâmetros para a decisão de casos análogos. Isso já foi expressamente destacado pelo egrégio TJSP, em acórdão no qual sublinhamos a menção expressa ao Tribunal de Contas:

"É cediço também que a Constituição Federal estabeleceu, de forma expressa, princípios fundamentais destinados a reger o processo administrativo. Nesse passo, em consonância com o texto constitucional, a Lei n. 9.784, de 29.1.1999, editada para minudenciar exatamente as regras do processo administrativo, deixou consignado expressamente no art. 2º, a saber: 'A Administração Pública obedecerá, dentre outros, aos princípios da legalidade, finalidade, motivação, razoabilidade, proporcionalidade, moralidade, ampla defesa, contraditório, segurança jurídica, interesse público e eficiência'.

"Em sendo assim, na atuação judicante realizada no processo administrativo, *incluindo aqui os atos do Tribunal de Contas*, força afirmar a necessidade de se exigir da Administração Pública o respeito às normas constitucionais, aos princípios constitucionais e às normas infraconstitucionais. Essa cartilha de conduta é que irá formatar o devido processo legal à atuação da Administração Pública. *[grifamos]*

"Não é demais lembrar que o devido processo legal enquadra o princípio de maior importância no Direito Brasileiro, isto é, 'dele decorrem os demais princípios constitucionais. Devido processo legal significa, na verdade, devida adequação ao Direito, tradução de conteúdo mais aproximada à cláusula oriunda do direito constitucional anglo-saxônio' (Nelson Nery Jr. e Rosa Maria de Andrade Nery, *Código de Processo Civil Comentado e Legislação Processual Civil Extravagante em Vigor*, 5ª ed., São Paulo, Ed. RT, 2001, p. 1.641)."[3]

A jurisprudência supratranscrita menciona apenas a legislação federal de processo administrativo, mas poderia também ter-se referido à correlata legislação ordinária estadual, a já mencionada Lei 10.177, de 30.12.1998, que foi até mais incisiva no tocante à necessidade de observância do princípio da ampla defesa em qualquer processo administrativo, muito especialmente quando neles se cuidar da invalidação de ato ou contrato:

"Art. 58. O procedimento para invalidação provocada observará as seguintes regras: (...) IV – quando o parecer apontar a existência de terceiros interessados, a autoridade determinará sua intimação, para, em 15 (quinze) dias, manifestar-se a respeito; (...).

"(...).

"Art.62. Nenhuma sanção administrativa será aplicada a pessoa física ou jurídica pela Administração Pública sem que lhe seja assegurada ampla defesa, em procedimento sancionatório."

Considerando que a decisão no sentido de decretar a nulidade do contrato corresponde, sem qualquer dúvida, a uma san-

2. Carlos Ari Sundfeld e Guillermo Andrés Muñoz, "Processo e procedimento no Brasil", *As Leis de Processo Administrativo*, São Paulo, Malheiros Editores, 2000, p. 19.

3. Órgão Esp., MS 094.552-0/1-00, j. 23.10.2002, rel. Des. Denser de Sá, v.u.

ção administrativa diretamente aplicada ao contratado particular, é certo que este não pode ser afetado por tal decisão se não houver sido especificamente intimado da existência do processo. Não basta que a pauta e as decisões do Tribunal de Contas sejam objeto de publicaçao no *Diário Oficial*. Havendo um particular contratado perfeitamente identificado, é irrecusável sua formal e direta intimação, sem o quê não estará sendo assegurada a ampla defesa, com os meios e recursos a ela inerentes.

A Lei 10.177, de 30.12.1998, Lei Geral de Processo Administrativo Paulista, é taxativa ao afirmar que a inobservância das garantias constitucionais do devido processo legal e da ampla defesa acarreta a nulidade da decisão desconstitutiva do direito, nos expressos termos de seu art. 8º, que se transcreve parcialmente: "Art. 8º. São inválidos os atos administrativos que desatendam os pressupostos legais e regulamentares de sua edição, ou os princípios da Administração, especialmente nos casos de: (...) II – omissão de formalidades ou procedimentos essenciais; (...)".

No desenvolvimento de suas atividades, o Tribunal de Contas do Estado de São Paulo está, evidentemente, obrigado a acatar as determinações da Constituição Estadual (especialmente do art. 4º, acima transcrito), mas está também jungido ao disposto em sua lei de organização e funcionamento, a Lei Complementar 709, de 14.1.1993, cujo art. 116 dispõe: "Art. 116. Na falta de lei ou regulamento estadual, aplicar-se-á, supletivamente, às matérias disciplinadas por esta Lei, a legislação federal pertinente".

A "legislação federal pertinente" é a Lei 8.443, de 16.7.1992, que organiza e disciplina o funcionamento do TCU e que, no tocante ao assunto especificamente em debate neste estudo, dispõe: "Art. 31. Em todas as etapas do processo de julgamento de contas será assegurada ao responsável ou interessado ampla defesa".

Ou seja: fica perfeitamente claro que no julgamento das contas fica assegurada a oportunidade de ampla defesa não apenas ao responsável, mas, sim, também ao *interessado* – entendendo-se como tal qualquer pessoa que possa vir a ser afetada pela decisão, como é exatamente o caso do particular contratado.

No fundo, tanto a Constituição Estadual quanto a lei federal estão viabilizando e especificando instrumentos ou formas de assegurar o cumprimento dos princípios do devido processo legal e da ampla defesa, garantidos pela Constituição Federal, que, enfaticamente, se refere expressamente ao "contraditório e ampla defesa", deixando claro que essa ampla defesa deve ser exercitada de maneira contraditória.

Não basta que, depois de aplicada a punição e já sofrendo as conseqüências, o interessado (que nunca foi expressamente intimado da existência do processo) possa recorrer. O que a Constituição Federal, a Constituição Estadual e a legislação ordinária garantem é o direito à instrução contraditória antes da tomada da decisão punitiva ou ablativa do direito, na forma bem explicitada pela doutrina:

"O contraditório significa que a relação processual forma-se, legitimamente, com a convocação do acusado ao processo, a fim de que se estabeleça o elo entre o quanto alegado contra ele e o que ele venha sobre isso ponderar. Somente na dialética processual é que se afirma o Direito, de tal modo que uma assertiva e a sua contradita combinam os elementos donde o julgador extrai, sem vínculo prévio com qualquer das partes, a sua decisão jurídica.

"O contraditório garante não apenas a oitiva da parte, mas que tudo quanto apresente ela no processo, suas considerações, argumentos, provas sobre a questão, sejam devidamente levados em conta pelo julgador, de tal modo que a contradita tenha efetividade e não apenas se cinja à formalidade de sua presença."[4]

Seja permitido transcrever aqui o que já tivemos oportunidade de dizer sobre esse

4. Cármen Lúcia Antunes Rocha, "Princípios constitucionais do processo administrativo no Di-

assunto em trabalho monográfico elaborado na honrosa e confortável companhia do consagrado Sérgio Ferraz:

"Convém insistir em que a garantia constitucional do direito à ampla defesa exige que seja dada ao acusado – ou a qualquer pessoa contra a qual se faça uma irrogação, na qual se estabeleça uma apreciação desfavorável (ainda que implícita), ou que esteja sujeita a alguma espécie de sanção ou restrição de direitos – a possibilidade de apresentação de defesa prévia à decisão administrativa. Sempre que o patrimônio jurídico e moral de alguém puder ser afetado por uma decisão administrativa deve a ele ser proporcionada a possibilidade de exercitar a ampla defesa, que só tem sentido em sua plenitude se for produzida previamente à decisão, para que possa ser conhecida e efetivamente considerada pela autoridade competente para decidir. O direito de defesa não se confunde com o direito de recorrer, que será examinado mais adiante.

"O direito à ampla defesa impõe à autoridade o dever de fiel observância das normas processuais e de todos os princípios jurídicos incidentes sobre o processo."

"A instrução de processo deve ser contraditória. Isso significa que não basta que a Administração Pública, por sua iniciativa e por seus meios, colha os argumentos ou provas que lhe pareçam significativos para a defesa dos interesses do particular. É essencial que ao interessado ou acusado seja dada a possibilidade de produzir suas próprias razões e provas e, mais que isso, que lhe seja dada a possibilidade de examinar e contestar os argumentos, fundamentos e elementos probantes que lhe sejam desfavoráveis.

"O princípio do contraditório exige um diálogo; a alternância das manifestações das partes interessadas durante a fase introdutória. A decisão final deve fluir da dialética processual, o que significa que todas as razões produzidas devem ser sopesadas, especialmente aquelas apresentadas por quem esteja sendo acusado, direta ou indiretamente, de algo sancionável."[5]

Quando houver violado de maneira frontal e flagrante a Constituição Federal e a legislação federal pertinente (e mais a Constituição e a legislação estaduais, no caso das Cortes de Contas Estaduais), é certo que a decisão anulatória proferida pelo Tribunal de Contas padece – ela, sim – de nulidade, que poderá e deverá ser decretada pelo Poder Judiciário.

O Tribunal de Contas deve ser citado como réu na ação judicial anulatória movida pelo particular contratado em razão de sua personalidade judiciária (que não se confunde com personalidade jurídica), com base na qual tem a prerrogativa de defender diretamente perante o Poder Judiciário suas prerrogativas, suas competências e a validade dos atos por ele praticados no exercício de sua função constitucionalmente estabelecida, conforme ensina a melhor doutrina: "A personalidade jurídica não se confunde com a personalidade judiciária; esta é um *minus* em relação àquela. Toda pessoa jurídica tem, necessariamente, capacidade processual, mas órgãos há que, embora sem personalidade jurídica, podem estar em juízo, em seu próprio nome, em mandado de segurança, porque são titulares de direitos subjetivos suscetíveis de proteção judicial quando relegados ou contestados".[6]

No mesmo sentido, também sustentando a personalidade judiciária do Tribunal de Contas, assim se manifestou há algum tempo, antes de ascender a essa condição, o atualmente Ministro do STF Carlos Britto: "Nesse lanço, é de enfatizar que o Magno Texto Federal não falou de atos do presidente do TCU. Falou de atos da própria Corte de Contas, enquanto pressupostos de ajui-

reito Brasileiro", *Revista de Informação Legislativa* 136/18, Ano 34, outubro-dezembro/1997.

5. Adilson Abreu Dallari e Sérgio Ferraz, *Processo Administrativo*, São Paulo, Malheiros Editores, 2001, pp. 70-71 e 72.

6. Hely Lopes Meirelles, *Direito Municipal Brasileiro*, 6ª ed., São Paulo, Malheiros Editores, 1993, p. 445.

zamento dos citados remédios heróicos. Remédios que têm por objeto, como sabido, a tutela de direitos subjetivos ou direitos referidos a alguém em particular. E, em se tratando de direito não amparado por *habeas corpus* nem por *habeas data*, mas também privado dos atributos da certeza e liquidez, resta patente que sua defesa em juízo pode se dar por ação ordinária".[7]

Mas o próprio STF já se manifestou de maneira bastante incisiva no tocante à obrigatoriedade de observância das garantias constitucionais do devido processo legal e da ampla defesa pelo Tribunal de Contas, em acórdão cuja parte essencial se transcreve:

"*II – Tribunal de Contas – Processo de representação fundado em invalidade de contrato administrativo – Incidência das garantias do devido processo legal e do contraditório e ampla defesa, que impõem assegurar aos interessados, a começar do particular contratante, a ciência de sua instauração e as intervenções cabíveis.*

"Decisão pelo TCU de um processo de representação, do que resultou injunção à autarquia para anular licitação e o contrato já celebrado e em começo de execução com a licitante vencedora, sem que a essa sequer se desse ciência de sua instauração – Nulidade.

"Os mais elementares corolários da garantia constitucional do contraditório e da ampla defesa são a ciência dada ao interessado da instauração do processo e a oportunidade de se manifestar e produzir ou requerer a produção de provas; de outro lado, se se impõe a garantia do devido processo legal aos procedimentos administrativos comuns, *a fortiori*, é irrecusável que a ela há de submeter-se o desempenho de todas as funções de controle do Tribunal de Contas, de colorido quase-jurisdicional.

"A incidência imediata das garantias constitucionais referidas dispensaria previsão legal expressa de audiência dos interessados; de qualquer modo, nada exclui os procedimentos do Tribunal de Contas da aplicação subsidiária da Lei Geral de Processo Administrativo federal (Lei n. 9.784/1999), que assegura aos administrados, entre outros, o direito a 'ter ciência da tramitação dos processos administrativos em que tenha a condição de interessado, ter vista dos autos (art. 3º, II), formular alegações e apresentar documentos antes da decisão, os quais serão objeto de consideração pelo órgão competente'.

"A oportunidade de defesa assegurada ao interessado há de ser prévia à decisão, não lhe suprindo a falta a admissibilidade de recurso, mormente quando o único admissível é o de reexame pelo mesmo Plenário do TCU, de que emanou a decisão."[8]

As Leis Gerais de Processo Administrativo no Brasil são muito recentes, e certamente ensejarão muita resistência antes de sua completa assimilação e de sua fiel observância. A concepção patrimonialista e autoritária da nossa Administração Pública tem raízes profundas, desde a antiga Colônia, passando pelo Império e pela República Velha, tendo conseguido uma sobrevida até mesmo após a Constituição Federal de 1988.

Tal concepção afetou até mesmo os Tribunais de Contas, os quais, pouco a pouco, vão se dando conta do papel verdadeiramente essencial que devem desempenhar na completa restauração do Estado Democrático de Direito, passando a atuar de maneira mais técnica, dando maior abrangência aos exames de regularidade de atos e contratos, para verificar também a economicidade, mas sempre com a fiel observância dos direitos e garantias que a ordem jurídica confere às pessoas físicas, órgãos e entidades sob seu controle, inclusive e principalmente os particulares que contratam com o Poder Público.

7. Carlos Ayres Brito, "O regime constitucional dos Tribunais de Contas", in Carlos Maurício Figueiredo e Marcos Nóbrega (coords.), *Administração Pública – Direito Administrativo, Financeiro e Gestão Pública: Prática, Inovações e Polêmicas*, São Paulo, Ed. RT, 2002, p. 106.

8. STF, MS 23.550-1-DF, j. 4.4.2001, rel. Min. Sepúlveda Pertence.

A CONSTITUIÇÃO E O MEIO AMBIENTE – ALGUNS PRINCÍPIOS APLICÁVEIS À MATÉRIA E CERTOS TEMAS CORRELATOS[1]

MARCELO FIGUEIREDO

Advogado e Consultor Jurídico em São Paulo
– Professor concursado dos Cursos de Graduação e Pós-Graduação, lecionando
Direito Constitucional na PUC/SP – Mestre, Doutor e Livre-Docente pela mesma Universidade

1. Introdução. 2. O meio ambiente e seus princípios: 2.1 Princípio do direito humano fundamental – 2.2 Princípio da supremacia do interesse público na proteção do meio ambiente em relação aos interesses privados – 2.3 Princípio da indisponibilidade do interesse público na proteção do meio ambiente – 2.4 Princípio da obrigatoriedade da intervenção estatal – 2.5 Princípio da prevenção ou precaução – 2.6 Princípio do desenvolvimento sustentado – 2.7 Outros princípios. 3. As prerrogativas das autoridades ambientais e os direitos dos empreendedores. 4. A necessidade da ponderação de valores. A proteção do meio ambiente e o direito de propriedade com função social. 5. Um caso português. A contribuição de Canotilho.

1. Introdução

O tema do "desenvolvimento e Ecologia" vem apresentando cada vez mais interesse em todo o mundo. No passado imaginava-se que os conceitos de "meio ambiente" e "desenvolvimento" eram antagônicos.

Com o tempo, inúmeros movimentos internacionais, que se refletiram também em inúmeras conferências, acabaram por fixar a noção do *desenvolvimento sustentado*.

É verdade que o conceito tem diferente repercussão para países desenvolvidos e em desenvolvimento ou subdesenvolvidos.

Para os primeiros o conceito, de fato, parece mais importante que para os segundos. Isso porque os países desenvolvidos, ao longo dos séculos, só puderam elevar o nível de vida de suas populações provocando, com isto, um grau de poluição global, que faz com que a adoção, agora, pelos países em desenvolvimento, de uma política semelhante tornaria o mundo quase inabitável.

A única conclusão lógica possível seria exatamente a união de todas as Nações em torno de um objetivo comum: a defesa, a preservação e o adequado manejo do meio ambiente.

1. Texto originalmente preparado para servir como roteiro de análise para a intervenção no 6º Painel do II Congresso Brasileiro de Direito Ambiental, promovido pelo Instituto Nacional de Direito Público, em São Paulo, em maio/2004.

Aliás, não é por outra razão que o denominado "Protocolo de Kyoto" promete melhorar o clima do Planeta na próxima década. Para tanto, determina que os países desenvolvidos reduzam a emissão de gases causadores do efeito estufa (GHC).

O tratado estabelece uma redução desses gases da ordem de 5% em relação às emissões em 1990. Os países teriam até 2008 para implementar estes projetos e até 2012 para comprovar a redução. Para esse efeito foram criados mecanismos de flexibilização através dos quais os países ricos podem promover a redução fora de seu território. Esta alternativa ficou conhecida como "Mecanismos de Desenvolvimento Limpo" (MDL), sendo a negociação de *créditos de carbono* sua forma transacional.

A negociação de créditos de carbono já começa, de forma ainda incipiente – devido à falta de regulamentação mais clara –, a beneficiar algumas empresas no Brasil. São empresas emissoras de poluição, como é o caso, *v.g.*, de setores como o da siderurgia, do papel e celulose, do saneamento básico, de limpeza e deposição de resíduos sólidos, e tantos outros.

Parece estranho, sob determinado ponto de vista, que sejam criados mecanismos *negociais*, como é o caso do denominado "crédito de carbono". Tais mecanismos não estariam, de um modo indireto, "favorecendo" ou "isentando" aqueles que poluem o meio ambiente,[2] através de meios compensatórios? Não é essa, entretanto, a lógica do mecanismo.

Parte-se da evidência segundo a qual não há como o Homem, no atual estágio civilizatório, deixar de produzir e consumir. E essas atividades de produção e de consumo ocorrem no meio ambiente. Não seria, assim, sequer possível desenvolver atividades econômicas de produção e comercialização ausente algum tipo de interferência ambiental.

Se essa é a lógica *inexorável* da convivência contemporânea, cumpre achar, pois, os melhores caminhos para nela conviver. Fala-se, nessa medida, em "consumo sustentável", tema intimamente ligado à produção e ao consumo – à ordem econômica, portanto.

Por fim, ressalte-se, ainda, a existência de inúmeras frentes ou perspectivas que o Estado[3] ainda detém para zelar pelo meio ambiente em seus mais variados segmentos.[4] Assim, o tema comporta inúmeras abordagens, tais como, *v.g.*, a responsabilidade ambiental, o estudo do princípio do poluidor-pagador, as responsabilidades civis, penais e administrativas dos agentes poluidores, e tantos outras.

Somos obrigados, entretanto, neste momento, a recortar dado aspecto e explorá-lo. Exatamente o das *prerrogativas das autoridades ambientais e o direito dos empreendedores.*

É preciso louvar a iniciativa dos organizadores desse Congresso em exatamente propor a discussão desse tema.

Vejo nele importantes aspectos que põem, não raro, de um lado a autoridade administrativa ambiental, com todos os poderes que lhe são atribuídos pelo ordenamento jurídico, a fazer as exigências que são esta-

2. Recordem-se o art. 225 da CF e o Princípio 15 da Declaração das Nações Unidas sobre Meio Ambiente e Desenvolvimento do Rio de Janeiro, denominada de ECO/1992, assinada em junho/1992 por diversos Estados, inclusive o Brasil. Em ambos os dispositivos, na Constituição e na Declaração, encontramos o *princípio da precaução*, que "deve ser amplamente observado pelos Estados, de acordo com as suas capacidades. Quando houver ameaça de danos sérios ou irreversíveis, a ausência de absoluta certeza científica não deve ser utilizada como razão para postergar medidas eficazes e economicamente viáveis para prevenir a degradação".

3. Naturalmente, em duas órbitas: a interna e a internacional.

4. A Lei federal 6.938/1981 define o *meio ambiente*, em seu art. 3º, I, do seguinte modo: "(...) o conjunto de condições, leis, influências e interações de ordem física, química e biológica, que permite, abriga e rege a vida em todas as suas formas".

belecidas por inúmeras leis, decretos, resoluções etc.; de outro lado temos a figura do empreendedor, do empresário, que também tem um plexo de direitos (alguns de estatura constitucional) que lhe assegura o direito de empreender, de desenvolver atividades econômicas – direitos que devem ser fomentados e respeitados.

De outra parte temos a necessidade de preservar o meio ambiente. Mas esses dois movimentos não devem ser vistos como antagônicos. Interessante registrar que os problemas ambientais se tornam menores à medida que cresce a renda *per capita* e os países têm acesso a tecnologias que reduzem, por exemplo, a emissão de poluentes. É uma demonstração de que é perfeitamente possível o desejado *desenvolvimento sustentado* – que, nessa medida, não é uma utopia.

Esse delicado equilíbrio merece ser explorado em um painel como este. Mas, antes de entrar propriamente nessa matéria específica, cumpre, ainda, tecer algumas considerações acerca dos princípios que a informam.

2. O meio ambiente e seus princípios

Parece-nos que para bem desenvolver o tema proposto faz-se necessário partir da visão constitucional da matéria.

Será por meio da análise da Constituição que poderemos descobrir quais são os princípios aplicáveis à matéria objeto de nosso estudo.

Desde logo recorde-se que a Constituição Brasileira de 1988 foi a primeira a tratar deliberadamente da questão ambiental. Como ensina José Afonso da Silva "ela assumiu um capítulo específico sobre o meio ambiente, inserido no título da 'Ordem Social' (Capítulo VI do Título VIII). Mas a questão permeia todo o seu texto, correlacionada com os temas fundamentais da ordem constitucional".[5]

5. José Afonso da Silva, *Direito Ambiental Constitucional*, 4ª ed., São Paulo, Malheiros Editores, 2002, p. 46.

De outra parte, a doutrina enuncia quais os princípios jurídicos constitucionais aplicáveis à proteção ambiental ou relacionados diretamente ao tema em foco.[6]

Ressalte-se, ainda, que a repartição de competência em matéria ambiental, segundo José Afonso da Silva, segue os mesmos princípios que a Constituição adotou para a distribuição da competência em geral entre as entidades federativas. União, Estados, Distrito Federal e Municípios têm competência para a proteção ambiental. Encontramos competência material exclusiva, competência material comum, competência legislativa exclusiva e competência legislativa concorrente.[7]

Como dizíamos, há quem identifique inúmeros princípios ambientais já no texto constitucional, expressos ou implícitos. Embora não haja consenso na matéria sobre se todos eles seriam, de fato, princípios.[8] Por

6. Sérgio Ferraz, em memorável conferência acerca das relações internacionais e o direito ambiental proferida no II Congresso Brasileiro de Direito Ambiental, promovido pelo INDIP em São Paulo, em 7.5.2004, enunciou a existência de no mínimo cinco princípios cardeais a dominar o tema do meio ambiente. São eles: (1) princípio da soberania sobre recursos naturais; (2) princípio do direito ao desenvolvimento; (3) princípio da precaução; (4) princípio do poluidor-pagador; (5) princípio da responsabilidade estatal (consoante anotações que fizemos na conferência do ilustre Professor).

7. José Afonso da Silva, *Direito Ambiental Constitucional*, cit., 4ª ed., p. 75.

8. Os monografistas do tema invocam o princípio da prevenção (ou da precaução) como um dos mais importantes princípios fundamentais do direito ambiental – presente, inclusive, na Declaração de Estocolmo e reafirmado na Declaração do Rio em seu Princípio 15; o princípio da cooperação ou da informação e da participação dos cidadãos, também contido na Declaração do Rio, em seu Princípio 10. Trata-se do acesso à informação e da participação, velhos conhecidos do direito constitucional, também no exercício da função administrativa ambiental. Quer-se também o acesso e a participação do indivíduo e dos grupos nos diversos tipos de procedimentos administrativos e judi-

ora, vamos apenas enumerá-los, sem entrar nessa discussão – se todos eles seriam princípios constitucionais, ou não.

2.1 Princípio do direito humano fundamental

Parte-se do raciocínio segundo o qual o direito a um ambiente ecologicamente equilibrado é um direito humano fundamental, na medida em que dele depende a qualidade de vida do bem jurídico em foco – a vida humana.[9]

A afirmação de que o direito ao meio ambiente ecologicamente equilibrado é um *direito humano fundamental*, para nós, deve ser vista com alguma cautela. Primeiro teríamos que definir em que sentido estamos a empregar ambas as expressões, "meio ambiente" e "direitos humanos", para depois relacioná-las juridicamente, e somente após verificar se há proteção constitucional dessa categoria.

Não resta a menor dúvida de que o direito ao meio ambiente ecologicamente equilibrado é, evidentemente, um direito *relacionado* diretamente à vida e ao seu exercício pleno. Isso, aliás, está expresso no art. 225 da CF. Outra questão é saber qual a categoria desse direito na Constituição. Parece-nos que é direito difuso (categoria) de proteção à natureza humana. E, assim, em um sentido latíssimo, direito humano. Não é *de per si*, pois, direito individual ou coletivo, embora possa ser protegido por pessoas individual ou coletivamente organizadas.

Já, no aspecto internacional não resta dúvida de que se trata de um direito fundamental, tal como concebido e protegido por inúmeras declarações ambientais e também pela Declaração Universal dos Direitos do Homem.

Registre-se, ainda, que, para aqueles que encampam a tese da natureza constitucional dos direitos enunciados nos tratados internacionais, muitos dos direitos ambientais estariam elevados à natureza de norma constitucional. Mas não entraremos nessa discussão.

Basta assinalar, para os efeitos desse trabalho, que, atualmente, concebe-se o direito ao meio ambiente equilibrado como um direito intimamente relacionado ao direito à vida – e, assim, forçosamente digno de proteção *similar* à dispensada àquele. Dizemos "similar" porque, para nós, nenhum direito pode ter proteção mais elevada, mais intensa, que a vida. Todos lhe são decorrentes, em certo sentido.

2.2 Princípio da supremacia do interesse público na proteção do meio ambiente em relação aos interesses privados

Também aqui não há novidade alguma. Trata-se do velho princípio do direito público – especialmente administrativo[10] – aplicado à questão ambiental, ao tema em foco.

Integralmente aplicáveis as lições de Celso Antônio Bandeira de Mello acerca da matéria:

"(...). Significa que o Poder Público se encontra em situação de autoridade, de comando, relativamente aos particulares, como indispensável condição para gerir os interesses públicos postos em confronto. Compreende, em face da sua desigualdade, a pos-

ciais – como, aliás, é a tendência contemporânea da Teoria Geral do Processo. V. Michel Prieur, *Droit de l'Environnement*, 3ª ed., Paris, Dalloz, 1996.

9. Nesse sentido: Cristiane Derani, "Meio ambiente ecologicamente equilibrado: direito fundamental e princípio da atividade econômica", in Guilherme José P. de Figueiredo (org.), *Temas de Direito Ambiental e Urbanístico*, São Paulo, Max Limonad, 1988.

10. Aliás, não poderia ser diferente, já que a autoridade administrativa é sempre subordinada ao interesse público, pouco importando se está ela a zelar por valores ambientais ou protegendo outros valores como a saúde pública, a vida, a segurança etc.

sibilidade, em favor da Administração, de *constituir os privados em obrigações por meio de ato unilateral* daquela. Implica, outrossim, muitas vezes, o direito de *modificar, também unilateralmente*, relações já estabelecidas.

"(...).

"Aqui, entretanto, é necessária uma importantíssima acotação. Estes caracteres, que sem dúvida informam a atuação administrativa, de modo algum autorizariam a supor que a Administração Pública, escudada na supremacia do interesse público sobre o interesse privado, pode expressar tais prerrogativas com a mesma autonomia e liberdade com que os particulares exercitam seus direitos. É que a Administração exerce *função*: a função administrativa. Existe função quando alguém está investido no *dever* de satisfazer dadas finalidades em prol do *interesse de outrem*, necessitando, para tanto, manejar os poderes requeridos para supri-las. Logo, tais poderes são *instrumentais* ao alcance das sobreditas finalidades. Sem eles, o sujeito investido na função não teria como desincumbir-se do *dever* posto a seu cargo. Donde, quem os titulariza maneja, na verdade, "deveres-poderes", no *interesse alheio*."[11]

Aplicada a lição à realidade ambiental constitucional, é possível dizer que deve a autoridade pública cuidar, zelar, curar e defender o bem ambiental, bem da coletividade, da sociedade, da comunidade.

Conquanto não haja um único regime jurídico incidente sobre o meio ambiente e sobre os bens ambientais, pode-se afirmar que é ele – meio ambiente – bem de uso comum do povo, sujeito ao gozo e fruição coletivo para as presentes e futuras gerações. Como bem anota Álvaro Luiz Valery Mirra: "(...) pode-se afirmar, com absoluta segurança, que o regime protetor do meio ambiente adotado no Brasil, além de direcionar-se aos bens que na sua dimensão ecológica não pertencem a ninguém com exclusividade, ou pertencem a todos indistinta e indivisivelmente, incide igualmente sobre todos os elementos corpóreos configuradores do seu substrato material, qualquer que seja a sua titularidade, e em relação a todas as atividades ou práticas que de alguma forma estão relacionadas com o meio ambiente e com os bens ambientais, para orientá-los e condicioná-los – uns e outras – à preservação da qualidade ambiental propícia à vida".[12]

Como corolário do princípio acima enunciado, alguns autores vêm, ainda, a existência de dois princípios, a saber: o princípio da indisponibilidade do interesse público na proteção do meio ambiente e o princípio da obrigatoriedade da intervenção estatal. Parece-nos, entretanto, que ambos, se não chegam a ganhar foros de autonomia, podem, certamente, ser considerados como decorrências lógicas do primeiro.

2.3 Princípio da indisponibilidade do interesse público na proteção do meio ambiente

Por intermédio desse princípio há indicação do dever do Estado e dos particulares de não só preservar o meio ambiente, mas de compreender sua característica de indisponibilidade.

2.4 Princípio da obrigatoriedade da intervenção estatal

Trata-se de princípio operacional para a garantia da enunciada proteção constitucional (art. 225 da CF), sem a qual o meio ambiente ficaria totalmente fragilizado.

Parece, fora de dúvida que do ângulo eficacial esse princípio é o "mais importan-

11. Celso Antônio Bandeira de Mello, *Curso de Direito Administrativo*, 15ª ed., São Paulo, Malheiros Editores, 2003, p. 62.

12. Álvaro Luiz Valery Mirra, Ação *Civil Pública e a Reparação do Dano ao Meio Ambiente*, São Paulo, Juarez de Oliveira, 2002, p. 48.

te" no sentido de concretizar a anunciada proteção ambiental. É dizer, através da ampla gama de medidas enunciadas na Constituição nos incisos I a VII do § 1º do art. 225 é que efetivamente se poderá dar o primeiro passo à pretendida defesa do meio ambiente. Mas não é só.

Os comandos somente se integram com a edição da legislação ordinária, segundo passo à pretendida proteção, e assim sucessivamente.[13] Também aqui há proteção internacional incorporada.[14]

É evidente, aqui, o nó górdio da questão ambiental, como, de resto, de todas as outras, a demandar a ação positiva do Estado. O complexo sistema de proteção ambiental desdobra-se em inúmeras ações, princípios e políticas, que vão desde a edição de leis específicas até instrumentos de gestão mais concreta, tudo visando a conferir eficácia à norma constitucional.[15]

2.5 Princípio da prevenção ou precaução

Há ainda autores que vislumbram sua existência, conquanto ausente previsão explícita na norma constitucional, mas implícita no mesmo art. 225, § 1º, III, e § 6º.

Por seu intermédio, devem ser utilizados *todos* os instrumentos jurídicos aptos à defesa e preservação do meio ambiente.[16]

2.6 Princípio do desenvolvimento sustentado

Por seu intermédio, quer-se preservar os recursos naturais, de modo que sua exploração atenda à necessidade presente sem exauri-los ou comprometê-los para as gerações futuras.[17]

Como bem ressalta Édis Milaré "desenvolvimento sustentado" é aquele que propugna por um crescimento econômico qualitativo, única forma de "melhorar a qualidade de vida humana dentro dos limites da capacidade de suporte dos ecossistemas".[18]

2.7 Outros princípios

Há ainda quem identifique a existência de outros princípios como (a) o princípio da proteção da biodiversidade, (b) o princípio da defesa do meio ambiente, (c) o princípio da responsabilização pelo dano ambiental, e tantos outros.

Acreditamos que seja importante registrar certa confusão doutrinária, visualizando princípios constitucionais onde eles não existem ou, ainda, embaralhando conceitos ou princípios de direito constitucional com princípios de direito ambiental e, em alguns casos, com direitos e deveres ambientais, alguns – não todos – de natureza constitucional.

Razão assiste a Marcelo Abelha Rodrigues[19] quando alude a *princípios **do direi-***

13. V. Lei 9.985/2000, Lei 9.795/1999, Lei 8.974/1995, Lei 7.802/1989 e Lei 7.754/1989, todas elas procurando integrar os comandos dos incisos I a VII do § 1º do art. 225 da CF. Para uma visão mais ampla, v. Álvaro Luiz Valery Mirra, "Princípios fundamentais do direito ambiental", *Revista de Direito Ambiental* 2/96, São Paulo, Ed. RT.

14. V. Declaração de Estocolmo.

15. Para aprofundar a temática, v. José Afonso, *Direito Ambiental Constitucional*, cit., 4ª ed.

16. V. Paulo Affonso Leme Machado, *Direito Ambiental Brasileiro*, 6ª ed., São Paulo, Malheiros Editores, 1996, p. 506.

17. V.: Sebastião Valdir Gomes, *Direito Ambiental Brasileiro*, Porto Alegre, Síntese, 1999; Cristiane Derani, *Direito Ambiental Econômico*, São Paulo, Max Limonad, 1997. V., ainda, mais especialmente, o artigo de André Luiz Borges Netto intitulado "A defesa do meio ambiente como princípio da ordem econômica", *Cadernos de Direito Constitucional e Ciência Política* 11, São Paulo, Ed. RT.

18. Édis Milaré, "Tutela jurisdicional do ambiente", *Revista do Advogado* 37, AASP-92.

19. Marcelo Abelha Rodrigues, *Instituições de Direito Ambiental*, São Paulo, Max Limonad, 2002, p. 133.

to ambiental que nem sempre coincidem com os *princípios constitucionais*. Em outras palavras, nem todo *princípio do direito ambiental* é princípio constitucional, embora possamos encontrar alguns princípios do direito ambiental no texto constitucional.

Afirma o citado autor:

"Quando se fala em princípios do direito ambiental, devemos ter a exata noção do que está sendo exposto. É que, conquanto sejam identificáveis princípios do direito do ambiente no art. 225 da CF de 1988, é certo que absolutamente tudo que se relaciona ao meio ambiente está ligado ao direito à vida, motivo pelo qual há uma sobreposição natural, se não topológica ao menos teleológica, do objeto de tutela do ambiente em relação às demais ciências.

"Entendemos como princípios diretores do direito ambiental os seguintes: *ubiqüidade*, *desenvolvimento sustentável*, *poluidor-pagador* e *participação*. A partir destes princípios maiores poderíamos falar em subprincípios, que seriam: precaução, prevenção, correção da poluição na fonte, intervenção estatal, função social da propriedade, solidariedade, globalidade, educação ambiental e informação ambiental, multidisciplinariedade etc."[20]

3. As prerrogativas das autoridades ambientais e os direitos dos empreendedores

Agora, já munidos de um instrumental teórico, podemos avançar um pouco mais para a proposta específica desse artigo, desse painel.

Ninguém duvida da existência do dever de não degradar o meio ambiente, mas é preciso também reconhecer, do mesmo modo, a existência do "direito ao desenvolvimento" como conseqüência lógica e inevitável do exercício dos princípios da atividade econômica.

Essa temática é extremamente rica e com discussões que vão do direito constitucional e do direito administrativo ao direito de empreender, à própria atividade empresarial. Vejamos cada um deles.

No aspecto constitucional devem ser lembrados, desde logo, *princípios* (*todos eles*) *gerais* da atividade econômica (Capítulo I), que compõem a ordem econômica e financeira (Título VII) da Constituição Federal.

A rigor, não há razão para destacar esse ou aquele princípio como instrumental teórico de análise do tema. Diz a Constituição que o objetivo maior é exatamente *assegurar a todos existência digna*. Isso por intermédio da justiça social, observados os princípios: (a) da soberania; (b) da propriedade privada; (c) da *função social da propriedade*; (d) da *livre concorrência*; (e) da *defesa do consumidor*; (f) da *defesa do meio ambiente*; (g) da redução das desigualdades regionais e sociais; (h) da busca do pleno emprego; (i) do tratamento favorecido para as empresas de pequeno porte.

Não há falar, portanto, em realizar a livre iniciativa deixando de lado o meio ambiente. Ambos os princípios devem conviver em harmonia. Não há por que procurar frear a geração de riquezas, a produção e o consumo.

Aliás, sequer haveria condições de cogitar dessas hipóteses, já que o regime de livre concorrência (art. 170, IV, da CF) e da

20. E nós aduzimos: há alguns princípios diretores do direito ambiental que têm *status* constitucional. Ou, se quisermos, em um raciocínio inverso: há princípios constitucionais de maior latitude e abertura que condicionam o "subsistema" diretor ambiental, como é o caso da função social da propriedade (ambiental), do dever de proteção do meio ambiente – que para alguns é princípio –, do desenvolvimento sustentado, todos princípios constitucionais que devem condicionar a ação da autoridade ambiental, o legislador e o Estado-juiz (v. os arts. 225, *caput* e §§ 1º, IV, 2º e 3º, e art. 186, II, todos configurados como princípios constitucionais do direito ambiental ou como seus instrumentos de execução).

livre iniciativa (art. 1º, IV, da CF) deve estar afinado com a defesa do meio ambiente (arts. 170, VI, e 225 da CF).

De fato, todos os princípios da ordem econômica devem ser respeitados na exploração da atividade econômica. E nem poderia ser diferente, já que não há como conviver sem o setor produtivo, que cada vez está mais ciente da importância do meio ambiente e também como demandante de novas tecnologias, exigindo sistemas eficazes de gestão e produção.

Em síntese, o modelo que propicia o crescimento, a expansão de empregos de qualidade, a produtividade, deve ser essencialmente produtivo, ativo, concorrencial, e, ao mesmo tempo, dar ensejo à melhoria da qualidade de vida da população.

A preservação do meio ambiente *limita* a atividade econômica e também *condiciona* seu exercício. Evidentemente, o agente econômico, público ou privado, deve observar o comando constitucional a fim de que, o quanto possível, um ambiente saudável, íntegro, seja assegurado e compatível com o exercício das atividades econômicas.

Com razão Guilherme Amorim Campos da Silva quando traz à colação Amartya Sen:

"Os fins e os meios do desenvolvimento requerem análise e exame minuciosos para uma compreensão mais plena do processo de desenvolvimento; é sem dúvida inadequado adotar como nosso objetivo básico apenas a maximização da renda ou da riqueza, que é, como observou Aristóteles 'meramente útil e em proveito de alguma outra coisa'. Pela mesma razão, o crescimento econômico não pode sensatamente ser considerado um fim em si mesmo. O desenvolvimento tem de estar relacionado sobretudo com a melhora da vida que levamos e das liberdades que desfrutamos. Expandir as liberdades que temos razão para valorizar não só torna nossa vida mais rica e mais desimpedida, mas também permite que sejamos seres sociais mais completos, pondo em prática nossas volições, interagindo com o mundo em que vivemos e influenciando esse mundo.(...).

"Por esse prisma, o texto do art. 174 da CF pode ser visualizado da seguinte forma: 1) apresentação de um direito fundamental – direito ao desenvolvimento nacional planejado; 2) a descrição de um dever do Estado – o de promover o desenvolvimento econômico nacional, com qualidade de vida de cada cidadão."[21]

Parece claro que o Estado terá o dever de *intervir na atuação empresarial*, mediante a edição de normas jurídicas gerais e abstratas (legalidade), a fim de promover o já enunciado *desenvolvimento sustentado*.

Recorde-se, nesse passo, novamente a lição de Celso Antônio Bandeira de Mello para quem a *intervenção do Estado no domínio econômico*, ou na ordem econômica, pode ocorrer de três modos, "a saber, (a) ora dar-se-á através de seu 'poder de polícia', isto é, mediante leis e atos administrativos expedidos para executá-las, como 'agente normativo e regulador da atividade econômica', caso no qual exercerá funções de 'fiscalização' e em que o 'planejamento' que conceber será meramente '*indicativo* para o setor privado' e 'determinante para o setor público', tudo conforme prevê o art. 174; ora o fará (b) mediante incentivos à iniciativa privada (também supostos no art. 174), estimulando-a com favores fiscais; e ora (c) ele próprio, em casos excepcionais, como logo se dirá, atuará empresarialmente no setor, mediante pessoas que cria para tal fim".[22]

Pois é exatamente aqui que os conflitos entre autoridades ambientais e empreendedores privados podem ocorrem. Os empreendedores, evidentemente, por força da natureza de suas atividades, forcejam no sentido de empreender, construir, edificar, fabricar, produzir – enfim, gerar riquezas.

21. Guilherme Amorim Campos da Silva, *Direito ao Desenvolvimento*, São Paulo, Método, 2004, p. 66.

22. Celso Antônio Bandeira de Mello, *Curso de Direito Administrativo*, 15ª ed., p. 632.

Nesse movimento, faz-se necessária, de outro lado, a disciplina do Estado, regulando e fiscalizando a aplicação das normas ambientais.

Não é por outra razão que a própria Constituição Federal prevê a possibilidade de eventuais prejuízos ao meio ambiente, ao exigir: (a) estudo prévio de impacto ambiental de atividade potencialmente causadora da degradação (art. 225, § 1º, IV); (b) controle da produção, comercialização e do emprego de técnicas, métodos e substâncias que comportem risco para o meio ambiente (art. 225, § 1º, V); (c) a obrigação de recuperação do meio ambiente degradado pela exploração de recursos minerais (art. 225, § 2º); (d) responsabilização penal, civil e administrativa das pessoas físicas ou jurídicas responsáveis por condutas lesivas ao meio ambiente (arts. 225, § 3º, e 173, § 5º); (e) a fiscalização do exercício da atividade econômica (art. 174).

Há toda uma lógica constitucional nos dispositivos trazidos à baila. Obviamente que o dano ambiental não é o desejo de qualquer norma, sobretudo da Constituição. Por isso, aliás, a existência de normas e princípios que apontam na direção de ações preventivas.

O planejamento ambiental é de suma importância, e deve ser de responsabilidade de todos, sobretudo do Poder Público (Federal, Estadual ou Municipal, conforme a hipótese).[23]

Ademais, é preciso que o Estado faça atuar seu poder de polícia, o Ministério Público igualmente fiscalize o Estado, e, ainda, que a sociedade civil organizada seja uma parceira na administração dos conflitos ambientais.

Também aqui aparecem grandes conflitos. Na aplicação de penalidades, de sanções, é preciso que o administrador público respeite as garantias constitucionais da cidadania, respeite o "devido processo legal" – respeite, em uma palavra, a *legalidade*.

Ao ser penalizado com uma sanção ambiental, é direito do empreendedor questionar se a mesma deriva da lei. É sabido e consabido que "ninguém será obrigado a fazer ou deixar de fazer alguma coisa senão em virtude de lei" (art. 5º, II, da CF).

É muito comum a existência de normas de proteção ambiental de origem infralegal, tais como regulamentos, decretos, resoluções, portarias, dezenas de exigências normativas.

Não raro, nesse cipoal de normas ambientais encontraremos normas inválidas, quer porque não encontram fundamento ou amparo na lei, quer em natureza da impossibilidade de a matéria vir disciplinada por ato infralegal; ou, ainda, situações onde os "regulamentos" extrapolam a fiel execução das leis.

Do mesmo modo, como dizíamos, é fundamental compreender que a Administração Ambiental deve garantir aos administrados, aos empreendedores – enfim, a todos quantos participam do procedimento administrativo –, a ampla defesa, o contraditório, com "os meios e recursos a ela inerentes" (art. 5º, LV, da CF), tanto em situações de prevenção, de reparação (ações reparadoras), como em casos de repressão a danos ambientais.[24]

23. Nesse sentido operam, por exemplo, o zoneamento ambiental, instrumento que deve estar previsto no plano diretor, a educação ambiental (art. 225, § 1º, VI da CF), uma política tributária que possa direcionar as atividades ao objetivo da preservação ambiental e, de outra parte, o licenciamento ambiental (no sentido lato, e do qual fazem parte o EIA, o RIMA, o RAIAS e a licença propriamente dita), como o mais importante procedimento administrativo de controle que detém o Poder Público para controlar as ações e projetos incidentes no meio ambiente.

24. Recorde-se a imensa gama de ações de que dispõe o Estado para atuar nesse sentido. O controle repressivo dá-se, por exemplo, através de penalidades, atos punitivos, multas, perda de incentivos e benefícios fiscais, suspensão e redução de atividades, e outras como embargos de obras, interdição de atividades e o fechamento de estabe-

Nesse diapasão, parece também importante lembrar o princípio da informação e o princípio da participação, como instrumentos imprescindíveis a conferir validade a todo o procedimento ambiental.

4. A necessidade da ponderação de valores. A proteção do meio ambiente e o direito de propriedade com função social

Não obstante a existência de verdadeiro consenso social – mundial – acerca da necessidade da preservação da Natureza, da flora, da fauna, enfim, dos ecossistemas, o Direito ainda não incorporou totalmente os limites possíveis da intervenção do Homem nesse cenário. É dizer, no aspecto da apropriação e manejo desses recursos naturais surgem inúmeras dificuldades jurídicas, quer em virtude da ausência de um marco legal claro – em certas situações –, quer pela razão oposta: por uma gama de normas jurídicas de diversos níveis do Estado.

É certo que a contínua intervenção desordenada do Homem na flora e na fauna e o crescimento urbano desordenado têm gerado a necessidade do Estado de intervir e regular cada vez mais o uso desses recursos ambientais. E, ao regulá-los, surgem inúmeras dúvidas, envolvendo, por exemplo, o direito de propriedade.

Nesse aspecto insere-se a temática das limitações impostas aos particulares para atender a interesses da coletividade, mais especialmente as restrições a que aqueles estão submetidos, tendo em contrapartida a preservação de áreas urbanas de interesse ambiental ou ecológico.

A doutrina brasileira, inspirada pela francesa, sempre sustentou que nestas hipóteses, em larga medida, estaríamos diante de *limitações administrativas*. E as limitações administrativas sempre se caracterizaram como uma intervenção do Estado que condiciona direitos dominiais do proprietário, independentemente de qualquer indenização.[25]

Ou, ainda, como quer o Direito Francês, consoante anota o mestre Caio Tácito "as servidões administrativas pressupõem a subsistência do direito de propriedade, ao qual apenas impõem limitações. Se, portanto, o ato conduz à indisponibilidade do bem, gera-se, para o administrador, o encargo de adquirir ou desapropriar a propriedade atingida".[26]

Surge, entretanto, de tempos a esta parte, a idéia segundo a qual o direito ambiental urbano pode representar, para atender a interesse da coletividade, igualmente restrições ao particular, mas restrições que teriam de ser suportadas, tendo em vista a preservação de ditas áreas urbanas de interesse ambiental ou ecológico.[27]

Jacqueline Maria O. do Couto e Silva sustenta, com fundamento na função social (ambiental) da propriedade, a ausência do dever de indenizar áreas urbanas de preservação permanente

Traz, ainda, o magistério de Paulo Affonso Leme Machado, para quem "as áreas de preservação permanente limitam constitucionalmente o direito de propriedade, re-

lecimento, medidas genéricas do poder de polícia. O controle preventivo, de regra, é feito através de atos administrativos discricionários e vinculados, como as autorizações, as licenças, as permissões e as concessões. Há, ainda, nos casos de atividades com potencial agressivo à saúde pública, a necessidade do EIA-RIMA.

25. Nesse sentido, *inter plures*, cf. Diógenes Gasparini, *Curso de Direito Administrativo*, 11ª ed., São Paulo, Saraiva, p. 423.

26. Caio Tácito, *Temas de Direito Público (Estudos e Pareceres)*, 2º vol., Rio de Janeiro, Renovar, 1997, p. 1.733.

27. Nesse sentido, *inter plures*, cf. Jacqueline Maria O. do Couto e Silva, "O direito ambiental urbano como excludente do dever de indenizar do Estado", in Antônio Herman Benjamin (org./ed.), *10 Anos da ECO/92: o Direito e o Desenvolvimento Sustentável*, 2002.

cordando-se sempre a função ambiental da propriedade (art. 170, VI, da CF). Assim, não há necessidade de ser desapropriada a área de preservação permanente, pois a mesma não inviabiliza totalmente o exercício do direito de propriedade. É um ônus social a restrição de ser conservado esse ou aquele bem (por exemplo: uma duna, uma restinga etc.), limitando-se, por exemplo, o direito de construir. Mas outros direitos (por exemplo, o de colher os frutos) persistem. De outro lado, diante da generalidade da limitação ao direito de propriedade, a mesma não é indenizável, sendo, portanto, gratuita".[28]

Não resta dúvida de que o direito de propriedade, hoje, já nasce juridicamente gizado e marcado por sua *função social*. Seu exercício só é concebível marcado por esse princípio. Todavia, e no mesmo diapasão, conquanto não seja possível sequer conceber o direito de propriedade como no Liberalismo Clássico, entretanto, esse princípio de modo algum tem o condão de diminuir ou sequer anular outro, que é exatamente a plena indenizabilidade do dano (justa indenização[29]).

A questão torna-se mais sensível, todavia, quando começamos a analisar outras condicionantes que podem incidir sobre a problemática. De fato, não há confundir as hipóteses que dão azo à desapropriação (direita ou "indireta") com a presença e instituição de limitação administrativa.

Com inteira procedência a lição de José Carlos de Moraes Salles· ao afirmar: "Já se vê, portanto, que a limitação administrativa se distingue, nitidamente, do que se convencionou chamar 'desapropriação indireta' ou, ainda, apossamento ou desapossamento administrativo. Esta, como é sabido, se trata de ato ilícito do Poder Público, que, ao invés de se utilizar do instituto constitucional da desapropriação, mediante o devido processo legal, ocupa unilateralmente o bem de propriedade privada, sem pagar a justa e prévia indenização de que fala a Constituição Federal (art. 5º, XXIV) e sem consentimento do proprietário. Transfere, pois, a este último os ônus da desapropriação, obrigando-o a ir a juízo para reclamar a indenização a que faz jus. Invertem-se, portanto as posições: o expropriante, que deveria ser o autor da ação expropriatória, passa a ser réu da ação indenizatória; o expropriado, que deveria ser réu da expropriatória, passa a ser autor da indenizatória".[30]

Há, ainda, necessidade de saber, segundo o mesmo citado autor, se as ações visando a indenização em decorrência de um possível esvaziamento ou compressão do conteúdo econômico da propriedade, gerado pelas aludidas restrições legais e constitucionais impostas ao proprietário no tocante às áreas de preservação permanente, têm a natureza de desapropriação indireta ou derivam, simplesmente, de prejuízos causados pela imposição de limitações administrativas.

A questão não é tão simples como aparenta, e tem recebido tratamento, ao que parece, majoritário da jurisprudência, que prefere, em muitos casos, vislumbrar a hipótese de desapropriação indireta.[31]

28. Paulo Affonso Leme Machado, *apud* Jacqueline Maria O. do Couto e Silva, "O direito ambiental urbano como excludente do dever de indenizar do Estado", cit., in Antônio Herman Benjamin (org./ed.), *10 Anos da ECO/92: o Direito e o Desenvolvimento Sustentável*, p. 428.

29. É evidente que a *justa indenização* não se concebe apenas nos casos de desapropriação (direta ou indireta), mas sempre que houver dano, compressão ou restrição específica ao direito de propriedade. Já, o exercício regular da atividade de proteção ambiental, ainda que limitando o espaço urbano, pode caracterizar-se por uma limitação de caráter geral, não configura, por si só, direito a indenização. Tomem-se os casos rotineiros da legislação de zoneamento, restrições ao direito de construir, proteção de mananciais, de florestas etc.

30. José Carlos de Moraes Salles, "Desapropriação em áreas florestais: aspectos doutrinários contemporâneos", *Lex* 239.

31. É o caso de reservas florestais e da proibição de corte raso de vegetação.

Parece-nos que o critério que aceita amplamente o caráter indenizatório nas limitações administrativas à propriedade desde que impeçam, comprimam ou diminuam o exercício do direito de propriedade (leia-se: com função social) é o melhor. Evidente que existem limitações (de caráter geral) não-indenizáveis, como têm amplamente demonstrado a doutrina e os tribunais.

Por fim, gostaríamos de observar que essa questão – da proteção do meio ambiente e do direito de propriedade e temas correlatos – é tema que tem preocupado todo o mundo.

5. Um caso português. A contribuição de Canotilho

Em Portugal, J. J. Gomes Canotilho[32] oferece excelente opúsculo sobre o tema, que se inicia com comentários à decisão judicial de determinada ação movida pelo Ministério Público Português em face de proprietários de área rural pretendendo proibi-los de exercer em determinada área de sua propriedade o cultivo de determinado grão – arroz –, em virtude do prejuízo ecológico de toda área, segundo se alega.

A área serviria também de abrigo de garças, de aves aquáticas migradoras e espécies raras, refúgio de lontras, animais em extinção no Continente Europeu. Desse modo, o "enxugo" do terreno, ainda que por períodos limitados, afetaria irremediavelmente o equilíbrio ecológico da zona, deteriorando o *habitat* de algumas das populações do biótipo e provocando seu desaparecimento.

Também nesse interessante caso foram articulados em juízo as seguintes teses centrais:[33]

(1) Entre a proteção do ambiente (interesse público) e a propriedade (interesses meramente privados), deverá prevalecer o primeiro, que é superior. Entre o primeiro e o segundo, devem os réus suportar a mera limitação ao direito de propriedade, não obstante eventual direito à indenização.

(2) Na colisão de direitos com dignidade constitucional, a natural prevalência do interesse público sobre o interesse privado deveria resolver a questão.

(3) O direito do ambiente, que tem a ver com os direitos ou interesses difusos, deve ser encarado na sua globalidade, como um todo harmônico, onde a proteção da fauna e da flora tem a ver também com os interesses vitais do Homem, não sendo possíveis compartimentações artificiais nesse domínio.

(4) O constitucionalmente consagrado direito ao ambiente sempre haverá de ser analisado em duas bem distintas vertentes: o equilíbrio ecológico de imediato efeito na vida humana e o equilíbrio ecológico relativo à fauna e à flora. Obviamente que são duas vertentes distintas, por sua própria natureza, sendo a segunda ligada à primeira, que assume, por isso, muito maior peso.

Nos comentários àquela decisão, Canotilho, na mesma obra, anota, em relação à questão do "privilégio agrário": (a) o uso dos solos para fins econômico-agrários deve estar sujeito, como qualquer outro uso, às prescrições normativas referentes à proteção da Natureza, ao equilíbrio ecológico, à preservação da vida selvagem e dos biótopos e nichos tróficos indispensáveis a esta preservação; (b) o uso agrícola dos solos não deve equiparar-se, porém, aos outros usos – industriais, urbanos –, sobretudo quando esse uso não implicar transformações qualitativas dos métodos de exploração habitualmente utilizados; (c) conseqüentemente, existe uma presunção – *juris tan-*

32. *Protecção do Ambiente e Direito de Propriedade (Crítica de Jurisprudência Ambiental)*, Coimbra, Coimbra Editora, 1995.

33. Colhe-se da obra citada de Canotilho o que, na nossa visão (e não daquele autor), são os argumentos centrais. Não há, aqui, juízo de procedência ou seqüência alguma na relação apresentada.

tum – de conformidade do uso agrícola dos solos com os preceitos ambientais protetivos do equilíbrio ecológico quando esse uso obedece às práticas habituais e corresponde a uma adequada ordenação econômico-territorial.

E, mais adiante, diz o Mestre lusitano:

"(...). Desconhece-se, se no caso concreto, se se procedeu a avaliação de impacto ambiental, limitando-se o acórdão a referir estudos (...). Por outro lado, a exigência de estudos de impacto ambiental implica a indispensabilidade da prova, em cada caso concreto, da existência de uma intervenção perturbadora de *habitats* naturais e de espécies (...).

"Ao admitir-se que a proibição do enxugo de terrenos para o cultivo de arroz constituía, *in casu*, uma medida indispensável à preservação de espécies selvagens e de biótopos naturais especialmente protegidos, coloca-se o problema de saber se a privação do uso do solos, ou, se se preferir, a sua *limitação*, constitui ou não uma *mera limitação da propriedade* sem qualquer relevância indemnizatória, ou se, pelo contrário, existe aqui uma *imposição autoritária de natureza ablatória* (quase-expropriativa) merecedora de compensação. A primeira orientação apontará inequivocamente para a idéia de uma *função ecológica* do direito de propriedade, sendo irrelevante saber se esta função é hoje uma função autônoma ou se é ainda reconduzível à clássica *função social da propriedade*. A idéia de restrições à propriedade derivadas da *situação específica* desta (*Situationsgebundenheit des Grundeigentums*, de que fala a doutrina germânica) conduz uma parte da doutrina e da jurisprudência a sustentar a falta de dignidade indemnizatória de 'vinculações sociais imanentes' justificadas pela proteção da Natureza. Esta é, também, a linha argumentativa central de todos os acórdãos atrás transcritos (...).

"A pergunta a fazer era, portanto, esta: a proibição do enxugo de terrenos dizia respeito a uma área da Quinta do Taipal que nunca tinha sido explorada, permanecendo, na prática, como paul ou zona húmida, ou a solos que já anteriormente tinham sido afectados ao cultivo do arroz através do método do enxugo? Como facilmente se intui, a ideia de vinculação social resultante da função ecológica da propriedade tem alguma razoabilidade no primeiro caso mas já assumira contornos marcadamente ablatórios no segundo. (...).

"A doutrina e a jurisprudência preferem métodos concretos de balanceamento de direitos e interesses (*"ad hoc" balancing*), na doutrina e jurisprudência norte-americana. Com efeito, *a priori* e em abstracto, *é juridicamente incorreto dizer que o direito ao ambiente 'pesa', 'vale mais' ou é 'mais forte' do que o direito de propriedade ou o direito de iniciativa privada*. (...).

"Afigura-se-nos também metodicamente frágil – e disso se deu conta a declaração de voto constante do segundo aresto do Tribunal de Relação – a distinção entre *direitos subjetivos públicos* e *direitos subjetivos privados* para, dentro da lógica de hierarquia de direitos acabada de criticar, se concluir pela prevalência ou prioridade dos primeiros sobre os últimos. Salvo o devido respeito, o problema colocado nestes termos está claramente mal-colocado. Num primeiro momento o acórdão parece apontar para uma colisão dos dois direitos fundamentais cuja titularidade só pode ser, em primeira linha, a de indivíduos ou pessoas colectivas privadas: o direito ao ambiente, por um lado, e o direito de propriedade, por outro. *Em ambos os casos se trata de direitos fundamentais constitucionais de natureza econômica, social e cultural, garantidos com o mesmo título e a mesma 'força' pela Constituição da República de 1976*. Isto é reconhecido expressamente pelo próprio acórdão (...).

"Neste final de milénio parece indiscutível que as exigências de protecção do ambiente natural ou construído ('protecção da Natureza', 'protecção do património cultural') vêm colocar (ou 'recolocar') dois problemas de particular importância: (1) o das relações recíprocas entre a garantia institucional da 'propriedade' e do direito fundamental da propriedade, por um lado, e o da protecção do ambiente, por outro; (2) o da conformação jurídica destas relações pelo legislador e pelos tribunais.

'A primeira ideia a realçar é a do reforço da vinculação social da propriedade por motivos ecológicos.[34] Esta tendência desenha-se com nitidez a partir dos finais dos anos 60. A intensificação dos vínculos incidentes sobre a propriedade obriga, porém, a novos esforços dogmáticos no sentido de saber em que casos deve o proprietário suportar 'medidas autorizativas de compressão ecológica' sem qualquer direito a 'compensações patrimoniais'. É neste contexto que se situa a recente fórmula da juspublicística alemã: 'determinação do conteúdo da propriedade com o correspondente dever de indemnização'. (...).

"O conceito de 'delimitação do conteúdo com o dever de compensação' procura também resolver outro complexo de questões relacionadas com o indesejável alargamento do conceito de *expropriação geradora de indenização*. Como se sabe, a doutrina procura sugerir alguns critérios para solucionar o problema. Lembremos as teorias mais conhecidas: 'teoria do sacrifício especial', 'teoria da gravidade da lesão'. Todas essas construções teóricas estão na base da conhecida 'teoria do sacrifício' e da responsabilidade do Estado por atos lícitos.

"O conceito de 'delimitação do conteúdo com o dever de compensação' procura também responder a outro complexo de questões relacionadas com o indesejável alargamento do conceito de *expropriação*. A fim de salvaguardar o dever de compensação, a doutrina passou a recorrer à idéia de 'intervenção expropriatória' ou 'quase-expropriatória' para dar guarida indemnizatória a 'compressões da propriedade' não reconduzíveis, em rigor, à figura da 'expropriação'. O conceito de 'quase-expropriação' ou de 'ablação quase-expropriativa' colocava, na verdade, este incontornável dilema: ou a intervenção 'quase-expropriativa' é uma 'expropriação material' sem observância do *due process* expropriatório – e, nesse caso, temos um acto inconstitucional ou ilegal (que, como tal, pode ser impugnado) –, ou a intervenção era diferente da expropriação, mas constituía, de qualquer modo, uma compressão economicamente significativa do direito de propriedade e, por conseqüência, impositiva de um sacrifício digno de ressarcimento. (...).

"A pressão gerada pelo 'movimento ecológico' tem levado a considerar as medidas de garantia e preservação da Natureza ('definição legislativa da reserva ecológica', 'delimitação de zonas protegidas', 'proibição de uso agrícola dos solos', 'proibição de pesticidas') como medidas concretizadoras da vinculação social da propriedade, tendo em conta a situação e condicionalismo dos bens imobiliários ('dependência da situação') (...). Nestas águas parecem navegar os dois acórdãos da Relação de Coimbra. (...).

"Para evitar as conseqüências perturbadoras que a 'causa ecológica' pode vir a ter na ordenação constitucional dos bens, algumas legislações recentes têm preceitos explícitos quanto ao dever de indemnização em caso de ingerências ou intervenções dos Poderes Públicos impositivos de mudanças ou alterações na conformação e uso dos solos que signifiquem restrições significativas quanto à exploração e economia dos mesmos. (...).

"Dizer, num caso concreto, se a intervenção autoritativa quanto à 'proibição de alteração do uso dos solos' implica indemnização no caso de impacto significativo na economia agrária dos particulares ou verificar, tendo em conta a 'vinculação à situação ambiental da propriedade', se existe uma delimitação restritiva geradora de

34. Tal como também vem ocorrendo no Brasil.

compensação ou apenas uma delimitação de um vínculo ecológico sem relevância indemnizatória são tarefas inelimináveis do balanceamento (ou ponderação) de interesses operado pelas instâncias jurisdicionais."

As lições doutrinárias trazidas à colação são, além de extremamente claras, inteiramente aplicáveis à realidade brasileira. No momento em que há radicalizações no tema do meio ambiente, é útil ponderar que não há valor constitucional isolado. Nenhum princípio, ou norma constitucional, é estrela solitária nessa imensa constelação que é o sistema jurídico.

Mas a lição acima transcrita em nada afasta a evidência e a solidez de que a função social ambiental deva ser reconhecida como uma importante conquista da cidadania a conformar e imantar o instituto da propriedade, tal como concebido no século XXI.

Também é reconfortante saber que os problemas por que passamos não são únicos. Outras Nações e povos também têm, felizmente, muito a contribuir para a troca de experiências, intercâmbio sempre saudável na Ciência Jurídica. Jamais para simplesmente adotar ou aderir a essa ou àquela solução, mas para, o quanto possível, respeitando-se integralmente a realidade e a cultura nacional, servir-se do que é comum a todos – até porque, em matéria ambiental, não há fronteiras físicas (Sérgio Ferraz), mas o que deve presidir seu conhecimento é o compromisso para as presentes e futuras gerações, o de preservar o meio ambiente, como única forma possível de atingir, o quanto possível, uma sadia qualidade de vida humana.

ALGUMAS ANOTAÇÕES A RESPEITO DO CONTEÚDO E POSSÍVEL EFICÁCIA DO DIREITO À MORADIA NA CONSTITUIÇÃO DE 1988[1]

INGO WOLFGANG SARLET

Doutor em Direito pela Universidade de Munique (*Ludwig-Maximilians-Universität*)/Alemanha – Professor Adjunto de Direito Constitucional na Faculdade de Direito e no Programa de Pós-Graduação em Direito (Mestrado e Doutorado) da PUC/RS, onde também integra a Comissão Coordenadora – Juiz de Direito no Rio Grande do Sul – Professor de Direito Constitucional da Escola Superior da Magistratura (Ajuris) – Pesquisador (bolsista) do Instituto Max-Planck de Direito Social Internacional e Estrangeiro em Munique/Alemanha, onde também atua como correspondente científico na condição de representante brasileiro

1. Notas introdutórias. 2. Algumas notas a respeito da evolução do reconhecimento de um direito (fundamental) à moradia no plano internacional e constitucional. 3. Fundamentação e conteúdo do direito à moradia: 3.1 Fundamentação: direito à moradia, vida e dignidade da pessoa – 3.2 Conteúdo do direito à moradia. 4. O direito à moradia: complexo de direitos (e deveres) de cunho negativo e positivo. 5. Algumas manifestações concretas de uma eficácia e efetividade possíveis do direito à moradia na sua dupla perspectiva defensiva e prestacional: 5.1 Significado e alcance da norma contida no art. 5º, § 1º, da CF: o princípio da máxima eficácia e efetividade das normas definidoras de direitos e garantias fundamentais – 5.2 O direito à moradia na condição de direito de defesa – 5.3 Dimensão prestacional (positiva) do direito à moradia. 6. Considerações finais: o necessário resgate da dimensão utópica e promocional dos direitos fundamentais e da dignidade da pessoa como pressuposto para a viabilidade do direito à moradia.

1. Notas introdutórias

Com a relativamente recente inclusão do direito à moradia no rol dos direitos fundamentais sociais expressamente enunciados no art. 6º da CF de 1988, e não obstante a constatação de que a nossa ordem jurídi-

1. O presente trabalho representa versão mais reduzida e ligeiramente adaptada do ensaio originalmente publicado na coletânea *Arquivos de Direitos Humanos*, obra coordenada pelos professores Ricardo Lobo Torres e Celso Albuquerque Mello, vol. IV, Rio de Janeiro, Renovar, 2002, não tendo sido (ainda) objeto de uma revisão e atualização bibliográfica mais profunda, razão pela qual deixou de ser considerada a mais nova literatura a respeito da teoria dos direitos fundamentais e, de modo especial, relativa ao direito à moradia.

ca, em certa medida, já reconhecia e protegia a moradia mesmo no plano constitucional (aspecto que será objeto de oportuno exame), não há como negar que a questão da moradia, agora inequivocamente (pelo menos, no nosso entender) guindada à condição de direito fundamental, assume – pela ótica da ordem jurídica – feições novas, reclamando, talvez mais que nunca, especial atenção por parte dos que se ocupam do tema, seja pela razão apontada, seja, entre outros motivos, pelo incremento galopante da exclusão social no nosso país e pelo conseqüente agravamento do antigo mas lamentavelmente cada vez mais atual problema do acesso a uma moradia digna para largas parcelas da nossa população.

A partir do exposto, e passando desde logo a anunciar os objetivos específicos deste trabalho, buscaremos, num primeiro momento, traçar um breve perfil do direito à moradia a partir da sua condição de direito fundamental expressamente consagrado na nossa ordem jurídico-constitucional, situando o direito à moradia no contexto da teoria geral dos direitos fundamentais e no âmbito de seu reconhecimento na esfera jurídica interna e internacional, ocupando-nos especialmente com a evolução, fundamentação e objeto do direito à moradia. Na seqüência, à luz das premissas e pressupostos teoréticos lançados, empreenderemos a tentativa de identificar e analisar, à luz de alguns exemplos, pelo menos parte das possíveis aplicações concretas do direito à moradia, na condição de direito fundamental da pessoa humana, pela ótica de sua eficácia e efetividade. Convém consignar, ainda, que renunciamos, desde logo, a qualquer pretensão de completude, já em face da miríade de aspectos e questionamentos que o tema suscita, mas também pelos limites impostos pelas dimensões deste texto. Assim, enfatizamos apenas o nosso propósito de contribuir, de alguma forma, para a discussão não apenas do conteúdo, significado e eficácia do direito fundamental à moradia, mas, acima de tudo, das alternativas que a ordem jurídica oferece para a superação dos graves e angustiantes problemas que a realidade nos impõe.

2. *Algumas notas a respeito da evolução do reconhecimento de um direito (fundamental) à moradia no plano internacional e constitucional*

Se partirmos do critério do reconhecimento expresso pela ordem jurídica positiva de um direito fundamental à moradia – deixando, portanto, de lado manifestações no plano da legislação infraconstitucional e até mesmo outros direitos fundamentais conexos, especialmente a função social da propriedade, já consagrada pelas primeiras Constituições do Estado Social de Direito ou dos Estados Socialistas (já bastaria lembrar, aqui, as Constituições do México e da Alemanha – Constituição de Weimar –, respectivamente de 1917 e 1919) –, verifica-se ter sido na Declaração Universal dos Direitos Humanos da ONU (1948) onde pela primeira vez restou consignado o reconhecimento, pela ordem internacional, dos assim denominados direitos econômicos, sociais e culturais, dentre os quais o direito à moradia. Com efeito, de acordo com o art. XXV (1) da Declaração, "todos têm direito ao repouso e ao lazer, bem como a um padrão de vida capaz de assegurar a si e a sua família saúde e bem-estar, inclusive alimentação, vestuário, habitação, cuidados médicos, e serviços sociais indispensáveis, o direito à segurança em caso de desemprego, doença, invalidez, viuvez, velhice, ou outros casos de perda dos meios de subsistência em circunstâncias fora de seu controle".

A partir do citado dispositivo, já no âmbito do direito internacional convencional, o direito à moradia passou a ser objeto de reconhecimento expresso em diversos tratados e documentos internacionais, destacando-se – seja pela sua precedência cronológica, seja pela sua relevância – o Pacto Internacional dos Direitos Sociais, Econômicos e Culturais de 1966, também ratificado e incorporado ao Direito Interno Brasileiro, onde, no art. 11, consta que "os Estados signatários do presente Pacto reconhecem o direito de toda pessoa a um nível de vida adequado para si próprio e para sua família, inclusive alimentação, vestimenta e moradia adequadas, assim como a uma contínua melhoria de suas condições de vida".

Para além de outros tratados internacionais, de cunho universal (isto é, não-regional), onde houve menção expressa a um direito à moradia,[2] verifica-se que no plano das convenções de caráter regional houve maior timidez ou cautela, já que nem a Convenção Européia dos Direitos Humanos (1950) nem a Carta Social Européia (1961) reconhecem expressamente um direito à moradia, não obstante a referência, nos arts. 16 e 19 da Carta Social, à moradia no âmbito da proteção dos trabalhadores estrangeiros (imigrantes) e do direito da família à proteção social e legal. Também a Carta da Comunidade Européia sobre Direitos Fundamentais Sociais (1989) refere apenas a necessidade de medidas positivas para a proteção e integração de pessoas portadoras de deficiência, incluindo a moradia. Todavia, importa referir – em que pese à negativa, em princípio, de uma obrigação dos Estados de assegurar uma moradia aos cidadãos – o reconhecimento da função social da propriedade e até mesmo de certas dimensões (no caso, de caráter eminentemente defensivo) de um direito à moradia pela Comissão Européia de Direitos Humanos e dos Tribunais Europeus (Tribunal de Justiça das Comunidades Européias e Tribunal Europeu de Direitos Humanos) em alguns de seus julgados envolvendo despejos e desapossamentos.[3]

Por derradeiro, a nova Carta de Direitos Fundamentais da União Européia, aprovada no Conselho Europeu de Nice/França em 7.12.2000, mas ainda destituída da força vinculativa dos demais tratados referidos, contém referência expressa à dimensão social dos direitos fundamentais, prevendo o direito de acesso às prestações de segurança social e assistência social, inclusive no que diz com um auxílio para a habitação, com o objetivo de assegurar uma existência condigna aos necessitados (art. 34), além da previsão de um direito à proteção da saúde (art. 35) – apenas para citar os exemplos mais relevantes.[4]

De modo geral, todavia, convém sinalar, há quem registre uma tendência à exclusão de um direito geral à moradia (não restri-

2. Aqui, lembramos, entre outros instrumentos internacionais, a Convenção Internacional sobre a Eliminação de Todas as Formas de Discriminação Racial (1969), cujo art. 5º assegura, sem discriminação por motivos de raça, cor, nacionalidade ou origem étnica, entre outros direitos, o direito à moradia. Em termos semelhantes, também a Convenção Internacional sobre a Eliminação de Todas as Formas de Discriminação Contra a Mulher (1979), a Convenção Internacional sobre os Direitos das Crianças (1989) bem como a Convenção sobre a Proteção dos Direitos dos Trabalhadores Migrantes (1990) contêm dispositivos reconhecendo um direito à moradia, com alguma variação no que diz com dimensões específicas desse direito.

3. Assim, por exemplo, costuma ser referida uma disputa envolvendo o Chipre e a Turquia (1976) versando sobre a evicção de cipriotas gregos, imputada à Turquia, ocasião na qual a Comissão Européia teve as evicções como constituindo uma violação do direito à proteção da moradia. No caso "Mellacher e outros contra a Áustria" (1989), julgado pela Corte Européia de Direitos Humanos, foi reconhecida a possibilidade de controle da legislação nacional a respeito de locações, inclusive estabelecendo restrições aos direitos do proprietário (cf. referências feitas por Rajindar Sachar, "The right to adequate housing: the realization of economic, social and cultural rights", relatório apresentado em junho/1993 à Comissão de Direitos Humanos da ONU, acessado pela Internet pelo seguinte endereço: *http://www.undp.org/um/habitat/rights/s2-93-15.html*, pp. 22-23).

4. Para um primeiro contato com o texto da nova Carta Européia sugere-se a leitura de recente obra coletiva da autoria de Ana Luísa Riquito e outros, *Carta dos Direitos Fundamentais da União Européia*, Coimbra, Coimbra Editora, 2001.

to a certas parcelas da sociedade ou grupos de pessoas, tais como deficientes, crianças, refugiados etc.) na esfera dos documentos regionais, como também dão conta os exemplos da Carta Africana dos Direitos do Homem e dos Povos e o Protocolo Adicional da Convenção Americana de Direitos Humanos (Protocolo de São Salvador).[5]

Ainda no plano internacional, pela sua relevância especial para o reconhecimento e proteção do direito à moradia – inclusive pela sua influência no que diz com a fundamentação de uma inserção deste direito na nossa própria ordem jurídica, na condição de direito fundamental social –, cumpre citar os documentos oriundos de duas grandes conferências promovidas pela ONU sobre a problemática dos assentamentos humanos, respectivamente em 1976 (Declaração de Vancouver sobre Assentamentos Humanos – *Habitat I*) e em 1996, em Istambul, Turquia, da qual resultou a assim designada *Agenda Habitat II*, tido como o mais completo documento na matéria, do qual também o Brasil é signatário.

Já por ocasião da Declaração de Vancouver (1976) restou assegurado que a moradia adequada constitui um direito básico da pessoa humana. Por ocasião da *Agenda Habitat II* (Declaração de Istambul, de 1996), além de reafirmado o reconhecimento do direito à moradia como direito fundamental de realização progressiva, com remissão expressa aos pactos internacionais anteriores (art. 13), houve minuciosa previsão quanto ao conteúdo e extensão do direito à moradia (art. 43) bem como das responsabilidades gerais e específicas dos Estados signatários para sua realização, que voltarão a ser objeto de referência.

Traçado este breve panorama no que diz com o reconhecimento e proteção na esfera do Direito Internacional geral e convencional, e deixando de lado os relevantes aspectos ligados à sua força vinculante, eficácia e efetividade, voltamo-nos, agora, para o direito constitucional estrangeiro, limitando-nos, quanto a este ponto, a consignar a notícia de que atualmente bem mais de 50 Constituições reconhecem expressamente um direito fundamental à moradia,[6] revelando, aqui, uma tendência aparentemente mais progressista e afinada com os paradigmas internacionais colocados pela ONU que a manifestada no plano dos documentos regionais, tal como já referido, muito embora também aqui (no que diz com o direito constitucional) possam ser apontados alguns retrocessos, especialmente quando se tomar como parâmetro não apenas a mera previsão formal no texto das Constituições, mas sim o nível de efetividade do direito à moradia, assim como dos direitos sociais em geral – circunstância que dispensa, por ora, maiores comentários.

No direito constitucional pátrio, em que pese a ter sido o direito à moradia incorporado ao texto da nossa Constituição vigente (art. 6º) – na condição de direito fundamental social expresso –, apenas com a edição da Emenda Constitucional 26/2000 constata-se que, consoante já referido no voto da deputada federal Almerinda Carvalho, relatora da PEC 60/1998, na Constituição de 1988 já havia menção expressa à moradia em outros dispositivos,[7] seja quando dispôs sobre a competência comum da União, dos Estados, do Distrito Federal e dos Muni-

5. Cf. Scott Leckie, "The right to housing", in Asbjorn Eide, Catarina Krause e Allan Rosas (eds.), *Economic, Social and Cultural Rights*, Dordrecht/Boston/London, Martinus Nijhoff Publishers, 1995, pp. 109 e 116-120.

6. Idem, pp. 109 e ss. – muito embora os dados não estejam atualizados, considerando a data da publicação do trabalho (1995).

7. Referência ao voto da relatora do projeto de emenda constitucional citado na pesquisa feita por Alexandre Saltz, *O Novo Direito Social à Moradia na Constituição de 1988: Significado, Conteúdo, Eficácia e Efetividade*, trabalho de conclusão (não publicado) da disciplina "Constituição e Direitos Fundamentais", que integra a estrutura curricular do Mestrado em Direito da PUC/RS, ministrada pelo autor do presente ensaio.

cípios para "promover programas de construção de moradia e a melhoria da condições habitacionais e de saneamento básico" (art. 24, IX), seja quando, no art. 7º, IV, definiu o salário mínimo como aquele capaz de atender às necessidades vitais básicas do trabalhador e de sua família – dentre outros elementos – com moradia. Da mesma forma, a vinculação social da propriedade (art. 5º, XXIII, e arts. 170, III, e 182, § 2º) bem como a previsão constitucional do usucapião especial urbano (art. 183) e rural (art. 191) – ambos condicionando, dentre outros requisitos, a declaração de domínio à utilização do imóvel para moradia – apontam para a previsão ao menos implícita de um direito fundamental à moradia já antes da recente consagração via emenda constitucional.

Para além disso, sempre haveria como reconhecer um direito fundamental à moradia como decorrência do princípio da dignidade da pessoa humana (art. 1º, III, da CF), já que este reclama, na sua dimensão positiva, a satisfação das necessidades existenciais básicas para uma vida com dignidade, podendo servir até mesmo como fundamento direto e autônomo para o reconhecimento de direitos fundamentais não expressamente positivados, mas inequivocamente destinados à proteção da dignidade.[8] Neste contexto, vale lembrar exemplo garimpado do Direito Comparado, designadamente da jurisprudência francesa, de onde extraímos importante aresto do Conselho Constitucional (Decisão 94-359, de 19.1.1995) reconhecendo que a possibilidade de toda pessoa dispor de um alojamento decente constitui um valor de matriz constitucional, diretamente fundado na dignidade da pessoa humana, isto mesmo sem que houvesse previsão expressa na ordem constitucional.[9]

Por outro lado, por força do art. 5º, § 2º, da nossa CF, tendo em conta ser o Brasil signatário dos principais tratados internacionais em matéria de direitos humanos, notadamente (e isto, por si só, já bastaria) do Pacto Internacional dos Direitos Sociais, Econômicos e Culturais de 1966, já formalmente incorporado ao Direito interno, e partindo-se da premissa, largamente difundida pela melhor doutrina (embora ainda não incontroversa e, de resto, repudiada pelo nosso STF), da hierarquia constitucional destes tratados,[10] poder-se-á sustentar que o direito à moradia já era até mesmo expressamente consagrado na nossa ordem interna, pelo menos na condição de materialmente fundamental.

De qualquer modo, com a recente inclusão no rol dos direitos fundamentais sociais, a possível controvérsia quanto ao reconhecimento inequívoco no plano constitucional de um direito à moradia resta superada. Se o direito à moradia, pelos motivos já apontados, não chega a ser propriamente um "novo direito" na nossa ordem jurídico-constitucional, por certo sua expressa positivação lhe imprime uma especial significa-

8. Sobre este ponto, remetemos ao nosso *Dignidade da Pessoa Humana e Direitos Fundamentais na Constituição Federal de 1988*, Porto Alegre, Livraria do Advogado, 2001, pp. 97 e ss. No âmbito da jurisprudência pátria já se registravam decisões anteriores a Emenda 26 reconhecendo, de certa forma, um direito implícito à moradia (habitação) com base no estreito vínculo com a dignidade da pessoa. Apenas a título exemplificativo, vai aqui referida a ementa do acórdão proferido em 19.8.1999 pelo STJ no REsp 213.422, tendo como relator o Min. José Delgado.

9. Cf. Decisão 94-359, de 19.1.1995, onde, todavia – para ser preciso –, não se encontra uma referência expressa e direta a um direito fundamental à moradia, mas, sim, o reconhecimento de que a possibilidade de dispor de um alojamento decente constitui um objetivo de valor constitucional, fundado na dignidade da pessoa humana ("la possibilité pour toute personne de disposer d'un logement décent est un objectif de valeur constitutionnelle").

10. Cf., paradigmaticamente, entre outros, Flávia Piovesan, *Direitos Humanos e o Direito Constitucional Internacional*, especialmente pp. 73 e ss., assim como, mais recentemente, Celso Albuquerque Mello, "O § 2º do art. 5º da CF", in Ricardo Lobo Torres (org.), *Teoria dos Direitos Fundamentais*, 2ª ed., Rio de Janeiro, Renovar, 2001, pp. 1 e ss.

ção, além de colocar novas dimensões e perspectivas no que diz com sua eficácia e efetividade, pressupondo-se, à evidência, uma concepção de Constituição que, mesmo reconhecendo – com Luís Roberto Barroso – que o Direito (e também o direito constitucional) não deve normatizar o inalcançável,[11] nem por isso deixa de outorgar aos preceitos constitucionais, notadamente os definidores de direitos e garantias fundamentais, de acordo com suas peculiaridades, sua máxima força normativa.

3. *Fundamentação e conteúdo do direito à moradia*

3.1 Fundamentação: direito à moradia, vida e dignidade da pessoa

Ainda que estejamos convictos de que nem todos os direitos e garantias fundamentais expressamente anunciados no elenco do Título II de nossa Constituição encontram seu fundamento direto no princípio da dignidade da pessoa humana e que, de qualquer modo, diversa a intensidade deste vínculo entre dignidade e direitos fundamentais, já que distinto o âmbito de proteção de cada direito em espécie, não poderíamos, por outro lado, deixar de reconhecer que é na dignidade da pessoa humana que reside o fundamento primeiro e principal e, de modo particular, o alicerce de um conceito material dos direitos fundamentais.[12]

Que também os direitos fundamentais sociais, econômicos e culturais, seja na condição de direitos de defesa (negativos), seja na sua dimensão prestacional (isto é, atuando como direitos positivos), constituem – pelo menos em boa parte – exigência e concretização da dignidade da pessoa humana nos parece inquestionável. Com efeito, o reconhecimento jurídico-constitucional da liberdade de greve e de associação e organização sindical, jornada de trabalho razoável, direito ao repouso, bem como as proibições de discriminação nas relações trabalhistas (apenas para citarmos os exemplos mais comuns), foram o resultado das reivindicações das classes trabalhadoras em face do alto grau de opressão e degradação que caracterizava, de modo geral, as relações entre capital e trabalho, não raras vezes resultando em condições de vida e trabalho manifestamente indignas – situação que, de resto, ainda não foi superada em expressivo número de Estados. Em verdade, cuida-se – em boa parte – de direitos fundamentais de liberdade e igualdade outorgados ao trabalhadores com o intuito de lhes assegurar um espaço de autonomia pessoal não mais em face do Estado, mas especialmente dos assim denominados poderes sociais.[13] Os direitos fundamentais sociais de cunho prestacional encontram-se, por sua vez, a serviço da igualdade e da liberdade material, objetivando, em última análise, a proteção da pessoa contra as necessidades de ordem material e a garantia de uma existência com dignidade.[14]

Neste contexto, vale reiterar, aqui, a lembrança de que o ponto de conexão entre

11. Cf. Luís Roberto Barroso, *O Direito Constitucional e a Efetividade de suas Normas*, 3ª ed., Rio de Janeiro, Renovar, 1996, p. 47 – em magnífico e referencial estudo sobre o tema.

12. V., por todos, José Carlos Vieira de Andrade, *Os Direitos Fundamentais na Constituição Portuguesa de 1976*, 2ª ed., Coimbra, Livraria Almedina, 2001, pp. 79 e ss. Cf., também, nosso *Dignidade da Pessoa Humana e Direitos Fundamentais na Constituição Federal de 1988*, cit., pp. 81-82.

13. Sobre o conceito e a classificação dos *direitos fundamentais sociais*, v. nosso "Os direitos fundamentais sociais na Constituição de 1988", in Ivo Wolfgang Sarlet (org.), *Direito Público em Tempos de Crise – Estudos em Homenagem a Ruy Ruben Ruschel*, Porto Alegre, Sagra-Luzzatto, 1997, especialmente pp. 140 e ss.

14. Cf., dentre outros, Wolfram Höfling, "Anmerkungen zu Art. 1 Abs. 3 Grundgesetz", in Michael Sachs (org.), *Grundgesetz-Kommentar*, Munique, C. H. Beck, 1996, p. 109-110. Assim como Theodor Maunz e Reinhold Zippelius, *Deutsches Staatsrecht*, 29ª ed., Munique, C. H. Beck, 1994, p. 182. Na França, a íntima ligação entre os direitos sociais e a dignidade da pessoa encontra-se referida por Marie-Luce Pavia, "Le principe de dignité

a pobreza, a exclusão social e os direitos sociais reside justamente no respeito pela e proteção da dignidade da pessoa humana, já que, de acordo com Rosenfeld, "onde homens e mulheres estiverem condenados a viver na pobreza, os direitos humanos estarão sendo violados".[15] Importa reste aqui consignado que a intensidade da vinculação entre a dignidade da pessoa humana e os direitos sociais é diretamente proporcional em relação à importância destes para a efetiva fruição de uma vida com dignidade; o que, por sua vez, não afasta a constatação elementar de que as condições de vida e os requisitos para uma vida com dignidade constituam dados variáveis de acordo com cada sociedade e em cada época.[16]

Tendo em conta que, no caso do direito à moradia, a íntima e indissociável vinculação com a dignidade da pessoa humana resulta inequívoca, pelo menos no âmbito daquilo que se tem designado de um direito às condições materiais mínimas para uma existência digna, parece-nos dispensável, dadas as proporções deste estudo, avançar ainda mais na sua fundamentação. Aliás, provavelmente é ao direito à moradia – bem mais que ao direito de propriedade – que melhor se ajusta a conhecida frase de Hegel ao sustentar – numa tradução livre – que a propriedade constitui (também) o espaço de liberdade da pessoa (*Sphäre ihrer Freiheit*).[17] Com efeito, sem um lugar adequado para proteger-se a si próprio e à sua família contra as intempéries, sem um local para gozar de sua intimidade e privacidade – enfim, um espaço essencial para viver com um mínimo de saúde e bem-estar –, certamente a pessoa não terá assegurada sua dignidade; aliás, por vezes não terá sequer assegurado o direito à própria existência física; e, portanto, seu direito à vida.

Não é por outra razão que o direito à moradia tem sido também entre nós – e de modo incensurável – incluído no elenco dos assim designados direitos de subsistência, como expressão mínima do próprio direito à vida.[18] Nesta quadra, o direito à moradia – de acordo com a lição de José Reinaldo de Lima Lopes – inclui o direito de ocupar um lugar no espaço, assim como o direito às condições que tornem este espaço um local de moradia, de tal sorte que "morar", na

de la personne humaine: un nouveau principe constitutionnel", in Rémy Cabrillac, Marie-Anne Roche-Frison e Thierry Revet, *Droits et Libertés Fondamentaux*, 4ª ed., Paris, Dalloz, 1997, pp. 109-110 – valendo-se do exemplo de um direito fundamental à moradia, a partir do reconhecimento da moradia como objetivo e valor de matriz constitucional pelo Conselho Constitucional. Também na Bélgica sustenta-se que o direito a uma existência com dignidade implica o reconhecimento de um direito aos meios de subsistência mínimos, especialmente no âmbito da assistência social. Neste sentido, v. Francis Delpérée, "O direito à dignidade humana", in Sérgio R. Barros e Fernando A. Zilveti (coords.), *Direito Constitucional. Estudos em Homenagem a Manoel Gonçalves Ferreira Filho*, São Paulo, Dialética, 1999, pp. 156 e ss. Assim também Jorge Miranda, *Manual de Direito Constitucional*, vol. 4, p. 186 (ao menos é o que se infere da referência a diversos direitos sociais). Entre nós, e mais recentemente, Edílson Pereira Nobre Jr. ("O Direito Brasileiro e o princípio da dignidade da pessoa humana", *RDA* 219/247, 2000) advoga, com amparo na dignidade da pessoa humana, um direito a uma existência material mínima.

15. *Apud* Anne Corden e Katherin Duffy, "Human dignity and social exclusion", in Rob Sykes e Pete Alcock (orgs.), *Developments in European Social Policy – Convergence and Diversity*, Bristol, The Policy Press, 1998, p. 110.

16. Cf. a oportuna menção de Frank Moderne, "La dignité de la personne comme principe constitutionnel dans les Constitutions Portugaise et Française", in Jorge Miranda (org.), *Perspectivas Constitucionais – Nos 20 Anos da Constituição de 1976*, vol. 1, Coimbra, Coimbra Editora, 1997, p. 220.

17. Cf. Georg Wilhelm Friedrich Hegel, *Grundlinien der Philosophie des Rechts*, vol. 7, Frankfurt, Suhrkamp, 1991, p. 102.

18. Cf. Sérgio Sérvulo da Cunha, "Direito à moradia", *Revista de Informação Legislativa* 127/49, 1995. Também Rui Geraldo Camargo Viana ("O direito à moradia", *RDPrivado* abril-junho/2000, p. 9) destaca a vinculação do direito à moradia com o direito à vida e uma existência digna. Registre-

acepção do ilustre doutrinador, constitui um existencial humano.[19]

Mesmo dentre os que – pelo menos em princípio, e estribados em relevantes argumentos – questionam a própria fundamentalidade dos direitos sociais (e, aqui – em face dos estreitos limites deste estudo –, não pretendemos adentrar o mérito desta relevante e estimulante discussão) há quem admita o caráter fundamental de um direito à moradia, designadamente naquilo em que integra um direito às condições mínimas para uma existência humana digna, destacando-se, entre nós, o valoroso magistério de Ricardo Lobo Torres.[20]

De qualquer modo, a despeito de seguirmos sustentando que, na ordem constitucional pátria, todos os direitos sociais – pelo menos os elencados no Título II da nossa Carta Magna – são fundamentais,[21] também estamos convictos de que a intensidade da vinculação com o direito à vida e uma vida com dignidade assumem papel de destaque no âmbito dos problemas ligados à eficácia, efetividade e proteção destes direitos fundamentais; o que, por seu turno, nos remete invariavelmente a uma necessária hierarquização (ou ponderação, se assim preferirmos) de bens e interesses – aspecto com o qual voltaremos a nos ocupar, também, neste estudo.

3.2 Conteúdo do direito à moradia

Voltando-nos, agora, mais especificamente para a questão do conteúdo do direito fundamental à moradia, deparamos-nos possivelmente com um dos mais angustiantes e complexos problemas que o tema suscita e que, de certa forma, é comum aos assim designados direitos sociais, notadamente quando examinados pelo prisma da sua condição de direitos a prestações, já que da definição de qual seu conteúdo (ou "objeto",

se, ainda quanto a este ponto, que também pelo prisma do Direito Internacional – o que decorre inclusive de previsão expressa do Pacto Internacional sobre Direitos Econômicos, Sociais e Culturais – o direito à moradia, assim como o direito à alimentação, integra o direito a um adequado padrão de vida. Neste sentido, dentre tantos, Matthew Craven, *The International Covenant on Economic, Social and Cultural Rights – A Perspective on its Development*, Oxford, Clarendon Press, 1995, p. 330.

19. Cf. José Reinaldo de Lima Lopes, "Cidadania e propriedade: perspectiva histórica do direito à moradia", *Revista de Direito Alternativo*, 1993, p. 121; igualmente, em importante ensaio, sinalando a direta conexão do direito à moradia com o direito à vida (p. 133).

20. Cf. Ricardo Lobo Torres, "O mínimo existencial e os direitos fundamentais", *RDA* 177/29, 1989 – que, em paradigmático e pioneiro estudo sobre o mínimo existencial, destaca que este carece de um conteúdo específico, já que pode abranger qualquer direito, ainda que não originariamente fundamental, desde que considerado em sua dimensão essencial e inalienável. Não obstante neste primeiro estudo o ilustre doutrinador fluminense não tenha feito menção expressa ao direito à moradia como exemplo de direito fundamental, tal veio a ocorrer em outro texto de crucial relevância para a discussão da problemática dos direitos fundamentais, admitindo que no concernente aos indigentes e às pessoas sem-teto a moradia é direito fundamental, integrando-se ao mínimo existencial e tornando obrigatória até mesmo sua prestação pelo Estado (cf. Ricardo Lobo Torres, "A cidadania multidimensional na era dos direitos", in Ricardo Lobo Torres (org.), *Teoria dos Direitos Fundamentais*, cit., 2ª ed., p. 289).

21. Em síntese, fundamos nosso entendimento na circunstância de que todos as posições jurídicas elencadas no Título II ("Dos Direitos e Garantias Fundamentais") são fundamentais num sentido formal (e de acordo com este critério o atributo da fundamentalidade parece inquestionável) e material, ainda que em virtude de uma necessária presunção de sua fundamentalidade material, mesmo que esta – e isto se admite em diversos casos – possa ser questionada, notadamente pelo critério de sua indispensabilidade para a dignidade da pessoa. De qualquer modo, não havendo como aprofundar aqui a discussão, remetemos ao nosso *A Eficácia dos Direitos Fundamentais* ..., cit., e, para uma visão da respeitável posição divergente, à fecunda obra do professor Ricardo Lobo Torres, já referida (*Teoria dos Direitos Fundamentais*, 2ª ed., cit.), dentre outras que aqui poderiam ser citadas.

se assim preferimos) decorrem importantes conseqüências até mesmo no que diz com a alocação de recursos materiais e humanos para sua efetiva realização.

Iniciando a abordagem do ponto de vista terminológico, andou bem nosso legislador constitucional[22] ao referir o direito à moradia de forma genérica, desacompanhado de qualquer adjetivo. Com efeito, tendo em conta a previsão, na esfera dos tratados internacionais, de um direito a moradia adequada (como ocorre no Pacto Internacional de 1966) ou, mesmo, de um direito a uma moradia decente, como dispõe a Constituição da Bélgica, não nos parece, especialmente à luz da nossa atual Carta Magna, que um direito à moradia possa, em qualquer hipótese, ser interpretado como um direito a uma moradia não-adequada ou, pior ainda, não-decente. Uma moradia minimamente compatível com as exigências da dignidade da pessoa humana, à evidência, sempre deverá ser adequada e decente. De qualquer modo, cuidando-se, certamente, de aspecto de menor relevância, convém levar em consideração que a adjetivação tem o mérito inquestionável de afastar interpretações demasiadamente restritivas, que possam vir a reduzir excessivamente o objeto do direito à moradia ou (o que dá no mesmo) deixá-lo na completa dependência do legislador infraconstitucional.

Na definição do conteúdo do direito à moradia, cumpre, ainda em caráter preliminar, distingui-lo do direito de propriedade (e do direito à propriedade). Muito embora a evidência de que a propriedade possa servir também de moradia ao seu titular e que, para além disso, a moradia acaba, por disposição constitucional expressa – e em determinadas circunstâncias –, assumindo a condição de pressuposto para a aquisição do domínio (como no caso do usucapião especial constitucional), atuando, ainda, como elemento indicativo da aplicação da função social da propriedade, o direito à moradia – convém frisá-lo – é direito fundamental autônomo, com âmbito de proteção e objeto próprios.

Ademais, tomando-se como referencial o critério da fundamentalidade substancial (material) e, nesta quadra, a conexão com o direito a uma existência digna, o direito à moradia poderá assumir, em diversas situações, posição preferencial em relação ao direito de propriedade, no mínimo para justificar uma série de restrições a este direito, que, de resto – e de acordo com previsão constitucional expressa –, encontra-se limitado pela sua função social, de tal sorte que, já há algum tempo, expressiva doutrina sustenta que apenas a propriedade socialmente útil (isto é, que cumpre sua função social) é constitucionalmente tutelada.[23] Aliás, basta, aqui, lembrar a evidência de que mesmo sem a propriedade sobre um bem imóvel a pessoa, por si só, não estará necessariamente privada de uma vida digna, o que, por outro lado, inevitavelmente ocorrerá não dispon-

22. Aqui, acompanha-se a distinção – que já havia sido traçada por Carl Schmitt – entre poder constituinte (*Verfassungsgeber*) e legislador constituinte (*Verfassungsgesetzgeber*).

23. Entre nós, vale lembrar a lição do saudoso professor e desembargador gaúcho Ruy Ruben Ruschel (in Ivo Wolfgang Sarlet (org.), *Direito Público em Tempos de Crise – Estudos em Homenagem a Ruy Ruben Ruschel*, cit., pp. 145-155), alertando para a necessidade de uma releitura (à luz da Constituição e do princípio da função social da posse da propriedade) do art. 524 do CC [*de 1916*] e da própria definição de "posse", sustentando a necessidade do uso e gozo do bem *secundum beneficium societatis*. Também adotando esta linha de entendimento, convém lembrar, entre outros, os preciosos ensinamentos de: Luiz Edson Fachin, "Novas limitações ao direito de propriedade: do espaço privado à função social", *Revista de Direito da Universidade de Santa Catarina* 11/33-46, 1999; Gustavo Tepedino, *Temas de Direito Civil*, Rio de Janeiro, Renovar, 1999; assim como Ricardo Aronne, *Por uma Nova Hermenêutica dos Direitos Reais Limitados: das Raízes aos Fundamentos Contemporâneos*, Rio de Janeiro, Renovar, 2001 – todos convergindo no sentido de uma necessária interpretação dos institutos jurídicos sobre a posse e propriedade à luz da Constituição, da dignidade da pessoa e dos direitos fundamentais.

do de uma moradia com padrões compatíveis com uma vida saudável. Por outro lado, já se apontou – com acuidade e sensibilidade – para uma noção de "propriedade" conectada com as exigências de uma vida digna, isto é, de uma propriedade tutelada na medida em que cumpre precisamente uma função existencial, e não meramente patrimonial.[24] Tal enfoque, em verdade, acaba por nos remeter à discussão em torno da própria fundamentalidade do direito de propriedade, que, visto sob prisma eminentemente patrimonial, poderia ser – como há quem sugira – considerado fundamental em sentido apenas formal;[25] temática, esta, que, a despeito de sua relevância, desborda por completo dos limites estreitos deste texto.

Considerando o silêncio da nossa Constituição no que diz com a definição mínima de um conteúdo para o direito à moradia, assumem lugar de destaque as disposições contidas nos diversos tratados e documentos internacionais firmados pelo Brasil e já incorporados ao Direito interno. Estes, naquilo em que versam sobre direitos fundamentais da pessoa humana, possuem hierarquia constitucional, na condição de direitos fundamentais em sentido material, integrando aquilo que se costuma também denominar – com inspiração na tradição jurídico-constitucional francesa – de "bloco de constitucionalidade". Assim, em face da sua íntima conexão com a dignidade da pessoa humana, verifica-se, desde logo, que na interpretação do conteúdo de um direito à moradia há que considerar os parâmetros mínimos indispensáveis para uma vida saudável, nos termos das exigências postas pela Organização Mundial da Saúde, no sentido de um completo bem-estar físico, mental e social, já que uma vida com dignidade em hipótese alguma poderá ser menos que uma vida com saúde – à evidência, não restrita à mera existência e sobrevivência física.[26]

É precisamente esta diretriz que parece ter norteado a determinação do conteúdo do direito à moradia no plano de sua proteção internacional, e que deverá também iluminar as autoridades legislativas, executivas e judiciárias nacionais. Se nossa própria Constituição foi omissa neste passo, nada impede – pelo contrário, tudo impõe (inclusive a nossa Carta Magna) – que se faça

24. Neste sentido, merece destaque a notável contribuição de Luiz Edson Fachin, *Estatuto Jurídico do Patrimônio Mínimo*, Rio de Janeiro, Renovar, 2001.

25. A respeito de uma possível distinção entre *direitos fundamentais* e *direitos patrimoniais*, v. a interessante contribuição de Luigi Ferrajoli, *Derechos y Garantías. La Ley del Más Débil*, Madri, Trotta, 1999, pp. 45-50. Desde logo, para não quedarmos omissos, destacamos que – compreendida pela perspectiva de seu conteúdo socialmente útil e de sua possível dimensão existencial – a propriedade constitui direito fundamental na sua dupla vertente formal e material, não apresentando necessariamente caráter exclusivamente patrimonial. De qualquer modo, dada a ausência de hierarquia formal entre as normas constitucionais e tendo em conta a conhecida e prestigiada tese (basta, aqui, lembrar a abalizada lição de Jorge Miranda, *Manual de Direito Constitucional*, cit., vol. 2, no sentido de que em favor das normas constitucionais em sentido formal milita uma presunção de sejam materialmente constitucionais), eventual decisão em prol da relativização da propriedade deverá ocorrer mediante uma cuidadosa ponderação de bens e levar em conta a maior ou menor conexão da propriedade com outros valores essenciais, notadamente com a dignidade da pessoa humana.

26. Tal entendimento mostra-se coerente com a conceituação da *dignidade da pessoa humana* por nós apresentada em trabalho anterior, sustentando que a dignidade da pessoa humana é a qualidade intrínseca e distintiva de cada ser humano que o faz merecedor do mesmo respeito e consideração por parte do Estado e da comunidade, implicando, neste sentido, um complexo de direitos e deveres fundamentais que tanto assegurem a pessoa contra todo e qualquer ato de cunho degradante e desumano, como venham a lhe garantir as condições existenciais mínimas para uma vida saudável, além de propiciar e promover sua participação ativa e co-responsável nos destinos da própria existência e da vida em comunhão com os demais seres humanos (cf. o nosso *Dignidade da Pessoa Humana e Direitos Fundamentais na Constituição Federal de 1988*, cit., p. 60).

o uso da normativa internacional também nesta esfera. Justamente neste contexto, buscando estabelecer padrões internacionais, a Comissão da ONU para Direitos Econômicos, Sociais e Culturais identificou uma série de elementos básicos a serem atendidos em termos de um direito à moradia:[27] (a) segurança jurídica para a posse, independentemente de sua natureza e origem; (b) disponibilidade de infra-estrutura básica para a garantia da saúde, segurança, conforto e nutrição dos titulares do direito (acesso a água potável, energia para o preparo da alimentação, iluminação, saneamento básico etc.); (c) as despesas com a manutenção da moradia não podem comprometer a satisfação de outras necessidades básicas; (d) a moradia deve oferecer condições efetivas de habitabilidade, notadamente assegurando a segurança física aos seus ocupantes; (e) acesso em condições razoáveis à moradia, especialmente para os portadores de deficiência; (f) localização que permita o acesso ao emprego, serviços de saúde, educação e outros serviços sociais essenciais; (g) a moradia e o modo de sua construção devem respeitar e expressar a identidade e diversidade cultural da população.

Tais diretrizes – importa frisar – revelam de modo emblemático aquilo que já havia sido anunciado, no sentido de que um direito à moradia digna não pode ser interpretado como sendo apenas um "teto sobre a cabeça" ou "espaço físico" para viver, pressupondo a observância de critérios qualitativos mínimos.[28] Que a implementação dos padrões estabelecidos pela ordem jurídica internacional reclama, por outro lado, uma exegese afinada com as peculiaridades de cada país e região (já que é na realidade concreta de quem mora e onde mora que se pode aferir a compatibilidade da moradia com uma existência digna), por sua vez, constitui premissa igualmente já destacada. Também por esta razão, a despeito da necessidade de padrões mínimos referenciais de caráter até mesmo supranacional, é no contexto regional e local que se poderá melhor avaliar a manifestação concreta destes critérios e as condições para seu atendimento – o que evidencia o acerto do nosso legislador, quando da edição da Lei 10.257/2001, não apenas no que diz com a terminologia adotada (Estatuto da Cidade), mas especialmente ao optar pelo estabelecimento de algumas diretrizes e regras de âmbito nacional, privilegiando, contudo, a esfera regional e, particularmente, a local.

Para além da existência de uma gama de diretrizes internacionalmente estabelecidas, caberá aos órgãos estatais, notadamente – mas não exclusivamente – ao legislador, a tarefa de estabelecer os contornos mais precisos de um direito à moradia e dos meios para sua implementação, sempre lembrando sua vinculação aos tratados internacionais sobre o tema e, acima de tudo (e sem que se possa questionar seriamente tal ponto) aos demais preceitos da nossa Constituição, especialmente no que diz com o direito a uma vida com dignidade.

4. O direito à moradia: complexo de direitos (e deveres)[29] de cunho negativo e positivo

Como bem evidencia o elenco de diretrizes estabelecido pela Comissão de Direi-

27. Tal como disposto no § 8º do *Comentário-Geral 4* a respeito de um direito à moradia adequada editado pela Comissão de Direitos Econômicos, Sociais e Culturais da ONU. A síntese ora efetuada foi extraída do relatório elaborado por Rajindar Sachar, "The right to adequate housing: the realization of economic, social and cultural rights", cit., apresentado em junho/1993 à Comissão de Direitos Humanos da ONU, acessado pela Internet pelo seguinte endereço: *http://www.undp.org/um/habitat/rights/s2-93-15.html*, pp. 17-18.

28. A respeito destes critérios qualitativos, destacando, em síntese, os elementos já referidos, v. também as ponderações de Matthew Craven, *The International Covenant on Economic, Social and Cultural Rights – A Perspective on its Development*, cit., pp. 344 e ss.

29. No presente trabalho não cuidaremos da dimensão específica dos assim denominados deve-

tos Econômicos, Sociais e Culturais da ONU, ao direito à moradia também se aplica a noção – hoje já largamente difundida, e que aqui vai adotada como pressuposto teorético deste estudo – no sentido de que *texto* (dispositivo), *norma* e *direitos* constituem dimensões conexas mas não se confundem, de tal sorte que determinado dispositivo da Constituição poderá conter mais de uma norma e, por sua vez, estas poderão assegurar posições jurídicas (direitos e deveres) de diversa natureza, podendo haver até mesmo norma sem texto que lhe seja diretamente correspondente.[30]

Assim, sem que aqui se vá aprofundar este aspecto, importa ter presente que também o direito à moradia abrange um complexo de posições jurídicas, isto é, de direitos e de deveres, que, seguindo a prestigiada fórmula de Alexy, assumem a condição negativa (defensiva) e positiva (prestacional).[31] Em outras palavras, sustentaremos, aqui, o ponto de vista de que o direito à moradia exerce simultaneamente a função de direito de defesa e direito a prestações, incluindo tanto prestações de cunho normativo quanto material (fático); e, nesta dupla perspectiva, vincula as entidades estatais e, em princípio, também os particulares, na condição de destinatários deste direito, muito embora se possa controverter a respeito do modo e intensidade desta vinculação e das conseqüências jurídicas possíveis de serem extraídas a partir de cada manifestação do direito à moradia – questões sobre as quais voltaremos a nos manifestar, mesmo que sumariamente.

Importa consignar, ainda, que não desconhecemos a relativamente recente e, entre nós, cada vez mais prestigiada tese de Holmes e Sunstein, sustentando que todos os direitos são também sempre positivos, indiciando uma superação da já clássica distinção traçada entre direitos negativos (ou direitos de defesa) e direitos positivos (direitos a prestações).[32] Mesmo assim, se de fato parece inglória a tentativa de sustentar uma dicotomia entre os direitos negativos e positivos calcada estritamente no critério da sua relevância econômica,[33] seguimos convic-

res fundamentais; mas, por outro lado, não poderíamos deixar de referir a existência, paralela e conexa ao reconhecimento de direitos fundamentais, de um complexo de deveres por parte dos destinatários e dos próprios titulares dos direitos. A respeito da teoria geral dos deveres fundamentais, v., em Língua Portuguesa, especialmente José Casalta Nabais, *O Dever Fundamental de Pagar Impostos*, Coimbra, Livraria Almedina, 1998, pp. 18-181.

30. Neste sentido: Robert Alexy, *Teoría de los Derechos Fundamentales*, Madri, CEC, 1997, pp. 47 e ss. (especialmente pp. 62 e ss.). Entre nós, notadamente no que diz com a distinção entre *texto* e *norma*, vale lembrar o contributo de Eros Roberto Grau, *A Ordem Econômica na Constituição de 1988*, São Paulo, Malheiros Editores, 1997, pp. 164 e ss. No mesmo sentido, com referência expressa ao pensamento de Eros Grau, v. também Lênio Luiz Streck, *Hermenêutica Jurídica e(m) Crise*, Porto Alegre, Livraria do Advogado, 1999, p. 16, nota de rodapé 2.

31. Sobre a classificação adotada, v. especialmente a fundamentação de Robert Alexy (*Teoría de los Derechos Fundamentales*, cit., pp. 419 e ss.), posição da qual comungamos e que nos parece plenamente conciliável com o direito constitucional positivo pátrio. Para tanto, remetemos ao nosso *A Eficácia dos Direitos Fundamentais* ..., cit., pp. 156 e ss. Enunciando – e fundamentando com consistência – uma concepção alternativa (mais atrelada à tradicional classificação de Jellinek, atualmente sustentada, entre outros, por Vieira de Andrade e, entre nós, por Edílson Pereira de Farias), v. a bela contribuição de Cláudio Ari Mello, "Os direitos sociais e a teoria discursiva do Direito", *RDA* 224/242, 2001.

32. Cf. Stephen Holmes e Cass Sunstein, *The Cost of Rights – Why Liberty Depends on Taxes*, Nova York, W. W. Norton & Co., 1999, especialmente pp. 35-48, partindo da premissa de que mesmo para a garantia (efetivação) das liberdades e dos direitos de propriedade e vida torna-se indispensável a alocação de recursos para disponibilizar todo um aparato estatal (juízes, policiais etc.) que possa assegurar que os direitos reconhecidos pela Constituição sejam tornados efetivos, de tal sorte que também os direitos tidos como negativos implicam custos.

33. Nesta direção a advertência de Gustavo Amaral, *Direito, Escassez & Escolha*, Rio de Janeiro, Renovar, 2001, p. 71.

tos de que a relação entre os direitos de cunho defensivo (negativos) e os de caráter prestacional (positivo) pode – a despeito da por nós também reconhecida indivisibilidade dos direitos fundamentais, de todas as gerações (ou dimensões) – ser traduzida como revelando uma espécie de dualismo relativo, caracterizada essencialmente por uma diferença de objeto e função entre ambos os grupos de direitos fundamentais.[34]

Com efeito, ninguém irá questionar seriamente (tomando apenas este aspecto para ilustrar o ponto) a impossibilidade de qualquer juiz – uma vez presentes os pressupostos para tanto – deixar de conceder uma ordem de *habeas corpus* ou se recusar a assegurar o direitos à vida, propriedade e privacidade contra uma violação pelo simples fato de não haver uma estrutura adequada disponível, ou com base no argumento de que o Estado não dispõe de recursos suficientes para garantir estes direitos. Não são poucos os que, todavia, se voltam contra o reconhecimento pelo Poder Judiciário, e na ausência de lei, de direitos subjetivos a prestações materiais contra o Estado.[35] Assim, sem que aqui se vá adentrar o mérito desta discussão, verifica-se, desde logo, que a distinção traçada entre direitos de defesa e direitos a prestações (em suma, entre uma dimensão negativa e positiva dos direitos fundamentais) segue tendo relevância prática.

A título de maior clareza, dentre outras questões que a concepção de Holmes e Sunstein coloca em relevo, não há como desconsiderar a circunstância de que a realização de todos os direitos fundamentais (isto é, sua efetividade ou eficácia social) não se encontra na dependência apenas de uma decisão judicial, do reconhecimento de sua eficácia jurídica ou, mesmo, de sua condição defensiva ou prestacional. Para além disso, tal entendimento demonstra inequivocamente a íntima e indissociável vinculação entre os diversos direitos fundamentais e que os direitos sociais, designadamente os de cunho prestacional, foram objeto de gradativo reconhecimento pela ordem jurídica justamente para viabilizar a implementação da igualdade e liberdade material (em suma, para assegurar a efetiva fruição das liberdades fundamentais e de uma vida com dignidade para todos), assumindo a feição – tal qual consignou Jorge Miranda – de direitos à libertação da opressão social e da necessidade.[36]

Independentemente de toda uma gama de aspectos que aqui poderiam ser versados, importa que firmemos nossa posição no sentido de que os direitos fundamentais podem exercer – inclusive simultaneamente – uma função defensiva ou prestacional. Assim, por exemplo, o direito à saúde será direito negativo quando se cuida de afastar (direito de defesa) eventuais condutas que venham a violar a saúde das pessoas; mas será direito a prestações (isto é, direito positivo) quando se estiver a considerar um direito de acesso aos serviços e bens na área da saúde. O mesmo, sem dúvida – como se

34. Consoante já havíamos anunciado em estudo anterior, a relação entre os direitos negativos (de defesa) e prestacionais não obedece a uma dialética do antagonismo, mas, sim, a uma dialética da recíproca complementação. Neste sentido, v. nosso "Os direitos fundamentais sociais na Constituição de 1988", cit., in Ivo Wolfgang Sarlet (org.), *Direito Público em Tempos de Crise – Estudos em Homenagem a Ruy Ruben Ruschel*, p. 151.

35. Aqui, convém relembrar a distinção largamente aceita entre *eficácia jurídica* (como possibilidade de a norma gerar os efeitos que lhe são próprios) e *eficácia social* (ou efetividade) (como sendo a concreta realização no plano dos fatos destes efeitos jurídicos).

36. Cf. Jorge Miranda, "Os direitos fundamentais – Sua dimensão individual e social", *Cadernos de Direito Constitucional e Ciência Política* 1/201, 1992. Aproximando-se deste conceito – não obstante situado em outro contexto –, encontramos a definição de Antônio Carlos Wolkmer, "Direitos políticos, cidadania e teoria das necessidades", *Revista de Informação Legislativa* 122/278, 1994, que vincula os direitos sociais à necessidade de assegurar as condições materiais mínimas para a sobrevivência e, para além disso, para a garantia de uma existência com dignidade.

verá com mais clareza logo adiante –, ocorre com o direito à moradia e outros direitos fundamentais. Isto, contudo, não altera o fato (nem as conseqüências que disso se pode e deve extrair) de que, na sua condição de direito de defesa, o direito à saúde (ou mesmo os direitos à educação e à moradia) é direito negativo; e que, na sua condição (isto é, quando este for seu objeto) de direito a prestações, o direito à saúde será direito de cunho positivo.[37] Não esqueçamos a noção, já referida, de que num mesmo enunciado semântico (texto) podemos encontrar mais de uma norma assegurando direitos fundamentais distintos. Também neste contexto, convém não olvidar que, em matéria de direitos fundamentais como direitos subjetivos, em verdade, o que temos é um complexo não-homogêneo de posições jurídico-subjetivas fundamentais.[38]

Fechado o parêntesis – e partindo-se, desde logo, da premissa de que também o direito à moradia pode assumir a condição de direito de defesa (direito negativo) e direito a prestações (direito positivo), bem como para uma melhor compreensão do que representa este complexo de posições jurídicas vinculadas ao direito à moradia –, igualmente vale lançar um olhar sobre a perspectiva internacional. Com efeito, também quanto a este aspecto as normas jurídicas internacionais (mesmo para os que preferem adotar a por nós repudiada posição do STF) possuem – ainda que seja com hierarquia de lei ordinária – vinculatividade no Direito interno, oferecendo importante referencial para a interpretação e concretização do direito (melhor seria falar "dos direitos") à moradia no plano nacional. Apenas para ilustrar a questão, vale lembrar que, além da obrigação dos Estados no sentido de reconhecer, respeitar e proteger o direito à moradia (elementos que sinalizam prioritariamente – mas não exclusivamente – uma perspectiva negativa), de acordo com o art. 2.1 do Pacto Internacional dos Direitos Econômicos, Sociais e Culturais (1966), os Estados signatários estão obrigados a, desde logo, implementar medidas, utilizando-se do máximo dos recursos disponíveis, com o intento de alcançar de modo progressivo a plena realização dos direitos reconhecidos no Pacto, mediante todos os meios apropriados, incluindo especialmente medidas de ordem legislativa – do que, por si só, já transparece a referida dimensão positiva (prestacional) do direito à moradia. Para além disso, na esteira do que vem entendendo o Comitê da ONU, a adoção de medidas legislativas, por si só, não esgota as obrigações dos Estados signatários do Pacto, impondo-se também o desenvolvimento de políticas concretas e a fixação de prioridades, a partir da relevância dos diversos direitos fundamentais sociais. Por outro lado, em que pese à exigência de uma implementação gradativa, já que inexigível uma solução imediata para o problema da efetivação dos direitos sociais, devem ser destinados recursos materiais pelo menos para sua realização num patamar mínimo.[39]

Sem que se vá, aqui, examinar de modo mais detalhado cada obrigação a ser assumi-

37. Assim, neste sentido, efetivamente haverá de se reconhecer, com Holmes e Sunstein, que todos os direitos fundamentais também apresentam uma faceta positiva. Especificamente versando sobre a dimensão negativa e positiva do direito à saúde, v. Ingo Wolfgang Sarlet, "Algumas considerações em torno da eficácia e efetividade do direito à saúde na Constituição de 1988", *Revista Interesse Público* 12/91-107, 2001.

38. Sobre o tema, vale conferir sobretudo a lição de Robert Alexy, *Teoría de los Derechos Fundamentales*, cit., pp. 173-245.

39. Para uma visão panorâmica sobre as diversas obrigações gerais e específicas atribuídas aos Estados pelo Comitê da ONU no âmbito da proteção internacional dos direitos econômicos, sociais e culturais, com ênfase no direito à moradia, v. o relatório de Rajindar Sachar, "The right to adequate housing: the realization of economic, social and cultural rights", cit., apresentado em junho/1993 à Comissão de Direitos Humanos da ONU, acessado pela Internet pelo seguinte endereço: *http://www.undp.org/um/habitat/rights/s2-93-15.html*, especialmente pp. 10-16.

da pelos Estados na esfera internacional, o que se verifica, desde logo, é que tais compromissos apenas enrobustecem a constatação de que o direito à moradia apresenta uma face defensiva e prestacional, implicando um feixe complexo, conexo e diversificado de posições jurídicas fundamentais, com notas distintas até mesmo no âmbito interno da classificação em direitos negativos e prestacionais. É este, precisamente, o mote do próximo segmento, quando analisaremos, ainda que de modo resumido, algumas das principais manifestações do direito à moradia, no que diz com a sua já anunciada dupla função defensiva e prestacional, pelo prisma da sua possível eficácia e efetividade.

5. Algumas manifestações concretas de uma eficácia e efetividade possíveis do direito à moradia na sua dupla perspectiva defensiva e prestacional

5.1 Significado e alcance da norma contida no art. 5º, § 1º, da CF: o princípio da máxima eficácia e efetividade das normas definidoras de direitos e garantias fundamentais

Pela sua crucial relevância para um adequado manejo das questões ligadas à eficácia e efetividade[40] do direito fundamental à moradia, não há como deixar, ainda que sumariamente, de abordar o problema do alcance e significado da norma contida no art. 5º, § 1º, da nossa CF, cujo texto dispõe que "as normas definidoras dos direitos e garantias fundamentais têm aplicação imediata". A previsão desta norma no título dos direitos fundamentais tem sido atribuída à influência exercida por outras ordens constitucionais sobre nosso constituinte[41] bem como ao Anteprojeto elaborado pela "Comissão Afonso Arinos", que, no seu art. 10, continha preceito semelhante, ao dispor que "os direitos e garantias desta Constituição têm aplicação imediata". Constata-se, desde logo, que a doutrina pátria (a exemplo do que ocorre no Direito Comparado) ainda não alcançou um estágio de consensualidade no que concerne ao alcance e significado do preceito em exame, que passou a integrar a pauta dos temas mais polêmicos de nosso direito constitucional.

Como questão preliminar a ser superada, impõe-se o exame da abrangência material da norma, isto é, se aplicável a todos os direitos fundamentais (inclusive os situados fora do catálogo), ou se restrita aos direitos individuais e coletivos do art. 5º da nossa CF. Em que pese à localização topográfica do dispositivo, que poderia sugerir uma exegese restritiva, o fato é que, mesmo sob o ponto de vista da mera literalidade (o preceito referido é claro ao mencionar "as normas definidoras dos direitos e garantias fundamentais"), não há como sustentar uma redução do âmbito de aplicaçao da norma a qualquer das categorias específicas de direitos fundamentais consagradas na nossa Constituição, nem mesmo aos assim denominados direitos individuais e coletivos.

Mesmo que não nos queiramos contentar com este argumento, entendemos que uma interpretação teleológica e sistemática acabará por conduzir aos mesmos resulta-

40. Para efeito deste ensaio, adotamos a já clássica distinção – entre nós consagrada por José Afonso da Silva – entre *eficácia jurídica* (ou simplesmente eficácia), considerada esta como a possibilidade de a norma jurídica gerar os efeitos que lhe são próprios, e *efetividade* (ou eficácia social), como sendo a realização concreta destes efeitos no plano dos fatos. Para um maior desenvolvimento deste ponto, v. José Afonso da Silva, *Aplicabilidade das Normas Constitucionais*, 3ª ed., São Paulo, Malheiros Editores, 1998.

41. Esta a lição, dentre outros, de Ruy Ruben Ruschel, "A eficácia dos direitos sociais", *Revista da Associação dos Juízes do Rio Grande do Sul* 58/294-295,1993. Neste contexto, vale citar o art. 18º/1 da Constituição Portuguesa de 1976, o art. 332 da Constituição do Uruguai, o art. 1º, III, da Lei Fundamental da Alemanha e o art. 53.1 da Constituição Espanhola de 1978.

dos. Em primeiro lugar, nosso constituinte – ao contrário da Constituição Portuguesa – não traçou qualquer distinção expressa entre os direitos de liberdade e os direitos sociais de cunho prestacional. Convém lembrar que mesmo no capítulo dos direitos sociais encontramos – como já demonstrado – direitos de natureza defensiva (negativa), não se justificando que pelo menos estes, assim como ocorre com os direitos políticos, venham a ser excluídos do âmbito de aplicação da norma.[42]

Do exposto – ainda que não tenhamos esgotado o tema –, entendemos que há como sustentar, a exemplo do que tem ocorrido na doutrina,[43] a aplicabilidade imediata (por força do art. 5º, § 1º, da CF) de todas as normas de direitos fundamentais constantes do catálogo (arts. 5º-17), bem como dos localizados em outras partes do texto constitucional e nos tratados internacionais. Aliás, a extensão do regime material da aplicabilidade imediata aos direitos fora do catálogo não encontra qualquer óbice no texto de nossa Lei Fundamental, harmonizando, para além disso, com a concepção materialmente aberta dos direitos fundamentais consagrada, entre nós, no art. 5º, § 2º, da nossa Carta Magna.

Superado este aspecto, cumpre enfrentar o tormentoso problema do significado do art. 5º, § 1º, para as diversas categorias de direitos fundamentais, registrando-se que as diferentes concepções encontradas oscilam entre os que, adotando posição extremamente tímida, sustentam que a norma em exame não pode atentar contra a natureza das coisas,[44] de tal sorte que boa parte dos direitos fundamentais alcança sua eficácia apenas nos termos e na medida da lei, e os que, situados em outro extremo, advogam o ponto de vista segundo o qual até mesmo normas de cunho nitidamente programático podem ensejar, em virtude de sua imediata aplicabilidade, o gozo de direito subjetivo individual, independentemente de concretização legislativa.[45]

Como ponto de partida para a formulação de uma posição pessoal, cumpre observar que mesmo os defensores mais ardorosos de uma interpretação restritiva da norma contida no art. 5º, § 1º, da CF reconhecem que o constituinte pretendeu, com sua expressa previsão no texto, evitar um esvaziamento dos direitos fundamentais, impedindo que os mesmos "permaneçam letra morta na Constituição".[46] Soma-se a esta constatação o fato de que, de acordo com a melhor doutrina, inexiste norma constitucional destituída de eficácia e aplicabilidade, sendo possível falar de uma graduação da carga eficacial das normas (de todas) da

42. Apenas para adiantar a questão, vale frisar que, ao sustentarmos a aplicabilidade imediata de todas as normas de direitos fundamentais, estamos nos referindo à possibilidade de todas as normas encontrarem – na medida de sua eficácia – alguma aplicação direta, sem necessidade de intermediação legislativa. Convém lembrar, neste sentido, o fato de que expressiva doutrina reconhece que mesmo normas de cunho inequivocamente programático podem gerar a inconstitucionalidade de normas em sentido contrário ou servir de parâmetro para a interpretação conforme a Constituição. Bastariam, portanto, estes singelos exemplos para demonstrar que inexiste norma constitucional destituída de aplicabilidade direta.

43. Neste sentido, por exemplo, Flávia Piovesan, *Proteção Judicial contra Omissões Legislativas*, São Paulo, Ed. RT, 1995, p. 90.

44. Esta a posição de Manoel Gonçalves Ferreira Filho ("A aplicação imediata das normas definidoras de direitos e garantias fundamentais", *Revista da Procuradoria-Geral do Estado de São Paulo* 29/35, 1988), um dos mais ilustres representantes desta corrente.

45. Neste sentido posicionam-se, entre outros, Eros Roberto Grau (*A Ordem Econômica na Constituição de 1988*, cit., pp. 322 e ss.) e Ruy Ruben Ruschel ("A eficácia dos direitos sociais", cit., *Revista da Associação dos Juízes do Rio Grande do Sul* 58/294 e ss.).

46. Assim, por exemplo, leciona Manoel Gonçalves Ferreira Filho, "A aplicação imediata das normas definidoras de direitos e garantias fundamentais", cit., *Revista da Procuradoria-Geral do Estado de São Paulo* 29/38.

Constituição,[47] – o que, de outra parte, não afasta a existência de distinções entre as normas constitucionais no que diz com a forma de sua positivação no texto constitucional, assim como uma diversidade de efeitos jurídicos decorrentes deste fenômeno, razão pela qual foram formuladas diversas teorias propondo uma classificação das normas constitucionais de acordo com o critério de sua eficácia e aplicabilidade.

Assim, cumpre reconhecer que mesmo no âmbito das normas definidoras de direitos e garantias fundamentais se encontram algumas normas que a doutrina majoritária entre nós convencionou denominar de "normas de eficácia limitada", as quais não teriam condições de gerar a plenitude de seus efeitos sem a intervenção do legislador.[48] Bastaria, neste contexto, atentar para os exemplos do art. 5º, XXXII ("O Estado promoverá, na forma da lei, a proteção do consumidor") e do art. 7º, XI, da CF (participação dos empregados nos resultados ou lucros da empresa). Aliás, mesmo para os autores considerados mais ousados e avançados na matéria não haveria como – sem uma atuação do legislador – conceder ao indivíduo um direito subjetivo individual à fruição da participação nos lucros ou resultado da empresa.[49]

Consoante já frisado alhures, os direitos fundamentais podem cumprir, também em nossa ordem constitucional (pressupondo-se que se cuida de dimensões conexas, e não reciprocamente excludentes), a função de direitos de defesa e de direitos a prestações, distinção que conduz à existência de algumas diferenças essenciais entre ambas as categorias de direitos fundamentais, especialmente entre os direitos de defesa e os direitos sociais de cunho prestacional. Estes, por seu turno, assumem habitualmente a feição, no que diz com sua técnica de positivação e eficácia, de normas carentes de concretização legislativa – o que, de outra parte, não lhes retira pelo menos um certo grau de eficácia direta e aplicabilidade imediata. Assim, verifica-se que a norma contida no art. 5º, § 1º, ainda que aplicável a todos os direitos fundamentais, não o poderá ser da mesma forma – aspecto que será oportunamente retomado.

Com base no exposto, e partindo da premissa de que não há como tomar a sério os direitos fundamentais se não se levar a sério o disposto no art. 5º, § 1º, da nossa Lei Fundamental, constata-se, desde logo, a necessidade de não subestimarmos (nem superestimarmos) o significado e o alcance desta norma. Que este preceito se aplica tão-somente aos direitos fundamentais (sem exceção), e não a todas as normas da Constituição, constitui, por si só, conclusão que assume particular relevância. Com efeito, em hipótese alguma o significado do art. 5º, § 1º, poderá ser reduzido ao que se atribui ao princípio da constitucionalidade, sob pena de equiparação entre as normas de direitos fundamentais e as demais normas constitucionais[50] – o que, além disso, implicaria um esvaziamento significativo da fundamentalidade na sua perspectiva formal e, num certo sentido, também material.

Neste contexto, sustentou-se corretamente que a norma contida no art. 5º, § 1º,

47. Esta a lição de Maria Helena Diniz, *Norma Constitucional e seus Efeitos*, São Paulo, Saraiva, 1989, p. 104.

48. Neste sentido, v.: João Horácio Meirelles Teixeira, *Curso de Direito Constitucional*, Rio de Janeiro, Forense Universitária, 1991, pp. 317 e ss.; José Afonso da Silva, *Aplicabilidade das Normas Constitucionais*, cit., 3ª ed., pp. 117 e ss.; assim como, em excelente estudo sobre as normas programáticas, Regina Maria Macedo Nery Ferrari, *Normas Constitucionais Programáticas – Normatividade, Operatividade e Efetividade*, São Paulo, Ed. RT, 2001, especialmente pp. 101 e ss.

49. Este o entendimento, por exemplo, de Luís Roberto Barroso, *O Direito Constitucional e a Efetividade de suas Normas*, cit., 3ª ed., pp. 107-108.

50. Cf., entre outros, Pedro Maria Godinho Vaz Patto, "A vinculação das entidades públicas pelos direitos, liberdades e garantias", *Documentação e Direito Comparado* 33-34/480, 1988.

impõe aos órgãos estatais a tarefa de maximizar a eficácia dos direitos fundamentais.[51] Além disso, há que dar razão aos que ressaltam o caráter dirigente desta norma, no sentido de que esta, além do objetivo de "assegurar a força vinculante dos direitos e garantias de cunho fundamental, tem por finalidade tornar tais direitos prerrogativas diretamente aplicáveis pelos Poderes Legislativo, Executivo e Judiciário, (...) investe os Poderes Públicos na atribuição constitucional de promover as condições para que os direitos e garantias fundamentais sejam reais e efetivos".[52] Deste sentido aproxima-se a lição de Eros Roberto Grau ao sustentar que o Poder Judiciário, em face do dever de respeito e aplicação imediata dos direitos fundamentais ao caso concreto, encontra-se investido do poder-dever de aplicar imediatamente estas normas, assegurando-lhes sua plena eficácia.[53]

De tudo o que até agora foi exposto, e levando-se em conta tanto as possíveis distinções entre os direitos fundamentais na sua dimensão defensiva (negativa) e prestacional (positiva) assim como a evidência de que mesmo no âmbito dos direitos fundamentais poderemos encontrar (como, de resto, ocorre no nosso direito constitucional positivo) normas de cunho eminentemente programático (ou impositivo, como sustenta Gomes Canotilho),[54] somos levados a crer que a melhor exegese da norma contida no art. 5º, § 1º, de nossa CF é a que parte da premissa de que se cuida de norma de natureza principiológica, que, por esta razão, pode ser considerada como uma espécie de mandado de otimização (maximização), isto é, que estabelece para os órgãos estatais a tarefa de reconhecerem, à luz do caso concreto, a maior eficácia possível a todas as normas definidoras de direitos e garantias fundamentais – entendimento sustentado, entre outros, por Gomes Canotillho, e entre nós adotado por Flávia Piovesan, como já ressaltado.[55] Percebe-se, portanto, que o postulado da aplicabilidade imediata não poderá resolver-se, a exemplo do que ocorre com as regras jurídicas (e nisto reside uma das diferenças essenciais entre estas e as normas-princípio), de acordo com a lógica do tudo-ou-nada, razão pela qual seu alcance (isto é, o *quantum* em aplicabilidade e eficácia) dependerá do exame da hipótese em concreto.[56]

Para além disso (e justamente por este motivo), cremos ser possível atribuir ao preceito em exame o efeito de gerar uma presunção em favor da aplicabilidade imediata e plena eficácia (e efetividade) das normas definidoras de direitos e garantias fundamentais, de tal sorte que eventual recusa na outorga da plenitude eficacial (que não implica a negativa de eficácia – e, portanto de efeitos – e aplicabilidade) a determinada norma de direito fundamental, em virtude da ausência de ato concretizador, deverá ser

51. Esta a lição de Flávia Piovesan, "Constituição e transformação social: a eficácia das normas constitucionais programáticas e a concretização dos direitos e garantias fundamentais", *Revista da Procuradoria-Geral do Estado de São Paulo* 37/73, 1992.

52. Assim também Flávia Piovesan, *Proteção Judicial contra Omissões Legislativas*, cit., p. 92.

53. Cf. Eros Roberto Grau, *A Ordem Econômica na Constituição de 1988*, cit., pp. 312 e ss.

54. Basta, novamente, referir o exemplo da "proteção do consumidor na forma da lei", cujo conteúdo programático resta inequívoco, ainda que se trate de dispositivo constante no rol dos direitos individuais e coletivos.

55. Outra não é a lição, na Alemanha, de Konrad Hesse ("Bestand und Bedeutung der Grundrechte in der Bundesrepublik Deutschland", in *Europäische Grundrechte Zeitschrift* 1978, p. 433), para quem o art. 1º, III, da Lei Fundamental tanto embasa o entendimento de que os direitos fundamentais não se encontram à disposição dos órgãos estatais, quanto impõe a estes a obrigação positiva de fazer tudo o que for necessário à realização dos direitos fundamentais.

56. A respeito da distinção entre *princípios* e *regras constitucionais*, v., por todos, especialmente Robert Alexy, *Teoría de los Derechos Fundamentales*, cit., pp. 81 e ss.

necessariamente fundamentada, à luz do caso concreto e da norma em exame.[57] Cuida-se, em verdade, de operação eminentemente hermenêutica, já que, em última análise, caberá ao intérprete a tarefa, considerando os limites mínimos do texto e da razoabilidade, de aferir qual a eficácia possível a ser imprimida às normas constitucionais. Como se poderá imprimir operatividade ao princípio (fundamental) da imediata aplicabilidade e plena eficácia (jurídica e social) das normas definidoras de direitos e garantias fundamentais, notadamente no que concerne às dimensões negativa e positiva do direito à moradia, é tarefa a que nos dedicaremos, ainda que sumariamente, no item que segue.

Importante é que tenhamos presente que também para o art. 5º, § 1º, da nossa CF e o direito fundamental à moradia vale a advertência de Laurence Tribe no sentido de que as cláusulas constitucionais não devem ser tratadas como um espelho, no qual todos enxergam o que desejam ver.[58] Como o direito à moradia poderá ter sua eficácia e efetividade maximizadas, irá depender de qual a manifestação deste direito; em suma, de qual seja o tipo de direito à moradia (negativo ou positivo) que estiver em causa e, acima de tudo, de uma exegese prudente e constitucionalmente adequada.

5.2 O direito à moradia na condição de direito de defesa

No âmbito da assim denominada dimensão negativa ou daquilo que para muitos é tido como a função defensiva dos direitos fundamentais, verifica-se que a moradia, como bem jurídico fundamental, encontra-se, em princípio, protegida contra toda e qualquer sorte de agressões de terceiros. O Estado – assim como os particulares – tem o dever jurídico de respeitar e de não afetar a moradia das pessoas, de tal sorte que toda e qualquer medida violadora do direito à moradia é passível de ser impugnada em juízo, seja na esfera do controle difuso e incidental, seja por meio do controle abstrato e concentrado de constitucionalidade, ou mesmo por intermédio dos instrumentos processuais específicos disponibilizados pela ordem jurídica. É precisamente esta a dimensão – a função defensiva do direito à moradia – a que se referem as diretrizes internacionais acima mencionadas quando utilizam os termos "respeitar" e "proteger".[59]

No que diz com o significado do art. 5º, § 1º, da CF para os direitos de defesa (negativos), estes, por reclamarem (em princípio) uma atitude de abstenção por parte dos destinatários, virtualmente não costumam ter sua plenitude eficacial e, portanto, sua imediata aplicabilidade questionadas seriamente. Na medida em que se dirigem a um comportamento em geral omissivo, exigindo o respeito e a não-ingerência na esfera da autonomia pessoal ou no âmbito de proteção do direito fundamental, não se verifica, em regra, a dependência da realização destes direitos de prestações fáticas ou normativas por parte do destinatário.[60] Além

57. Neste sentido, v. Pedro Maria Godinho Vaz Patto, "A vinculação das entidades públicas pelos direitos, liberdades e garantias", cit., *Documentação e Direito Comparado* 33-34/484 e ss., assim como Günter Dürig, "Anmerkungen zu Art. 1 Abs. 1 bis 3 GG", in Maunz/Dürig/Herzog/Scholz, *Grundgesetz-Kommentar*, vol. 1, Munique, C. H. Beck, 1994, p. 43.

58. Cf. Laurence Tribe e Michael Dorf, *On Reading the Constitution*, Cambridge, Harvard University Press, 1991, p. 7.

59. Fica o registro de que o dever de proteção do Estado, para além da imposição de um dever de respeito e não-violação (dimensão negativa propriamente dita), abrange a necessidade de praticar atos concretos no sentido de alcançar uma proteção minimamente eficaz do direito à moradia, que, por sua vez, pode ocorrer pela edição de atos normativos ou, mesmo, outros atos concretos destinados a salvaguardar a moradia (direitos a prestações normativas e fáticas) – aspecto, este, que será considerado logo a seguir, e que diz com a dimensão prestacional (positiva).

60. Esta a lição de Luís Roberto Barroso (*O Direito Constitucional e a Efetividade de suas*

disso, a aplicabilidade imediata e a plena eficácia destes direitos encontram explicação na circunstância de que as normas que os consagram receberam do constituinte, de modo geral, a suficiente normatividade e independem de concretização legislativa – consoante, aliás, já se sustentava no bojo da clássica teoria das normas auto-executáveis.[61] Justamente na esfera dos direitos de defesa, é possível afirmar que a norma contida no art. 5º, § 1º, da nossa Carta Magna tem por objetivo precípuo oportunizar a aplicação imediata, sem qualquer intermediação concretizadora, assegurando a plena justiciabilidade destes direitos, no sentido de sua exigibilidade integral em juízo.[62]

Nesta linha de entendimento, vale a pena consignar o ensinamento de Vieira de Andrade, para quem, cuidando-se de direitos, liberdades e garantias (direitos de defesa, em última análise) e ocorrendo a falta ou insuficiência de lei, "o princípio da aplicabilidade direta vale como indicador de exeqüibilidade imediata das normas constitucionais, presumindo-se sua perfeição, isto é, a sua auto-suficiência baseada no caráter líquido e certo do seu conteúdo de sentido. Vão, pois, aqui, incluídos o dever dos juízes e dos demais operadores jurídicos de aplicarem os preceitos constitucionais e a autorização de para esse fim os concretizarem por via interpretativa".[63] Ainda que existam, na esfera dos direitos de defesa, normas vagas e abertas, estas podem ter seu conteúdo definido pelo recurso às regras hermenêuticas, não havendo, portanto, necessidade de remeter esta função para o legislador.[64]

As diretrizes fixadas, evidentemente, alcançam boa parcela dos direitos sociais consagrados na nossa Constituição, notadamente todos os que exercem uma função precipuamente defensiva (diretos negativos, portanto), ou mesmo quando se cuidar de direitos que em princípio são tidos como prestacionais, mas que igualmente revelam uma dimensão negativa – o que restará amplamente demonstrado logo a seguir, à luz do exemplo do direito à moradia, aqui versado. Quanto a estes direitos sociais (isto é, a dimensão negativa dos direitos sociais), já se sustentou, entre nós, que desencadeiam sua plenitude eficacial, gerando para seu titular um direito subjetivo, isto é, situações prontamente desfrutáveis, dependentes apenas de uma abstenção.[65]

Sintetizando, podemos afirmar que, tratando-se de direitos de defesa, a lei não se revela absolutamente indispensável à fruição do direito. Reitere-se, neste contexto, que inexiste qualquer razão para não fazer prevalecer o postulado contido no art. 5º, § 1º, da CF, já que não se aplicam a estas hipóteses (dos direitos de defesa) os argumentos usualmente esgrimidos contra a aplicabilidade imediata dos direitos a prestações, especialmente os da ausência ou insuficiência de recursos ou, mesmo, a ausência de legitimação dos tribunais para a definição do conteúdo e do alcance da prestação.[66]

Os direitos de defesa constituem, em princípio, direito subjetivo individual, enquadrando-se, de acordo com a concepção desenvolvida por Celso Antônio Bandeira

Normas, cit., 3ª ed., p. 105), ressaltando que estes direitos, de matriz liberal-burguesa, têm a seu favor a própria lei da inércia.

61. V. o entendimento de Rui Barbosa, *Comentários à Constituição Federal Brasileira* (coligidos e ordenados por Homero Pires), vol. 2, São Paulo, Saraiva, 1934, pp. 483 e ss.

62. Cf. a lição de Jorge Miranda (*Manual de Direito Constitucional*, cit., vol. 4, p. 277) quando refere a imediata invocabilidade das normas exeqüíveis por si mesmas.

63. Cf. José Carlos Vieira de Andrade, *Os Direitos Fundamentais na Constituição Portuguesa de 1976*, cit., 2ª ed., pp. 256-257.

64. Idem, p. 257.

65. É o que advoga Luís Roberto Barroso (*O Direito Constitucional e a Efetividade de suas Normas*, cit., 3ª ed., p. 106), referindo-se ao direito de greve (art. 9º da CF).

66. Tal entendimento segue sustentável ainda que se reconheça, na esteira de Holmes e Sunstein, que todos os direitos possuem uma dimensão

de Mello, naquelas situações em que a norma constitucional outorga ao particular uma situação subjetiva ativa (um poder jurídico), cujo desfrute imediato independe de qualquer prestação alheia, bastando, para tanto (como também refere Luís R. Barroso), uma atitude abstencionista por parte do destinatário da norma.[67] Por evidente que, para além de uma posição jurídico-subjetiva (que, consoante bem demonstrou Alexy,[68] pode manifestar-se de formas diferenciadas), as normas constitucionais definidoras de direitos de defesa podem gerar uma série de outros efeitos, inclusive na esfera jurídico-objetiva – efeitos que, de resto, são comuns a todas as normas de direitos fundamentais.[69]

Mesmo diante do exposto, não há como sustentar que o direito à moradia, assim como ocorre com os demais direitos fundamentais, possa ser considerado, em princípio (e mesmo na sua dimensão negativa), como sendo um direito absoluto, no sentido de completamente imune a restrições.[70] Tal aspecto assume especial relevância quando se verifica, por exemplo (tomando por referência ingerências oriundas dos órgãos estatais), a necessidade de o Poder Público promover desapropriações, ainda que com inequívoca finalidade social e coletiva, que acabam gerando, além da perda do domínio para os expropriados, o desapossamento e a perda da moradia – neste caso, passível de compensação quando efetivamente assegurada a justa e necessária indenização prevista na Constituição. Também a desocupação de área de proteção ambiental – estribada, portanto, em outro valor constitucional fundamental – poderá levar a desapossamentos e afetar o direito à moradia não apenas de uma pessoa ou família, mas de uma coletividade inteira, sem que tais objetivos possam ser alcançados de modo arbitrário e de tal sorte a impor um sacrifício do direito à moradia dos atingidos pelas medidas. É também por esta razão que a normativa internacional (de modo especial a *Agenda Habitat*) e as diretrizes fixadas pelos organismos de controle impõem aos Estados a garantia de uma segurança jurídica efetiva da posse utilizada para moradia, seja pela edição de legislação regulamentando os desapossamentos, seja pela observância do devido processo legal e assegurando uma proteção adequada contra medidas ar-

positiva, já que, consoante referido, na dimensão negativa (ou seja, quando os direitos fundamentais estiverem sendo considerados como direitos de defesa) inexistem obstáculos ao reconhecimento imediato de posições subjetivas pelos órgãos do Poder Judiciário.

67. Cf. Celso Antônio Bandeira de Mello, "Eficácia das normas constitucionais sobre justiça social", *RDP* 57-58/242, São Paulo, Ed. RT, 1981.

68. Para Robert Alexy (*Teoría de los Derechos Fundamentales*, cit., pp. 173 e ss.) os direitos fundamentais defensivos, na qualidade de direitos subjetivos, agrupam-se em três categorias: (a) direitos ao não-impedimento de ações por parte do titular do direito; (b) direitos à não-afetação de propriedades ou situações do titular do direito; (c) direitos à não-eliminação de posições jurídicas.

69. É neste contexto, entre outros aspectos que poderiam ser citados, que a doutrina e jurisprudência germânicas passaram a reconhecer uma assim designada (e a terminologia não restou imune a críticas) "eficácia irradiante" dos direitos fundamentais, considerados também como elementos integrantes de uma ordem de valores objetiva, sobre o restante do ordenamento jurídico. Para uma compreensão da dimensão jurídico-objetiva dos direitos fundamentais, v., dentre outros, Konrad Hesse, *Grundzüge des Verfassungsrechts der Bundesrepublik Deutschland*, Heidelberg, C. F. Müller, 1995, pp. 133 e ss. (existe tradução de Luís Afonso Heck para a Língua Portuguesa: Kontad Hesse, *Elementos de Direito Constitucional da Alemanha*, Porto Alegre, Sérgio Antônio Fabris Editor).

70. Com efeito, o fato de estarmos diante de normas de eficácia plena, capazes de gerar todos os seus efeitos, inclusive na esfera subjetiva, não afasta a potencial restringibilidade destes efeitos, notadamente no que diz com o exercício dos direitos subjetivos, de tal sorte que a possibilidade de sofrer restrições não se constitui, em absoluto, em "privilégio" das assim denominadas normas de eficácia contida, consagradas no Direito pátrio pela obra de José Afonso da Silva.

bitrárias, entre outros aspectos a serem considerados.[71]

Nas relações entre particulares – onde o direito à moradia, notadamente (mas não exclusivamente) na sua dimensão defensiva, também alcança eficácia e vinculatividade[72] – igualmente são comuns as situações de conflito entre o direito à moradia e outros bens fundamentais salvaguardados pela Constituição, destacando-se o direito de propriedade (como pode ocorrer numa ação movida pelo locador proprietário contra o inquilino). Da mesma forma, verifica-se a ocorrência de conflitos (ou colisões, se preferimos) entre o direito à moradia de pessoas situadas em pólos opostos da demanda, por vezes ambos igualmente carentes de recursos, do que dão conta os casos – cada vez menos raros – de ações de reintegração de posse intentadas por pessoas que tiveram seu casebre edificado em "área verde" ocupado (até mesmo quando se encontravam no trabalho) por terceiros, ainda que igualmente ou até mesmo mais humildes e carentes.

Sem que se vá, aqui, aprofundar o ponto, importa frisar que, mesmo onde se cuida de uma relação onde podem estar em causa direitos fundamentais de titulares diversos, circunstancialmente em rota de colisão, impõe-se a difícil tarefa de, considerando o dever de proteção de todos os direitos fundamentais de todas as pessoas, analisar a viabilidade de uma restrição, que, em qualquer caso, deverá observar, no âmbito de uma necessária interpretação tópico-sistemática,[73] entre outros aspectos, a preservação do núcleo essencial de cada direito e os critérios impostos pelo princípio da proporcionalidade, que, por sua vez, sempre acaba por implicar uma ponderação de bens ou interesses.[74] Em síntese, também aqui não há como

71. Conforme aponta Matthew Craven (*The International Covenant on Economic, Social and Cultural Rights – A Perspective on its Development*, cit., pp. 335 e ss.), consignando que o direito à moradia inclui o direito a não ser privado arbitrariamente da moradia.

72. Aqui, iremos desconsiderar a discussão a respeito de uma eficácia imediata (direta) ou mediata (indireta) do direito à moradia e dos direitos fundamentais em geral no âmbito das relações entre particulares, partindo do pressuposto de que tal eficácia ocorre, implicando uma vinculação não apenas do legislador e do Poder Judiciário na esfera cível (do direito privado), mas também uma eficácia que opera em relação aos atos dos particulares. A respeito desta temática, remetemos ao nosso "Direitos fundamentais e direito privado: algumas considerações em torno da vinculação dos particulares aos direitos fundamentais", in Ingo Wolfgang Sarlet (org.), *A Constituição Concretizada: Construindo Pontes com o Público e o Privado*, Porto Alegre, Livraria do Advogado, 2000, pp. 107-164. De qualquer modo, em face da amplitude e da complexidade do problema da eficácia do direito à moradia na órbita jurídico-privada, aqui, não faremos mais que algumas referências, imprescindível a realização de estudo de maior envergadura.

73. A respeito da necessária hierarquização no âmbito de uma igualmente impositiva interpretação tópico-sistemática, v. os preciosos contributos de Juarez Freitas, *A Interpretação Sistemática do Direito*, São Paulo, Malheiros Editores, 1995, pp. 49 e ss., assim como, mais recentemente, Alexandre Pasqualini, *Hermenêutica e Sistema Jurídico*, Porto Alegre, Livraria do Advogado, 2000, pp. 89 e ss.

74. Sobre a temática específica das restrições (e, de modo geral, dos limites) dos direitos fundamentais (abrangendo a colisão de direitos e a problemática da ponderação de interesses) v., representando a doutrina alienígena, a lição de Robert Alexy, *Teoría de los Derechos Fundamentales*, cit., pp. 267 e ss. Entre nós já se registra a produção de farta e qualificada literatura a respeito, destacando-se, dentre outros trabalhos – e restringindo-nos, aqui, à principal produção monográfica – as obras de Raquel Denise Stumm, *Princípio da Proporcionalidade no Direito Constitucional Brasileiro*, Porto Alegre, Livraria do Advogado, 1995; Suzana de Toledo Barros, *O Princípio da Proporcionalidade e o Controle de Constitucionalidade das Leis Restritivas de Direitos Fundamentais*, Brasília, Brasília Jurídica, 1996; Edílson Pereira de Farias, *Colisão de Direitos. A Honra, a Intimidade, a Vida Privada e a Imagem **versus** a Liberdade de Expressão e Informação*, Porto Alegre, Sérgio Antônio Fabris Editor, 1996; Daniel Sarmento, *A Ponderação de Interesses na Constituição Federal*, Rio de Janeiro, Lumen Juris, 2000; Gilmar Ferreira Mendes,

fugir de uma hierarquização[75] dos valores em pauta – tarefa no contexto da qual o princípio da dignidade da pessoa humana (cuja conexão com o direito à moradia já restou amplamente demonstrada) assume particular relevância como critério de solução, privilegiando-se, na esteira da oportuna lição de Juarez Freitas, a opção (e, portanto, também a interpretação) mais favorável à dignidade da pessoa.[76]

É nesta perspectiva também que se verifica, desde logo, e independentemente da possibilidade de se assegurar um direito a prestações, o quanto em eficácia e efetividade pode ser atribuído ao direito à moradia, já na sua dimensão defensiva – o que, por si só, já bastaria para demonstrar sua normatividade e relevância prática. Para além da já apontada necessidade de edição de medidas legislativas objetivando uma efetiva proteção da moradia, juízes e tribunais encontram-se igualmente vinculados diretamente pelo direito à moradia, devendo zelar, no caso concreto, pela sua máxima eficácia e efetividade, tanto quando interpretarem o direito ordinário em conformidade com as normas de direitos fundamentais, seja quando estiverem atuando estritamente no controle da constitucionalidade de eventuais restrições impostas ao direito à moradia, pelo Poder Público, ou no âmbito das relações entre particulares, especialmente quando estiverem em causa situações caracterizadas por uma colisão (e, aqui, adotamos a terminologia mais corrente) de direitos, nas quais o direito à moradia acaba sendo oposto a direito de terceiro.

Não se poderá, portanto, olvidar nem minimizar a necessidade de uma interpretação conforme a Constituição e os direitos fundamentais, já existindo significativa jurisprudência – até mesmo (consoante já frisado) antes da incorporação expressa do direito à moradia ao texto constitucional – a considerar, no caso concreto, a necessidade de proteção da moradia em face de outros interesses. Bastaria, aqui, a título meramente ilustrativo, referir o exemplo da impenhorabilidade do imóvel que serve de moradia para o fiador e sua família, ainda que a penhora, nestas circunstâncias, tenha sido viabilizada pelo legislador ordinário. Neste sentido, dentre outras tantas decisões que poderiam ser colacionadas, aproveitamos para citar acórdão do TJRS da lavra do Des. Adão Sérgio do Nascimento Cassiano onde restou consignado que o fiador não pode perder sua moradia em face de direitos patrimoniais do credor, notadamente quando existem outros meios para que este assegure o seu crédito.[77]

Ainda no contexto da sua condição de direito de defesa, impõe-se referência à proteção do direito à moradia contra um retrocesso, isto é, contra uma supressão ou esvaziamento por parte, principalmente, do legis-

Inocêncio Mártires Coelho e Paulo Gustavo Gonet Branco, *Hermenêutica Constitucional e Direitos Fundamentais*, Brasília, Brasília Jurídica, 2000; Wilson Antônio Steinmetz, *Colisão de Direitos Fundamentais e Princípio da Proporcionalidade*, Porto Alegre, Livraria do Advogado, 2001; e, mais recentemente, Jairo Schäffer, *Direitos Fundamentais. Proteção e Restrições*, Porto Alegre, Livraria do Advogado, 2001.

75. Aqui, vale registrar que, no âmbito daquilo que a doutrina majoritária – especialmente na esteira de Robert Alexy – convencionou designar de "ponderação de bens" (ou interesses) sempre ocorre – como bem demonstrou Juarez Freitas – uma hierarquização de valores, princípios ou normas (note-se que, ao contrário de Alexy, o notável jurista gaúcho adota uma outra abordagem do sistema jurídico, como englobando as três categorias já referidas).

76. Cf. Juarez Freitas, "Tendências atuais e perspectivas da hermenêutica constitucional", *Revista da Associação dos Juízes do Rio Grande do Sul – Ajuris* 76/406, 1999.

77. Cf. TJRS, 1ª Esp. C. Cível, AI 70000649350, j. 28.3.2000. Nesta mesma linha, inclusive reproduzindo trecho da decisão proferida no agravo de instrumento citado, situa-se o acórdão do 8º Grupo Cível nos EInfrs 70.003.0178.78, relatado pelo Des. Paulo Monte Lopes e julgado no dia 9.11.2001.

lador.[78] Tomando o assim denominado princípio da proibição de retrocesso (que, em princípio, não tem o condão de afastar necessárias e legítimas restrições e adaptações no âmbito da indispensável liberdade de conformação da qual dispõe o legislador numa ordem democrática) num sentido mais amplo que o convencional, poder-se-á sustentar (embora se cuide de aspecto reconhecidamente controverso) que o direito à moradia (notadamente pela sua estreita vinculação com o direito à vida e a dignidade da pessoa) não mais poderá ser suprimido do texto da Constituição por meio de emenda constitucional, passando a integrar o elenco dos limites materiais (ainda que na condição de limite implícito) da nossa Constituição; nem ser objeto de restrição – igualmente no bojo de uma reforma constitucional – que venha a atingir o núcleo essencial (no mínimo, o conteúdo existencial) do direito à moradia, que, de resto – consoante já demonstrado –, encontra proteção também em face de eventuais medidas restritivas impostas pelo Poder Público e no âmbito das relações entre particulares.[79]

Para além disso (e este o sentido estrito da proibição de retrocesso) encontra-se vedada a possibilidade de o legislador infraconstitucional desconstituir pura e simplesmente o grau de concretização que ele próprio conferiu às normas constitucionais, notadamente quando se cuida de normas que, em maior ou menor escala, acabam por depender destas normas infraconstitucionais para alcançarem sua plena eficácia e efetividade – em outras palavras, para serem aplicadas e cumpridas pelos órgãos estatais e particulares.[80] Assim, parece razoável sustentar que o legislador complementar pátrio não poderia revogar integralmente ou em aspectos essenciais – sem oferecer qualquer

78. Neste contexto, já se fala na existência de um princípio de vedação do retrocesso em matéria de direitos fundamentais, temática que, embora ainda não esteja suficientemente difundida e versada entre nós, tem encontrado crescente acolhida no âmbito da doutrina mais afinada com a concepção do Estado Democrático de Direito consagrado pela nossa ordem constitucional. Dentre a literatura pátria, versando especificamente a respeito da proibição de retrocesso, v. o nosso *A Eficácia dos Direitos Fundamentais* ..., cit., pp. 373 e ss., assim como o igualmente da nossa lavra "O Estado Social de Direito, a proibição de retrocesso e a garantia fundamental da propriedade", *Revista da Faculdade de Direito da UFRGS* 17/111-132, 1999 (embora, aqui, priorizando a perspectiva alemã). Também entre nós, cf., ainda, o contributo de Lênio Luiz Streck, *Hermenêutica Jurídica e(m) Crise*, cit., pp. 31 e ss. No âmbito da literatura estrangeira, v. especialmente a posição favorável (mas prudente) de José Joaquim Gomes Canotilho, *Direito Constitucional e Teoria da Constituição*, pp. 326 e ss., afirmando, em síntese – e, no nosso sentir, com inteira razão –, que "a liberdade de conformação do legislador e inerente auto-reversibilidade têm como limite o núcleo essencial já realizado".

79. A respeito dos limites materiais à reforma constitucional e, mesmo, enfrentando o tema específico e controverso (dada a existência de posições antagônicas) dos direitos sociais na sua condição de "cláusulas pétreas" existe farta e boa doutrina nacional. Neste sentido, remetemos para a leitura (para além do nosso *A Eficácia dos Direitos Fundamentais* ..., cit., pp. 353 e ss., onde desenvolvemos o ponto) das recentes e importantes contribuições de Gustavo Just da Costa e Silva, *Os Limites da Reforma Constitucional*, Rio de Janeiro, Renovar, 2000, assim como Oscar Vilhena Vieira, *A Constituição e sua Reserva de Justiça – Um Ensaio sobre os Limites Materiais ao Poder de Reforma*, São Paulo, Malheiros Editores, 1999.

80. Na doutrina alienígena, notadamente de matriz germânica, o reconhecimento de uma proibição de retrocesso social alcançou relevância como modo de fundamentar constitucionalmente a proteção dos direitos sociais assegurados na legislação infraconstitucional, especialmente em face da ausência de previsão expressa da figura dos direitos adquiridos e pelo fato de que na Alemanha (assim como em outras Constituições da Europa) praticamente não foram previstos direitos fundamentais sociais no plano do direito constitucional positivo. Importa, ainda, repisar – para espancar eventuais incompreensões – que comungamos do entendimento de que mesmo as normas tidas como de eficácia limitada (mas sempre com eficácia) são – nos limites da sua possível eficácia – imediatamente (isto é, diretamente) aplicáveis.

alternativa compensatória similar – o *Estatuto da Cidade* (Lei 10.257/2001), editado mais de década após a promulgação da Constituição, já que se cuida, inequivocamente, de instrumento essencial para uma maior eficácia e efetividade do direito à moradia na ordem jurídica brasileira. Certo é que mesmo não se estando a tratar, aqui, de uma alteração da própria Constituição (num sentido formal), ainda assim estaríamos diante da hipótese de um verdadeiro golpe contra a nossa Lei Fundamental, de tal sorte que, configurada esta hipótese, sempre se poderá impugnar, via judicial, este tipo de procedimento, invocando sua inconstitucionalidade, cuidando-se – como bem o ressalta Gomes Canotilho – de importante conseqüência jurídico-subjetiva dos direitos sociais na sua dimensão prestacional.[81]

A partir do exposto, verifica-se que a vedação (ainda que necessariamente não-absoluta) de um retrocesso também na esfera legislativa revela de modo emblemático que mesmo os típicos direitos sociais a prestações apresentam uma dimensão de natureza negativa (defensiva)[82] que – caso bem manejada – assume papel de destaque na sua proteção. Ao fim e ao cabo, a temática da proibição de retrocesso insere-se no contexto da possibilidade – amplamente reconhecida também entre nós – de que qualquer pessoa titular de um direito fundamental social (ainda que não regulamentado em lei) dispõe no sentido de impugnar medidas que colidam frontalmente com o direito assegurado pela Constituição ou que venham a frustrar sua implementação – em suma, que se enquadram naquilo que significativa doutrina tem denominado (sem que se vá, aqui, enfrentar o mérito da questão terminológica) de "direitos subjetivos em sentido negativo".[83]

5.3 Dimensão prestacional (positiva) do direito à moradia

Voltando-nos, agora, ainda que de forma necessariamente sumária, ao problema da eficácia e efetividade do direito à moradia na sua dimensão prestacional, não há dúvida de que a pergunta mais angustiante e provavelmente a que coloca as maiores dificuldades para uma adequada resposta diz com a possibilidade de o titular do direito à moradia (em princípio, qualquer pessoa, em homenagem ao princípio da universalidade dos direitos fundamentais), com base nas normas constitucionais que lhe asseguram este direito, exigir do Poder Público (e eventualmente até mesmo de um particular) algu-

81. José Joaquim Gomes Canotilho, *Constituição Dirigente e Vinculação do Legislador*, Coimbra, Coimbra Editora, 1982, p. 374. Registre-se, por conveniente, que, muito embora o próprio autor tenha revisto e até mesmo considerado como superada boa parte das suas idéias expostas na obra ora citada (recomenda-se, aqui, a leitura do "Prefácio" da 2ª edição, veiculada no ano de 2001), no que diz com a proibição de retrocesso e suas conseqüências, de modo geral, foram mantidos os elementos nucleares da concepção original, do que dá conta a versão mais recente da sua *Teoria da Constituição*, já citada mais acima.

82. Neste sentido já se haviam posicionado José Joaquim Gomes Canotilho e Vital Moreira (*Fundamentos da Constituição*, Coimbra, Coimbra Editora, 1991, p. 131), afirmando que os direitos a prestações sociais assumem, neste contexto, a condição de típicos direitos de defesa.

83. Cf., dentre tantos: João Horácio Meirelles Teixeira, *Curso de Direito Constitucional*, cit., pp. 343 e ss.; Rosah Russomano, "Das normas constitucionais programáticas", in Paulo Bonavides e outros, *As Tendências Atuais do Direito Público*, Rio de Janeiro, Forense, 1976, pp. 281 e ss.; José Afonso da Silva, *Aplicabilidade das Normas Constitucionais*, cit., 3ª ed., pp. 147 e 156 e ss.; e, mais recentemente, na esteira de Celso Antônio Bandeira de Mello, "Eficácia das normas constitucionais sobre justiça social", cit., *RDP* 57-58/243; Luís Roberto Barroso, *O Direito Constitucional e a Efetividade de suas Normas*, cit., 3ª ed., p. 243 – todos sustentando, em síntese, o direito de o indivíduo se opor judicialmente ao cumprimento de regras ou à sujeição a atos que venham atingi-lo pessoalmente e que sejam contrários ao sentido do preceito constitucional.

ma prestação material que venha a lhe assegurar uma moradia compatível com as exigências de uma vida digna. Em síntese, coloca-se a questão sobre se o Poder Público pode (e deve) ser compelido a disponibilizar, no todo ou em parte, uma moradia para os que demonstrarem sua falta e a impossibilidade de aquisição ou acesso por seus próprios meios.

Apenas este aspecto da problemática, pela miríade de questões conexas (jurídicas e metajurídicas) que suscita, já reclamaria bem mais que um singelo artigo para seu adequado enfrentamento, além de evidenciar de modo particularmente contundente a afirmativa e o questionamento recentemente formulados de modo sugestivo entre nós no sentido de que "direitos não nascem em árvores".[84] Por outro lado, verifica-se, desde logo, que este não é sequer o único problema vinculado à dimensão prestacional do direito à moradia. Tal constatação, contudo, não obstante acabe gerando ainda mais frentes a serem exploradas e outros problemas a serem resolvidos, demonstra, de modo contundente, que mesmo na sua condição de direito a prestações o direito à moradia abrange um leque multifacetado de opções e possibilidades, inclusive no que diz com a viabilidade de sua efetivação.

Neste contexto, e antes de seguirmos, convém lembrar que é justamente na sua dimensão prestacional (e em função desta) que os direitos sociais – e o direito à moradia em especial – têm sido enquadrados na categoria das normas constitucionais programáticas (ou impositivas de programas, fins e tarefas, como sugere Canotilho); posição, esta, que ainda parece refletir a posição dominante, notadamente no Direito Comparado e Internacional. Tal entendimento – apenas a título ilustrativo – restou consignado reiteradamente pelo Tribunal Constitucional de Portugal, sustentando, na esteira do magistério de Gomes Canotilho e Vieira de Andrade, que o direito à habitação, compreendido como direito a ter uma moradia condigna, constitui um direito a prestações, cujo conteúdo não pode ser determinado ao nível das opções constitucionais e pressupõe uma tarefa de concretização e de mediação do legislador ordinário, não conferindo ao cidadão um direito imediato a uma prestação efetiva, já que não é diretamente aplicável, nem exeqüível por si mesmo.[85]

Sem que aqui se possa e pretenda adentrar a instigante discussão em torno das assim denominadas normas constitucionais programáticas (ou de cunho programático),[86] não há como desconsiderar que o direito à moradia inequivocamente *também* (*mas não só*) assume, no que diz com sua perspectiva prestacional, a condição de norma programática, impondo ao Poder Público a tarefa de atuar positivamente na promoção, proteção, enfim, na concretização das metas constitucionalmente estabelecidas no sentido de assegurar uma moradia compatível com as exigências da dignidade da pessoa humana para a população. Por outro lado, também é certo (pelo menos para expressiva doutrina) que os direitos sociais prestacionais – em que pese à sua dimensão programática – nem por isso perdem em fundamentalidade.[87] Da mesma forma, impor-

84. Este, justamente (*Direitos não Nascem em Árvores*), o instigante título ostentado pela bela dissertação de Mestrado defendida recentemente na UERJ, sob a competente orientação de Ricardo Lobo Torres, pelo hoje já Mestre e professor Flávio Galdino, em janeiro/2001, ainda não publicada.

85. Cf. 1ª Seção, Acórdão 29/2000, relatado pelo Cons. Artur Maurício, reproduzindo, neste ponto, o que já havia sido decidido no Acórdão 131/1992, tido como o *leading case* do Tribunal Constitucional nesta matéria (direito à moradia como direito a prestações).

86. Especificamente a respeito deste tema, lembramos a já referida e recente obra de Regina Ferrari, *Normas Constitucionais Programáticas – Normatividade, Operatividade e Efetividade*, cit.2001.

87. Para tanto, v., entre outros, José Joaquim Gomes Canotilho, *Direito Constitucional e Teoria da Constituição*, cit., p. 444, discorrendo sobre os

ta repisar que mesmo as normas constitucionais programáticas não são destituídas de eficácia (ainda que eventualmente mais reduzida), além de serem – na medida da sua eficácia – diretamente aplicáveis, não sendo, de resto, poucos e inexpressivos os efeitos jurídicos que delas se podem extrair independentemente de uma intermediação do legislador.[88]

Retomando, aqui, a noção de que existe todo um leque de possibilidades também no que diz com a eficácia e efetividade dos direitos sociais prestacionais, bem como partindo-se da premissa de que o objeto dos direitos a prestações pode assumir a feição tanto de prestações fáticas (materiais) quanto normativas e que uma das principais – se não a principal – manifestações do dever de proteção do Estado (que, ao menos segundo expressiva doutrina, resulta num correspondente direito à proteção que tem como titular o particular)[89] para com os direitos fundamentais consiste na edição de medidas legislativas com o objetivo de salvaguardar, de forma efetiva, o direito fundamental ou viabilizar sua implementação, cuidando-se de um direito a prestações materiais, verifica-se que também no concernente ao direito à moradia tais premissas encontram possível aplicação.

Assim, por exemplo, registra-se (inclusive no âmbito do Direito Internacional) a necessidade de uma legislação versando sobre o regime das locações residenciais que, sem desguarnecer os direitos do proprietário, impeça, de outra parte, abusos praticados em relação ao locatário, especialmente em situação de necessidade e manifesta hipossuficiência, seja pela previsão da impossibilidade de uma retomada imotivada, seja pelo controle dos preços dos alugueres e de seus reajustes, ou mesmo pela imposição de prazos razoáveis para a desocupação – dentre outros aspectos que poderiam ser mencionados, e sem que se, vá, aqui adentrar o mérito da correção das opções legislativas atualmente vigentes entre nós nesta seara.

Já, na esfera de um direito à moradia como direto de acesso a uma habitação igualmente existe um leque amplo de possibilidades, como demonstra a criação de linhas de financiamento específicas facilitando a aquisição ou construção de residências especialmente para pessoas de baixo poder aquisitivo, o estabelecimento de um sistema de mutirões, ou mesmo a criação de uma rubrica específica na esfera da assistência social (como ocorre em diversos países industrializados) destinada a cobrir – em caráter temporário e em montante variável de acordo com as circunstâncias do caso concreto – despesas com habitação (pagamento de alugueres) – nesta hipótese, com a vantagem de que, com isto, estarão sendo estimulados investimentos na construção de habitações, por sua vez refletindo no incremento dos níveis de emprego e fomento da economia.[90]

diversos modos de positivação dos direitos fundamentais econômicos, sociais e culturais.

88. Sobre os diversos efeitos jurídicos das normas habitualmente designadas de eficácia limitada (de cunho programático e/ou impositivo de legislação e ações concretas do Poder Público) v. o nosso *A Eficácia dos Direitos Fundamentais*..., cit., pp. 268 e ss. Consigne-se, ainda neste contexto, que, quando versamos sobre a dimensão negativa do direito à moradia, já se fez referência a uma série de efeitos importantes inerentes ao direito à moradia, plenamente compatíveis mesmo com sua perspectiva programática.

89. Cf., paradigmaticamente, Robert Alexy (*Teoría de los Derechos Fundamentales*, cit., pp. 435 e ss.), não obstante seja objeto de ampla controvérsia a possibilidade de subjetivação nesta esfera, isto é, de se reconhecer uma dimensão jurídico-subjetiva dos direitos à proteção. Como contraponto (muito embora haja apenas parcial divergência), vale mencionar as ponderações de Konrad Hesse, *Grundzüge des Verfassungsrechts der Bundesrepublik Deutschland*, cit., p. 156.

90. Ainda neste contexto, vale colacionar a solução adotada na Bélgica, onde o legislador previu a possibilidade, limitada no tempo e não sem uma devida compensação, de requisitar – com o objetivo de uma colocação provisória de pessoas desabrigadas – imóveis que se encontram vazios.

No caso brasileiro a facilitação da aquisição da propriedade pelo usucapião, especialmente a partir da Constituição de 1988, mediante a prova da posse exercida de forma mansa e pacífica por um período de cinco anos, desde que demonstrada a utilização (dentre outros requisitos) do imóvel para moradia própria e da família, revela – como já lembrado alhures – que a moradia atua como fundamento da aquisição da propriedade em face de outros particulares (no caso, aquele em nome de quem está registrado o imóvel), revelando que, de certo modo, se poderá até mesmo (e nos parece razoável este ponto de vista) sustentar uma eficácia nas relações entre particulares da dimensão prestacional do direito à moradia.

Com a recente edição do assim designado "Estatuto da Cidade" (Lei 10.257/2001), o legislador pátrio certamente deu mais um passo decisivo para uma mais efetiva implementação do direito à moradia. Apenas para ilustrar tal assertiva, cremos que basta, aqui, a referência ao instituto do usucapião coletivo (facilitando sobremaneira a regularização dos assentamentos habitacionais urbanos irregulares e a outorga do título de propriedade aos moradores) assim como aos institutos da concessão de direito real de uso e do uso especial para fins de moradia.[91]

Ainda que se tenha de reconhecer que na sua condição de direito a prestações normativas (principal manifestação do dever de proteção do Estado e dos correspondentes direitos à proteção) não se poderá sustentar, mesmo à luz do princípio contido no art. 5º, § 1º, da nossa CF, um direito subjetivo à edição de uma ato normativo (ou seja, um direito subjetivo à legislação),[92] os exemplos pinçados revelam – para além de todas as potencialidades normativas já referidas quando da análise da dimensão negativa – que muito já se fez e mais ainda se poderá fazer por meio de uma atuação estatal (e não estritamente no campo normativo) sinceramente empenhada na tarefa de proteger e implementar o direito à moradia, ainda que não se esteja, aqui, a falar propriamente num direito subjetivo de acesso a uma moradia, no sentido de um direito a prestações fáticas. Este é, precisamente, o próximo ponto a ser versado.

Tomando-se, agora, o direito à moradia na sua condição de um direito a prestações materiais (fáticas) que viabilizem o acesso efetivo a uma moradia digna, e desde logo cientes de que também (e compreensivelmente) os tratados internacionais que versam sobre o tema não impõem aos Estados a obrigação de disponibilizar a todos uma moradia, apenas (como de resto já frisado) determinando que sejam empreendidos esforços concretos e efetivos neste sentido, não há, todavia, como deixar de considerar – mesmo que sem o desenvolvimento desejável – a eventual possibilidade de se admitir, diretamente com base na previsão constitucional e mesmo sem uma opção legislativa neste sentido (que, ademais, não teria o condão de afastar todos os obstáculos, especialmente no que diz com a carência de recursos), um direito subjetivo a prestações fáticas que possa ser objeto de reconhecimento pelos órgãos do Poder Judiciário.

A respeito deste ponto, bem como sobre a problemática em geral do direito à moradia na Bélgica, v. o contributo de Jacques Fierens, "Le droit à un logement décent", in Rusen Ergec (dir.), *Les Droits Économiques, Sociaux et Culturels dans la Constitution*, Bruxelas, Bruylant, 1995, especialmente pp. 247 e ss.

91. Note-se que boa parte dos institutos previstos no Estatuto da Cidade já encontrava previsão expressa no nosso ordenamento, esperando-se que a regulamentação da nova lei e os ajustes indispensáveis para sua adequada e eficiente aplicação, seja pelo legislador, seja pelo Executivo e pelo Judiciário, venham a corresponder às suas evidentes potencialidades.

92. Para além de um quase inevitavelmente frágil sistema de controle de constitucionalidade por omissão, sempre haverá como explorar os limites estabelecidos pela já referida dimensão negativa dos direitos sociais, especialmente no que diz com uma proibição de retrocesso.

Não havendo como adentrar – em face dos estreitos limites deste estudo – os mais diferenciados aspectos que o problema suscita, sendo também inviável considerar mesmo as principais concepções e argumentos desenvolvidos a respeito na doutrina e na jurisprudência, partiremos, de imediato, para aquilo que consideramos representar uma solução que se harmoniza com o espírito da norma contida no art. 5º, § 1º, da nossa Carta Magna. Tendo em conta que não poderão ser desconsideradas as distinções entre os direitos de defesa e os direitos sociais prestacionais, de modo especial o fato de que estes estão condicionados, no que diz com sua realização, pela disponibilidade de recursos e pela capacidade de deles dispor (princípio da reserva do possível – este, por sua vez, diretamente conectado com o problema da maior ou menor escassez de recursos[93]), bem como pelo princípio democrático da reserva parlamentar em matéria orçamentária, o que também afeta o princípio da separação de Poderes, entendemos que a proposta de solução deverá passar necessariamente (também aqui) pela ponderação dos princípios incidentes na espécie, no âmbito de uma interpretação sistemático-hierarquizadora, tal como nos propõe o ilustre jurista e professor Juarez Freitas em sua magnífica obra sobre a hermenêutica jurídica, já referida.[94]

É neste sentido que nos valemos das lições do conhecido jusfilósofo germânico Robert Alexy, para quem, em síntese, se poderá reconhecer um direito subjetivo originário a prestações nas seguintes circunstâncias: (a) quando imprescindível ao princípio da liberdade fática; (b) quando o princípio da separação de Poderes (incluindo a competência orçamentária do legislador) bem como outros princípios materiais (especialmente concernentes a direitos fundamentais de terceiros) forem atingidos de forma relativamente diminuta. Para Alexy tais condições se encontram satisfeitas sobretudo na esfera dos direitos sociais que correspondem a um padrão mínimo, como é o caso do direito às condições existenciais mínimas, direito à formação escolar e profissional, *uma moradia simples* e um padrão mínimo de atendimento na área da saúde.[95]

A solução preconizada por Alexy – convém registrar – afina com a natureza principiológica da norma contida no art. 5º, § 1º, da nossa CF, já que esta, impondo a otimização (maximização) da eficácia de todos os direitos fundamentais, não poderia admitir nem uma realização plena dos (e de todos) direitos sociais prestacionais – pena de sacrifício de outros princípios ou direitos fundamentais colidentes –, nem a negação absoluta de direitos subjetivos a prestações – pena de sacrifício de outros bens igualmente fundamentais. Tomando como exemplo o direito à saúde, perceber-se-á, desde logo, que ao Estado não se impõe apenas o direito de respeitar a vida humana, o que poderá até mesmo implicar a vedação da pena de morte, mas também o dever de proteger ativamente a vida humana (e a vida com dignidade), já que esta constitui a razão de ser da própria comunidade e do Estado, além de ser o pressuposto para a fruição de qualquer direito fundamental. Negar ao particular o acesso ao atendimento médico-hospitalar gratuito, ou mesmo o fornecimento de medicamentos essenciais, certamente não nos parece a solução mais adequada (ainda que invocável o princípio da reserva

93. Discutindo com oportunidade, atualidade e profundidade a questão da escassez de recursos e o papel do Direito e dos tribunais nesta seara, v., entre nós, Gustavo Amaral (*Direito, Escassez & Escolha*, cit., especialmente pp. 133 e ss.), sem que, aqui, estejamos esquecendo da circunstância, já referida no presente trabalho, de que os direitos negativos apresentam, num certo sentido, uma dimensão positiva (prestacional), já que no plano da sua efetivação igualmente assume relevo o problema da reserva do possível.

94. V. Juarez Freitas, *A Interpretação Sistemática do Direito* ..., cit., 1995.

95. Cf. Robert Alexy, *Teoría de los Derechos Fundamentales*, cit., pp. 494 e ss.

do possível e/ou da reserva parlamentar em matéria orçamentária). O mesmo raciocínio, assim nos parece, poderá ser aplicado no que diz com outros direitos sociais prestacionais básicos, tais como educação e assistência social, e para as condições materiais mínimas para uma existência digna, no âmbito das quais seguramente ocupa lugar de destaque a moradia.

Neste contexto, cumpre registrar que o reconhecimento de direitos subjetivos a prestações não se deverá restringir às hipóteses nas quais a própria vida humana estiver correndo o risco de ser sacrificada, não obstante seja este o exemplo mais pungente a ser referido. O princípio da dignidade da pessoa humana assume, também no que diz com este aspecto, importante função demarcatória, podendo servir de parâmetro para avaliar qual o padrão mínimo em direitos sociais (mesmo como direitos subjetivos individuais) a ser reconhecido.[96] Negar-se, por exemplo, o acesso ao ensino fundamental obrigatório e gratuito (ainda mais em face da norma contida no art. 208, § 1º, da CF, de acordo com a qual se cuida de direito público subjetivo) importa igualmente grave violação ao princípio da dignidade da pessoa humana, na medida em que este implica para a pessoa humana a capacidade de compreensão do mundo e a liberdade (real) de se autodeterminar e formatar a existência – o que certamente não será possível mantendo-se a pessoa sob o véu da ignorância.[97]

Com base no exposto, verifica-se que o problema apenas poderá ser equacionado à luz das circunstâncias do caso concreto e do direito fundamental específico em pauta, sendo indispensável a ponderação (hierarquização) dos bens e valores em conflito. Assim, em todas as situações em que o argumento da reserva de competência do legislador (assim como a separação de Poderes e as demais objeções habituais aos direitos sociais a prestações como direitos subjetivos) implicar grave agressão (ou, mesmo, o sacrifício) ao valor maior da vida e da dignidade da pessoa humana ou nas hipóteses em que, da análise dos bens constitucionais colidentes, resultar a prevalência do direito social prestacional, poder-se-á sustentar, na esteira de Alexy e de Gomes Canotilho, que, na esfera de um padrão mínimo existencial, haverá, em princípio, a possibilidade de reconhecer um direito subjetivo definitivo a prestações, admitindo-se, onde tal mínimo for ultrapassado, tão-somente um direito subjetivo *prima facie*, já que – nesta seara – não há como resolver a problemática em termos de uma lógica do tudo-ou-nada.[98] Esta

96. Sobre o conteúdo mínimo dos direitos sociais e sua conexão com a dignidade da pessoa humana, v. o excelente aporte de Ana Paula Barcellos, *A Eficácia Jurídica dos Princípios Constitucionais. O Princípio da Dignidade da Pessoa Humana*, Rio de Janeiro, Renovar, 2002, especialmente pp. 247 e ss. Não obstante não tenha havido uma abordagem específica do direito à moradia, as considerações colacionadas, assim como os exemplos pinçados, fornecem referencial argumentativo também para o direito à moradia.

97. V., a este respeito, o nosso *A Eficácia dos Direitos Fundamentais* ..., cit., p. 319, obra na qual analisamos com maior profundidade estes e outros exemplos, bem como as principais concepções a respeito do reconhecimento de direitos subjetivos a prestações (v. pp. 272-321).

98. Sobre a noção de um direito subjetivo a prestações, v. especialmente (além da obra de Alexy, já referida) a magistral formulação de José Joaquim Gomes Canotilho (*Tomemos a Sério os Direitos Sociais, Económicos e Culturais*, Coimbra, Coimbra Editora, 1988, pp. 25 e ss.), que, além de direitos subjetivos definitivos e direitos subjetivos *prima facie*, admite a existência de uma terceira categoria de direitos subjetivos a prestações, sustentando (na esteira de Alexy) que há posições jurídico-prestacionais embasadas em normas impositivas de tarefas e fins estatais que geram apenas um dever não-relacional do Estado, que pode ser caracterizado como um dever objetivo *prima facie*, garantido por normas não-vinculantes, como ocorre, por exemplo, com o direito ao trabalho e o correspondente dever do Estado de promover uma política de pleno emprego, sem que se possa admitir um direito do particular a um emprego. Neste contexto – muito embora não atribuindo aos direitos sociais, de modo geral, o qualificativo de "fun-

solução impõe-se até mesmo em homenagem à natureza eminentemente principiológica da norma contida no art. 5º, § 1º, da CF e, de modo geral, das próprias normas definidoras dos direitos e garantias fundamentais.

Nesta mesma linha de entendimento, percebe-se, ainda, que – especialmente na esfera dos direitos subjetivos a prestações – necessária uma relativização da noção de direito subjetivo, constatando-se uma inevitável diferenciação no que diz com a força jurídica das diversas posições jurídico-prestacionais fundamentais em sua dimensão subjetiva. Por outro lado, não há como desconsiderar a natureza excepcional dos direitos fundamentais originários a prestações na condição de direitos subjetivos definitivos, isto é, dotados de plena vinculatividade, e que implicam a possibilidade de impor ao Estado (e ao particular, quando for o destinatário), inclusive mediante recurso à via judicial, a realização de determinada prestação assegurada por norma de direito fundamental, sem que com isto se esteja colocando em xeque a fundamentalidade formal e material dos direitos sociais na sua dimensão prestacional. Que na hipótese do direito à moradia impõe-se particular prudência, assim como uma análise mais detida e aprofundada de todos os aspectos e repercussões que o problema coloca, nunca é demais seja frisado.

Por derradeiro, convém lembrar que, no concernente ao modo de o Estado assegurar, no caso concreto, o acesso à moradia (e isto mesmo no âmbito de um "mínimo" para uma vida digna), igualmente existe um elenco de alternativas que não pode ser prévia e definitivamente estabelecido, cuidando-se, em suma, de questão necessariamente aberta ao debate e carente de desenvolvimento.

6. Considerações finais: o necessário resgate da dimensão utópica e promocional dos direitos fundamentais e da dignidade da pessoa como pressuposto para a viabilidade do direito à moradia

À guisa de conclusão, cumpre assinalar – aproximando as noções de *eficácia jurídica* e *efetividade* (eficácia social) – que nem a previsão de direitos sociais fundamentais na Constituição (o que, portanto, vale igualmente para o direito à moradia) nem mesmo sua positivação na esfera infraconstitucional poderão, por si só, produzir o padrão desejável de justiça social, já que fórmulas exclusivamente jurídicas não fornecem o instrumental suficiente para sua concretização. No que diz com este aspecto, importa consignar a oportuna lição de Dieter Grimm, ilustre publicista e antigo Juiz do Tribunal Federal Constitucional da Ale-

damentais" –, também Ricardo Lobo Torres ("A cidadania multidimensional na era dos direitos", cit., in Ricardo Lobo Torres (org.), *Teoria dos Direitos Fundamentais*, cit., 2ª ed., pp. 292 e ss.) admite que, na esfera do mínimo existencial para uma vida com dignidade (situação que o autor reporta ao *status positivus libertatis*), os direitos a prestações podem assumir a condição de direitos subjetivos – de tal sorte que, no que nos parece essencial, tal entendimento acaba por ser substancialmente convergente com o que estamos a sustentar. Mesmo no plano da proteção internacional, cumpre registrar que, a despeito do reconhecimento de que não se pode impor aos Estados que disponibilizem uma moradia digna a todos os que dela necessitarem, cuidando-se de um direito de implementação progressiva, a Comissão da ONU responsável pelo controle e fiscalização do cumprimento do Pacto Internacional de Direitos Econômicos, Sociais e Culturais exige que os Estados utilizem o máximo de recursos possíveis, não aceitando a mera evasiva de que os recursos inexistem, especialmente no que diz com a necessidade de adoção de programas viáveis de baixo custo para atendimento de padrões mínimos em matéria de direitos sociais (v., neste sentido, o já citado relatório de Rajindar Sachar, "The right to adequate housing: the realization of economic, social and cultural rights", apresentado em junho/1993 à Comissão de Direitos Humanos da ONU, acessado pela Internet pelo seguinte endereço: *http://www.undp.org/um/habitat/rights/s2-93-15.html*, p. 12).

manha, para quem a efetividade dos direitos fundamentais em geral (e não apenas dos direitos sociais) não se alcança com a mera vigência da norma e, portanto, não se resolve exclusivamente no âmbito do sistema jurídico, transformando-se em problema de uma verdadeira política dos direitos fundamentais.[99]

Importante, portanto, é ter sempre em mente que uma Constituição de um Estado Democrático (e Social) de Direito não poderá jamais negligenciar o patamar de desenvolvimento social, econômico e cultural da comunidade, sob pena de comprometer seriamente sua força normativa e suas possibilidades de atingir uma plena efetividade.[100] Neste contexto, cumpre retomar a temática da crise dos direitos fundamentais. Com efeito, especialmente no âmbito dos direitos sociais prestacionais, onde a referida crise se manifesta com particular agudeza, tal como já demonstrado, verifica-se que o impacto negativo sobre a capacidade prestacional do Estado se encontra diretamente vinculado ao grau de importância do limite fático da reserva do possível e do princípio da reserva parlamentar em matéria orçamentária, os quais, por sua vez, atuam diretamente sobre a problemática da eficácia e efetividade dos direitos sociais, como, de resto (e, neste ponto, oportuna a lembrança de Holmes e Sunstein), de todos os direitos fundamentais.

Em verdade, quanto mais diminuta a disponibilidade de recursos, mais se impõe uma deliberação democrática e responsável a respeito de sua destinação, especialmente de forma a que sejam atendidas satisfatoriamente todas as rubricas do orçamento público, destacando-se aquelas que dizem com a realização dos direitos fundamentais e da própria justiça social.[101]

Na mesma proporção deverá crescer o índice de sensibilidade por parte daqueles aos quais foi delegada a difícil missão de zelar pelo cumprimento da Constituição, de tal sorte que – tratando-se do reconhecimento de um direito subjetivo a determinada prestação social – assume lugar de destaque o princípio da proporcionalidade, que servirá de parâmetro no indispensável processo de ponderação de bens que se impõe quando da decisão acerca da concessão, ou não, de um direito subjetivo individual ou, mesmo, da declaração de inconstitucionalidade de uma medida restritiva dos direitos sociais.

Por outro lado, entendemos que não há como sustentar o argumento de que, em face dos efeitos da crise já referidos, inexiste al-

99. Cf. Dieter Grimm, "*Grundrechte und Soziale Wirklichkeit*", in W. Hassemer, W. Hoffmann-Riem e J. Limbach (orgs.), *Grundrechte und Soziale Wirklichkeit*, Baden-Baden, Nomos, 1982, p. 72. No mesmo sentido, há que registrar, entre nós, a oportuna e lúcida exortação de Clémerson Merlin Cléve (*Temas de Direito Constitucional (e de Teoria do Direito)*, São Paulo, Acadêmica, 1993, p. 127), apontando para a necessidade de uma política da dignidade da pessoa humana e dos direitos fundamentais.

100. Neste sentido as ponderações de Joerg-Paul Müller, *Soziale Grundrechte in der Verfassung?*, Basel-Frankfurt, Helbig & Lichtenhahn, 1981, p. 52.

101. Aliás, a deliberação democrática e a participação popular efetiva nos processos de tomada de decisões no que diz com as opções tomadas no âmbito da realização dos direitos sociais assumem lugar de destaque no contexto do que se convencionou designar de um *status activus processualis* (Peter Häberle) dos direitos fundamentais, bem como na necessidade de se aperfeiçoar os mecanismos de participação democrática da população, como bem demonstram os diversos institutos consagrados pela nossa Constituição Federal de 1988 e uma série de medidas legislativas e experiências praticadas já no nosso país. Sobre o tema, especialmente no contexto dos direitos sociais, v., entre outros, Andreas Krell, "Controle judicial dos serviços públicos básicos na base dos direitos fundamentais sociais", in Ingo Wolfgang Sarlet (org.), *A Constituição Concretizada: Construindo Pontes com o Público e o Privado*, cit., pp. 25-60 – onde, de resto, se encontra atual análise do problema do papel do Poder Judiciário na esfera da efetivação dos direitos sociais.

ternativa plausível senão a de uma supressão pura e simples dos direitos sociais consagrados na Constituição, a pretexto de serem em grande parte responsáveis pela "ingovernabilidade" do nosso país. Da mesma forma, não devem especialmente o juiz e os demais operadores do Direito simplesmente capitular diante das "forças reais de poder" (Lassale) ou em face da alegação de que inviável (em qualquer circunstância) o reconhecimento de um direito subjetivo a prestações, socorrendo-se dos limites fáticos da reserva do possível e argumentando que inexiste dotação orçamentária – pena de esvaziamento completo da eficácia dos direitos sociais. O que se verifica, em verdade, é que o aumento da opressão sócio-econômica e a elevação dos níveis de desigualdade fática fazem com que o reconhecimento e a efetivação dos direitos sociais, ainda que em patamar mínimo, voltado à manutenção de um nível existencial digno, transformem-se em meta indispensável a qualquer ordem estatal que tenha a pretensão de ostentar o título de legítima e, por via de conseqüência, genuinamente democrática.

Aparentemente de forma paradoxal, constata-se que o processo de globalização acabou trazendo avanços significativos na esfera dos direitos fundamentais, não sendo por acaso que hoje se sustenta o fenômeno da universalidade dos direitos fundamentais e a formação – consoante já assinalado alhures – de um verdadeiro direito constitucional internacional nesta seara, fenômeno vinculado ao impulso da Declaração Universal da ONU, de 1948, bem como ao expressivo número de convenções internacionais na esfera dos direitos humanos, acompanhado da sua recepção pelo direito constitucional dos Estados. De outra parte, verifica-se que a globalização, especialmente no que diz com o avanço das comunicações, tem permitido uma veiculação universal, ainda que mínima, da agenda da defesa da dignidade humana e dos direitos fundamentais, facilitando o fluxo de informações e a denúncia de violações e dificultando a censura sobre os meios de comunicação.[102] Assim, como se pode concluir a partir da lição do grande jurista brasileiro Paulo Bonavides, a globalização, aqui considerada por um ângulo positivo, como veículo para a afirmação da universalização do reconhecimento da dignidade da pessoa humana e dos direitos fundamentais, acaba contribuindo decisivamente para que estes efetivamente venham a integrar uma espécie de patrimônio cultural (e jurídico) comum da Humanidade.[103]

Nesta quadra da exposição, convém relembrar que os direitos fundamentais (e, portanto, também o direito à moradia), a despeito de sua dimensão jurídico-normativa, essencialmente vinculada ao fato de serem postulados de "dever-ser", possuem o que Pérez Luño denominou de "irrenunciável dimensão utópica", visto que contêm um projeto emancipatório real e concreto.[104] Entre nós, reconhecendo igualmente uma perspectiva utópica e promocional dos direitos fundamentais, José Eduardo Faria, partindo da concepção de "utopia" como "horizonte de sentido", sustenta que a luta pela universalização e efetivação dos direitos fundamentais implica a formulação, implementação e execução de programas emancipatórios,

102. Esta a lição de José Reinaldo de Lima Lopes, "Direitos humanos, pobreza e globalização", *Revista da AMB* 2/49-50, 1997.

103. Cf. Paulo Bonavides, *Curso de Direito Constitucional*, cit., pp. 524 e ss., salientando que no âmbito desta globalização dos direitos fundamentais assumem relevo os direitos de "quarta geração", notadamente o direito à democracia (direta), o direito à informação e o direito ao pluralismo, pois deles "depende a concretização da sociedade aberta do futuro, em sua dimensão de máxima universalidade".

104. Cf. Antonio-Enrique Pérez Luño, "Derechos humanos y Constitucionalismo en la actualidad", in Antonio-Enrique Pérez Luño (org.), *Derechos Humanos y Constitucionalismo ante el Tercer Milenio*, Madri, Marcial Pons, 1996, p. 15 – ressaltando que, "faltos de su dimensión utópica, los derechos humanos perderían su función legitimadora del Derecho; pero fuera de la experiencia y de la Historia perderían sus propios rasgos de humanidad".

que, por sua vez, pressupõem uma extensão da cidadania do plano meramente político-institucional para os planos econômico, social, cultural e familiar, assegurando-se o direito dos indivíduos de influir nos destinos da coletividade.[105] Mesmo na sua inafastável (mas não exclusiva) dimensão programática (considerando-se, aqui, os direitos fundamentais na sua condição de normas impositivas de programas e tarefas na esfera das políticas sociais),[106] os direitos sociais não precisam necessariamente constituir um instrumento de manipulação ou uma mera ilusão, tal qual sustentou, entre nós, Marcelo Neves;[107] mas exercem – de acordo com a lição de Andreas Krell[108] – uma função sugestiva, apelativa, educativa e conscientizadora que não pode ser desconsiderada.

105. V. José Eduardo Faria, "Democracia e governabilidade: os direitos humanos à luz da globalização econômica", cit., pp. 154 e ss.

106. Impõe-se que se deixe, aqui, consignado, que o reconhecimento da dimensão programática dos direitos sociais não impede – consoante restou demonstrado ao longo da exposição – que estejamos a tratar de preceitos destituídos de normatividade, nem mesmo que os direitos sociais, seja na condição de direitos de defesa ou direitos a prestações, não possam alcançar eficácia e efetividade. O problema, em verdade, não está em não se admitir o cunho programático que os direitos sociais também possuem, mas, sim, em negar às normas programáticas uma eficácia, aplicabilidade e efetividade possíveis. Este, contudo, é tema que aqui não mais pode ser desenvolvido.

107. Cf. Marcelo Neves, *A Constitucionalização Simbólica*, São Paulo, Acadêmica, 1994, pp. 37 e ss. Com isto, todavia, não estamos a desconsiderar o fato (bem demonstrado pelo ilustre autor) de que a positivação de um extenso catálogo de direitos fundamentais, notadamente na esfera dos direitos sociais, não tenha servido – em algumas hipóteses – como instrumento de manipulação da sociedade.

108. Cf. Andreas Krell, "Controle judicial dos serviços públicos básicos na base dos direitos fundamentais sociais", in Ingo Wolfgang Sarlet (org.), *A Constituição Concretizada: Construindo Pontes com o Público e o Privado*, cit., p. 31.

Considerando apenas as possibilidades apontadas ao longo do presente texto (e já bastaria, aqui, a praticamente incontroversa eficácia da dimensão negativa do direito à moradia e dos direitos sociais em geral), constata-se que também o direito à moradia não precisa (nem deve) ser interpretado como uma promessa de que todos passarão a ter, desde logo e por decreto normativo, plena condição de fruir deste direito, sem que com esta afirmação se esteja (muito antes, pelo contrário) a repudiar sua possível eficácia e efetividade. Ainda que se imponha o reconhecimento de que se está a vivenciar um verdadeiro mal-estar cívico e político que afeta a credibilidade da Constituição e do Direito – tal qual nos lembra Gomes Canotilho[109] –, não há como desconsiderar, por outro lado, que sentir-se mal (caso ainda tenhamos esta salutar capacidade) pode significar o primeiro passo para uma tomada de consciência e a busca de soluções também na seara da eficácia e efetividade da Constituição e dos direitos fundamentais de todas as dimensões.

Por derradeiro, cremos ser possível afirmar que os direitos fundamentais sociais, mais que nunca, não constituem mero capricho, privilégio ou liberalidade, mas sim, premente necessidade, já que sua supressão ou desconsideração fere de morte os mais elementares valores da vida e da dignidade da pessoa, em todas as suas manifestações. A eficácia (jurídica e social) do direito à moradia e dos direitos fundamentais sociais deverá, portanto, ser objeto de permanente e responsável otimização pelo Estado e pela sociedade, na medida em que "levar a sério" os direitos (e princípios) fundamentais corresponde, em última análise, a ter como objetivo permanente a concretização do princípio da dignidade da pessoa humana – por sua vez, a mais sublime expressão da própria idéia de justiça. Caso contrário não ha-

109. Cf. José Joaquim Gomes Canotilho, *Sobre o Tom e o Dom dos Direitos Fundamentais*, p. 38.

veremos de escapar – tal como, com lucidez, adverte Paulo Bonavides – de uma lamentável mas cada vez menos contornável e controlável transformação de muitos Estados Democráticos de Direito em verdadeiros "Estados Neocoloniais".[110]

110. Cf. Paulo Bonavides, *Do País Constitucional ao País Neocolonial. A Derrubada da Constituição e a Recolonização pelo Golpe de Estado Institucional*, São Paulo, Malheiros Editores, 2000, pp. 19 e ss.

REFLEXÕES SOBRE A PRESTAÇÃO DE SERVIÇOS PÚBLICOS POR ENTIDADES DO TERCEIRO SETOR

VLADIMIR DA ROCHA FRANÇA

Mestre em Direito Público pela UFPE – Doutor em Direito Administrativo pela PUC/SP – Professor de Direito Administrativo da Universidade Potiguar – Advogado em Natal/RN

1. Introdução. 2. Serviço público na Constituição Federal. 3. Sobre o Terceiro Setor. 4. Aspectos controvertidos da prestação de serviços públicos pelo Terceiro Setor. 5. Considerações finais.

1. Introdução

Com a promulgação da Constituição Federal em vigor, o Estado Brasileiro assumiu o compromisso de garantir para o cidadão todo um conjunto de prestações sociais, para viabilizar uma vida em sociedade em consonância com a idéia de *dignidade da pessoa humana*.

Entretanto, nem sempre a concretização desses compromissos se faz mediante a atuação direta de um ente criado e mantido pelo Estado. Não raras vezes o particular é convidado a atuar nesse setor da comunidade, sob a disciplina e controle do Poder Público. Fenômeno que, aliás, tem sofrido uma considerável expansão, diante da perda da capacidade de investimento público na infra-estrutura de bens e serviços que a sociedade demanda para alcançar os objetivos fixados no art. 1º da Lei Maior.

O objetivo do presente ensaio é apresentar algumas reflexões, ainda que incipientes, sobre a participação de instituições privadas sem intuito lucrativo na prestação desses serviços.[1]

2. Serviço público na Constituição Federal

No art. 175, *caput*, da Lei Maior qualifica-se como dever do Estado a prestação de serviços públicos, nos seguintes termos: "Art. 175. Incumbe ao Poder Público, na forma da lei, diretamente ou sob regime de concessão ou permissão, sempre através de licitação, a prestação de serviços públicos".

1. A opção do sistema constitucional brasileiro pelo modo de produção capitalista ensejou a juridicização do princípio da lucratividade, cujo conteúdo jurídico compreende: (i) o direito do particular de buscar o lucro; e (ii) o dever de não auferir lucros que sejam abusivos, ou seja, atentatórios contra os princípios constitucionais que protegem a livre concorrência, o meio ambiente e a dignidade da pessoa humana (cf. Fernando Facury Scaff, "Ensaio sobre o conteúdo jurídico do princípio da lucratividade", *RDA* 224/338-345).

O conceito de "serviço público" não é unânime na doutrina administrativa brasileira.[2] Malgrado essa indefinição, todo conceito do direito positivo deve ser construído a partir dos enunciados que o compõem.[3] Como bem adverte Dinorá Adelaide Musetti Grotti: "A qualificação de uma dada atividade como serviço público remete ao plano da escolha política, que pode estar fixada na Constituição do país, na lei, na jurisprudência e nos costumes vigentes em um dado momento. *Deflui-se, portanto, que não há um serviço público por natureza*"[4] (grifamos).

A nosso ver, o conceito de "serviço público" deve ser construído a partir de três elementos: (i) o elemento subjetivo; (ii) o elemento material; e (iii) o elemento formal.

No que concerne ao primeiro elemento, com arrimo no preceito constitucional acima transcrito, observa-se que a Lei Maior qualificou o Poder Público como titular do serviço público.

No sistema do direito positivo brasileiro os serviços públicos são distribuídos dentre as pessoas políticas – União,[5] Estados Federados,[6] Distrito Federal[7] e Municípios[8] – pela própria Lei Maior.[9] Contudo, a reserva de uma atividade para a competência de um ente federativo é condição necessária mas não suficiente para justificar sua qualificação como serviço público.[10]

Ademais, essa posição não raras vezes é compartilhada com o particular, que poderá desenvolvê-los sob supervisão e incentivo do Estado quando envolverem a ordem social.[11]

Levando-se em consideração esse aspecto, os serviços públicos podem ser classificados como: (i) serviços públicos exclusivos do Estado; e (ii) serviços públicos não-exclusivos do Estado.

Os serviços públicos exclusivos do Estado somente podem ser explorados pelo particular sob *regime de concessão* ou *permissão*. Tanto a concessão como a permissão de serviço público são instrumentos de descentralização por colaboração, consoante a lição de Maria Sylvia Zanella Di Pietro: "*Descentralização por colaboração* é a que se verifica quando, por meio de *contrato* ou *ato administrativo unilateral*, se transfere a execução de determinado serviço público a pessoa jurídica de direito privado, previamente existente, conservando o Poder Público a *titularidade* do serviço".[12]

Nesses serviços o particular atua como *delegado do Poder Público*.

2. Cf. Elaine Cardoso de Matos Novais, "Serviço público: conceito e delimitação na ordem constitucional", in Tatiana Mendes Cunha (org.), *Estudos de Direito Administrativo – Em Homenagem ao Professor Celso Antônio Bandeira de Mello*; e Dinorá Adelaide Musetti Grotti, "Teoria dos serviços públicos e sua transformação", in Carlos Ari Sundfeld (coord.), *Direito Administrativo Econômico*, pp. 39-71.

3. Vladimir da Rocha França, "Aspectos constitucionais da hipótese tributária da taxa pela prestação de serviço público", *Revista de Informação Legislativa* 149/188-189.

4. Dinorá Adelaide Musetti Grotti, "Teoria dos serviços públicos e sua transformação", cit., in Carlos Ari Sundfeld (coord.), *Direito Administrativo Econômico*, p. 45.

5. V. arts. 21, X-XII, e 23, IX, da CF, por exemplo.

6. V. arts. 23, IX, e 25 da CF, por exemplo.

7. V. art. 32 da CF.

8. V. arts. 23, IX, e 30, V, da CF.

9. A lei poderá tipificar uma atividade como serviço público, desde que observados os limites constitucionais (cf. Celso Antônio Bandeira de Mello, *Curso de Direito Administrativo*, 17ª ed., p. 640).

10. Eros Roberto Grau, "Constituição e serviço público", in Eros Roberto Grau e Willis Santiago Guerra Filho, *Direito Constitucional – Estudos em Homenagem a Paulo Bonavides*, pp. 252-255.

11. Como acontece com educação e saúde, por exemplo (v. Título VIII da Constituição Federal).

12. Maria Sylvia Zanella Di Pietro, *Parcerias na Administração Pública – Concessão, Permissão, Franquia, Terceirização e outras Formas*, 4ª ed., pp. 54-57. V. art. 2º da Lei federal 8.987, de 13.2.1995.

Já, nos serviços públicos não-exclusivos do Estado os entes privados também são titulares da atividade, por injunção constitucional. Entretanto, eles deverão se submeter ao *poder de polícia*[13] do Estado, desenvolvendo suas ações sob regime de *fomento*.

O fomento é parcela da atividade administrativa que envolve o incentivo da iniciativa privada de utilidade pública.[14] Sobre a matéria, assim leciona Sílvio Luís Ferreira da Rocha: "A atividade administrativa de fomento pode ser definida como a ação da Administração com vista a proteger ou promover atividades, estabelecimentos ou riquezas dos particulares que satisfaçam necessidades públicas ou consideradas de utilidade coletiva sem o uso da coação e sem a prestação de serviços públicos; ou, mais concretamente, a atividade administrativa que se destina a satisfazer indiretamente certas necessidades consideradas de caráter público, protegendo ou promovendo, sem empregar coação, as atividades dos particulares".[15]

O Estado realiza o fomento de diversos modos: (i) a outorga de títulos honoríficos ou prêmios a pessoas físicas ou jurídicas que desempenham atividades de relevante interesse coletivo; (ii) o uso gratuito de bens públicos ou de serviços da Administração pelo particular; (iii) subvenções econômicas; (iv) reconhecimento de prerrogativas ou privilégios especiais.[16]

É importante esclarecer que o particular que explora o serviço de relevância pública, quando beneficiado pelo fomento, não atua como *delegado do Poder Público*, mas sim como *titular da atividade*. Mas essa liberdade está diretamente condicionada: (i) pelos princípios constitucionais específicos do campo da ordem social no qual se dará a ação do particular; e (ii) pelas limitações administrativas impostas à gestão e à prestação desses serviços sociais.

Não se deve olvidar que cabe ao Estado a regulação[17] dos serviços públicos.[18] Advirta-se, igualmente, que o Estado tem o dever constitucional de prestar diretamente o serviço público ou viabilizar seu fornecimento por meio de entes privados, dentro dos limite impostos pelo ordenamento jurídico.

Quanto ao segundo elemento, cumpre ressaltar que o serviço público compreende a prestação de utilidade ou comodidade material para os administrados.[19] É correta a afirmação de que esse aspecto auxilia a identificação do serviço público perante várias faces da atividade administrativa, servindo

13. O poder de polícia envolve a imposição de limitações administrativas à liberdade ou à propriedade dos administrados em prol do interesse público. Sobre a matéria, v.: Celso Antônio Bandeira de Mello, *Curso de Direito Administrativo*, cit., 17ª ed., pp. 714 ss.; e Maria Sylvia Zanella Di Pietro, *Direito Administrativo*, 17ª ed., pp. 108 ss.

14. Maria Sylvia Zanella Di Pietro, *Direito Administrativo*, cit., 17ª ed., p. 59.

15. Sílvio Luís Ferreira da Rocha, *Terceiro Setor*, p. 19.

16. Cf. Maria Sylvia Zanella Di Pietro, *Direito Administrativo*, cit., 17ª ed., p. 59; e Sílvio Luís Ferreira da Rocha, *Terceiro Setor*, pp. 19-27.

17. Neste ensaio, "regulação" deve ser compreendida como a competência reconhecida pelo ordenamento jurídico ao Estado para expedir normas gerais, independentemente da natureza do órgão estatal (cf. Maria Sylvia Zanella Di Pietro, *Parcerias na Administração Pública – Concessão, Permissão, Franquia, Terceirização e outras Formas*, cit., 4ª ed., pp. 150-152).

18. V. arts. 22, 24, 25, § 1º, e 30, I, da CF.

19. Aqui, reformulamos posição anterior que restringia o elemento material do serviço público aos benefícios oferecidos diretamente ao cidadão (Vladimir da Rocha França, "Aspectos constitucionais da hipótese tributária da taxa pela prestação de serviço público", cit., *Revista de Informação Legislativa* 149/189-190). Com efeito, os serviços de iluminação pública, de coleta de lixo e de saneamento básico ficam precariamente enquadrados no conceito de "serviço público" na concepção revista, haja vista serem atividades cuja fruição é indireta sob a ótica do administrado (cf. Maria Sylvia Zanella Di Pietro, *Direito Administrativo*, cit., 17ª ed., pp. 100-101).

para diferenciá-lo do poder de polícia[20] e da obra pública.[21]

O elemento mais importante e decisivo para se definir "serviço público" reside justamente no elemento formal do conceito, ou seja, a identificação do regime jurídico que deverá orientar a gestão e realização dessa atividade.

O regime jurídico do serviço público é aquele informado pelas normas jurídicas que ficam nas órbitas dos princípios da prevalência do interesse público sobre o interesse privado e da indisponibilidade do interesse público pela Administração.[22]

Assim leciona Celso Antônio Bandeira de Mello: "Por meio de tal regime o que se intenta é instrumentar quem tenha a seu cargo garantir-lhes a prestação com os meios jurídicos necessários para assegurar a boa satisfação dos interesses públicos encarnados no serviço público. Pretende-se proteger do modo mais eficiente possível as conveniências da coletividade e, igualmente, *defender a boa prestação* do serviço não apenas (a) em relação a terceiros que pudessem obstá-la; *mas também* – e com o mesmo empenho – (b) *em relação ao próprio Estado* e (c) *ao sujeito que a esteja desempenhando* (concessionário ou permissionário). Com efeito, ao erigir-se algo em serviço público, bem relevantíssimo da coletividade, quer-se também impedir, de um lado, que terceiros os obstaculizem e, de outro, que o titular deles, ou quem haja sido credenciado a prestá-los, proceda por ação ou omissão, de modo abusivo, quer por desrespeitar direitos dos administrados em geral, quer por sacrificar direitos ou conveniências dos usuários do serviço".[23]

Na gestão e prestação de serviços públicos deve-se observar princípios jurídicos específicos, que compreendem, por sua vez, desdobramentos naturais dos princípios constitucionais do regime jurídico-administrativo. Quando o Estado ou particulares (em regime de delegação ou fomento) os prestam em consonância com esses preceitos fundamentais, ficará satisfeito o dever constitucional da Administração de garantir aos administrados serviços adequados às necessidades coletivas.[24]

Podem ser identificados como princípios do regime jurídico do serviço público:

(i) o *princípio da obrigatoriedade*, segundo o qual o Estado tem o dever inescusável de promover a prestação do serviço público, assegurando ao cidadão o direito subjetivo de exigir do Poder Público o cumprimento de tal obrigação;[25]

20. Como bem leciona Celso Antônio Bandeira de Mello: "Enquanto o serviço público visa a *ofertar* ao administrado uma utilidade, *ampliando*, assim, o seu desfrute de comodidades, mediante *prestações* feitas em prol de cada qual, o poder de polícia, inversamente (conquanto para a proteção do interesse de todos), visa a *restringir, limitar, condicionar*, as possibilidades de sua atuação livre, exatamente para que seja possível um bom convívio social. Então, a polícia administrativa constitui-se em uma atividade orientada para a *contenção* dos comportamentos dos administrados, ao passo que o serviço público, muito ao contrário, orienta-se para a *atribuição aos administrados de comodidades e utilidades materiais*" (*Curso de Direito Administrativo*, cit., 17ª ed., p. 633).

21. A *obra pública* envolve a construção, reparação, edificação ou ampliação de um bem público imóvel, como explica Celso Antônio Bandeira de Mello (*Curso de Direito Administrativo*, cit., 17ª ed., p. 630).

22. Sobre o regime jurídico-administrativo, v. Celso Antônio Bandeira de Mello, *Curso de Direito Administrativo*, cit., 17ª ed., pp. 60-77, e Vladimir da Rocha França, *Invalidação Judicial da Discricionariedade Administrativa no Regime Jurídico-Administrativo Brasileiro*, pp. 47-90.

23. Celso Antônio Bandeira de Mello, *Curso de Direito Administrativo*, cit., 17ª ed., p. 621.

24. V.: art. 175, parágrafo único, IV, da CF; art. 6º, X, do Código de Defesa do Consumidor (Lei federal 8.078, de 11.9.1990); e art. 6º, *caput* e § 1º, da Lei federal 8.987/1995.

25. Celso Antônio Bandeira de Mello, *Curso de Direito Administrativo*, cit., 17ª ed., p. 626; Dinorá Adelaide Musetti Grotti, "Teoria dos serviços públicos e sua transformação", cit., in Carlos

(ii) o *princípio da continuidade*, que impõe ao Estado o dever de zelar pela permanência do serviço público, somente se admitindo sua interrupção nas hipóteses previstas em lei;[26]

(iii) o *princípio da regularidade*, vinculado à prestação do serviço público consoante as normas e condições preestabelecidas pela lei ou pelo instrumento de delegação ou fomento;[27]

(iv) o *princípio da igualdade*, preceito fundamental na ordem constitucional brasileira,[28] que prescreve o dever do Estado de zelar pela prestação do serviço público sem discriminações incompatíveis com os valores consagrados na Lei Maior;[29]

(v) o *princípio da universalidade*, consubstanciado na obrigação do Poder Público de tornar amplamente acessível o serviço público para os administrados, independentemente de serem usuários efetivos ou potenciais desse benefício;[30]

(vi) o *princípio da mutabilidade*, que reconhece para o Estado o poder de fixar e alterar de modo unilateral as regras que devem incidir nos serviços públicos, para adaptá-los às necessidades coletivas;[31]

(vii) o *princípio da modicidade* nas taxas, tarifas ou preços que podem ser cobrados pela prestação de serviços públicos, uma vez que, "se o Estado atribui tão assinalado relevo à atividade a que conferiu tal qualificação, por considerá-la importante para o conjunto de membros do corpo social, seria rematado dislate que os integrantes desta coletividade a que se destinam devessem, para desfrutá-lo, pagar importâncias que os onerassem excessivamente e, pior que isto, que os marginalizassem";[32]

(viii) o *princípio da eficiência*, injunção constitucional expressa no art. 37, *caput*, da Lei Maior, no sentido de submeter o Estado ao compromisso de viabilizar um serviço público que atenda efetiva e satisfatoriamente às exigências de seus usuários;[33] e

Ari Sundfeld (coord.), *Direito Administrativo Econômico*, pp. 56-57. V. art. 175, *caput*, da CF.

26. Celso Antônio Bandeira de Mello, *Curso de Direito Administrativo*, cit., 17ª ed., p. 626; Dinorá Adelaide Musetti Grotti, "Teoria dos serviços públicos e sua transformação", cit., in Carlos Ari Sundfeld (coord.), *Direito Administrativo Econômico*, pp. 50-53. V.: art. 37, VII, da CF; art. 22 do CDC, e arts 6º, § 3º, e 7º da Lei federal 8.987/1995.

27. Dinorá Adelaide Mussetti Grotti, "Teoria dos serviços públicos e sua transformação", cit., in Carlos Ari Sundfeld (coord.), *Direito Administrativo Econômico*, p. 53. V. art. 6º, *caput* e § 1º, da Lei federal 8.987/1995.

28. V. art. 5º, *caput* e inciso I, da CF.

29. Leciona Dinorá Adelaide Musetti Grotti: "A prestação do serviço deve ser igual para aqueles que se encontrem em situações comparáveis, respeitadas as distinções de suas condições, que conduzam a eventuais diferenças de cuidados. Qualquer discriminação deve ser justificada em função da condição ou situação em que objetivamente cada usuário se encontra. Requer-se a razoabilidade do motivo de distinção, examinando o fim perseguido com a discriminação, o que se deve valorar não só em abstrato, mas também em relação ao caso concreto, bem como a proporcionalidade das medidas através das quais se execute a distinção de tratamento" ("Teoria dos serviços públicos e sua transformação", cit., in Carlos Ari Sundfeld (coord.), *Direito Administrativo Econômico*, p. 54). Cf. Celso Antônio Bandeira de Mello, *O Conteúdo Jurídico do Princípio da Igualdade*, 3ª ed., 1993. V. art. 6º, § 1º, da CF.

30. Dinorá Adelaide Mussetti Grotti, "Teoria dos serviços públicos e sua transformação", cit., in Carlos Ari Sundfeld (coord.), *Direito Administrativo Econômico*, pp. 55-56.

31. Celso Antônio Bandeira de Mello, *Curso de Direito Administrativo*, cit., 17ª ed., p. 626; Dinorá Adelaide Musetti Grotti, "Teoria dos serviços públicos e sua transformação", cit., in Carlos Ari Sundfeld (coord.), *Direito Administrativo Econômico*, p. 57. V. art. 175, parágrafo único, da CF e Lei federal 8.987/1995.

32. Celso Antônio Bandeira de Mello, *Curso de Direito Administrativo*, cit., 17ª ed., p. 627; Dinorá Adelaide Musetti Grotti, "Teoria dos serviços públicos e sua transformação", cit., in Carlos Ari Sundfeld (coord.), *Direito Administrativo Econômico*, pp. 57-58.

33. A cortesia na prestação do serviço público bem como a atualidade da utilidade ou comodi-

(ix) o *princípio do controle*, desdobrando-se no dever do Estado de fiscalizar e intervir nos serviços públicos em prol do interesse público e no direito dos administrados de participar da gestão dessas atividades.[34]

Caso o serviço público possa ser prestado em regime de competição, o princípio constitucional da *livre concorrência*[35] tem plena incidência em sua prestação, desde que devidamente harmonizado com os princípios que compõem o elenco supracitado.

No que diz respeito ao princípio constitucional da *defesa do consumidor*,[36] cumpre ressaltar que a relação de serviço público somente poderá ser enquadrada como uma relação de consumo nos serviços públicos concedidos ou permitidos, nos quais há a exigência de *tarifa*[37] para sua prestação ao administrado.[38] Por conseguinte, os preceitos do Código de Defesa do Consumidor não devem ser aplicados quando o serviço público for fornecido de forma gratuita[39] ou mediante o pagamento de *taxa*.[40]

Idêntico raciocínio deverá ser aplicado aos serviços públicos não-exclusivos do Estado.

Com as recentes inovações legislativas no campo dos serviços públicos concedidos, parcelas relevantes da doutrina administrativa começaram a pôr em xeque a integral subordinação dessas atividades ao regime jurídico-administrativo.[41] Chega-se até a identificar um regime jurídico "híbrido" para tais

dade material posta à disposição de seu usuário são meios de efetivação da eficiência administrativa. Como já afirmamos anteriormente: "Há respeito à eficiência quando a ação administrativa atinge materialmente os seus fins lícitos, e por vias lícitas. Quando o administrado se sente amparado e satisfeito na resolução dos problemas que leva ininterruptamente à Administração. O princípio da eficiência administrativa estabelece o seguinte: toda a ação administrativa deve ser orientada para a concretização material e efetiva da finalidade posta pela lei, segundo os cânones do regime jurídico-administrativo" (Vladimir da Rocha França, "Eficiencia administrativa na Constituição Federal", *RDA* 220/168). V. art. 6º, §§ 1º e 2º, da Lei federal 8.987/1995.

34. Celso Antônio Bandeira de Mello, *Curso de Direito Administrativo*, cit., 17ª ed., p. 627; Dinorá Adelaide Musetti Grotti, "Teoria dos serviços públicos e sua transformação", cit., in Carlos Ari Sundfeld (coord.), *Direito Administrativo Econômico*, pp. 58-60. V.: art. 37, § 3º, da CF; arts. 3º, 7º, 22, 29 e 30 da Lei federal 8.987/1995; e art. 33 da Lei federal 9.074, de 7.7.1995.

35. V. arts. 170, IV, e 174, §§ 4º e 5º, da CF e art. 16 da Lei federal 8.987/1995.

36. V. arts. 5º, XXXII, e 170, IV, da CF.

37. Sobre as tarifas, v.: Antônio Carlos Cintra do Amaral, *Comentando as Licitações Públicas*, pp. 115-119; Celso Antônio Bandeira de Mello, *Curso de Direito Administrativo*, cit., 17ª ed., pp. 681-90; e Vladimir da Rocha França, "Aspectos constitucionais da hipótese tributária pela taxa pela prestação de serviço público", cit., *Revista de Informação Legislativa* 149/199-203. V. art. 175, parágrafo único, III, da CF.

38. Pela total incompatibilidade da noção de "consumidor" na relação de serviço público, v. Antônio Carlos Cintra do Amaral, *Comentando as Licitações Públicas*, cit., pp. 85-91. Pela incidência ampla dos preceitos do Código de Defesa do Consumidor nos serviços públicos, v. José Augusto Peres Filho, *Responsabilidade do Estado no Código de Defesa do Consumidor*, 2002.

39. Embora o Código de Defesa do Consumidor defina "consumidor" como toda pessoa física ou jurídica que utiliza *serviço* como destinatário final (art. 2º), permitindo o enquadramento de pessoas jurídicas de direito público no conceito de "fornecedor" na relação de consumo, merece atenção a definição constante do art 3º, § 2º, desse diploma legal: "Serviço é qualquer atividade fornecida no mercado de consumo, *mediante remuneração*, inclusive as de natureza bancária, financeira, de crédito e securitária, salvo as decorrentes das relações de caráter trabalhista" (grifos acrescidos).

40. Neste caso, o administrado é *contribuinte*, e não *consumidor*, em sua relação com Estado. V. art. 145, II, da CF e arts. 77 e 79 do CTN (Lei federal 5.172, de 26.10.1965).

41. Carlos Ari Sundfeld, "Introduçao às agências reguladoras", in Carlos Ari Sundfeld (coord.), *Direito Administrativo Econômico*, pp. 31-34. Instrumentos como a Lei federal 9.472, de 16.7.1997, na qual se prevê o uso do "regime privado" para a prestação de serviços de telecomunicações.

atividades, quando envolvem os chamados "serviços públicos comerciais ou industriais".[42]

É inegável que os *serviços públicos comerciais ou industriais* – ou *serviços públicos econômicos*, como preferimos – envolvem a satisfação concreta de necessidades de ordem econômica.[43] Todavia, cumpre ressaltar que a possibilidade de aferição de lucro assim como a incidência do princípio constitucional da livre concorrência não são incompatíveis com os princípios jurídicos do serviço público. Acresça-se que os preceitos de direito privado podem ser subsidiariamente empregados por quem esteja no exercício da atividade administrativa, desde que coerentes com os princípios do regime jurídico-administrativo.[44]

A submissão da Administração ao regime jurídico-administrativo ou ao regime jurídico de direito privado é uma determinação legal. Por força do princípio da legalidade, a Administração somente poderá legitimamente empregar os instrumentos de direito privado quando a lei lhe autorizar.

Convém transcrever a seguinte lição de Maria Sylvia Zanella Di Pietro: "Não há possibilidade de estabelecer-se, aprioristicamente, todas as hipóteses em que a Administração pode atuar sob regime de direito privado; em geral, a opção é feita pelo próprio legislador, como ocorre com as *pessoas jurídicas, contratos e bens de domínio privado do Estado*. Como regra, aplica-se o direito privado, no silêncio da norma de direito público".[45]

Mas a Administração nunca se submete integralmente ao direito privado, preservando a lei um conjunto mínimo de privilégios e prerrogativas que viabilizem a tutela estatal do interesse público e dos direitos dos administrados.[46]

Se a lei, nos termos da Constituição Federal, submete – ou permite submeter – uma parcela de serviços originariamente designados para o Estado ao regime jurídico de direito privado,[47] parecem-nos pertinentes as seguintes idéias:

(i) O Estado, no exercício de sua competência legislativa, resolve conferir à iniciativa privada o direito de explorar serviços

42. Maria Sylvia Zanella Di Pietro, *Direito Administrativo*, cit., 17ª ed., p. 100.

43. Cf. Maria Sylvia Zanella Di Pietro, *Direito Administrativo*, cit., 17ª ed., pp 104-10 Mas isso não significa dizer que esses serviços públicos compreendam uma espécie de atividade econômica, como entende, por exemplo, Eros Roberto Grau ("Constituição e serviço público", cit., in Eros Roberto Grau e Willis Santiago Guerra Filho, *Direito Constitucional – Estudos em Homenagem a Paulo Bonavides*, 2001). Em verdade, os serviços públicos econômicos representam atividades de relevante interesse coletivo que permitem ao seu prestador a fixação de um fim lucrativo, *mas sob um regime jurídico de direito público*. A garantia do equilíbrio econômico-financeiro para os concessionários de serviço público e a previsão de uma política tarifária são reflexos naturais dessa assertiva.

44. Enquanto não promulgada a lei específica para a defesa dos direitos dos usuários dos serviços públicos, o Código de Defesa do Consumidor incide sobre os serviços públicos concedidos ou permitidos. Malgrado o impressionante avanço que esse estatuto trouxe para as relações de consumo, deve ser ponderado que: (i) a legislação específica das concessões e permissões de serviço público editada após a promulgação da Lei federal 8.078/1990 prevalece sobre as regras veiculadas por esse "microssistema normativo"; (ii) os preceitos do Código de Defesa do Consumidor somente são aplicáveis aos serviços públicos no que forem coerentes com os princípios regentes dessas atividades essenciais para a coletividade. Nada mais, nada menos, que a aplicação das normas veiculadas pelo art. 2º da LICC (Decreto-lei 4.657, de 4.9.1942).

45. Maria Sylvia Zanella Di Pietro, *Direito Administrativo*, cit., 17ª ed., p. 64. Mesmo no silêncio da lei, a aplicação da norma de direito privado deverá ser feita sem produzir arestas para os princípios do regime jurídico-administrativo.

46. Idem, ibidem.

47. V.: art. 21, XI e XII, "b", da CF; art. 2º, § 3º, da Lei federal 9.074, de 7.7.1995; e arts. 65 e 131 da Lei federal 9.472/1997.

de competência do ente federativo para a satisfação dos interesses do próprio fornecedor.

(ii) Quando o particular presta esses serviços, o faz sob regime de *autorização*,[48] não atuando como *delegado do Poder Público*.

(iii) Esses serviços sofrem a integral incidência dos princípios constitucionais da ordem econômica e se encontram submetidos à regulação do Estado.[49]

Portanto, essas atividades não podem ser classificadas como serviços públicos, mas sim *atividades econômicas*, que somente podem ser desempenhadas pelo particular mediante *autorização* do Poder Público por *determinação constitucional*.[50] Aqui, a Administração atua no exercício do *poder de polícia*, e não como titular de *serviço público*.

Em verdade, a possibilidade da prestação dos serviços de competência estatal sob regime jurídico de direito privado não deixa de ser uma aplicação do *princípio da subsidiariedade*, segundo o qual os indivíduos devem concretizar por seus próprios meios os interesses privados que lhes são pertinentes. Como bem explica Diogo de Figueiredo Moreira Neto: "Somente aquelas demandas que por sua própria natureza, em razão da complexidade e da necessidade de uma ação *concentrada* e *imperativa*, inclusive com a centralização coacta de recursos, não puderem ser atendidas pela própria comunidade deverão ser cometidas às *organizações políticas*, que atuarão, portanto, subsidiariamente à sociedade".[51]

De qualquer forma, os serviços públicos econômicos somente podem ser prestados pelo particular em regime de concessão ou permissão, consoante determinação constitucional. Se o administrado explora atividade materialmente similar sob regime de autorização, não estaremos diante de serviço público.

Igualmente é possível observar no texto constitucional a existência de um conjunto de serviços públicos – os *serviços públicos sociais* – que se destinam justamente à concretização do elenco de direitos sociais, constante de seu art. 6º: "Art. 6º São direitos sociais a educação, a saúde, o trabalho, a moradia, o lazer, a segurança, a previdência social, a proteção à maternidade e à infância, a assistência aos desamparados, na forma desta Constituição".

Os direitos sociais são direitos fundamentais que compreendem prestações positivas proporcionadas direta ou indiretamente pelo Estado, que se destinam à concretização do princípio da igualdade.[52] Consoante a lição de José Afonso da Silva: "Valem como pressupostos do gozo dos direitos individuais na medida em que criam condições materiais mais propícias ao auferimento da igualdade real, o que, por sua vez, proporciona condição mais compatível com o exercício efetivo da liberdade".[53]

Podemos identificar na Constituição Federal os seguintes serviços públicos sociais: (i) moradia e habitação popular;[54] (ii) seguridade social, que abrange a saúde, a previdência social e a assistência social;[55]

48. Sobre os serviços autorizados, v.: Celso Antônio Bandeira de Mello, *Curso de Direito Administrativo*, cit., 17ª ed., pp. 638-639; Maria Sylvia Zanella Di Pietro, *Parcerias na Administração Pública – Concessão, Permissão, Franquia, Terceirização e outras Formas*, cit., 4ª ed., pp. 135-139; e Dinorá Adelaide Musetti Grotti, ob. cit., pp. 65-71.

49. V. arts. 170 e 174 da CF e arts. 126-130 da Lei federal 9.472/1997.

50. A exigência constitucional de autorização para a exploração desses setores é elemento imprescindível para a distinção entre estas e as demais atividades econômicas, referidas no art. 170, parágrafo único, da CF.

51. Diogo de Figueiredo Moreira Neto, *Mutações do Direito Administrativo*, p. 20. Cf. Sílvio Luís Ferreira da Rocha, *Terceiro Setor*, cit., pp. 13-17.

52. José Afonso da Silva, *Curso de Direito Constitucional Positivo*, 21ª ed., pp. 285-286.

53. Idem, p. 286.

54. V. art. 23, IX, da CF.

55. V. arts. 194-204 e 226-230 da CF.

(iii) educação;[56] (iv) cultura;[57] (v) desporto;[58] (vi) pesquisa científica e capacitação tecnológica.[59]

Nos serviços públicos sociais o *princípio da subsidiariedade* apresenta-se como fundamental. O Estado deve se abster de prestá-los diretamente, quando os mesmos puderem ser fornecidos satisfatoriamente pelos particulares sob regime de fomento.[60] Entretanto, quando a Constituição Federal assim determina,[61] compete-lhe fornecê-los sob a égide dos mesmos princípios incidentes sobre os serviços públicos.

Por fim, convém anotar que o serviço público social é incompatível com a finalidade lucrativa. Na medida em que o particular realiza uma atividade vinculada à ordem social[62] com intuito de auferir lucro, estar-se-á diante de atividade econômica – e, por conseguinte, um serviço que deverá ficar sob a incidência dos princípios do direito privado.[63] Todavia, o ente do Terceiro Setor poderá cobrar pelas utilidades ou comodidades materiais que coloca à disposição do cidadão, desde que os recursos arrecadados se limitem à remuneração de seu quadro de pessoal e às necessidades de investimento na expansão e melhoria desses serviços, sem qualquer prejuízo à sua inclusão nas políticas de fomento público.[64] Evidentemente, caberá ao Estado exercer o correspondente poder de polícia nas raias impostas pela Constituição e pelas leis que regularem a atuação econômica de impacto social.

Em trabalhos anteriores chegamos a afastar atividades como saúde e educação do conceito de "serviço público", haja vista o art. 175 da CF, aparentemente, ter atribuído ao Estado a condição de titular exclusivo dessa atividade.[65] A revisão desse posicionamento se faz necessária, pois os princípios do serviço público têm plena aplicação quando um ente público os presta ou caso o particular resolva (ou logre) fornecê-los sem intuito lucrativo e sob regime de fomento.

3. Sobre o Terceiro Setor

Na sociedade existe todo um conjunto de entidades que são criadas e mantidas pelos administrados para prestar serviços para a coletividade sem qualquer escopo lucrativo. Elas compreendem o chamado *Terceiro Setor*.[66]

Esses entes privados prestam serviços públicos sociais, em colaboração com o Poder Público, sujeitando-se ao controle da Administração e do Tribunal de Contas, es-

56. V. arts. 205-214 da CF.

57. V. arts. 215 e 216 da CF.

58. V. art. 217 da CF.

59. V. arts. 218 e 219 da CF.

60. Sobre a relação entre o fomento e o princípio da subsidiariedade, v. Sílvio Luís Ferreira da Rocha, *Terceiro Setor*, pp. 18-19.

61. Por exemplo: arts. 194, *caput*, 197, e 208 da CF.

62. Prestação de serviços de ensino com intuito lucrativo, por exemplo.

63. Observe-se que não há a previsão, na Constituição Federal, de tarifa para a prestação de serviços públicos sociais, o que impede a fixação de uma eventual margem de lucro para seu fornecedor privado. Além do mais, quando o Estado os fornece diretamente para o cidadão, os recursos necessários para sua manutenção devem advir da receita de tributos: (i) impostos, para aqueles cujo acesso é gratuito; (ii) taxas, pelos serviços *uti singuli*; e (iii) contribuições, para o sistema de seguridade social.

64. Cf. Roque Antônio Carrazza, "Entidades beneficentes de assistência social (filantrópicas) – Imunidade do art. 195, § 7º, da CF – Inconstitucionalidades da Lei 9.732/98 – Questões conexas", in Elizabeth Nazar Carrazza, *Direito Tributário Constitucional*, pp. 9-48.

65. Vladimir da Rocha França, "Aspectos constitucionais da hipótese tributária pela taxa pela prestação de serviço público", *Revista de Informação Legislativa* 149/189-190.

66. O *Primeiro Setor* é composto pelo Estado, e o *Segundo Setor* pelo mercado (cf. Maria Sylvia Zanella Di Pietro, *Direito Administrativo*, cit., 17ª ed., pp. 411-415, e Sílvio Luís Ferreira da Rocha, *Terceiro Setor*, cit., pp. 13-17).

pecialmente quando empregam recursos públicos.[67] Não integram a Administração Pública indireta, tendo seus negócios e relações jurídicas regidos pelo direito privado, parcialmente derrogado por normas de direito público.

No direito positivo brasileiro destacam-se como entidades do Terceiro Setor: (i) os serviços sociais autônomos; (ii) as entidades de utilidade pública; (iii) as entidades de apoio; (iv) as organizações da sociedade civil de interesse público; e (v) as organizações sociais.

Os *serviços sociais autônomos* são entidades particulares criadas sob autorização legal que fornecem serviço público social nas áreas de educação, de assistência social e de capacitação tecnológica para categorias ou grupos profissionais específicos, sob fiscalização do Estado.[68] Embora sua gestão seja entregue à iniciativa privada, sua manutenção é realizada mediante os recursos oriundos de contribuições parafiscais.[69]

As *entidades de utilidade pública* consistem em pessoas jurídicas de direito privado prestadoras de serviços sociais que recebem do Estado o título jurídico que lhes permite ter acesso a um regime jurídico tributário mais benéfico, bem como a subvenções ou auxílios públicos.[70]

As *entidades de apoio*, por sua vez, são pessoas jurídicas de direito privado instituídas por servidores públicos, sob a forma de associação, fundação ou cooperativa, que se destinam à prestação de serviços públicos sociais mediante vínculos firmados por meio de convênios com a Administração.[71]

Consoante a Lei federal 9.790, de 23.3.1999, poderá se habilitar como *organização da sociedade civil de interesse público* a pessoa jurídica de direito privado sem fins lucrativos cujos estatuto e objetivos sociais atendam aos requisitos previstos nesse diploma legal.[72] Aprovado nos termos da lei o pedido de qualificação, o ente particular passa a ter legitimidade para firmar *termo de parceria* com a Administração, perante a qual assume o dever de prestar serviços públicos sociais dentro das metas fixadas nesse instrumento, sob fiscalização e acompanhamento por parte do parceiro público. Em contrapartida, este se compromete a colocar recursos públicos à disposição do parceiro privado para o alcance dos misteres assumidos.

Por derradeiro temos as *organizações sociais*, que se encontram disciplinadas pela Lei federal 9.637, de 15.5.1998.[73]

A organização social é pessoa jurídica de direito privado desprovida de escopo lucrativo, que recebe qualificação especial do Estado caso, após a comprovação de que os estatutos e objetivos da entidade satisfazem os requisitos previstos na Lei federal 9.637/1998, a Administração entenda conveniente e oportuno deferir-lhe tal benefício.

Habilitado como organização social, o ente privado poderá assumir o compromisso de prestar serviços públicos sociais consoante as metas e cláusulas fixadas pela Administração em *contrato de gestão*. No contrato de gestão o Estado poderá fomentar a atuação do particular com as seguintes medidas em seu favor: (i) designação de recursos orçamentários; (ii) expedição de permissão de uso de bens públicos com dispensa

67. V. art. 70, parágrafo único, da CF.

68. V. art. 183 do Decreto-lei 200, de 29.9.1967.

69. Sobre a matéria, v. Maria Sylvia Zanella Di Pietro, *Direito Administrativo*, cit., 17ª ed., pp. 415-316, e Hely Lopes Meirelles, *Direito Administrativo Brasileiro*, 26ª ed., pp. 353-355.

70. Cf. Sílvio Luís Ferreira da Rocha, *Terceiro Setor*, cit., pp. 57-60.

71. Cf. Maria Sylvia Zanella Di Pietro, *Direito Administrativo*, cit., 17ª ed., pp. 416-418, e *Parcerias na Administração Pública – Concessão, Permissão, Franquia, Terceirização e outras Formas*, cit., 4ª ed., pp. 227-238.

72. Cf. Maria Sylvia Zanella Di Pietro, *Direito Administrativo*, cit., 17ª ed., pp. 422-424; e Sílvio Luís Ferreira da Rocha, *Terceiro Setor*, cit., pp. 61-78.

73. Sobre a matéria, v. Sílvio Luís Ferreira da Rocha, *Terceiro Setor*, cit., pp. 61 e ss.

de licitação; (iii) cessão especial de servidores públicos, com ônus para o Poder Público; (iv) dispensa de licitação para contratos de prestação de serviços firmados entre a Administração e a organização social.[74]

No contrato de gestão há ênfase no controle de resultados, devendo a Administração garantir à organização social a necessária liberdade na aplicação dos recursos e prerrogativas especiais que lhe foram deferidas.

4. Aspectos controvertidos da prestação de serviços públicos pelo Terceiro Setor

Quanto à implementação de um novo modelo para a prestação de serviços públicos sociais, com lastro na expansão do Terceiro Setor por atuação do Estado, várias questões devem ser ponderadas, haja vista o dever constitucional do Estado de garantir a efetivação dos direitos que compõem o elenco do art. 6º da Lei Maior.

Em primeiro lugar, deve ser asseverado que cabe ao Poder Público regular, fiscalizar e intervir na prestação dos serviços públicos sociais. Posicionando-se o particular na posição de integrante do Terceiro Setor, é imperiosa a observância dos preceitos instituídos pelo Estado para o desenvolvimento dessas atividades de relevante interesse coletivo, sendo-lhe concedida a preferência na recepção de recursos públicos. Caso opte pelo regime jurídico da atividade econômica, o administrado deverá cumprir as normas de polícia administrativa em vigor.

Isso se mostra nítido nos serviços de assistência à saúde. O Estado tem o dever constitucional de garantir o direito à saúde, mediante políticas públicas que visem à redução do risco de doença e de outros agravos e ao acesso universal igualitário às ações e serviços para sua promoção, proteção e recuperação.[75] Observe-se também o preceito constante do art. 197 da CF: "Art. 197. São de relevância pública as ações e serviços de saúde, cabendo ao Poder Público dispor, nos termos da lei, sobre sua regulamentação, fiscalização e controle, devendo sua execução ser feita diretamente ou através de terceiros e, também, por pessoa física ou jurídica de direito privado".

É interessante anotar que, embora a Lei Maior assegure o direito da iniciativa privada de fornecê-los para a coletividade, as entidades privadas do Terceiro Setor deverão ter preferência na participação do "Sistema Único de Saúde", sendo vedada a destinação de recursos públicos para auxílio ou subvenção dos particulares que desejarem explorá-los com intuito lucrativo.[76]

Não é diferente na educação. Em seu art. 205, a CF estabelece que a educação representa direito de todos e dever do Estado e da família, devendo ser promovida e incentivada com a colaboração da sociedade, visando ao pleno desenvolvimento da pessoa, seu preparo para o exercício da cidadania e sua qualificação para o trabalho.

A efetivação dessa obrigação estatal deverá ocorrer pela garantia de: (i) ensino fundamental obrigatório e gratuito, com sua oferta a todos os que a ele não tiveram acesso na idade própria; (ii) progressiva universalização do ensino médio gratuito; (iii) atendimento educacional especializado aos portadores de deficiência, preferencialmente na rede regular de ensino; (iv) atendimento em creche e pré-escola às crianças de zero a seis anos de idade; (v) acesso aos níveis mais elevados do ensino, da pesquisa e da criação artística, segundo a capacidade de

74. V. arts. 12-14 da Lei federal 9.637/1998. Cf. Maria Sylvia Zanella Di Pietro, *Direito Administrativo*, cit., 17ª ed., p. 419. Conforme os arts. 18 e ss. da Lei federal 9.637/1998, faculta-se ao Estado a opção de extinguir entes públicos prestadores de serviços públicos sociais mediante a absorção de suas atividades por organizações sociais.

75. V. art. 196 da CF.

76. V. arts. 198 e 199 da CF. Sobre a matéria, v. Paulo Modesto, "Convênio entre entidades públicas executado por fundação de apoio – Serviço de saúde – Conceito de serviço público e serviço de relevância pública", *RTDP* 28/111-117.

cada um; (vi) oferta de ensino noturno regular, adequado às condições do educando; (vii) atendimento ao educando, no ensino fundamental, através de programas suplementares de material didático-escolar, transporte, alimentação e assistência à saúde.[77]

Também no campo da educação o Estado tem a posição de agente regulador, devendo estabelecer as normas gerais da educação nacional e zelar pela sua aplicação pelas instituições – públicas ou privadas – de ensino, observados os preceitos constitucionais que lhes são pertinentes.[78]

É certo que a Lei Maior confere à iniciativa privada a liberdade de fornecer serviços educacionais. Contudo, as entidades privadas do Terceiro Setor devem ter preferência na recepção dos recursos públicos destinados às atividades de ensino.

Por conseguinte, os serviços de saúde e de educação podem ser: (i) prestados predominantemente sob o regime jurídico-administrativo, ou seja, como serviços públicos sociais; ou (ii) fornecidos segundo os princípios constitucionais da atividade econômica, cabendo ao Estado exercer seu poder de polícia para evitar ameaças ou lesões à população.

Outro ponto controverso reside na incidência do princípio da licitação na prestação de serviços públicos sociais pelo Terceiro Setor. Como se sabe, ressalvadas as hipóteses previstas em lei, os contratos da Administração e os atos unilaterais que geram benefícios estatais de acesso necessariamente restrito devem ser precedidos de processo administrativo concorrencial para que se possa preservar o princípio da isonomia dentre os interessados.[79]

No fomento, o Poder Público pode designar recursos públicos para entidades do Terceiro Setor para que elas possam prestar serviços públicos sociais com maior eficiência. A celebração de convênios, contratos de gestão ou termos de parceria para viabilizá-lo não necessita de prévia licitação, haja vista a ausência de competição entre os administrados nesse campo. Afinal, tal como o Poder Público, o Terceiro Setor tem por meta o alcance do interesse público.[80]

Por conseguinte, a seleção do administrado que realizará a atividade sob tal regime fica sujeita à discrição da autoridade administrativa competente. Mesmo assim, ainda que a licitação seja inexigível para essas situações, é preciso que a Administração, em decisão fundamentada, exponha as razões de fato e de direito que impeliram sua opção, demonstrando sua legalidade e conveniência. Não é despiciendo lembrar que os acordos de fomento não ficam excluídos do controle externo da atividade administrativa.

Resta, ainda, a questão da aplicabilidade do preceito veiculado pelo art. 37, § 6º, da CF ao Terceiro Setor: "§ 6º. As pessoas jurídicas de direito público e as de direito privado prestadoras de serviços públicos responderão pelos danos que seus agentes, nessa qualidade, causarem a terceiros, assegurado o direito de regresso contra o responsável nos casos de dolo ou culpa".

Como se viu, o Terceiro Setor compõe-se de entidades privadas prestadoras de serviços públicos sociais. Logo, a responsabilidade pelas perdas e danos decorrentes da atuação dessas instituições deve seguir o mesmo regime jurídico da responsabilidade do Estado.[81]

77. V. art. 208 da CF.

78. V. arts. 206, 207, 209 e 210 da CF.

79. V. art. 37, XXI, da CF.

80. É plenamente compreensível a apreensão de vários setores da doutrina quanto às prerrogativas e privilégios especiais que a legislação em vigor reconhece para algumas entidades do Terceiro Setor (organizações da sociedade civil de interesse público e organizações sociais). Todavia, os argumentos empregados para se reconhecer inexigibilidade de licitação para os convênios são adequados para justificá-la para os termos de parceria e contratos de gestão. Ademais, estes negócios jurídicos têm o mesmo regime jurídico dos convênios, como leciona Sílvio Luís Ferreira da Rocha (*Terceiro Setor*, cit., pp. 35-55).

81. Sobre a matéria, v.: Celso Antônio Bandeira de Mello, *Curso de Direito Administrativo*,

No direito positivo pátrio o ente do Terceiro Setor tem o dever de indenizar o administrado pelas perdas e danos decorrentes da prestação dos serviços públicos sob seu encargo, desde que haja a comprovação do nexo de causalidade entre a conduta de seu agente (como membro da entidade) e a lesão à esfera jurídica do cidadão. Somente no caso de omissão a responsabilidade do colaborador do Poder Público assume um perfil subjetivo, exigindo-se do particular a comprovação da culpa administrativa,[82] se a situação concreta não sofrer a incidência do art. 927, parágrafo único, do CC em vigor.[83]

Então, qual seria a posição do ente público que regula, incentiva e fiscaliza a entidade do Terceiro Setor que causou lesão ao administrado? Entendemos que o Estado tem, aqui, responsabilidade subsidiária, devendo o mesmo recompor as perdas e os danos injustamente sofridos pelo prejudicado, se os bens do ente privado forem insuficientes para ressarci-lo, uma vez que esse ente não integra a Administração indireta.[84] Em princípio, não há espaço para responsabilidade solidária se o Terceiro Setor atua em nome próprio e por sua própria conta e risco.[85]

Se o Estado opta por não prestar diretamente o serviço público social, estimulando o Terceiro Setor a fazê-lo, deve o cidadão ser protegido contra os entes privados que foram designados ou reconhecidos por autoridade pública como aptos e idôneos para atuar sob regime de fomento. Do contrário abrir-se-ia espaço para uma perigosa mitigação dos compromissos que a Constituição Federal lhe impôs no campo da ordem social.[86]

Também é mister advertir que o Estado não pode deixar de prestar diretamente serviços públicos sociais vinculados à seguridade social (previdência social, saúde e assistência social) e à educação. Nos termos da Lei Maior, exige-se uma rede de órgãos e entes públicos voltada para o fornecimento dessas utilidades (ou comodidades) materiais, devendo o Terceiro Setor ser convidado a complementá-la.[87]

5. *Considerações finais*

No sistema constitucional brasileiro admite-se a participação da iniciativa privada na prestação de serviços públicos. Nos

cit., 17ª ed., pp. 876 ss.; Maria Sylvia Zanella Di Pietro, *Direito Administrativo*, cit., 17ª ed., pp. 547 ss.; e Fabiano André de Souza Mendonça, *Limites da Responsabilidade do Estado: Teoria dos Limites da Responsabilidade Extracontratual do Estado na Constituição Federal Brasileira de 1988*, 2003.

82. A culpa administrativa envolve: (i) ausência do serviço; (ii) mal funcionamento do serviço; ou (iii) atraso no funcionamento do serviço. Se for comprovado um nexo de causalidade entre o dano sofrido pelo administrado e a omissão da Administração no seu dever de fiscalizar os atos jurídicos e materiais do ente do Terceiro Setor, também há espaço para a responsabilidade do Estado (cf. Sílvio Luís Ferreira da Rocha, *Terceiro Setor*, cit., pp. 165-166).

83. Esse enunciado possui o seguinte teor: "Haverá obrigação de reparar o dano, independentemente de culpa, nos casos especificados em lei, ou quando a atividade normalmente desenvolvida pelo autor do dano implicar, por sua natureza, risco para os direitos de outrem".

84. É a posição de Sílvio Luís Ferreira da Rocha (*Terceiro Setor*, cit., p. 166) para as organizações sociais.

85. A responsabilidade solidária que envolve a Administração e o Terceiro Setor pode ocorrer quando a conduta lesiva tiver sido realizada por agente público que tenha sido cedido especialmente para o ente particular (cf. Sílvio Luís Ferreira da Rocha, *Terceiro Setor*, cit., p. 164).

86. Merece registro a posição de Valmir Pontes Filho ("Qualificação de pessoas jurídicas de direito privado, sem fins lucrativos, como organizações da sociedade civil de interesse público", *RTDP* 25/96-97) no sentido de recusar a possibilidade jurídica de se credenciar a entidade do Terceiro Setor para a prestação de atividades que a Constituição Federal designou para a Defensoria Pública.

87. V. os arts. 23, II e V, 202, *caput*, 199, § 1º, e 208, §§ 1º e 2º, da CF. Os Municípios, por

serviços públicos econômicos o particular poderá explorá-los lucrativamente, desde que o faça na condição de delegado do Poder Público, sob regime de concessão ou permissão. Tratando-se dos serviços públicos sociais, as instituições privadas poderão fornecê-los para o cidadão, sob regime de fomento.

Em ambas as hipóteses o Estado encontra-se investido no papel de agente regulador e fiscalizador, sendo atributo seu estimular o particular a assumir o exercício dos serviços públicos que podem ser prestados de forma mais eficiente e menos onerosa por entes privados. Todavia, o Terceiro Setor não tem legitimidade para explorar os serviços públicos econômicos, haja vista o lucro ser um fim proibido para as entidades que o compõem.

O serviço público social é, sem sombra de dúvida, a área que a Lei Maior lhe reservou. Mesmo assim, não é papel do Terceiro Setor assumir inteiramente a execução dos serviços públicos sociais.

Colaborar com o interesse público não é assumir integralmente o compromisso de sua efetivação. Recorde-se que o particular tem a *faculdade* de escolher um fim de utilidade pública para as instituições que voluntariamente constitui. Já, para o Estado o interesse público é uma injunção que justifica sua própria existência.

Referências Bibliográficas

AMARAL, Antônio Carlos Cintra do. *Comentando as Licitações Públicas*. Rio de Janeiro, Temas e Idéias Editora, 2002.

BANDEIRA DE MELLO, Celso Antônio. *Curso de Direito Administrativo*. 17ª ed. São Paulo, Malheiros Editores, 2004.

exemplo, têm o dever constitucional de manter, com a cooperação técnica e financeira da União e do Estado Federado, programas de educação pré-escolar e de ensino fundamental, bem como prestar serviços de atendimento à saúde da população (art. 30, VI e VII, da CF).

__________. *O Conteúdo Jurídico do Princípio da Igualdade*. 3ª ed. São Paulo, Malheiros Editores, 1993.

CARRAZA, Roque Antônio. "Entidades beneficentes de assistência social (filantrópicas) – Imunidade do art. 195, § 7º, da CF – Inconstitucionalidades da Lei 9.732/1998 – Questões conexas". In: CARRAZZA, Elizabeth Nazar. *Direito Tributário Constitucional*. São Paulo, Max Limonad, 1999 (pp. 9-48).

DI PIETRO, Maria Sylvia Zanella. *Direito Administrativo*. 17ª ed. São Paulo, Jurídico Atlas, 2004.

__________. *Parcerias na Administração Pública – Concessão, Permissão, Franquia, Terceirização e outras Formas*. 4ª ed. São Paulo, Jurídico Atlas, 2002.

FRANÇA, Vladimir da Rocha. "Aspectos constitucionais da hipótese tributária pela taxa pela prestação de serviço público". *Revista de Informação Legislativa* 149/187-208. Ano 38. Brasília, janeiro-março/2001.

__________. "Eficiência administrativa na Constituição Federal". *RDA* 220/168.

__________. *Invalidação Judicial da Discricionariedade Administrativa no Regime Jurídico-Administrativo Brasileiro*. Rio de Janeiro, Forense, 2000.

GRAU, Eros Roberto. "Constituição e serviço público". In: GRAU, Eros Roberto, e GUERRA FILHO, Willis Santiago. *Direito Constitucional – Estudos em Homenagem a Paulo Bonavides*. São Paulo, Malheiros Editores, 2001 (pp. 249-267).

GROTTI, Dinorá Adelaide Musetti. "Teoria dos serviços públicos e sua transformação". In: SUNDFELD, Carlos Ari (coord.). *Direito Administrativo Econômico*. São Paulo, Malheiros Editores, 2000 (pp. 39-71).

MEIRELLES, Hely Lopes. *Direito Administrativo Brasileiro*. 26ª ed., atualizada por Eurico de Andrade Azevedo e outros. São Paulo, Malheiros Editores, 2001.

MENDONÇA, Fabiano André de Souza. *Limites da Responsabilidade do Estado: Teoria dos Limites da Responsabilidade Extracontratual do Estado na Constituição Federal Brasileira de 1988*. Rio de Janeiro, Impetus, 2003.

MODESTO, Paulo. "Convênio entre entidades públicas executado por fundações de apoio – Serviço de saúde – Conceito de serviço público e serviço de relevância pública". *RTDP* 28/108-28. São Paulo, Malheiros Editores, 1999.

MOREIRA NETO, Diogo de Figueiredo. *Mutações do Direito Administrativo*.

NOVAIS, Elaine Cardoso de Matos. "Serviço público: conceito e delimitação constitucional". In: CUNHA, Tatiana Mendes. *Estudos de Direito Administrativo – Em Homenagem ao Professor Celso Antônio Bandeira de Mello*. São Paulo, Max Limonad, 1996.

PERES FILHO, José Augusto. *Responsabilidade do Estado no Código de Defesa do Consumidor*. São Paulo, iEditora, 2002.

PONTES FILHO, Valmir. "Qualificação de pessoas jurídicas de direito privado, sem fins lucrativos, como organizações da sociedade civil de interesse público". *RTDP* 25/94-97. São Paulo, Malheiros Editores, 1999.

ROCHA, Sílvio Luís Ferreira da. *Terceiro Setor*. São Paulo, Malheiros Editores, 2003.

SCAFF, Fernando Facury. "Ensaio sobre o conteúdo jurídico do princípio da lucratividade". *RDA* 224/323-347. Rio de Janeiro, abril-junho/2001.

SILVA, José Afonso da. *Curso de Direito Constitucional Positivo*. 21ª ed. São Paulo, Malheiros Editores, 2002.

SUNDFELD, Carlos Ari. "Introdução às agências reguladoras". In: SUNDFELD, Carlos Ari (coord.). *Direito Administrativo Econômico*. São Paulo, Malheiros Editores, 2000 (pp. 17-38).

CONTROLE DIFUSO E CONCENTRADO DE CONSTITUCIONALIDADE

José Rubens Costa

Professor e Doutor em Direito pela Faculdade de Direito da UFMG – Pós-Doutorado em Direito Constitucional e Processual Civil, respectivamente, nas Universidades Livre e Técnica de Berlim, na qualidade de bolsista da *Alexander von Humboldt-Stiftung*

1. Controle difuso e concentrado de constitucionalidade. 2. Controle concentrado. 3. Descabimento de controle concentrado de normas sem abstração. 4. Controle estadual de norma municipal por confronto de repetição. 5. Ambigüidade do controle concentrado estadual. 6. Controle difuso. 7. "Quorum" qualificado. 8. Eficácia "erga omnes" do controle. 9. Controle direto de norma não recepcionada.

1. Controle difuso e concentrado de constitucionalidade

O Brasil adota os controles *difuso* ou *incidental* e *concentrado* ou *principal* de constitucionalidade.

Passíveis de controle concentrado ou difuso são as *normas em abstrato*, normas, formalmente ou não, legislativas, leis complementares, medidas provisórias, leis ("a tutela da ordem constitucional sem vinculações a quaisquer situações jurídicas de caráter individual ou concreto", ADI 643-6/SP, rel. Min. Celso de Mello, v.u., *RTJ* 139/73; ADI/MC 647-DF, rel. Min. Moreira Alves, *RTJ* 140/36, citando *RTJ* 108/505 e 119/65; *RT* 681/236 e *RDA* 187/169) ou decretos *autônomos* (com o caráter de abstração – ADI/MC 708-DF, rel. Min. Moreira Alves, *RTJ* 142/718).

2. Controle concentrado

A Constituição rege o controle concentrado, autônomo ou principal, via ação declaratória de constitucionalidade e ação direta de inconstitucionalidade junto ao STF (arts. 102, I, "p", e 103 da CF; Lei 9.882, de 3.12.1999, dispõe sobre o processo e julgamento da argüição de descumprimento de preceito fundamental, nos termos do § 1º do art. 102 da CF).

Confere-se legitimidade ativa às pessoas e autoridades expressamente arroladas pela Constituição (art. 103); exigida a presença do Ministério Público pelo Procurador-Geral da República (art. 103, § 1º); atribuída ao Advogado-Geral da União a defesa do texto (art. 103, § 3º). Instituída a ação direta estadual, a legitimidade será expressa na Constituição de cada Estado, "vedada a atribuição da legitimação para agir a um só órgão" (art. 125, § 2º).

O controle concentrado possui caráter indisponível (ADI 1.254-RJ, rel. Min. Celso de Mello, v.u., *DJU* 8.9.1995, citando *RTJ* 131/958, rel. Min. Sepúlveda Pertence).

Não excluída a possibilidade jurídica da ação direta, ou a legitimação ativa do chefe do Executivo, haver ele mesmo encaminhado o projeto de lei à Casa Legislativa (em sentido contrário, em exegese esdrúxula, sem apresentar um argumento sequer: TJMG, ADI 89.203-4, j. 25.3.1998, rel. Des. Corrêa de Marans). Ora, os atos ilegais são de ser revistos, necessariamente, pelo agente público, tenham sido ou não por ele praticados (Súmula 473 do STF), assim como previsto juízo de retratação dos julgadores (= *embargos infringentes*, *agravo* e *declaratórios*). A matéria pública, e com mais força a constitucional, é indisponível. Não se abdica do controle concentrado. Razão jurídica nenhuma impede, portanto, o controle concentrado de texto legal de iniciativa ou sanção do Executivo, seja qual for a pessoa física investida no mandato (corrigindo o erro: TJMG, ADI 97.332-1, votos do Des. Orlando Carvalho e do então desembargador Paulo Medina, hoje Ministro do STJ).

Sobre a matéria já havia, inclusive, firme jurisprudência do STF, relator o Min. Celso de Mello (ADI 805-RS, v.u., *DJU* 12.3.1999; ADI 1.070-1, v.u., *DJU* 15.9.1995, *JSTF* 206/57), não divisando óbice algum em *ação direta proposta pelo chefe do Executivo que sancionara a norma*, sem distinguir se o chefe do Executivo participara, *concordante* ou *discordante*, do processo de formação da norma inconstitucional ou se apontara o defeito pelo veto, este, a seguir, suprimido pelo Legislativo.

Aliás, vetusta jurisprudência: *não se pode atribuir eficácia jurídica à sanção se incide sobre norma inconstitucional* (= *revogação da Súmula 5 do STF, sanção do Executivo retiraria vício formal de inconstitucionalidade*, pelos RE 109.103-MA, rel. Min. Octávio Gallotti, v.u., *RTJ* 131/424; Repr. 1.099-PB, rel. Min. Oscar Correa, v.u., *RTJ* 103/82, citam: Repr. 890-GB, rel. Min. Oswaldo Trigueiro, *RTJ* 69/633; Repr. 1.046-ES, rel. Min. Rafael Mayer, *RTJ* 97/987; Repr. 1.043-MA, rel. Min. Soares Muñoz, *DJU* 7.8.1981; Repr. 1.051-GO, rel. Min. Moreira Alves, *DJU* 15.5.1981; Repr. 1.062-MS, rel. Min. Décio Miranda, *DJU* 6.11.1981).

O controle concentrado restringe-se às normas federais e estaduais em face da Constituição Federal, exclusivo do STF; normas estaduais e municipais diante da Constituição do Estado, competência dos Tribunais de Justiça (art. 125, § 2º, da CF). Do controle concentrado das normas municipais ficou excluído o confronto com a Constituição Federal (Repr. 1.252-ES/QO, rel. Min. Néri da Silveira, v.u., *DJU* 1.7.1992, p. 10.555; Recl. 337-DF, rel. Min. Paulo Brossard, *RTJ* 164/832).

3. Descabimento de controle concentrado de normas sem abstração

Não admitido o controle concentrado (= *cabível o difuso*) de ato regulamentar não-normativo ou sem caráter de abstração, não há controle de atos administrativos (ADI 647, rel. Min. Moreira Alves), *impossibilidade de controle concentrado de constitucionalidade dos chamados atos de efeitos concretos, "a tutela da ordem constitucional, sem vinculações quaisquer a situações jurídicas de caráter individual ou concreto. Não se tipificam como normativos os atos estatais desvestidos de abstração, generalidade e impessoalidade"* (ADI 643-6-SP, rel. Min. Celso de Mello, v.u., *RTJ* 139/73; ADI 203-DF, rel. Min. Celso de Mello, *RTJ* 131/1.005, citando *RTJ* 108/505, rel. Min. Décio Miranda, *RTJ* 119/65, rel. Min. Néri da Silveira), ou de leis simplesmente autorizativas, *v.g.*, que conferem ao Executivo poderes para alienar imóveis (TJMG, ADI 95.115-2, rel. Des. Rubens Xavier Ferreira; ADI 1.716, rel. Min. Sepúlveda Pertence).

4. *Controle estadual de norma municipal por confronto de repetição*

Entretanto, o exame da inconstitucionalidade de norma municipal não fica afastado, faz-se por controle difuso, caso a caso (STF, 1ª T., RE 99.267-RS, rel. Min. Néri da Silveira, *RTJ* 93/455, 93/459, 97/428, 104/724, 124/612, 125/618, 125/769). E por controle concentrado, conforme *criação* jurisprudencial do STF, se houver norma estadual batizada de repetição (STF, 1ª T., RE 161.390-AL, rel. Min. Sepúlveda Pertence, v.u., *RTJ* 155/974, *com ressalva do ponto de vista contrário do Relator*: "Controle abstrato de constitucionalidade – Ação direta de inconstitucionalidade de lei municipal, perante o Tribunal de Justiça, fundada em violação de preceitos da Constituição do Estado, ainda que se cuide de reprodução compulsória de normas da Constituição da República"), isto é, sempre que a Constituição do Estado repetir, de modo explícito, normas da Constituição federal, ou que se possa deduzir a norma *não repetida* de algum preceito estadual.

O reconhecimento do controle concentrado por confronto com norma de repetição ou norma que se entende de reprodução obrigatória significa, sem dúvida alguma, desautorizar a Constituição Federal, na exclusão de controle concentrado de norma municipal em face da Constituição Federal por tribunal estadual, e, assim, contrariar a lógica jurídica do mesmo STF, que assim dispôs em múltiplas ações diretas (STF, 1ª T., RE 99.987-SP, rel. Min. Néri da Silveira, v.u., *RTJ* 124/266, citando o RE 93.088, *DJU* 22.6.1981, o RE 92.169, j. 20.5.1981, o RE 87.484-4-RS, j. 21.10.1982, o RE 93.626, o RE 97.080 e o RE 99.987; Recl. 337-DF, Min. Paulo Brossard, v.u., *RTJ* 164/832, citando inúmeras decisões: *RTJ* 93/455, 93/461, 91/740, 97/428, 102/749, 104/724, 124/612; 125/769). Se vedado a tribunal estadual o controle concentrado de norma municipal em face da Constituição Federal, como seria possível o mesmo controle, apenas diante do preciosismo de se dizer repetida a norma constitucional federal pela Constituição Estadual? Em que difeririam um e outro exame? Em nada, certamente.

Recomenda-se, assim, atenta leitura das decisões do STF, principalmente porque assentada a questão por voto da maioria, ao passo que a razão jurídica sempre esteve com os votos vencidos (Recl. 383-SP, rel. Min. Moreira Alves, v.v., *RTJ* 147/404, vencidos os Mins. Carlos Mário Velloso, Francisco Rezek, Sepúlveda Pertence e Celso de Mello).

5. *Ambigüidade do controle concentrado estadual*

O controle concentrado pelos tribunais estaduais, *novidade* da Carta de 1988, gera, como um todo, tremenda perplexidade jurídica e subtrai, sem dúvida alguma, ao STF parcela da guarda da Constituição.

Declarada a constitucionalidade ou inconstitucionalidade de uma norma estadual ou municipal, afirmado o confronto com a Constituição do Estado, quase certo ter sido o confronto com a Constituição Federal, por norma de repetição ou não, visto ser muito exíguo o campo normativo daquela, observada a exaustão regulamentar desta última. Sem dúvida alguma possível o recurso extraordinário ao STF, que poderá, então, definir melhor, e com autoridade constitucional, o contorno da norma, se observante ou transbordante. Todavia, os escolhos sumulares ou a inércia dos legitimados podem permitir – como o permitem na grande maioria dos casos – o trânsito em julgado da decisão do tribunal estadual, imposta com eficácia *erga omnes* (= *afasta ou mantém a norma no mundo jurídico*). Transitada em julgado a decisão do controle estadual de repetição, a eficácia *erga omnes* também obriga o próprio STF, que, em lides isoladas, não poderá contrariar o entendimento estadual, *mesmo se contrário à norma constitucional repetida ou modelo da repetição*. Evidente o contra-senso. A assertiva contrária, insubmissão do Supremo, suprime a eficácia *erga omnes*, tornando inútil a decisão estadual. Ambíguo, sem dúvida, o controle concentrado de repetição, ou não.

Invocada a mesma norma em ação fora do Estado em controle incidental, as mesmas dúvidas se colocam: a jurisdição de outro Estado observará ou não a eficácia da decisão de controle alienígena? Ou a eficácia *erga omnes* se limita ao território da jurisdição do controle concentrado estadual? Se limitada espacialmente, algumas decisões podem visitar o STF, que julga a norma constitucional, ao passo que julgada inconstitucional no controle concentrado do outro Estado, ou vice-versa. Resumo: no Estado do controle concentrado a norma tem sua eficácia suprimida, ao passo que nos outros Estados possui força jurídica diversa ou no entendimento do tribunal estadual ou do STF.

Suponha-se alegação de inconstitucionalidade de taxa ou tributo instituídos por um ou vários Estados ou Municípios, porque estariam desconformes ao conceito constitucional, exclusivo, federal (art. 145, I e II). Em controle concentrado de norma municipal, o Tribunal de Justiça julga inconstitucional o tributo (= *taxa de limpeza de Poços de Caldas/MG*, ADI 133.413-5.00, rel. Des. Isalino Lisboa, v.u., j. 23.6.1999); examinando idêntica norma de outro Município, considera-a constitucional (= *taxa de limpeza de Belo Horizonte*, *então idêntica à de Poços de Caldas*; ADI 171.153-0, rel. Des. Corrêa de Marins, v.v., j. 27.9.2000). Irrecorridas as decisões, segue-se a aplicação da taxa em um ou alguns Municípios, *v.g.*, os que não foram acionados pelo controle concentrado, e a exclusão em outros...

Pior, acaso recorridas umas e não recorridas outras decisões do controle concentrado, com reforma da decisão pelo STF, ficará a mesma taxa constitucional em alguns Municípios e inconstitucional em outros... E esta variedade de opiniões e do controle concentrado poderá ser multiplicada em cada Estado. Qual, enfim, a unidade de aplicação da norma constitucional? Onde a função de guarda e vigilante conferida ao STF (art. 102 da CF)?

6. Controle difuso

O Código (arts. 480 e 481) disciplina o controle incidental ou difuso junto aos tribunais. Não há normas especiais quanto ao exame pelos juízes de primeiro grau. O controle difuso é próprio e necessário de qualquer julgador; a constitucionalidade ou não de uma norma é objeto de exame pelos juízes de primeiro grau e por todos os tribunais. Tratando-se de tribunais, a assertiva de inconstitucionalidade não se faz pelos órgãos fracionários, em competência originária ou recursal, senão, como determina a Constituição (art. 97), pelo Plenário ou por Órgão Especial. O inverso não se subtrai do órgão fracionário, afirmar válida a norma diante da Constituição.

Submetem-se ao controle incidental de qualquer tribunal quaisquer normas, caracterizadas pela abstração, federais, estaduais e municipais; ao contrário do controle direto, não se distingue a competência do Supremo no confronto das normas com a Constituição Federal e dos Tribunais de Justiça no confronto das normas locais com a Constituição do Estado.

Em trâmite recurso ou ação de competência originária, se argüida a inconstitucionalidade de lei ou de ato normativo do Poder Público, o relator, após a audição do Ministério Público, submeterá a questão à Turma ou Câmara a que tocar o conhecimento do processo (art. 480).

Rejeitada a argüição pelo próprio órgão fracionário recursal, este prossegue o julgamento, ou seja, julga o recurso. A rejeição cabe por considerar-se desmotivado o incidente (= *rectius*, porque o órgão fracionário considera a norma constitucional, julgamento que lhe cabe, ao contrário do julgamento de inconstitucionalidade) (STF, 2ª T., AgRg no RE 161.475, rel. Min. Carlos

Velloso, *RTJ* 156/661; STF, 1ª T., RE 158.835-RJ, *RTJ* 147/1.079; AgRg no RE 156.557, *RTJ* 151:302; AgRg no RE 147.702-MG, *RTJ* 154/674, todos v.u., rel. Min. Celso de Mello; STF, 1ª T., RE 156.309-MG, rel. Min. Sepúlveda Pertence, v.u., *RTJ* 148/923); ou por considerar desnecessária a verificação de constitucionalidade, porque fundamentada a pretensão em outras normas não impugnadas.

Se acolhida a impugnação, lavra-se o acórdão de acolhimento e submete-se a questão ao Plenário do tribunal ou ao Órgão Especial, em face da exigência do quórum especial de maioria absoluta dos membros do tribunal ou do órgão especial (art. 97). A competência do Plenário ou do Órgão Especial limita-se ao julgamento, em tese, da inconstitucionalidade; não pode julgar o recurso (= *rectius*, a causa). Cuida-se de julgamento complexo, por dois órgãos jurisdicionais (em sentido contrário, mas sem fundamentação, afirmando possível ao Plenário julgar o próprio recurso: EDecl na ArgInconst no RMS 1.178-0-RS, rel. Min. Pádua Ribeiro, v.v., *RSTJ* 90/23).

O órgão fracionário decide o incidente, de acolhimento ou de rejeição, por maioria simples, ao contrário do quórum exigido do Plenário ou Órgão Especial. Repete-se: o órgão fracionário pode rejeitar o incidente por considerar a norma constitucional, caso em que não exigido o quórum especial.

Ao Pleno ou ao Órgão Especial não cabe julgar o recurso, senão a argüição de inconstitucionalidade. Cabe-lhe decidir, antes de tudo, o cabimento da argüição. Há, como nos recursos, duplo juízo de admissibilidade, pelo quê a decisão do órgão recursal fracionário não vincula o Pleno ou o Órgão Especial, o que, caso contrário, seria inversão de hierarquia.

Se fica declarado ou rejeitado o vício legal, a decisão é prejudicial da decisão a ser proferida pelo órgão fracionário recursal, a quem se devolve o conhecimento do restante da matéria, uma vez publicada a decisão incidental de inconstitucionalidade. Não cabe recurso desta decisão (v. Súmula 293 do STF, *não cabimento de infringentes*), exceto declaratórios.

Eventuais recursos, ordinário ou extraordinário, serão da decisão recursal (Súmula 513 do STF: "A decisão que enseja a interposição de recurso ordinário ou extraordinário não é a do Plenário, que resolve o incidente de inconstitucionalidade, mas a do órgão que completa o julgamento do feito"). Excluídos, entretanto, os embargos infringentes quanto à matéria constitucional (Súmula 455 do STF), pela divergência do órgão anterior, óbvio. Adequada a solução das Súmulas, vez que seria sem sentido propiciar da decisão incidental recurso nem se sabendo ainda de qual parte a sucumbência. Por outro lado, os atos complexos somente se aperfeiçoam com a manifestação da última vontade.

Há nulidade da decisão do órgão fracionário recursal se não respeitar a prejudicialidade da decisão do incidente de declaração de inconstitucionalidade.

Não há previsão formal sobre o julgamento, parecendo-me deva ser feito em autos apartados dos autos do recurso, mesmo porque não há necessidade de qualquer outra peça dos autos para o julgamento incidental senão "cópia do acórdão", que será encaminhada a todos os julgadores (art. 482), juntamente com a petição que levantou o incidente; desnecessário o encaminhamento dos autos recursais.

O julgamento incidental de rejeição da inconstitucionalidade não constitui declaração de constitucionalidade da norma, exceto no caso concreto, isto é, não possui eficácia *erga omnes*, não adquire imutabilidade, não se fecha pela coisa julgada material. Por este motivo, não há necessidade de quórum especial. Em outras decisões, pode-se concluir de forma diferente.

As partes e o Ministério Público possuem legitimidade para levantar o incidente, assim como pode ser provocado de ofício, em ambos os casos enquanto útil, isto é, antes de concluído o julgamento.

7. *"Quorum" qualificado*

Em qualquer hipótese de controle concentrado ou difuso, exigido pela Constituição, a procedência do incidente, da ação direta ou da declaratória, quórum da maioria absoluta dos membros do tribunal ou, se houver, do Órgão Especial (arts. 93, XI, e 97 da CF). Não existe um quórum especial para compor o julgamento; suficiente número representativo da maioria absoluta (STF, Pleno, RE 100.148-PB, rel. Min. Francisco Rezek, v.u., *RTJ* 111/393). Não há procedimento especial junto aos juízos de primeiro grau, devendo a argüição de constitucionalidade ou inconstitucionalidade ser resolvida com a sentença.

Julgamento de inconstitucionalidade pela maioria dos membros presentes, mas sem atingir a maioria absoluta dos membros do Plenário ou do Órgão Especial (= *insuficiente de quórum*), entende-se juízo não de procedência, mas de improcedência (= *considerada a norma conforme à Constituição*).

8. *Eficácia "erga omnes" do controle*

Vem-se afirmando a eficácia plena (= *erga omnes*: STF, 1ª T., RE 162.451-1-RS, rel. Min. Moreira Alves, v.u., *DJU* 22.10.1993, p. 22.260) do controle concentrado e a relativa do controle difuso. Acatar a certeza ou não da frase exige pequeno passeio não além da Constituição de 1946, ocasião em que não existia o controle concentrado, senão o difuso ou incidental. Declarada a inconstitucionalidade de norma pelo STF, incumbia ao Senado (art. 64) "suspender-lhe a execução". Em outras palavras, a decisão de inconstitucionalidade pelo STF possuía eficácia relativa, resolvia o caso concreto; era comunicada ao Senado, a quem incumbia acatar ou não a decisão no sentido de subtraí-la do mundo jurídico. Origem da distinção era a própria gênese da separação dos Poderes, inicialmente a mais rígida possível, situação alterada no curso do tempo.

Na Constituição de 1967 instituiu-se o controle concentrado, via representação do Procurador-Geral da República (art. 114, I, "l"; art. 118, I, "l", da EC 1/1969). A ainda atual Constituição transformou a representação em ação direta de inconstitucionalidade (art. 102, I, "a"), criada a ação declaratória de constitucionalidade (alteração da alínea "l" do inciso I do art. 102 pela Emenda Constitucional 3/1993). De 1946 até hoje persiste a tarefa senatorial de suspender a execução da norma considerada inconstitucional pelo STF (art. 52, X, da CF de 1988).

Em recanto algum a Constituição de 1988 ou afirma não aplicar-se o consentimento do Senado no caso da ação de constitucionalidade ou lhe atribui eficácia *erga omnes*. De duas, uma, portanto: a eficácia *erga omnes* depende da vontade do Senado ou não; impõe-se pela própria natureza do controle conferido ao Judiciário ou se mantém a concepção original. Reconhecida a eficácia plena ao controle concentrado, razão alguma convence da exclusão da plenitude ao controle difuso. Seria por causa da forma, exame principal ou incidental? Pelo conteúdo decerto que não, pois em nada diferem, nem na submissão ao quórum qualificado constitucional (art. 97).

Bizantina, portanto, a distinção da eficácia dos dois controles; interpretada a competência do Senado como forma de divulgação e de publicidade da suspensão de eficácia pelo Poder Judiciário. Harmonizam-se as tarefas, consoante o mesmo princípio constitucional de independência (art. 2º).

Nestes termos deve ser entendida a hipótese de exclusão do incidente de inconstitucionalidade (parágrafo único do art. 481, acrescido pela Lei 9.756, de 17.12.1998): "Os órgãos fracionários dos tribunais não submeterão ao Plenário, ou ao Órgão Especial, a argüição de inconstitucionalidade, quando já houver pronunciamento destes ou do Plenário do Supremo Tribunal Federal sobre a questão". Ora, se não mais se apresenta a questão ao Plenário ou ao Órgão Especial, segue-se a eficácia *erga omnes* da decisão anterior incidental de inconstitucionalidade. E se os órgãos fracionários se submetem à decisão, com mais razão os órgãos jurisdicionais de primeiro grau. Caso contrário, a entender-se desprovida de eficácia *erga omnes* a decisão incidental, a exclusão da matéria do julgamento pelo Plenário ou pelo Órgão Especial enfrenta, sem circunlóquios, a regra constitucional de reserva de competência do Plenário ou do Órgão Especial (art. 97).

A exclusão do julgamento pelo Plenário há muito vem sendo praticada pelo STF por previsão regimental ou por interpretação da norma constitucional, sem, contudo, afirmar a eficácia *erga omnes* da decisão (STF, 1ª T., RE 191.890-0-PR, rel. Min. Sepúlveda Pertence, v.u., *RT* 746/162; STF, 1ª T., RE 192.218-BA, rel. Min. Sepúlveda Pertence, v.u., *RTJ* 164/1093, citando RE 150.764, 169.873, 190.725, AgRg no Ag 169.149 e 170.198). Mas, se excluída do órgão constitucional e imposta aos órgãos fracionários e, por conseguinte, de primeiro grau, em que consistiria a eficácia relativa do controle incidental...

9. Controle direto de norma não recepcionada

Eventual incompatibilidade de normas anteriores à Constituição – assentou o STF – não se examina pelo controle concentrado (ADI 521-MT, rel. Min. Paulo Brossard, v.u., *RTJ* 141/56, citando inúmeros precedentes e a ADI 2, de sua relatoria; ADI 464-GO, rel. Min. Francisco Rezek, v.u., *RTJ* 154/739, citando ADI 74-8 e 7-DF, rel. Min. Celso de Mello, e 517-DF, rel. Min. Octávio Gallotti), porque a norma anterior conflitante com a nova ordem constitucional (= *não recepcionada*) considera-se revogada (ADI 2 e ADI 7-DF, rel. Min. Paulo Brossard, j. 6.2.1992, v.v., Mins. Sepúlveda Pertence, Marco Aurélio e Néri da Silveira; ADI 385-DF, rel. Min. Moreira Alves, *RTJ* 142/22, observando o voto divergente do Min. Sepúlveda Pertence, embora não conhecendo da ação por ilegitimidade ativa; ADI 438-RO, rel. Min. Sepúlveda Pertence, v.u., *RTJ* 140/407, com ressalva do entendimento diverso, "se rende à orientação da Corte"; ADI 763-SP, rel. Min. Moreira Alves, v.u., *RTJ* 145/136; Repr. 1.340-BA, rel. Min. Moreira Alves, v.u., *RTJ* 153/515; ADI 1.227-RJ, rel. Min. Maurício Corrêa, v.u., *RTJ* 158/491).

Se acertada ou não a tese, a mesma lógica impõe a mesma conclusão quanto ao controle incidental, *seriam* arquivados os anteriores à alteração constitucional.

Diante dessa premissa, a cada nova Constituição o stf afirma terem ficado prejudicadas as ações de constitucionalidade anteriores, arquivando-as sem julgamento (Repr. 1.346-DF, rel. Min. Francisco Rezek, v.u., *RTJ* 127/776; Repr. 1.312-RS, rel. Min. Célio Borja, v.u., *RTJ* 128/515, voto do Min. Néri da Silveira, *RTJ* 128/537, citando Repr. 1.532-PA, 1.534-PA, 1.568-SC e 1.588-GO; Repr. 1.533-PA, rel. Min. Djaci Falcão, v.u., *RTJ* 128/606).

Os argumentos do STF, Min. Paulo Brossard: "O vício da inconstitucionalidade é congênito à lei e há de ser apurado em face da Constituição vigente ao tempo de sua elaboração. Lei anterior não pode ser inconstitucional em relação a Constituição superveniente; nem o legislador poderia infringir Constituição futura. A Constituição sobrevinda não torna inconstitucionais leis anteriores com ela conflitantes: revoga-as. Pelo fato de ser superior, a Constituição não deixa de produzir efeitos revogatórios. Seria ilógico que a Lei Fundamental, por ser suprema, não revogasse, ao ser promulgada, leis ordinárias" (ADI 521-MT, Min. Paulo Brossard).

As considerações não convencem, mesmo porque não possuem natureza jurídica, eis que revogar uma norma se situa no plano do direito positivo, e não constitucional (= *conteúdo normativo político*). Quanto ao trabalho jurisdicional, em nada difere considerar uma norma revogada ou inconstitucional. O entendimento, entretanto, de estar revogada a norma não possui eficácia plena ou oponível a todos (= *eficácia "erga omnes"*), o que permite os mais variados juízos até que se firme, se é que se firma, o consenso, o que, todavia, não supera uma contradição, em algumas lides a norma se teve como não revogada, em outras como revogada, o que leva o cidadão à perplexidade e não cumpre com a finalidade jurisdicional de pacificar a ordem jurídica e social. Não se guarda a inteireza da Constituição; o Supremo abdica da guarda (art. 102 da CF) e a transfere aos mais variados julgadores. Mais consistente o pensamento do Min. Sepúlveda Pertence (ADI 438-RO, *RTJ* 140/407), com o apoio dos Mins. Néri da Silveira e Marco Aurélio: "Reduzir o problema às dimensões da simples revogação da norma infraconstitucional pela norma constitucional posterior – se é alvitre que tem por si a sedução da aparente simplicidade – redunda em fechar-lhe a via da ação direta. E deixar, em conseqüência, que o deslinde das controvérsias suscitadas flutue, durante anos, ao sabor dos dissídios entre juízes e tribunais de todo o país, até chegar, se chegar, à decisão da Alta Corte, ao fim de longa caminhada pelas vias freqüentemente tortuosas do sistema de recursos".

Outros argumentos (= *refutáveis*) do Min. Celso de Mello (ADI 7-DF/QO, rel. Min. Celso de Mello, v.u., *RTJ* 145/339, citando *RTJ* 95/980, 95/993 e 99/544; na questão, houve voto divergente do Min. Sepúlveda Pertence, que não conheceu da ação direta por outra razão, ilegitimidade do autor): "Admitir a inconstitucionalidade superveniente significaria generalizar, em caráter ordinário, a possibilidade de nulificação, também superveniente, de todos os atos estatais anteriores a uma nova Constituição, inobstante a sua plena e originária conformidade com a Lei Fundamental vigente à época de sua formação. Como sabemos, o fenômeno jurídico da nulidade superveniente desconstitui, ainda que com eficácia *ex tunc*, situações jurídicas definitivamente estabelecidas. Essa situação – é preciso acentuar – decorreria, em caráter necessário, da tese que nega a eficácia derrogatória a uma nova Constituição".

Evidente que admitir a inconstitucionalidade superveniente não tem a mais remota conotação com a possibilidade de interferir com os atos estatais anteriores, porque protegidos pela Constituição anterior (= *ato jurídico perfeito, direito adquirido ou coisa julgada*), porque constitucional, então, no passado (= *antecedente*), a norma, pois o que se discute é a inconstitucionalidade *superveniente*! Não há falar de incidência de nulidade superveniente em casos anteriores, ao tempo, repete-se, em que a norma era hígida pelos padrões constitucionais, não havendo, assim, interferência alguma da desconformidade constitucional posterior com as normas jurídicas *anteriormente* estabelecidas. E assim, noutro julgado, pontifica o Min. Celso de Mello: "Em face de nosso sistema de direito constitucional positivo o respeito às situações definitivamente consolidadas traduz o único limite constitucional à eficácia das leis no tempo" (STF, Pleno, ADI 605-3-DF, v.u., *Ementário do STF* 1.694-2, *DJU* 5.3.1993). E, se acaso fosse possível a interferência com situações anteriores à luz da norma constitucional anterior, seria produzida, da mesma forma, pela revogação (= *superveniente*) ou pela colisão (= *posterior*) com a nova ordem ou norma constitucional...

Recomenda-se, sobretudo, a leitura do voto *divergente* do Min. Sepúlveda Pertence (ADI 7-DF/QO, *RTJ* 145/351-369; e na ADI 381-DF, rel. Min. Moreira Alves, *RTJ* 144/69), em que analisa a questão em outros países, deixando clara e inconteste a orientação doutrinária no sentido do exame da questão por ação direta, e não pela simples assertiva de revogação.

Se a Constituição revogasse normas anteriores, certo que estaria ela, a Constituição, submetida à disciplina positiva da revogação (= *se não positivada, pelos conceitos doutrinários*). No caso, a Constituição seria examinada pelas regras da Lei de Introdução ao Código Civil Brasileiro (art. 2º): (a) a Constituição não poderia revogar normas ordinárias de vigência determinada (= ***a contrario sensu*** *da previsão do comando, art. 2º)*; (b) a Constituição revogaria a norma anterior quando (§ 1º do art. 2º) *expressamente o declarasse* (= *situação bem "à brasileira"*), *fosse com ela incompatível* ou *regulasse inteiramente a matéria de que trata a lei anterior* (= *situação até possível dentro da normomania brasileira*). Situação mais curiosa será a de constatar que a Constituição (= *lei nova*), em suas *disposições gerais ou especiais, a par das já existentes* (= normas anteriores), *não revoga nem modifica a lei anterior*. Como descobrir o que se considera "norma geral" ou "especial" na Constituição diante das normas anteriores? E como verificar a revogação de uma norma por contrariar um princípio constitucional, *v.g.*, o *princípio democrático*, ou as normas cogentes apelidadas de *modelo federal*?

Apenas um exemplo: a atual Constituição proíbe – à semelhança da Emenda Constitucional 1/1969 – a reeleição das Mesas das Casas Legislativas Federais (art. 57, § 4º). Normas estaduais ou municipais anteriores que permitissem a recondução das Mesas das Casas Legislativas Estaduais e Municipais, normas anteriores à Emenda Constitucional 1/1969 ou à Missiva de 1988 estariam revogadas, por ferir o princípio democrático ou o modelo federal da Constituição? Para alguns, sim, a vedação de reeleição fazia parte do princípio democrático constitucional brasileiro (José Afonso da Silva e Michel Temer), ou do princípio republicano (Geraldo Ataliba). A seguir a orientação do STF constata-se uma situação absurda: normas anteriores não podem ser examinadas em ação direta, com o quê uma disparidade de julgamentos ocorrerá, fatalmente, ao contrário de normas posteriores que podem ter, de vez, uma solução pela ação direta. No caso de norma posterior de reeleição de Câmara Municipal, entendeu a Justiça Mineira, com acentuada divergência, ser inconstitucional, por violar o princípio democrático (TJMG, Corte Superior, ADI 50.611-3, rel. Des. Orlando Carvalho, v.v., j. 14.2.1996). A seu turno, em controle de norma estadual posterior, assentou o Supremo tese diametralmente oposta, não decorrer a proibição de reeleição de Mesa de Casa Legislativa Federal quer do princípio democrático, quer do republicano (ADI 793-9, rel. Min. Carlos Mário Velloso, v.u., *Ementário do STF* 1.869-01, *DJU* 16.5.1997, citando Repr. 1.245-RN, rel. Min. Oscar Corrêa, v.u., *RTJ* 119/964; ADI 792-RJ, rel. Min. Moreira Alves, citando Repr. 1.754).

As normas jurídicas – constitucionais sob uma ordem constitucional – podem conflitar com ordem constitucional posterior; o que era constitucional deixa de sê-lo, não se recepciona, não se recebe pela nova Constituição. Neste sentido, nenhum o argumento do Min. Brossard de ser congênita a inconstitucionalidade; pois, sem dúvida alguma, pode ser demonstrada pela situação de confronto com a Constituição posterior, pois, caso contrário, a que título seria considerada revogada, *senão e simplesmente por confrontar a nova Carta, isto é, por inconstitucionalidade superveniente* (Lúcio Bittencourt, José Afonso da Silva, doutrina citada, mas não aceita na ADI 7-DF/QO, rel. Min. Celso de Mello, v.u., *RTJ* 145/339)? Quando se afirma a constitucionalidade ou inconstitucionalidade de uma norma nada mais e nada menos se diz do que haver entendimento ou desentendimento, conformidade ou inconformidade, da norma com a Constituição. E o que se diz com a revogação, senão a mesma coisa, *incompatível com a norma posterior?* Por outro lado, se deveras ambígua a revogação de uma lei por outra que simplesmente afirme "revogam-se as disposições em contrário", que dizer-se do "revoga-se a lei por força de todo um sistema normativo ou Constituição"? Evidente que aos milhares de juízes, promotores, advogados e leigos a solução não será assim tão simples. Uma norma pode ter vigência anos e anos após a nova Constituição até que se considere não recepcionada por algum tribunal. Entretanto, como não se permite, na interpretação do STF, controle concentrado ou incidental, a solução de um caso concreto poderá ser diversa de inúmeros outros. Uns obterão amparo jurisdicional por força de lei não recepcionada; outros, não. E nenhum tribunal do país terá força suficiente para pacificar o meio social com uma definição do problema: *ser ou não ser constitucional.*

Dizer se uma norma posterior à Constituição é inconstitucional em nada difere do dizer se uma norma anterior está revogada ou não recepcionada. Mais ainda, em nada difere do estabelecer se uma lei posterior é ou não constitucional. Mormente se considerada a razão do controle de constitucionalidade, *afastar as controvérsias e estabelecer a segurança jurídica sendo questionada a norma* diante da Constituição. Assim, não se cuida de exigir do legislador do passado visão prospectiva de inconstitucionalidade, mas exame contemporâneo do julgador do presente.

A situação mais se esclarece em consideração à ação declaratória de constitucionalidade. Certo que a norma anterior recepcionada se considera conforme à nova ordem constitucional, isto é, norma constitucional. E se surgirem dúvidas, sérias dúvidas, sobre a recepção ou não? Alguns entendem a norma recepcionada, outros rejeitada. Não caberia a declaratória de constitucionalidade? Se positiva a resposta, qual a diferença da hipótese anterior? Ou a ação declaratória de constitucionalidade cuida apenas de normas posteriores à Constituição plantonista? Não parece ser esta a solução, e nem é a solução legislada pela Lei 9.868, de 10.11.1999, que dispõe simplesmente como causa de pedir da declaratória "a existência de controvérsia judicial relevante sobre a aplicação da disposição objeto da ação declaratória".

Certo, ainda, que a assertiva legal restringe o âmbito da ação declaratória, condicionando-a a prévia controvérsia *judicial*, e relevante. Suficiente, a despeito do texto legal – *adulador*, sem dúvida, diante das milhares de argüições e recursos junto ao STF –, a existência da dúvida, desde que fundamentada. A declaratória de constitucionalidade se editou sem condicionantes, exceto o conceito jurídico de ação declaratória, e ao que se saiba *basta a incerteza da relação jurídica* ou, no caso, *incerteza sobre o texto legal, independentemente da autoria.*

A se aguardar a controvérsia relevante derivada de decisão judicial, certo que a Constituição possui recurso melhor, o extraordinário, nada impedindo que nele se provoque o incidente de inconstitucionalidade, pois, com certeza, quem melhor que os Ministros do STF para fazê-lo de modo convincente?

BENS PERTENCENTES A EMPRESAS ESTATAIS PRESTADORAS DE SERVIÇOS PÚBLICOS – REGIME JURÍDICO A QUE SE SUJEITAM ESSAS EMPRESAS – USO DESSES BENS POR PARTICULARES: PERMISSÃO DE USO OU LOCAÇÃO?

EROS ROBERTO GRAU

Professor Titular da Faculdade de Direito da USP –
Professor Visitante da Faculdade de Direito da Universidade de Montpellier I (França) (1995-1998)

I – Os bens integrados ao patrimônio da Cia. do Metropolitano de São Paulo – METRÔ. II – O regime jurídico a que está sujeita a Cia. do Metropolitano de São Paulo – METRÔ. III – O uso dos bens, da Cia. do Metropolitano de São Paulo – METRÔ, afetados à execução do serviço público por particulares: permissão de uso ou locação?. IV – Conclusão.

A Cia. do Metropolitano de São Paulo – METRÔ encaminhou- me a seguinte consulta:

CONSULTA

A Cia. do Metropolitano de São Paulo – METRÔ, em 22.9.1987, outorgou à Russa Comércio de Revistas e Jornais Ltda. uma permissão remunerada de uso de bem de sua propriedade, consistente em espaço destinado à Loja n. 14 da Estação São Bento do METRÔ, com a área de 15,30m^2, destinado à comercialização de revistas e jornais.

Ainda que de permissão de uso de bem público se tratasse, a outorga foi instrumentada mediante a expedição de um "termo de permissão de serviço público", que tomou o n. 0101780000, termo, esse, cujo prazo de vigência veio sendo reiteradamente prorrogado, até que substituído por uma "carta de autorização de uso", com prazo a vencer em 31.12.1998.

A permissionária desde algum tempo deixou de pagar à Cia. do Metropolitano de São Paulo – METRÔ o quanto a esta devido em razão da permissão remunerada de uso, além de não ter devolvido o espaço no termo convencionado na "carta de autorização de uso".

Em razão disso, a Cia. do Metropolitano de São Paulo – METRÔ propôs uma ação de reintegração de posse, cumulada com cobrança, contra a permissionária.

A petição inicial foi indeferida, sustentando a MM. Juíza do feito que "o contrato celebrado entre a autora, Cia. do Metropolitano de São Paulo, e o réu, denominado 'termo de permissão de serviço público' na verdade, é um contrato de locação mascarado, o que deixa patente haver inadequação do meio processual eleito – ação de reintegração de posse – para a consecução do fim colimado".

Diz a MM. Juíza, a seguir, que a matéria já foi objeto de apreciação pela colenda 1ª Câmara Civil do egrégio TJSP, em v. acórdão relatado pelo eminente Des. Álvaro Lazzarini, cuja ementa assim reza:

"Sociedade – Economia mista – METRÔ – Permissão de serviços públicos – Inadmissibilidade – Empresa que se sujeita ao regime jurídico próprio das empresas privadas – Art. 173, § 1º, da Constituição da República – Termo de permissão que mascara típico contrato de locação – Petição inicial de ação de reintegração de posse recebida como ação de despejo – Recurso não provido.

"A sociedade de economia mista sujeita-se ao regime jurídico próprio das empresas privadas, razão pela qual seus atos não são, juridicamente, atos administrativos e sim meros atos jurídicos, como os de qualquer outra pessoa jurídica de direito privado."[1]

E continua o v. aresto, em sua fundamentação, observa a MM. Juíza:

"Como salientou o eminente Juiz Rui Stoco, a agravante, Cia. do Metropolitano de São Paulo – METRÔ é sociedade de economia mista, de natureza privada, de cujo capital participa o Governo do Estado.

"Realmente isso o é a agravante, conforme ela própria o declarou na inicial (fls. 61), estando equivocada a minuta do agravo quando sustenta ser empresa pública (fls. 6).

"Feita essa observação, também, anota-se que a sociedade de economia mista, a exemplo de empresa pública, a teor do art. 173, § 1º, da Constituição da República, sujeita-se ao regime jurídico próprio das empresas privadas, razão pela qual os seus atos não são, juridicamente, atos administrativos, e sim meros atos jurídicos como os de qualquer outra pessoa jurídica de direito privado.

"Em outras palavras, embora integre a denominada Administração Indireta, seus atos não são atos do Poder Público, atos da Administração Pública como Poder Público, o que caracteriza o ato administrativo.

"E, com todo acerto, ainda na sustentação do eminente Juiz Rui Stoco, ficou expresso que os bens que integram seu patrimônio não são 'bens públicos', mas apenas de interesse público, posto que explora atividade privativa do Estado (fls. 96).

"Para tanto os bens públicos que o Estado empregou foram desafetados, perdendo a inalienabilidade própria dos bens públicos. Tem razão o eminente Magistrado ao afirmar que 'daí se percebe não se tratar de bem público e muito menos de mera 'permissão', razão de *[sic]*' o 'termo de permissão' (denominação indevida, aliás), mascarar típico contrato de locação" (fls. 96).

"É, assim, incensurável a decisão agravada (fls. 81), que recebeu a inicial como ação de despejo e não como reintegração de posse, por inexistir 'permissão de serviço público' no contrato firmado pela agravante para a agravada, que, evidentemente, não exerce e nem exercia nenhum serviço público no exercício exclusivo de 'comercialização dos seguintes produtos: roupas em geral e acessórios, sendo portanto vedado seu uso para outro fim' (cláusula 1.2 do 'termo de permissão de serviço público da Loja n. 608 localizada na Estação República', fls. 66-78), mesmo que destinado tal comércio privado a dar 'suporte aos usuários do sistema de transporte da Cia. do METRÔ, mediante o oferecimento de facilidades comerciais operadas pelo permissionário' (cláusula 1.1 do aludido contrato)."

Mais adiante, tratando da competência do foro cível para apreciar as demandas propostas pelas e contra sociedades de economia mista, de modo diverso do estabelecido no art. 35 do Código Judiciário do Estado de São Paulo, diz a MM. Juíza:

1. AI 201.373-1, São Paulo, j. 10.8.1993, v.u., *JTJ-Lex* 151/108.

"A CF, em seu art. 173, § 1º, dispôs que a sociedade de economia mista se sujeita ao regime jurídico próprio das empresas privadas, inclusive no pertinente às obrigações trabalhistas e tributárias, observando-se que o § 2º da norma constitucional veda, peremptoriamente, a extensão de privilégios às sociedades de economia mista, que se compreendem, definitivamente, no universo do setor privado da economia, extinguindo, assim, a abusiva e antiga distinção entre as sociedades de economia mista e as empresas privadas em geral, na forma do Decreto-lei n. 200.

"Assim, a inovação constitucional acabou por retirar o sentido da norma judiciária estadual (decadência – *lato sensu* – do substrato causal), até porque o conceito de paraestatal sempre foi meramente doutrinário (salvo quanto ao Decreto-lei n. 200), crescente de uma filosofia centralizadora do Estado, hoje abominada, daí por que percebe-se com intensa facilidade a razão pela qual toda e qualquer sociedade tipificada constitucionalmente como empresa privada deva ser tratada como tal, em todas as esferas, e dentre elas, por óbvio, perante o Poder Judiciário, órgão maior de garantia constitucional."

Em face do exposto, indaga-se:

(a) Os bens integrados ao patrimônio da Cia. do Metropolitano de São Paulo – METRÔ consubstanciam bens públicos?

(b) O uso desses bens por particulares pode ser objeto de permissão remunerada de uso? Ou, pelo contrário, deveria ser instrumentado mediante a celebração de contrato de locação?

(c) A Cia. do Metropolitano de São Paulo – METRÔ está sujeita ao disposto no § 1º do art. 173 da CF?.

PARECER

I – Os bens integrados ao patrimônio da Cia. do Metropolitano de São Paulo – METRÔ

01. O CC, em seu art. 65, classifica os bens em *públicos* e *particulares*, definindo que são *públicos* os do domínio nacional, pertencentes à União, aos Estados ou aos Municípios.

Os *bens públicos*, pertencentes à União, aos Estados ou aos Municípios, assim os classifica o Código, em seu art. 66: "Art. 66. Os bens públicos são: I – os de uso comum do povo, tais como os mares, rios, estradas, ruas e praças; II – os de uso especial, tais como os edifícios ou terrenos aplicados a serviço ou estabelecimento federal, estadual ou municipal; III – os dominicais, isto é, os que constituem o patrimônio da União, dos Estados, ou dos Municípios, como objeto de direito pessoal ou real de cada uma dessas entidades".

Os *bens públicos*,[2] de uso comum do povo, de uso especial e dominicais, integram, todos eles, o patrimônio público – vale dizer: os *bens públicos* constituem *bens da Administração Pública*.

02. As empresas estatais são entidades dotadas de personalidade jurídica e *patrimônio próprio*.

2. A primeira leitura do art. 67 do CC causa a impressão de que esses bens, todos eles, são inalienáveis: "só perderão a inalienabilidade, que lhes é peculiar – diz o preceito – nos casos e forma que a lei prescrever".

Observa, contudo, Mário Masagão (*Curso de Direito Administrativo*, 6ª ed., São Paulo, Ed. RT, 1977, p. 139): "Não podendo o art. 67 do CC ser entendido como soa, por se não admitir interpretação que leva ao absurdo, é mister compreendê-lo à luz da natureza das coisas. A interpretação que se nos afigura admissível é a seguinte: o art. 67 não visou a declarar a inalienabilidade dos bens públicos, mas preceitua sobre a perda dessa inalienabilidade. Com efeito, o texto declara como e quando os bens mencionados no artigo antecedente (66) perderão a inalienabilidade. Mas não se trata de inalienabilidade, genericamente. Trata-se da inalienabilidade que lhes é peculiar. Assim, os bens que forem peculiarmente inalienáveis (a saber, os de uso comum e os de uso especial) poderão ser alienados nos casos e forma que a lei prescrever; e os bens dominicais, ou patrimoniais, justamente porque não são peculiarmente inalienáveis, ficam livres dessa restrição".

A síntese de Maria Sylvia Zanella Di Pietro é esclarecedora: "Uma coisa, no entanto, é indiscutível: as entidades da Administração indireta, tendo personalidade jurídica própria, dispõem de patrimônio diverso daquele que constitui o patrimônio do ente político que as instituiu".[3]

Quando cogitemos de bens integrados ao patrimônio de empresas estatais,[4] impõe-se preliminarmente distinguirmos as que prestam serviço público das que exploram atividade econômica, visto que inexiste, em um primeiro momento, oposição entre *atividade econômica* e *serviço público*; pelo contrário, na segunda expressão está subsumida a primeira.

Em texto anterior averbei:

"A prestação de *serviço público* está voltada à satisfação de necessidades, o que envolve a utilização de bens e serviços, recursos escassos. Daí podermos afirmar que o *serviço público* é um tipo de *atividade econômica*.

"*Serviço público* – dir-se-á, mais – é o tipo de *atividade econômica* cujo desenvolvimento compete *preferencialmente* ao setor público. Não *exclusivamente*, note-se, visto que o setor privado presta serviço público em regime de concessão ou permissão.

"Desde aí poderemos também afirmar que o *serviço público* está para o setor público assim como a *atividade econômica* está para o setor privado."[5]

Salientei, no próprio texto, o fato de, no trecho aqui transcrito, utilizar-me da expressão "atividade econômica" em distintos sentidos:

"Ao afirmar que *serviço público* é tipo de *atividade econômica*, a ela atribuí a significação de gênero no qual se inclui a *espécie, serviço público*.

"Ao afirmar que o *serviço público* está para o setor público assim como a *atividade econômica* está para o setor privado, a ela atribuí a significação de *espécie*."

Daí a verificação de que o *gênero – atividade econômica* – compreende duas *espécies*: o *serviço público* e a *atividade econômica*.

Estamos em condições, assim, de superar a ambigüidade que assume, no seio da linguagem jurídica e no bojo do texto constitucional, esta última expressão.

Para que, no entanto, se a supere, impõe-se qualificarmos a expressão, de modo que desde logo possamos identificar, de uma banda, as hipóteses nas quais ela conota *gênero*; de outra, as hipóteses nas quais ela conota *espécie* do gênero. A seguinte convenção, então, tenho proposto: *atividade econômica em sentido amplo* conota *gênero*; *atividade econômica em sentido estrito*, a *espécie*.

03. Por certo que, no art. 173 e seu § 1º da CF de 1988 a expressão conota *atividade econômica em sentido estrito*.

Indica o texto constitucional no art. 173, *caput*, as hipóteses nas quais é permitida ao Estado a exploração direta de *atividade econômica em sentido estrito*. Trata-se, aqui, de atuação do Estado – isto é, da União, do Estado-membro e do Município – como agente econômico, em área da titularidade do setor privado. Insista-se em que *atividade econômica em sentido amplo* é território dividido em dois campos: o do *serviço público* e o da *atividade econômica em sentido estrito*. As hipóteses indicadas no art.173 do texto constitucional são aquelas nas quais é permitida a atuação da União, dos Estados-membros e dos Municípios neste segundo campo.

Da mesma forma, no § 1º do art. 173 a expressão conota *atividade econômica em*

3. Maria Sylvia Zanella Di Pietro, "Natureza jurídica dos bens das empresas estatais", *Revista da Procuradoria-Geral do Estado de São Paulo* 30/179, dezembro/1988.

4. A respeito da expressão "empresa estatal", v. meu *A Ordem Econômica na Constituição de 1988*, 4ª ed., São Paulo, Malheiros Editores, 1998, p. 139.

5. Meu *Direito, Conceitos e Normas Jurídicas*, São Paulo, Ed. RT, 1988, p. 109.

sentido estrito. A este aspecto, mais adiante, retornarei.

O que importa desde logo anotarmos é a circunstância de os princípios da *supremacia do interesse público* e da *continuidade do serviço público* determinarem a interpretação/aplicação[6] das regras que incidem sobre os bens da *empresa estatal* prestadora de *serviço público*.

04. Observa, com a clareza habitual, Ruy Cirne Lima:

"A relação jurídica, na qual os bens de domínio público e do patrimônio administrativo se inserem como objeto, é a *relação de administração*"[7] (grifei).

E a *relação de administração* – ensina ainda Cirne Lima – "domina e paralisa a de direito subjetivo".[8]

Por isso, as coisas de uso público são inalienáveis, significando, sua inalienabilidade, que "não é juridicamente possível distraí-las do uso público a que se encontram vinculadas, sem alteração da ordem jurídica, o, seja, sem que lei autorize a desvinculação".[9]

Vê-se nitidamente, assim, que os bens integrados no patrimônio de entidades estatais, inclusive empresas estatais, necessários à *continuidade da prestação de serviço público*, são bens públicos que se inserem como objeto de *relação de administração*.

Isto é: esses bens são objeto de relação que "domina e paralisa a de direito subjetivo".

Note-se bem: a entidade estatal os detém não sob regime privado, mas – em razão do *interesse público* que confere razão de ser à entidade, quando prestadora de *serviço público* – em *regime jurídico especial*, que excede ao da mera *propriedade*: eles se encontram vinculados à realização do *interesse público*.[10]

Reduzindo a amplitude das ponderações extraídas da lição de Ruy Cirne Lima, para aplicá-las às *empresas estatais prestadoras de **serviço público***, veremos que estas são dotadas de patrimônio peculiar e especificamente destinado à realização do *interesse público* – ou seja, vinculado à realização do *interesse público*;[11] patrimônio que instrumenta a execução do serviço público, necessário à *continuidade da sua prestação*.

05. Será bem útil, neste passo, recorrermos a outra síntese de Maria Sylvia Zanella Di Pietro:

"É profundamente diversa a situação patrimonial dessas empresas prestadoras de serviços públicos. Como pessoas jurídicas, elas possuem um patrimônio próprio, embora tenham que se utilizar, muitas vezes, de bens pertencentes à pessoa pública política. Por exemplo, os potenciais de energia hidráulica são pertencentes à União e não se transferem ao patrimônio do concessionário que os explore. Esses são bens públicos propriamente ditos, de uso especial, integra-

6. "Interpretação" e "aplicação" não se realizam autonomamente. O intérprete discerne o sentido do texto a partir e em virtude de um determinado caso dado; a interpretação do Direito consiste em *concretar a lei* em cada caso, isto é, na sua *aplicação*.

Assim, existe uma equação entre interpretação e aplicação: não estamos, aqui, diante de dois momentos distintos, porém frente a uma só operação. *Interpretação* e *aplicação* se superpõem.

7. Ruy Cirne Lima, *Princípios de Direito Administrativo*, 5ª ed., São Paulo, Ed. RT, 1982, p. 77.

8. Idem, p. 53.

9. Idem, p. 54.

10. V. ainda Cirne Lima, *Princípios de Direito Administrativo*, cit., 5ª ed., p. 75.

11. Daí por que tenho insistido, reiteradamente, que a busca de lucro é incompatível com a *função* (dever-poder) dessas empresas; seus eventuais resultados positivos de balanço não se os pode identificar com o *lucro* perseguido pelas empresas privadas e mesmo pelas entidades da Administração que empreendam *atividade econômica em sentido estrito*. Seu patrimônio não consubstancia *propriedade* resultante de acumulação de capital e invertida na acumulação de capital, porém *patrimônio aplicado à realização do interesse público*, repito.

dos no patrimônio do ente político e afetados à execução de um serviço público. São inalienáveis, imprescritíveis, impenhoráveis.

"Mas a própria empresa tem o seu patrimônio. Dentre os bens nele integrados, distinguem-se duas espécies: a) os que não estão diretamente afetados à execução do serviço público; a sua falta não paralisará o serviço; estes são bens inteiramente sujeitos ao regime de direito privado, salvo com relação à exigência de licitação para a sua compra ou alienação; o seu regime jurídico é o de direito privado, parcialmente derrogado pelo direito público; b) os que estão afetados à execução do serviço público; estes estão sujeitos ao mesmo regime aplicável aos bens públicos de uso especial, ou seja, às coisas que estão fora do comércio jurídico de direito privado (art. 69 do CC); ou, por outras palavras, são bens públicos de uso especial, ainda que integrando o patrimônio da empresa estatal. Embora não enquadrados no conceito de bem público contido no art. 65 do CC, correspondem ao conceito de bens de uso especial do art. 66, II, do mesmo Código: 'Art. 66. Os bens públicos são: (...) II – os de uso especial, tais como os edifícios ou terrenos aplicados a serviço ou estabelecimento federal, estadual ou municipal'."[12]

06. Empresa estatal estadual, a Cia. do Metropolitano de São Paulo – METRÔ é sociedade por ações, portanto dotada de personalidade jurídica de direito privado, integrada na Administração indireta do Estado de São Paulo. Ademais, é uma *empresa estatal* prestadora de *serviço público*.

Daí podermos dar a seguinte *resposta ao primeiro quesito* proposto na consulta: *Sim*, os bens integrados ao patrimônio da Cia. do Metropolitano de São Paulo – METRÔ que estejam afetados à execução do serviço público que ela presta consubstanciam bens públicos.

12. Maria Sylvia Zanella Di Pietro, "Natureza jurídica dos bens das empresas estatais", cit., *Revista da Procuradoria-Geral do Estado de São Paulo* 30/182-183.

II – O regime jurídico a que está sujeita a Cia. do Metropolitano de São Paulo – METRÔ

07. A Cia. do Metropolitano de São Paulo – METRÔ, vimos, é uma empresa estatal estadual prestadora de serviço público.

Assim, de acordo com o entendimento pacificado da doutrina, a ela não se aplica o disposto no § 1º do art. 173 da CF de 1988.

Diverso, não obstante, segundo relata a Consulente, é o entendimento da 1ª Câmara Civil do TJSP e da Juíza da ação de reintegração de posse mencionada na consulta.

Este, em linhas apertadas, é o entendimento daquela Câmara Cível:

• *A sociedade de economia mista sujeita-se ao regime jurídico próprio das empresas privadas.*

• *A Cia. do Metropolitano de São Paulo – METRÔ é sociedade de economia mista, de natureza privada, de cujo capital participa o Governo do Estado.*

• *A sociedade de economia mista, a exemplo de empresa pública, a teor do art. 173, § 1º, da Constituição da República, sujeita-se ao regime jurídico próprio das empresas privadas.*

Quanto à Juíza do feito, acrescenta – em sentença datada de 3.3.1999 – que:

"A CF, em seu art. 173, § 1º, dispôs que a sociedade de economia mista se sujeita ao regime jurídico próprio das empresas privadas, inclusive no pertinente às obrigações trabalhistas e tributárias, observando-se que o § 2º da norma constitucional veda, peremptoriamente, a extensão de privilégios às sociedades de economia mista, que se compreendem, definitivamente, no universo do setor privado da economia, extinguindo, assim, a abusiva e antiga distinção entre as sociedades de economia mista e as empresas privadas em geral, na forma do Decreto-lei n. 200.

"Assim, a inovação constitucional acabou por retirar o sentido da norma judiciária estadual (decadência – *lato sensu* – do substrato causal), até porque o conceito de paraestatal sempre foi meramente doutrinário (salvo quanto ao Decreto-lei n. 200), crescente de uma filosofia centralizadora do Estado, hoje abominada, daí por que percebe-se com intensa facilidade a razão pela qual toda e qualquer sociedade tipificada constitucionalmente como empresa privada deva ser tratada como tal, em todas as esferas, e dentre elas, por óbvio, perante o Poder Judiciário, órgão maior de garantia constitucional."

Vê-se bem, destarte, que a 1ª Câmara Civil do TJSP, assumindo posição doutrinária isolada, não faz distinção entre empresas estatais prestadoras de serviço público e empresas estatais que exploram atividade econômica.

Já, a Juíza do feito, de modo mais inusitado ainda, em *março/1999* refere o § 1º do art. 173 da CF em redação superada, visto que alterada, desde 5.6.1998, pela Emenda Constitucional 19!

08. Em outra ocasião,[13] cuidando precisamente das alterações sofridas pelo § 1º desse art. 173 da CF de 1988, observei o quanto segue.

A expressão "atividade econômica" conota, no art. 173 e seu § 1º, *atividade econômica em sentido estrito*. Indica o texto constitucional, no art. 173, *caput*, as hipóteses nas quais é permitida ao Estado a exploração direta de *atividade econômica*. Trata-se, aqui, de atuação do Estado – isto é, da União, do Estado-membro e do Município – como agente econômico, em área da titularidade do setor privado. Insista-se em que *atividade econômica em sentido amplo* é território dividido em dois campos: o do *serviço público* e o da *atividade econômica em sentido estrito*. As hipóteses indicadas no art. 173 do texto constitucional são aquelas nas quais é permitida a atuação da União, dos Estados-membros e dos Municípios neste segundo campo.

Da mesma forma, na redação originária do § 1º do art. 173, alterada pela Emenda Constitucional 19/1998, a expressão conotava *atividade econômica em sentido estrito*: determinava ficassem sujeitas ao regime próprio das empresas privadas, inclusive quanto às obrigações trabalhistas e tributárias, a empresa pública, a sociedade de economia mista e outras entidades que atuassem no campo da *atividade econômica em sentido estrito*; o preceito, a toda evidência, *não alcançava empresa pública, sociedade de economia mista e entidades (estatais) que prestassem* ***serviço público***.

Observe-se que a redação originária do § 1º do art. 173 era distinta daquela do § 2º do art. 170 da Emenda Constitucional 1/1969. Este último determinava: "Na exploração, pelo Estado, da atividade econômica, as empresas públicas e as sociedades de economia mista reger-se-ão pelas normas aplicáveis às empresas privadas, inclusive quanto ao direito do trabalho e ao das obrigações". O § 1º do art. 173 passou a sujeitá-las, bem assim outras entidades estatais – "que explorem atividade econômica" –, ao *regime jurídico* próprio das empresas privadas, inclusive quanto às *obrigações trabalhistas e tributárias*. Isso significava que empresa pública, sociedade de economia mista e outras entidades – que explorassem atividade econômica em sentido estrito – estavam sujeitas não às normas aplicáveis às empresas privadas, mas ao regime jurídico próprio delas, e não inclusive quanto ao direito do trabalho e ao das obrigações, mas inclusive quanto às obrigações trabalhistas e tributárias. O texto originário do § 1º do art. 173 era mais preciso, na medida em que mais incisivo: empresa pública, sociedade de economia mista e outras entidades (estatais) que explorassem *atividade econômica em sentido estrito* estavam sujeitas às mesmas obrigações trabalhistas e tributárias a que se sujeitam as empresas privadas.

A Emenda Constitucional 19, de 4.6.1998, deu, contudo, outra redação a esse § 1º do art. 173: "A lei estabelecerá o estatu-

13. Meu *A Ordem Econômica na Constituição de 1988*, cit., 4ª ed., pp. 132 e ss.

to jurídico da empresa pública, da sociedade de economia mista e de suas subsidiárias que explorem atividade econômica de produção ou comercialização de bens ou de prestação de serviços, dispondo sobre: I – sua função social e formas de fiscalização pelo Estado e pela sociedade; II – a sujeição ao regime jurídico próprio das empresas privadas, inclusive quanto aos direitos e obrigações civis, comerciais, trabalhistas e tributários; III – licitação e contratação de obras, serviços, compras e alienações, observados os princípios da Administração Pública; IV – a constituição e o funcionamento dos conselhos de administração e fiscal, com a participação de acionistas minoritários; V – os mandatos, a avaliação de desempenho e a responsabilidade dos administradores".

Torna-se, à primeira vista, difícil compreendermos a alteração introduzida pela Emenda Constitucional 19/1998 no § 1º do art. 173, que resultou de proposta do Poder Executivo, até porque, tratando-as de modo distinto, a Constituição determina estabeleça, a lei, um "estatuto jurídico da empresa pública, da sociedade de economia mista e de suas subsidiárias que explorem *atividade econômica de produção ou comercialização de bens ou de prestação de serviços*" – nada que a isso corresponda definindo, contudo, em relação a empresa pública, sociedade de economia mista e suas subsidiárias que prestem *serviço público*.[14]

09. Seja lá como for, contudo, o fato é que o regime disposto a partir do § 1º do art. 173 da CF de 1988 respeita e incide unicamente sobre as empresas públicas, sociedades de economia mista e suas subsidiárias que explorem *atividade econômica de produção ou comercialização de bens ou de prestação de serviços*, não alcançando – repito – as empresas públicas, sociedades de economia mista e suas subsidiárias que prestam *serviço público*.[15]

Note-se bem: *atividade econômica de produção ou comercialização de bens ou de prestação de serviços*, no § 1º do art. 173 da CF, significa *atividade econômica em sentido estrito*.

A quem me conteste, afirmando ter sido outra a "vontade" de quem redigiu, no Executivo, a proposta de emenda constitucional da qual resultou o "Emendão",[16] responderei observando[17] que a interpretação constitucional, no nível lingüístico, é *interpretação semântica*, voltada à determinação do *significado* das palavras e expressões contidas no texto da Constituição. Vale dizer: refere-se a "normas reveladas por enunciados lingüísticos" – não a intenções ou vontades do texto ou do "legislador constituinte" –, estando, como observa Canotilho,[18] condicionada pelo *contexto*, na medida em que se opera em condições sociais historicamente caracterizadas, produtoras de determina-

14. A leitura, contudo, do disposto na nova redação atribuída, pela própria Emenda Constitucional 19/1998, ao inciso XXVII do art. 22 da CF pode esclarecer um pouco. V., a propósito, meu *A Ordem Econômica na Constituição de 1988*, cit., 4ª ed., pp. 134-135.

15. Quanto às obrigações tributárias, o § 2º do art. 173 afirma que as empresas públicas e as sociedades de economia mista não poderão gozar de privilégios fiscais não extensivos às do setor privado. O que resta definidamente evidente, neste passo, é que tanto o preceito inscrito no § 1º quanto o veiculado pelo § 2º do art. 173 da CF de 1988 apenas alcançam empresas públicas e sociedades de economia mista que explorem *atividade econômica em sentido estrito*. Não se aplicam, pois, àquelas que prestam *serviço público*, não assujeitadas às obrigações tributárias às quais se sujeitam as empresas privadas. As empresas públicas, sociedades de economia mista e outras entidades estatais que prestem serviço público podem gozar de privilégios fiscais, ainda que não extensivos a empresas privadas prestadoras de serviço público em regime de concessão ou permissão (art. 175 da CF de 1988).

16. Assim tem sido denominada, pejorativamente, a Emenda Constitucional 19/1998.

17. Meu *A Ordem Econômica na Constituição de 1988*, cit., 4ª ed., p. 174.

18. José Joaquim Gomes Canotilho, *Direito Constitucional*, 4ª ed., p. 148.

dos "usos" lingüísticos, decisivamente operantes na atribuição do significado.

Toda a gente minimamente informada a respeito do significado do art. 173 e seus §§ da CF de 1988 sabe que esses preceitos incidem exclusivamente sobre as empresas estatais que exploram atividade econômica em sentido estrito. Do serviço público trata o art. 175 da CF, a normatividade a partir dele desdobrada abrangendo, é óbvio, as estatais prestadoras de serviço público.

Permito-me referir neste ponto, por todos, a exposição de Celso Antônio, na 11ª edição de seu *Curso de Direito Administrativo*,[19] posterior ao advento do "Emendão":

"Ocorre que o art. 173 e seu § 1º (ao qual se remete o art. 22, XXVII) são perfeitamente explícitos em elucidar que o neles disposto está reportado *única e exclusivamente a entidades exploradoras de atividade econômica*. Veja-se. Diz o referido artigo: 'Ressalvados os casos previstos nesta Constituição, a exploração direta da atividade econômica pelo Estado só será permitida quando necessária aos imperativos da segurança nacional ou a relevante interesse coletivo, conforme definidos em lei'.

"Assim, é claro a todas as luzes que o preceito em causa *não está a tratar da prestação de serviços públicos*, que são atividades estatais por excelência, típicas do Poder Público, mas, pelo contrário, de exploração da atividade econômica, que, inversamente, por definição constitucional, é atividade dos particulares.

"(...).

"Donde, é da mais esplendorosa obviedade que o estatuto jurídico *a que se refere o preceptivo em questão* é o estatuto das estatais que se ocupem da produção de bens, da comercialização de bens ou da prestação de serviços que se constituam em *exploração de atividade econômica*; ***não, portanto, daqueloutras entidades estatais que, ao contrário das mencionadas, se ocupem de atividades visceralmente distintas: serviços públicos; é dizer: atividades essencialmente da alçada do Estado*** " (grifei).

10. A Cia. do Metropolitano de São Paulo – METRÔ, empresa estatal prestadora de serviço público, evidentemente não está sujeita ao disposto no § 1º do art. 173 da CF.

Isso tenho como inquestionável – pois toda a gente sabe disso –, sendo por isso mesmo surpreendente o julgado da 1ª Câmara Cível do TJSP mencionado na sentença da Juíza do feito. O entendimento adotado nesse julgado é insustentável em face do art. 173 e seu § 1º da CF de 1988.

Quanto ao argumento da Juíza do feito, reproduzido no item 07, acima, cumpre inicialmente lembrar que desatualizado, dada a alteração do preceituado no § 1º do art. 173 pela Emenda Constitucional 19; de outra parte, soa estranha a "inovação" constitucional por ela visualizada no § 1º do art. 173 da CF de 1988, que, aliás, nada acrescenta em relação ao § 2º do art. 170 da Emenda Constitucional 1/1969. Por isso a alusão a uma "filosofia centralizadora do Estado, hoje abominada", soa também carente de relevância jurídica, seja porque expressiva de ideologia incompatível com o disposto nos arts. 1º, 3º e 170 da CF de 1988, seja porque fundada em erro histórico.

III – O uso dos bens, da Cia. do Metropolitano de São Paulo – METRÔ, afetados à execução do serviço público por particulares: permissão de uso ou locação?

11. O uso dos bens públicos é costumeiramente, em determinadas circunstâncias, cedido pela Administração a particulares.

Esta não é, por certo, ocasião adequada para uma digressão a respeito das distinções que apartam os institutos da concessão, da permissão e da autorização de uso. Permito-me apenas observar, de passagem, que a concessão de uso de bem público é

19. São Paulo, Malheiros Editores, 1999, pp. 134-135.

ato contratual no qual, em regra, são estipulados deveres de prestação. Como anotei alhures,[20] a concessão administrativa de uso visa à realização do interesse público, pelo quê o contrato que lhe corresponde não é daqueles nos quais cada uma das partes assume um dever de prestação para receber, em contrapartida, a contraprestação da outra parte. Estes supõem intercâmbio de prestações que se equivalem; as de uma parte correspondem às da outra. Isso significa que, tal como no comodato, os deveres assumidos pelo concessionário não estão, no que toca aos deveres do concedente, em relação de onerosidade ou reciprocidade; as determinações impostas pelo concedente ao concessionário são verdadeiros *modos* ou *encargos*, e não contraprestações obrigacionais. Trata-se, no caso, não de *obrigações*, porém de *deveres* de prestação.

Já, *permissão* e *autorização* de uso de bem público são atos unilaterais, com caráter precário e discricionário. A *autorização* é mera *faculdade* outorgada a particular, para uso especial de bem público, no seu interesse. A *permissão*, ao contrário, embora também dotada de precariedade, supõe o uso do particular permissionário tendo em vista a realização de interesse público.[21]

12. A sentença judicial lavrada na ação de reintegração de posse proposta pela Cia. do Metropolitano de São Paulo – METRÔ afirma a inadmissibilidade da outorga, por ela, de permissões de uso de seus bens, que estariam a mascarar típicos contratos de locação.

São os seguintes os argumentos que dariam sustentação a esse entendimento:

(i) A sociedade de economia mista sujeita-se ao regime jurídico próprio das empresas privadas, razão pela qual seus atos não são, juridicamente, atos administrativos, e sim meros atos jurídicos, como os de qualquer outra pessoa jurídica de direito privado.

(ii) Os bens que integram o patrimônio da Cia. do Metropolitano de São Paulo – METRÔ "não são 'bens públicos' mas apenas de interesse público, posto que explora atividade privativa do Estado"; "os bens públicos que o Estado empregou foram desafetados, perdendo a inalienabilidade própria dos bens públicos".

O primeiro argumento não se sustenta, como vimos. Pois não é verdade que toda sociedade de economia mista esteja sujeita ao regime jurídico próprio das empresas privadas. Esse regime aplica-se apenas às sociedades de economia mista que explorem atividade econômica em sentido estrito; mas não se aplica às sociedades de economia mista prestadoras, como a Cia. do Metropolitano de São Paulo – METRÔ, de serviço público.

Por isso não se pode afirmar não sejam, juridicamente, os atos da Cia. do Metropolitano de São Paulo – METRÔ atos administrativos, e sim meros atos jurídicos, como os de qualquer outra pessoa jurídica de direito privado, pretendendo-se, desta forma, sustentar a inviabilidade de serem por ela outorgadas permissões de uso.

13. Quanto ao segundo argumento, cumpre inicialmente ver que os bens integrados ao patrimônio da Cia. do Metropolitano de São Paulo – METRÔ que estejam afetados à execução do serviço público que ela presta consubstanciam bens públicos.

Trata-se, aí, de bens de uso especial, que a empresa estatal detém não sob regime privado, mas – em razão do *interesse público* que confere razão de ser a ela, enquanto prestadora de *serviço público* – em *regime jurídico especial*, que excede ao da mera *propriedade*: eles se encontram vinculados à realização do *interesse público*.

A alusão a bens que "não são 'bens públicos' mas apenas de interesse público" nada significa, visto inexistir uma categoria de

20. Meu "Concessão administrativa de uso", *Vox Legis* 166/82.

21. V. Maria Sylvia Zanella Di Pietro, *Uso Privativo de Bem Público por Particular*, São Paulo, Ed. RT, 1983, pp. 75-76.

bens (*bens de interesse público*) que se contraponha ou possa contrapor à categoria dos "bens públicos".

Os bens de que se cuida seriam bens de interesse público porque *a Cia. do Metropolitano de São Paulo – METRÔ explora atividade privativa do Estado*. É precisamente essa circunstância, contudo – circunstância de a empresa estatal estadual prestar serviço público –, que confere aos bens integrados ao seu patrimônio, afetados à execução do serviço público, a característica de *bens públicos de uso especial*.

Por isso mesmo, é equívoca também a afirmação de que "os bens públicos que o Estado empregou foram desafetados, perdendo a inalienabilidade própria dos bens públicos".

Que bens seriam esses, aos quais faz alusão o argumento, no caso da Cia. do Metropolitano de São Paulo – METRÔ? Aqui não há bens de uso especial que tenham sido desafetados de seus destinos para serem entregues a ela. Os bens de que se cuida, integrados ao patrimônio da Cia. do Metropolitano de São Paulo – METRÔ, a ele advieram em regra mercê de desapropriações, sendo descabida, portanto, a assertiva de que teriam sido desafetados, perdendo a inalienabilidade própria dos bens públicos. O que, no caso, se deu foi precisamente o inverso: os bens foram afetados à sua destinação (a prestação de serviço público), em razão disso mesmo tendo se tornado bens públicos, inalienáveis. Observe-se que estamos a referir, no caso, espaço localizado no interior da Estação São Bento do METRÔ.

14. Por isso, mesmo o interesse público impõe, no caso, seja precário o uso, pelo particular, do espaço localizado no bem público, sendo inconcebível, para instrumentar esse uso remunerado, a contratação de uma locação.

O instrumento adequado para tanto há de ser, pois, a permissão de uso de bem público. A Cia. do Metropolitano de São Paulo – METRÔ não apenas pode, mas deve dela se valer, visto ser a precariedade própria a esse instituto adequada à supremacia do interesse público atinente à prestação do serviço público.

Finalmente, não devo silenciar a respeito do fato de a Consulente ter, equivocadamente, chamado o termo de permissão de uso de bem público outorgada à Russa Comércio de Revistas e Jornais Ltda. de "termo de permissão de serviço público". Há, nisso, um equívoco injustificável, que deve ser prontamente corrigido, desde que tenha se repetido em outros casos de permissão de uso. Na hipótese há exclusivamente permissão de uso de espaço localizado em bem público, para que o permissionário explore atividade econômica em sentido estrito, não – é óbvio – a prestação de serviço público, ainda que dessa exploração decorra uma comodidade para os usuários do serviço público prestado pela Cia. do Metropolitano de São Paulo – METRÔ.

IV – Conclusão

15. Em face de todo o exposto, dou as seguintes respostas aos quesitos propostos na consulta:

(a) *Sim*, os bens integrados ao patrimônio da Cia. do Metropolitano de São Paulo – METRÔ, afetados à prestação do serviço público, consubstanciam bens públicos de uso especial.

(b) O uso desses bens por particulares pode e deve ser objeto de permissão remunerada de uso; não pode ser instrumentado mediante a celebração de contrato de locação.

(c) *Não*, a Cia. do Metropolitano de São Paulo – METRÔ *não* está sujeita ao disposto no § 1º do art. 173 da CF.

É o que me parece.

São Paulo, 30 de março de 1999

RECOMPOSIÇÃO DO EQUILÍBRIO ECONÔMICO-FINANCEIRO DA CONCESSÃO DE DISTRIBUIÇÃO DE ENERGIA ELÉTRICA

CARLOS ARI SUNDFELD

Professor Doutor da Faculdade de Direito da PUC/SP
– Presidente da Sociedade Brasileira de Direito Público

I – Introdução. II – Necessidade de manutenção do equilíbrio econômico-financeiro dos contratos de concessão ("regra geral"). III – Necessidade de reequilíbrio dos contratos de concessão de distribuição de energia elétrica das empresas atuantes em Regiões não afetadas pelo racionamento ("caso concreto"): 1. Medidas adotadas para combater a crise de energia elétrica. O teor das medidas para a Região Sul – 2. Sistema de regulação do setor elétrico. O papel do Operador Nacional do Sistema Elétrico (ONS) – 3. Excepcionalidade dos prejuízos causados pela implementação do plano de racionalização na Região Sul do país. IV – Conclusão.

CONSULTA

Em virtude da crise decorrente da insuficiência de água para produção de energia elétrica, medidas de contenção do consumo foram determinadas pelas entidades de regulamentação deste serviço, provocando reflexos incontestáveis nas receitas obtidas pelas representadas da Consulente. Reconhecendo a existência desse prejuízo econômico extraordinário, o Governo Federal decidiu a adoção de medidas compensatórias para repor as perdas sofridas por empresas distribuidoras: será concedida revisão de tarifas, de modo a que seja restabelecido o nível de receita pactuado originalmente nos contratos de concessão de cada empresa.

Todavia, a compensação até o momento está definida apenas para as empresas atuantes nas Regiões Sudeste, Nordeste e Centro-Oeste do país. Isto é, para empresas que atuam nas Regiões afetadas pelas medidas de racionamento de energia elétrica.

Nessas Regiões, segundo o Governo, a imposição de atos estatais afetou extraordinariamente o equilíbrio econômico dos contratos de concessão. Ocorreu o desequilíbrio da equação econômico-financeira dos contratos em virtude do chamado *fato do príncipe*. A revisão de tarifas impôs-se, portanto, como conseqüência necessária para recompor o equilíbrio econômico-financeiro dos contratos de concessão afetados pelas medidas governamentais adotadas para combater a crise.

Para as empresas atuantes nas Regiões não afetadas pelo racionamento, ainda de acordo com certos argumentos, não haveria fundamento jurídico para uma revisão tarifária, por não se ter caracterizado o chamado *fato do príncipe*, ou seja, uma determinação estatal que alterasse de modo extraordinário o equilíbrio econômico dos contratos de concessão daquelas empresas.

O objeto da presente consulta reside justamente neste ponto. Diz respeito à situação das empresas que não se inserem nas Regiões afetadas pelo racionamento – mais especificamente às atuantes na Região Sul do país – mas que também vêm suportando substanciais prejuízos decorrentes da crise no setor.

Por determinação inserida no contexto de gestão da crise no setor elétrico, essas empresas tiveram de buscar, por intermédio de medidas de *racionalização*, uma redução de 7% no consumo de energia elétrica. E assim foi feito. O consumo foi reduzido, atingindo-se a meta estipulada. Mas o atingimento das metas reducionistas do consumo de energia elétrica também trouxe, como conseqüência inevitável, uma extraordinária redução na receita de tais empresas (cerca de 10%). Com isso, ocorreu considerável desequilíbrio na equação econômico-financeira originalmente pactuada com essas prestadoras.

Com base na situação acima descrita e nas normas aplicáveis ao setor elétrico, inclusive as editadas em função da crise, pergunta a Consulente:

As empresas distribuidoras de energia elétrica atuantes na Região Sul do país – tendo em vista a perda nas suas receitas na ordem de 10% com a redução no consumo de energia decorrente da aplicação de plano de racionalização – têm direito ao reequilíbrio econômico-financeiro dos seus respectivos contratos de concessão?

À consulta respondemos por meio do seguinte parecer, elaborado com a colaboração do professor Jacintho Arruda Câmara.

PARECER

I – Introdução

Tendo em vista as profundas transformações implementadas no setor elétrico nos últimos anos, é possível classificar como simples a questão posta na presente consulta.

Deveras, o enfrentamento do problema levantado pressupõe a aplicação de conceitos clássicos do direito administrativo, especificamente do tema da concessão de serviço público. Como já foi adiantado na consulta, a discussão envolve aplicação ou não da regra que determina a preservação do equilíbrio econômico-financeiro dos contratos de concessão. Não se discute a existência nem o conteúdo dessa regra no Direito Brasileiro, nem tampouco sua incidência sobre os contratos em exame.

O problema, na verdade, está em saber se a redução de receita provocada pela crise do setor – e por medidas em virtude dela adotadas – se enquadraria numa das hipóteses que demandam o reequilíbrio econômico-financeiro dos contratos de concessão das empresas distribuidoras atuantes em Regiões não atingidas pelo racionamento.

Para enfrentar essa questão de puro e simples enquadramento de uma situação fática à consagrada e inconteste hipótese normativa de reequilíbrio econômico-financeiro de contratos administrativos, adotaremos a seguinte seqüência.

Primeiramente faremos uma breve descrição de como funciona e de quais os fundamentos da regra jurídica a ser aplicada (a que impõe a manutenção do equilíbrio econômico dos contratos). Aqui, o principal objetivo será organizar sistematicamente o estudo a ser desenvolvido, uma vez se tratar de norma amplamente conhecida de todos quantos lidam com o tema.

Descrita a regra a ser aplicada, será enfrentado o ponto central do estudo, qual seja, o enquadramento da situação concreta à abstrata regra que garante o equilíbrio econômico dos contratos. Para tanto, será necessário, antes de tudo, conhecer com precisão o teor das obrigações constantes do Plano de Gestão da Crise de Energia Elétrica que foram impostas às empresas excluídas do *racionamento* propriamente dito. Também será necessário fazer uma incursão no sistema regulatório do setor elétrico, de modo a precisar quais as entidades responsáveis pela criação das regras de obediência obrigatória.

Depois de sedimentar tais premissas será possível responder precisamente à questão formulada na presente consulta. Passemos, então, ao desenvolvimento do estudo, com uma resumida explicação acerca do preceito que determina a manutenção do equilíbrio econômico-financeiro dos contratos administrativos, notadamente os de concessão de serviços públicos.

II – Necessidade de manutenção do equilíbrio econômico-financeiro dos contratos de concessão ("regra geral")

Conforme salientado na introdução, não há dúvidas de que o Direito pátrio garante ao contratado a intangibilidade da equação econômico-financeira originalmente firmada no contrato administrativo.

A regra está prevista até na Constituição Federal, que dispôs em seu art. 37, XXI, que as obras, serviços, compras e alienações da Administração Pública serão contratadas "com cláusulas que estábeleçam obrigações de pagamento, mantidas as condições *efetivas* da proposta, nos termos da lei". Ou seja, em matéria de contratações com o Poder Público a regra é a de que, alterando-se a situação à vista da qual foi formulada a proposta contratada (ou, para dizer de outro modo, modificadas as condições originais do contrato), haverá também de alterar-se a remuneração do contratado, em igual medida.

Sobre o assunto já escrevemos, em obra doutrinária:

"A garantia da intangibilidade da equação econômico-financeira do contrato administrativo foi consagrada constitucionalmente. Ao fazê-lo, nossa Lei Maior reconheceu que o contratado é um colaborador da Administração, sendo seu concurso imprescindível à realização do interesse público. Assegurar-lhe a intangibilidade da remuneração significa garantir-lhe os meios indispensáveis ao atingimento desses interesses. Ademais, quando a Administração compensa o contratado pelos aumentos de custos que enfrenta, não está propriamente assumindo um prejuízo deste. Afinal, ao colaborar com o Estado através de um contrato, ele está assumindo uma atividade (e os correlatos riscos) que o Estado teria de desempenhar, se agisse sem colaboração.

"Pode-se afirmar, então, que o regime jurídico dos contratos da Administração, no Brasil, compreende a regra da manutenção da equação econômico-financeira originalmente estabelecida, cabendo ao contratado o direito a uma remuneração sempre compatível com aquela equação, e à Administração o dever de rever o preço quando, em decorrência de ato estatal (produzido ou não à vista da relação contratual), de fatos imprevisíveis ou da oscilação dos preços da economia, ele não mais permita a retribuição da prestação assumida pelo particular, de acordo com a equivalência estipulada pelas partes no contrato. Em conseqüência, diante de eventos imprevistos e imprevisíveis desequilibradores do contrato, a recomposição da remuneração do particular há de ser total, inexistindo fundamento para simplesmente partilhar entre os contratantes os prejuízos deles decorrentes."[1]

O que está por trás desta regra é a relação de igualdade formada entre as partes (Administração e particular) no momento da contratação e que, por determinação constitucional, deve ser mantida ao longo da execução do contrato.

A garantia de manutenção da equação econômico-financeira deve ser imposta em qualquer situação de desequilíbrio, seja qual for sua origem. Assim, ela protege o pacto inicial contra alterações contratuais futuras;[2]

1. Carlos Ari Sundfeld, *Licitação e Contrato Administrativo*, 2ª ed., São Paulo, Malheiros Editores, 1995, pp. 239-240.

2. Principalmente daquelas impostas unilateralmente pela Administração, no exercício de suas

contra eventos futuros e incertos que possam afetar a normal execução do contrato (caso fortuito e força maior) e, também, contra mudanças impostas por atos governamentais que, muito embora não alterem diretamente o pacto firmado (contrato), afetam a economicidade de sua execução. Este último é o chamado *fato do príncipe*, de aplicação direta ao problema em exame.

Apesar do nome curioso – derivado da jurisprudência francesa, que assim denominava as intervenções decorrentes de atos estatais –, "fato do príncipe" nada mais é que uma imposição estatal (inexistente quando da formação da avença) com incidência sobre circunstâncias alheias à relação contratual, mas com poder de nela interferir.[3] Importante notar que o chamado "fato do príncipe" não decorre apenas de lei (ato formal, emanado do Legislativo), mas de qualquer imposição de ordem geral, imposta pelo Poder Público, com reflexo no contrato.

Este perfil amplo da garantia do equilíbrio econômico-financeiro dos contratos administrativos foi adotado de maneira expressa na legislação. Primeiramente na lei que rege os contratos administrativos em geral, a conhecida *Lei 8.666/1993*. Confira-se:

"Art. 65. Os contratos regidos por esta Lei poderão ser alterados, com as devidas justificativas, nos seguintes casos: (...) II – por acordo das partes: (...) d) para restabelecer a relação que as partes pactuaram inicialmente entre os encargos do contratado e a retribuição da Administração para a justa remuneração da obra, serviço ou fornecimento, objetivando a manutenção do equilíbrio econômico-financeiro inicial do contrato, na hipótese de sobrevirem fatos imprevisíveis, ou previsíveis porém de conseqüências incalculáveis, retardadores ou impeditivos da execução do ajustado, ou, ainda, em caso de força maior, caso fortuito ou fato do príncipe, configurando álea econômica extraordinária e extracontratual.

"(...).

"§ 5º. Quaisquer tributos ou encargos legais criados, alterados ou extintos, bem como a superveniência de disposições legais, quando ocorrida após a data da apresentação da proposta, de comprovada repercussão nos preços contratados, implicarão a revisão destes para mais ou para menos, conforme o caso.

"§ 6º. Em havendo alteração unilateral do contrato que aumente os encargos do contratado, a Administração deverá restabelecer, por aditamento, o equilíbrio econômico-financeiro inicial."

Em matéria de concessão o princípio a ser aplicado é o mesmo.[4] A diferença está

prerrogativas especiais, inerentes aos contratos administrativos (art. 58 da Lei 8.666/1993).

3. "9. A lei foi expressa ao assegurar a revisão do preço acaso o equilíbrio contratual seja rompido pelo chamado 'fato do príncipe'. Deveras, dispôs que 'quaisquer tributos ou encargos legais criados, alterados ou extintos, bem como a superveniência de disposições legais, quando ocorridas após a data da apresentação da proposta, de comprovada repercussão nos preços contratados, implicarão a revisão destes para mais ou para menos, conforme o caso' (art. 65, § 5º), sem contar a referência, no art. 65, II, 'd'.

"(...).

"Essa revisão do preço não está ligada a eventos contratuais, mas à incidência, na economia do contrato, de fatores a ele estranhos. O Estatuto mencionou os tributos cuja criação, supressão, aumento ou diminuição repercuta nos preços contratados. Mas não se limitou a eles. Quaisquer disposições normativas cujo surgimento repercuta comprovadamente nos preços, bem como quaisquer outros encargos criados, alterados ou extintos após sua fixação, dão ensejo à revisão da remuneração.

"Irrelevante o fato do príncipe não ser da responsabilidade do ente contratante. Não se cuida aqui, realmente, de obrigação de reparar decorrente da ocorrência de dano; trata-se de cumprir as cláusulas econômico-financeiras de um contrato, atingidas por evento que lhes é externo" (Carlos Ari Sundfeld, *Licitação e Contrato Administrativo*, cit., 2ª ed., p. 243).

4. É o que também se percebe da explicação de Celso Antônio Bandeira de Mello: "Há uma necessária *relação* entre os encargos fixados no ato

na maneira peculiar de o contratado (concessionário) ser remunerado. Nas concessões, ao invés de receber um valor preestabelecido da Administração para a execução de um dado objeto contratual, o concessionário recebe o direito de explorar o serviço concedido, sendo remunerado pela cobrança de tarifa a seus usuários. Tal particularidade faz com que a revisão de tarifas seja um dos principais instrumentos de reequilíbrio de contratos de concessão desestabilizados.[5] Esta potencialidade do regime tarifário foi refletida na legislação própria das concessões de serviços públicos (*Lei 8.987, de 13.2.1995*). Veja-se:

"Art. 9º. A tarifa do serviço público concedido será fixada pelo preço da proposta vencedora da licitação e preservada pelas regras de revisão previstas nesta Lei, no edital e no contrato.

"(...).

"§ 2º. Os contratos poderão prever mecanismos de revisão das tarifas, a fim de manter-se o equilíbrio econômico-financeiro.

"§ 3º. Ressalvados os impostos sobre a renda, a criação, alteração ou extinção de quaisquer tributos ou encargos legais, após a apresentação da proposta, quando comprovado seu impacto, implicará a revisão da tarifa, para mais ou para menos, conforme o caso.

"§ 4º. Em havendo alteração unilateral do contrato que afete o seu inicial equilíbrio econômico-financeiro, o Poder Concedente deverá restabelecê-lo, concomitantemente à alteração."

Vale salientar que tal sistema foi incorporado expressamente pela legislação do setor elétrico (Lei 9.427/1996, arts. 14 e 15), que submeteu seus contratos de concessão ao sistema de revisão de tarifas e ao regime econômico-financeiro previstos na Lei 8.987/1995.

Um bom exemplo de como a revisão de tarifas pode ser utilizada como instrumento de reequilíbrio de contratos de concessão está sendo dado agora pelo Governo Federal, justamente em virtude das medidas adotadas para enfrentamento da crise no setor elétrico. Deveras, em virtude da imposição de racionamento em diversas Regiões do país, o Governo reconheceu que houve um decréscimo extraordinário na receita das concessionárias do serviço de distribuição de energia elétrica. Medida de governo, estranha ao contrato de concessão (a imposição de racionamento), acarretou um desequilíbrio no pacto originalmente avençado. Em virtude deste – por assim dizer – *fato do príncipe*, está sendo implementada uma revisão tarifária para compensar as concessionárias que amargaram prejuízos com o racionamento."

É justamente uma aplicação como essa do sistema de manutenção do equilíbrio econômico-financeiro dos contratos que será analisada neste estudo. A diferença está em que, para os casos submetidos à análise, não foram adotadas medidas de racionamento, mas sim de *racionalização* do consumo de energia elétrica. Todavia, de acordo com a demonstração das concessionárias, tais medidas também acarretaram extraordinária redução nas receitas das concessionárias afetadas, o que também demandaria um reequilíbrio da equação econômico-financeira ori-

concessivo e o lucro então ensejado ao concessionário. Uns e outro, segundo os termos compostos na época, com pesos distribuídos entre dois pratos da balança, fixam uma *igualdade de equilíbrio*. É este equilíbrio que o Estado não só não pode romper unilateralmente mas deve, ainda, procurar preservar" (*Curso de Direito Administrativo*, 13ª ed., São Paulo, Malheiros Editores, 2001, p. 654).

5. A revisão de tarifas é um importante instrumento de recomposição do equilíbrio econômico-financeiro dos contratos de concessão; talvez seja o mais empregado na prática, mas não é o único. Deveras, é possível que a proporção entre custos e receita originalmente pactuada seja restabelecida por intermédio da supressão de obrigações contratuais impostas ao concessionário, ou ainda por intermédio do pagamento a este de indenização pelo Poder Concedente, com o fito de compensar perdas decorrentes do reequilíbrio econômico-financeiro do contrato.

ginal. É este o problema concreto a ser enfrentado a partir de agora.

III – Necessidade de reequilíbrio dos contratos de concessão de distribuição de energia elétrica das empresas atuantes em Regiões não afetadas pelo racionamento ("caso concreto")

Para merecer enquadramento como hipótese de reequilíbrio econômico-financeiro – e, portanto, ser merecedor de revisão tarifária –, o caso posto deve preencher alguns requisitos.

Para resumir, é preciso saber se: (a) o programa de racionalização foi uma medida governamental imposta (um *fato do príncipe*, portanto); e (b) sua implementação acarretou ônus extraordinário ou se constitui parte do risco assumido pelas concessionárias.

Enfrentaremos essa questão em etapas, a começar pela descrição e caracterização das medidas impostas às concessionárias da Região Sul do país.

1. Medidas adotadas para combater a crise de energia elétrica. O teor das medidas para a Região Sul

Engana-se quem imagina que as medidas de enfrentamento da crise do setor elétrico foram adotadas de uma só vez, em forma de *pacote*. Diversas medidas foram e estão sendo adotadas em virtude de tal crise. Elemento que ressalta essa característica estratégica adotada pelo Governo Federal foi a criação de um órgão *ad hoc* com o objetivo exclusivo de enfrentar a crise.

Trata-se da Câmara de Gestão da Crise de Energia – GCE. Este órgão foi criado em 15.5.2001, através de medida provisória (atualmente com o n. 2.198-5, com reedição de 27.8.2001), com o objetivo de propor e implementar medidas de natureza emergencial decorrentes da atual crise no setor elétrico.

Além da criação da GCE, a referida medida provisória adotou outras providências, entre as quais se destaca a de autorizar a fixação de patamares máximos de consumo (o racionamento de energia). O tema foi tratado em linhas gerais pela medida provisória, que fixou as regras mais importantes que poderiam ser adotadas, tais como a de suspender o fornecimento de energia (corte) ou de cobrar tarifa mais elevada (sobretarifa) dos consumidores que não cumprissem a meta.

Regras de caráter mais específico ou transitório, como a demarcação das áreas atingidas pelo racionamento, não foram previstas na própria medida provisória, ficando a cargo da GCE. Esta Comissão, através da Resolução 01, de 16.5.2001, em seu art. 1º, determinou a adoção do racionamento nas Regiões Sudeste, Centro-Oeste e Nordeste.

Mas, como já foi dito, foram várias as medidas adotadas em função da crise no setor elétrico. Desta forma, a exclusão de determinadas Regiões do espectro inicial de áreas afetadas pelo racionamento não significa, de modo algum, que tais Regiões não sofreram a incidência de regras direcionadas a gerir a crise de energia elétrica.

Medidas de contenção do consumo foram adotadas em todo o país, inclusive em áreas não afetadas pelo racionamento. Tais medidas foram tomadas no contexto de um programa geral de redução no consumo de energia elétrica, a ser implementado pelos diversos atores do setor (órgãos de regulação, operadores e consumidores).

Para a Região Sul foram fixadas medidas de *racionalização* de consumo de energia elétrica. A determinação partiu do chamado Operador Nacional do Sistema Elétrico – ONS e constou da *Ata da 27ª Reunião* de seu Conselho de Administração, realizada em 1.6.2001. Confira-se: "Em seqüência passou-se ao Item 5, referente à Apreciação e Aprovação do Relatório referente à

Avaliação do Atendimento às Regiões Sul e Norte para o Ano de 2001 e Análise de seu Envolvimento no Processo de Restrição de Carga. O Item foi apresentado pelo Sr. Hermes Jorge Chipp, Diretor do ONS, e após os debates o Relatório referente à Avaliação do Atendimento às Regiões Sul e Norte para o Ano de 2001 e Análise de seu Envolvimento no Processo de Restrição de Carga foi *aprovado* pelo Conselho de Administração, tendo como destaque os seguintes pontos: *1) Para a Região Sul: a) Deverá ser promovida campanha de redução do consumo de energia elétrica nesta Região, em pelo menos 7%, com vistas a diminuir ou evitar a possibilidade de redução de carga neste sistema, uma vez que, com essa medida, restrições de consumo do Sul seriam necessárias apenas para afluências inferiores a 70% MLT*. Além disso, essa medida reduz os riscos de racionamento nessa região, mesmo na hipótese de se tornar viável o aumento do intercâmbio para a Região Sudeste em 600MW, pela implantação de Esquema de Controle de Emergência (ECE), no Sistema de 500kV de interface entre as Regiões Sudeste e Sul, cuja análise de viabilidade encontra-se em elaboração pelo ONS, bem como para diminuir a possibilidade de inversão do intercâmbio do Sudeste para o Sul, no próximo período seco dessa região: b) Dada a volatilidade do comportamento hidrológico da Região, deverá ser mantido acompanhamento permanente de tal comportamento e feitas novas avaliações, considerando ainda atualização da previsão de carga e de ofertas adicionais de energia, tais como: geração *back-up* de consumidores, produção adicional na UTE Uruguaiana e eventuais antecipações de obra; 2) Para a Região Norte: (...)" (sem grifos no original).

É clara a determinação imposta às distribuidoras do Sul: elas deveriam promover campanha de redução do consumo de energia elétrica, buscando uma redução de pelo menos 7% no consumo, sob pena de, não o fazendo – ou fazendo, mas com resultado negativo –, o Sul ser incluído nas medidas obrigatórias de redução de consumo, isto é, no racionamento imposto pelo Governo.

Foram expostas e são facilmente justificáveis as razões da busca pela redução do consumo também na Região Sul. Em primeiro lugar, ainda há risco futuro de falta de energia na Região; poupar, para este fim, se mostra útil como medida de prevenção. Além disso, para o presente se faz necessária a transferência da maior carga de energia possível desta Região para o Sudeste, atingido pelo racionamento; aqui a redução de consumo no Sul é um instrumento para combater a falta de energia no Sudeste. Portanto, a implementação da redução no consumo na Região Sul não só é desejável, como também é necessária.

Nesta linha, é possível afirmar que a redução do consumo de energia elétrica é um objetivo buscado em todo o país pela política de regulação adotada pelo setor. Mudaram apenas os meios para obtenção deste fim.

Em determinadas Regiões (Sudeste, Centro-Oeste e Nordeste), tendo em vista a gravidade da situação, adotou-se como política o *racionamento*. É a chamada redução *compulsória* do consumo. Trata-se de um conjunto de medidas instituídas com base em medida provisória e implementadas diretamente pela GCE, afetando tanto as empresas distribuidoras de energia elétrica quanto aos consumidores finais, que são obrigados a reduzir seu consumo, sob pena de se submeterem a corte e sobretarifa.

Noutras Regiões, como é o caso da Região Sul, foi adotada a fórmula da *racionalização*. Mais uma vez se trata de uma política pública que visa à redução do consumo, porém de forma mais branda. Na *racionalização* a determinação afeta mais diretamente as prestadoras do serviço (que são obrigadas a estimular a redução do consumo entre seus usuários), abrindo mão do caráter compulsório em relação aos consumidores (livres de corte ou sobretarifa, contribuindo apenas com a redução voluntária do gasto).

Há uma evidente identificação entre um caso e outro: a redução do consumo. Esse é justamente o fator que provoca a diminuição da receita das distribuidoras e o conseqüente desequilíbrio em seus contratos de concessão.

Sendo assim, com base nesse breve relato já seria possível afirmar, com segurança, que as empresas submetidas a racionamento e aquelas inseridas no contexto de *racionalização* se identificam no que tange ao cabimento do reequilíbrio econômico-financeiro de seus contratos. Nos dois casos, em virtude da política estatal de redução do consumo (*fato do príncipe*), as empresas afetadas experimentaram redução de suas receitas, o que lhes dá direito à obtenção da proporcional recomposição.

Todavia, questionamentos poderiam ser feitos em função de algumas particularidades que o modelo de *racionalização* apresenta em relação ao de racionamento (merecedor de recomposição, segundo o Governo Federal). Um deles leva em conta a autoridade que profere a ordem: no racionamento foi a GCE, órgão que compõe a estrutura da Administração direta Federal; na *racionalização* a ordem foi expedida pelo ONS, entidade com personalidade jurídica de direito privado, criada por lei para disciplinar o sistema de distribuição de energia. O outro ponto diz respeito à *compulsoriedade* do racionamento para os consumidores finais; contraposta à *adesão voluntária para os consumidores*, que marca o programa de *racionalização*.

Essas duas circunstâncias poderiam ser utilizadas como argumento para afastar o dever de recomposição em virtude das perdas suportadas pelas empresas submetidas à *racionalização*. A exclusão ocorreria, segundo essa linha de raciocínio, através da descaracterização do programa de racionalização como um *fato do príncipe*, isto é, como uma medida governamental compulsória geradora de prejuízos econômicos extraordinários para as concessionárias. De um lado, porque o ONS, que foi quem determinou a racionalização, não seria um órgão estatal; de outro, pelo fato de a racionalização não ser compulsória para os usuários – fato que poderia ser utilizado para considerar a diminuição de receita, neste caso, um risco inerente à exploração do serviço.

É possível adiantar, desde logo, que tal linha de argumentação não tem cabimento. De um lado, porque o ONS, apesar de ostentar personalidade jurídica de direito privado, representa o Poder Público em sua função regulatória sobre vários assuntos, inclusive sobre o que está em comento. De outro, porque a não-obrigatoriedade de adoção do plano de racionalização é apenas para os consumidores/usuários do serviço; para as prestadoras, o desenvolvimento do plano e a obtenção dos resultados de redução funcionam como norma cogente. Vejamos essas razões de maneira mais detida.

2. *Sistema de regulação do setor elétrico. O papel do Operador Nacional do Sistema Elétrico (ONS)*

Para uma correta compreensão do papel desempenhado pelo ONS, faz-se necessário descrever como funciona o setor elétrico, atualmente. Faremos isso de forma panorâmica, para logo depois retornar ao cerne da questão objeto do presente parecer.

O setor dos serviços elétricos vem sofrendo profundas transformações nos últimos anos, que se expressaram em uma série de normas e atos jurídicos com novos perfis, nem sempre tão nítidos quanto seria desejável.[6]

6. Para um panorama dessas normas no Brasil, consultar Carlos Ari Sundfeld (coord.), *Direito Administrativo Econômico*, São Paulo, Malheiros Editores, 2000, em especial os ensaios de David Waltenberg ("O direito da energia elétrica e a ANEEL", pp. 352-377) e José Roberto Pimenta Oliveira ("A ANEEL e serviços de energia elétrica", pp. 329-351). Uma visão das tendências do Direito Comparado pode ser obtida em: Juan de la Cruz Ferrer, *La Liberalización de los Servicios*

Em décadas anteriores o grande desenvolvimento do setor elétrico baseou-se na exploração diretamente estatal, seja pela União – por meio de suas várias empresas detidas pela *holding* ELETROBRÁS –, seja por empresas concessionárias controladas pelos Estados da Federação. Quando esse modelo econômico entrou em crise, a União, acumulando a múltipla qualidade de legislador para a área elétrica, titular dos serviços públicos respectivos e controlador das mais importantes empresas do setor, iniciou uma paulatina (e por vezes vacilante) reforma, que na atualidade parece já estar delineada.

A nova orientação do Governo Federal, afinada com as tendências internacionais, baseia-se na *desestatização* e na *implantação da competição*.[7] As estatais devem, na medida do possível, ser desestatizadas, tornando-se empresas do setor privado exploradoras de serviços e bens federais, por delegação. O monopólio nos serviços elétricos não é mais considerado desejável, tendo-se instituído um sistema para introduzir competição, onde possível. As diversas fases da atividade elétrica (geração, transmissão, distribuição e comercialização) foram desagregadas, cindindo-se também as empresas prestadoras, de modo que elas não atuassem ao mesmo tempo em mais de uma fase.

O modelo adotado pela reforma brasileira do setor elétrico envolveu a criação de uma instância de "regulação estatal" (a Agência Nacional de Energia Elétrica – ANEEL). Mas não só. Para composição desse novo modelo foram criadas duas instâncias de "auto-regulação pública": o Mercado Atacadista de Energia – MAE e o Operador Nacional do Sistema Elétrico – ONS. Isso sem falar na Câmara de Gestão da Crise de Energia Elétrica – GCE, criada posteriormente com o objetivo de propor e implementar medidas de natureza emergencial decorrentes da atual situação hidrológica crítica; e no Ministério das Minas e Energia, com o papel de coordenador das políticas públicas para o setor.

Assim, hoje, são cinco agentes que, juntos, regulam o setor. As principais normas que regem suas ações são a Lei 9.074, de 7.7.1995, a Lei 9.427, de 26.12.1996 (que criou a ANEEL), e as Leis 9.648 e 9.649, ambas de 27.5.1998. Mencionem-se, também, o Decreto 2.335, de 6.10.1997 (que é a norma de instalação da ANEEL), e o Decreto 2.655, de 2.7.1998 (que regulamenta o MAE e define as regras de organização do ONS).

O Operador Nacional do Sistema Elétrico – ONS é o responsável pela atividade de coordenação e controle da operação de geração e transmissão de energia elétrica no Sistema Interligado Nacional – SIN. Foi criado pela Lei 9.648, de 27.5.1998, com previsão nos seus arts. 13, 14 e 15. Destacaremos as que conferem poderes para criar obrigações semelhantes às que foram adotadas em função do plano de racionalização de energia elétrica. É importante destacar esse ponto, porque, tratando-se de um órgão de regulação composto por operadores do setor elétrico, isso poderia remeter à falsa idéia de que suas determinações não seriam compulsórias. Tanto o são, que a competência para expedir tais regras foi conferida por lei; não decorreu de um mero acordo de vontades entre os participantes deste mercado. Vejam-se suas competências legalmente atribuídas (*Lei 9.648/1998*):

"Art. 13. As atividades de coordenação e controle da operação da geração e

Públicos y el Sector Eléctrico, Madri, Marcial Pons, 1999; Vicente Alvarez García e Rafael Duarte Martinez, *Administración Pública y Eletricidad*, Madri, Civitas, 1997; Jose María Gimeno Feliu, *El Servicio Público Eléctrico en el Mercado Interior Europeu*, Madri, Civitas, 1994; José María Nebot Lozano e outros, *Competéncia y Setor Eléctrico: un Nuevo Régimen Jurídico*, Madri, Civitas, 1998; Santiago Muñoz Machado, *Servicio Público y Mercado*, t. IV, "El Sistema Eléctrico", Madri, Civitas, 1998.

7. Sobre o tema, Gaspar Ariño Ortiz, *Principios de Derecho Público Económico – Modelo de Estado, Gestión Pública, Regulación Econômica*, Granada, Comares, 1999, especialmente pp. 549 e ss.

transmissão de energia elétrica nos sistemas interligados serão executadas pelo Operador Nacional do Sistema Elétrico, pessoa jurídica de direito privado, mediante autorização da ANEEL, a ser integrado por titulares de concessão, permissão ou autorização e consumidores a que se referem os arts. 15 e 16 da Lei n. 9.074, de 1995.

"Parágrafo único. Sem prejuízo de outras funções que lhe forem atribuídas em contratos específicos celebrados com os agentes do setor elétrico, constituirão atribuições do Operador Nacional do Sistema Elétrico: a) *o planejamento e a programação da operação e o despacho centralizado da geração, com vistas à otimização dos sistemas eletroenergéticos interligados*; b) a supervisão e coordenação dos centros de operação de sistemas elétricos; c) a supervisão e controle da operação dos sistemas eletroenergéticos nacionais interligados e das interligações internacionais; d) a contratação e administração de serviços de transmissão de energia elétrica e respectivas condições de acesso, bem como dos serviços ancilares; e) propor à ANEEL as ampliações das instalações da rede básica de transmissão, bem como os reforços dos sistemas existentes, a serem licitados ou autorizados; f) a definição de regras para a operação das instalações de transmissão da rede básica dos sistemas elétricos interligados, a serem aprovadas pela ANEEL.

"Art. 14. Cabe ao Poder Concedente estabelecer a regulamentação do MAE, coordenar a assinatura do Acordo de Mercado pelos agentes, definir as regras da organização inicial do Operador Nacional do Sistema Elétrico e implementar os procedimentos necessários para o seu funcionamento.

"§ 1º. A regulamentação prevista neste artigo abrangerá, dentre outros, os seguintes aspectos: a) o processo de definição de preços de curto prazo; b) *a definição de mecanismo de realocação de energia para mitigação do risco hidrológico*; c) as regras para intercâmbios internacionais; d) o processo de definição das tarifas de uso dos sistemas de transmissão; e) o tratamento dos serviços ancilares e das restrições de transmissão; f) os processos de contabilização e liquidação financeira.

"§ 2º. A assinatura do Acordo de Mercado e a constituição do Operador Nacional do Sistema Elétrico, de que tratam os arts. 12 e 13, devem estar concluídas até 30 de setembro de 1998."

Referido mandamento legal foi objeto de regulamentação do Presidente da República, por intermédio do art. 25 do *Decreto 2.655, de 2.7.1998*. Confira-se o teor do dispositivo:

"Art. 25. As atividades de coordenação e controle da operação da geração e transmissão de energia elétrica nos sistemas interligados serão executadas pelo Operador Nacional do Sistema Elétrico – ONS.

"§ 1º. O ONS será integrado pelos titulares de concessão, permissão ou autorização e pelos consumidores livres, a que se referem os arts. 15 e 16 da Lei n. 9.074, de 1995.

"§ 2º. O ONS terá como membros participantes: I – representantes indicados pelos Conselhos de Consumidores, constituídos na forma da Lei n. 8.631, de 4 de março de 1993, conforme dispuser o Estatuto; II – um representante do Poder Concedente, indicado pelo Ministro de Minas e Energia.

"§ 3º. É assegurado ao representante do Poder Concedente o direito de veto às deliberações do ONS que conflitem com as diretrizes e políticas governamentais para o setor de energia elétrica.

"§ 4º. O ONS, entidade de direito privado que atuará mediante autorização da ANEEL, será regido por Estatuto próprio, por esta aprovado.

"§ 5º. O ONS não poderá desempenhar qualquer atividade comercial de compra e venda de energia elétrica."

Importante ressaltar, da regulamentação que foi dada ao ONS, que em sua composição, muito embora predominem representantes dos agentes que operam no setor, foi reservada uma posição de destaque, com direito de veto nas deliberações, para o representante do Poder Concedente (Governo Federal).

Também ressalta o caráter de órgão oficial de regulação do setor, conferido ao ONS, o fato de ter seu Estatuto aprovado por ato formal da ANEEL (Resolução 307, de 30.9.1998, e posteriormente modificado e aprovado pela *Resolução 383, de 29.9.2000*). Deveras, a aprovação do Estatuto do ONS pela ANEEL funciona como uma espécie de chancela oficial conferida ao organismo de auto-regulação concebido para atuar em nome do Estado. Vejam-se as competências (semelhantes às conferidas em lei, frise-se) que foram trazidas no Estatuto do ONS:

"Art. 3º. O ONS tem por objeto: I – promover a otimização da operação do sistema eletroenergético, visando o menor custo para o sistema, observados os padrões técnicos, os critérios de confiabilidade e as Regras do Mercado; II – garantir que todos os agentes do setor elétrico tenham acesso à rede de transmissão de forma não-discriminatória; III – contribuir, de acordo com a natureza de suas atividades, para que a expansão do sistema eletroenergético se faça ao menor custo e vise as melhores condições operacionais futuras.

"Art. 4º. São atribuições do ONS: I – o planejamento e a programação da operação e o despacho centralizado da geração, com vistas à otimização dos sistemas eletroenergéticos interligados; II – a supervisão e a coordenação dos centros de operação de sistemas elétricos; III – a supervisão e o controle da operação dos sistemas eletroenergéticos nacionais interligados e das interligações internacionais; IV – a contratação e a administração de serviços de transmissão de energia elétrica e respectivas condições de acesso, bem como dos serviços ancilares; V – propor à Agência Nacional de Energia Elétrica – ANEEL ampliações das instalações da rede básica de transmissão, bem como reforços dos sistemas existentes, a serem licitados ou autorizados; VI – a definição de regras para operação de transmissão da rede básica dos sistemas elétricos interligados, a serem aprovadas pela ANEEL; VII – outras que forem atribuídas em contratos específicos celebrados com os agentes do setor elétrico.

"Parágrafo único. O ONS desempenhará as suas atribuições com neutralidade, transparência, integridade, representatividade, flexibilidade e razoabilidade."

Como se vê, a função regulatória do ONS no setor elétrico é muito importante.[8] Apesar de a sua personalidade jurídica ser de direito privado, o ONS é o órgão de natureza regulatória responsável por coordenar toda a geração e transmissão de energia interligada no país. Trata-se, portanto, de órgão oficial de regulamentação, cujas deliberações, por óbvio, devem ser acatadas pelas entidades a ele submetidas. Não há como afastar a compulsoriedade de suas deliberações. Deveras, aos agentes deste mercado não foi dada a opção de não participar do ONS. A Lei 9.648/1998 impôs a eles a

8. David Waltenberg expõe com clareza a origem do ONS e seu papel no setor elétrico: "Recentemente, em meio à reestruturação do setor elétrico, a Lei 9.648, de maio de 1998, determinou a substituição do GCOI, órgão, como dito, sob coordenação estatal, por um novo ente, o ONS – Operador Nacional do Sistema Elétrico, definido legalmente como pessoa jurídica de direito privado, que passou a ser responsável pela coordenação e operação de todo o sistema elétrico interligado brasileiro. Atualmente é o ONS que determina de que forma cada usina e cada linha de transmissão, integrantes do sistema interligado, devem ser operadas. Se uma usina hidrelétrica gera mais, utiliza mais água; se outra usina hidrelétrica gera menos, armazena mais água, mais combustível, para gerar em outro momento, em que a primeira usina tiver menos água. Então, há toda uma combinação do aproveitamento das diversas usinas, das diferentes bacias, submetidas a diferentes regimes hidrológicos, que compõem todo este diferenciado sistema interligado brasileiro. E cabe ao ONS se ocupar do planejamento e da coordenação de toda sua operação" ("O direito da energia elétrica e a ANEEL", cit., in Carlos Ari Sundfeld (coord.), *Direito Administrativo Econômico*, pp. 364-365).

obrigação de se auto-regularem conforme as regras oficialmente estabelecidas. E aqueles que descumprirem as regras desse sistema estão sujeitos a penalidades aplicáveis pelo Conselho de Administração do ONS.[9]

De fato, os agentes de mercado não deliberaram livremente criar uma instância normativa. O ONS foi constituído por lei para assumir as atividades e atribuições até então exercidas por entidade governamental *pura* (pelo Grupo Coordenador para Operação Interligada – GCOI e também a parte correspondente desenvolvida pelo Comitê Coordenador de Operações do Norte/Nordeste – CCON, ambos integrantes do sistema ELETROBRÁS). Na verdade, construiu-se um método através do qual o Poder Concedente e os agentes de mercado dialogam constantemente, deliberando em conjunto sobre regras de geração e transmissão de energia elétrica.

Tendo em vista esse incontestável caráter oficial, não há como negar que as medidas adotadas pelo ONS possuem força de ato de autoridade e, como tais, podem constituir *fato do príncipe*, provocador de recomposição de equilíbrio econômico de contratos de concessão.

Não bastasse isso, mostra-se inegável a articulação deste órgão privado de regulação (apesar de possuir caráter oficial, como demonstrado) com outros organismos de natureza notadamente pública. O ONS não desempenha seu papel regulador isoladamente. Seu papel no setor elétrico exige atividade coordenada com os outros agentes reguladores do setor. É por isso que seu relacionamento com o Governo Federal e a ANEEL é intenso.

São vários os exemplos que revelam a intimidade entre o ONS e o Poder Público (ora a ANEEL, ora o Ministério das Minas e Energia), especialmente quanto ao papel de supervisão que as entidades públicas exercem sobre o Operador. Sem esgotar o rol, estes são alguns exemplos: *(1) foi a ANEEL que autorizou o funcionamento do ONS, tendo, inclusive, aprovado seu Estatuto* (Lei 9.648/1998, art. 13; Decreto 2.655/1998, art. 25, § 4º; Resolução ANEEL-383/2000, que aprovou a redação atual do Estatuto do ONS); *(2) o Concedente tem poder de veto às deliberações do ONS que conflitem com as diretrizes e políticas governamentais para o setor de energia elétrica* (Decreto 2.655/1998, art. 25, § 3º; Estatuto, art. 18, § 1º); *(3) um representante do Poder Concedente, indicado pelo Ministro de Minas e Energia, participa do ONS, como "membro participante"* (Decreto 2.655/1998, art. 25, § 2º, II; Estatuto, art. 7º, § 2º); *(4) o ONS submete-se a toda e qualquer regulamentação de caráter geral, vigente ou que venha a ser estabelecida pela ANEEL, devendo disponibilizar informações e procedimentos adotados, submetendo suas decisões técnicas de organização do sistema à ANEEL, para aprovação* (Resolução ANEEL-351, de 11.11.1998; Estatuto, art. 14, X e XII, e art. 15); *(5) o ONS deve submeter seu orçamento anual à ANEEL para aprovação, bem como tem o dever de prestar contas à Agência, também para aprovação* (Resolução ANEEL-373, de 29.12.1999); e *(6) a ANEEL é a instância recursal dos recursos interpostos contra decisão do Comitê de Arbitragem para dirimir conflitos surgidos na área de atuação do ONS* (Estatuto, art. 20, *caput* e § 3º).

É também em função desse relacionamento que o ONS não é um mero agente *auto-regulador* do sistema interligado nacional, alheio a qualquer interferência pública. Apesar de ter personalidade de direito privado, o conjunto de regras que o autorizam a funcionar conduz à conclusão de que o ONS é um agente *oficial* do setor elétrico que faz "auto-regulação pública". Trata-se, em verdade, de *agente de auto-regulação oficialmente imposta*.

9. Esta regra está prevista no art. 14, XX, do Estatuto do ONS: "Art. 14. Compete ao Conselho de Administração: (...) XX – deliberar sobre quaisquer assuntos que lhe forem submetidos pela Diretoria Executiva, inclusive o estabelecimento de critérios e a aplicação de penalidades pelo não-cumprimento de dispositivos estatutários; (...)".

A integração entre o ONS e os demais centros de regulação do setor também pode ser sentida no caso específico da imposição do plano de racionalização para a Região Sul. Durante todo o processo de implementação do programa, informações e diretrizes foram trocadas, demonstrando a evidente e necessária integração entre tais entidades.

Comprova essa articulação o ofício encaminhado pelo Sr. Coordenador do Programa de Redução do Consumo Elétrico da GCE à Secretaria de Energia, Minas e Comunicações do Estado do Rio Grande do Sul: "(...) *reiteramos a solicitação feita na reunião para que os Estados da Região Sul se empenhem para conseguir redução de no mínimo 7% no consumo, através de medidas de racionalização do uso de energia elétrica*, conforme proposta conjunta apresentada pelos representantes dos Governos da Região Sul". A mensagem é importante, porque comprova a plena encampação pela GCE das diretrizes tomadas pelo ONS, chegando ao ponto de aquela Comissão, em nome próprio, reforçar a medida prevista pelo Operador.[10]

A determinação para que as distribuidoras do Sul dessem início ao programa de racionalização de consumo de energia, portanto, foi feita dentro de um amplo programa governamental de redução no consumo de energia. Sendo assim, não há como negar seu caráter de ato de autoridade – e, como tal, suscetível de caracterizar *fato do príncipe* para fins de recomposição de equilíbrio econômico-financeiro de contratos de concessão.

3. Excepcionalidade dos prejuízos causados pela implementação do plano de racionalização na Região Sul do país

A outra característica do plano de *racionalização* do consumo de energia imposto às empresas distribuidoras da Região Sul que poderia ser utilizada para afastar o direito dessas empresas de obterem reequilíbrio da equação econômico-financeira de seus contratos é o fato de ser esta uma medida de adesão facultativa por parte dos usuários.

Em função da voluntariedade na adesão por parte dos usuários, poder-se-ia argumentar que os prejuízos com a redução no consumo não teriam sido causados por medida estatal. O Estado (por intermédio de seus agentes de regulação) não teria imposto a redução de consumo aos usuários. Afinal, a adesão ao programa é voluntária. Nes-

10. Além do referido acima, é possível destacar os seguintes episódios do relacionamento do ONS com os demais órgãos de regulação do setor elétrico: *(1)* O ONS, em carta dirigida ao Ministro Pedro Parente, a respeito da extensão do racionamento para as Regiões Norte e Sul, recomendou para esta última região: "Promover campanha de redução do consumo de energia elétrica na Região Sul em pelo menos 7%, com vistas a diminuir ou evitar a possibilidade de redução de carga nessa Região, uma vez que, com essa medida, restrições de consumo no Sul seriam necessárias apenas para afluências inferiores a 70% MLT. Além disso, essa medida reduz os riscos de racionamento nessa Região, mesmo na hipótese de se tornar viável o aumento do intercâmbio para a Região Sudeste em 600MW, pela implantação de Esquema de Controle de Emergência (ECE), no sistema de 500kV de interface entre as Regiões Sudeste e Sul, cuja análise de viabilidade encontra-se em elaboração pelo ONS, bem como para diminuir a possibilidade de inversão do intercâmbio do Sudeste para o Sul, no próximo período seco dessa região"; *(2)* No dia 6 de junho, o ONS encaminhou, ao Presidente da GCE e ao Ministro das Minas e Energia, carta dando-lhes ciência da referida conclusão, dizendo o seguinte: "Em atendimento à solicitação do Conselho de Administração do ONS – CA-ONS e do Núcleo Executivo da Câmara de Gestão da Crise de Energia Elétrica, este Operador procedeu à análise e avaliação da necessidade, bem como dos critérios e condições para a extensão do racionamento de energia elétrica, ora em curso nas Regiões Sudeste/Centro-Oeste e Nordeste, para as Regiões Norte e Sul, enfocando também seu início e profundidade. (...)". Em seguida, o ONS determina que o Sul promova campanha de redução do consumo de energia elétrica, com texto idêntico ao que consta da referida ata.

te contexto, os prejuízos sofridos deveriam ser encarados como parte do risco na exploração dos serviços.[11] Seriam decorrência de uma retenção voluntária do mercado.

O argumento, porém, seria totalmente descabido.

Deveras, a redução do consumo inegavelmente operou-se por força da implementação do plano de racionalização. Não importa se a adesão é ou era voluntária. O que importa é a existência de um inegável nexo causal entre a adoção do programa (que era obrigatório para as empresas, lembre-se) e a redução do consumo.

A redução no consumo – e conseqüente prejuízo das empresas – ocorreu em virtude da implementação do programa de *racionalização*, e não de uma retração ocasional e contingencial do mercado (eventualidade que representaria prejuízo inerente ao risco normal assumido).[12] Não é possível negar que houve uma influência decisiva da implementação do programa na redução do consumo.

Aliás, se a conexão entre o programa e a queda no consumo não existisse – isto é,

11. A questão do risco inerente à exploração do serviço como fator de exclusão da regra que determina a recomposição do equilíbrio econômico-financeiro nos contratos de concessão também é tratada em termos gerais pela doutrina. V. a lição da professora Maria Sylvia Zanella Di Pietro: "O problema é saber como se concilia a idéia de equilíbrio econômico-financeiro com a idéia de que a execução do serviço, na concessão, se faz por conta e risco do concessionário. Note-se que a Lei 8.987, ao definir, no art. 2º, incisos II, III e IV, a concessão de serviço público, a concessão de serviço público precedida de obra pública e a permissão de serviço público, repetiu a idéia de que a execução se faz por conta e risco do contratado. Na realidade, tem-se que conciliar duas idéias: de um lado, a de que, para o concessionário, a concessão constitui um empreendimento que visa ao lucro, mas que envolve determinados riscos; de outro, a de que, para a Administração, o objeto do contrato é um serviço público, e, portanto, uma atividade que atende a necessidades da coletividade e, por isso mesmo, não pode parar. A maneira de conciliar essas duas idéias é pela consideração de que as *áleas ordinárias* correm por conta do concessionário e não autorizam a recomposição do equilíbrio econômico-financeiro; as flutuações no lucro, para mais ou para menos, não autorizam a revisão das cláusulas financeiras, já que se inserem na idéia de que a execução do serviço se faz por conta e risco do concessionário (art. 2º, II, da Lei 8.987). As *áleas extraordinárias*, por serem imprevisíveis e não-imputáveis ao concessionário, correm por conta do Poder Concedente, autorizando a revisão das cláusulas financeiras para recomposição do equilíbrio rompido. Essa recomposição se faz, basicamente, pela aplicação das teorias do fato do príncipe, do fato da Administração e da imprevisão" (*Parcerias na Administração Pública*, 3ª ed., São Paulo, Atlas, 1999, pp. 93 e ss.). Neste sentido também se posiciona Caio Tácito: "A álea *ordinária* fica a inteiro cargo do concessionário, que não se pode eximir ao risco voluntariamente assumido. Na ocorrência, porém, de um ônus imprevisível, ou da atribuição unilateral de novos serviços, cumpre ao Estado absorver ou partilhar dessa álea *extraordinária*, não somente por um princípio de eqüidade, como pelo interesse público na manutenção do serviço, dependente da estabilidade financeira do concessionário" ("O equilíbrio financeiro na concessão de serviço público", *Temas de Direito Público – Estudos e Pareceres*, 1º vol., Rio de Janeiro, Renovar, 2000, p. 199).

12. Não se aplica ao presente caso o art. 28 da Medida Provisória 2.198-5, segundo o qual está excluído da recomposição do equilíbrio econômico-financeiro dos contratos de concessão o *risco* inerente à atividade econômica e ao respectivo mercado. Num mercado como esse, de distribuição de energia elétrica a consumidores cativos, os riscos são muito baixos. A não ser em caso de redução do volume global da economia, quando a circulação de riquezas e o consumo decrescem diante de uma nova realidade econômica menos satisfatória, se comparada a período anterior, o consumo de energia pelos chamados "consumidores cativos" tende a ser estável, visto tratar-se de um bem essencial. O risco referido na medida provisória possui aplicação mais provável na hipótese de distribuição de energia a um outro grupo de consumidores: os consumidores livres. Neste caso há uma disputa pelo mercado consumidor (competição) por parte das distribuidoras, provocando o risco efetivo de que haja perda de receita em função de oscilações de mercado (livre competição).

se verdadeiramente o mercado consumidor de energia experimentasse uma retração natural, espontânea –, não haveria sentido em impor a implantação de programa de racionalização às empresas distribuidoras.

Na verdade, o consumo só caiu quando as empresas distribuidoras de energia elétrica da Região Sul, juntamente com entes de diversas esferas de governo (Municípios, Estados e a própria União), começaram a implementar o programa de racionalização de energia. Foram iniciadas campanhas junto à sociedade para alcançar a meta determinada. Para tanto, as distribuidoras encaminharam correspondências a todos os consumidores solicitando redução do consumo. Também foram feitos inúmeros anúncios em televisão e rádio; concederam-se entrevistas coletivas de imprensa, esclarecendo à população o que deveria ser feito e o que se esperava dela; houve mobilização de federações de indústrias e associações comerciais dos Estados envolvidos. Como resultado, houve a adesão da sociedade: supermercados e outros estabelecimentos comerciais passaram a controlar o consumo, reduzindo iluminação de pátios e vitrinas; Prefeituras foram contatadas, e inúmeras passaram a reduzir a iluminação pública; e assim por diante.

A redução do consumo, graças a esse esforço de conscientização, que marca a correta implementação do aludido programa, vem excedendo a casa dos 7%. Com isso, a receita das empresas caiu em cerca de 10%.[13] Essa drástica redução de consumo e de receita, por óbvio, não pode ser considerada uma normal contingência deste mercado. As perdas econômicas sofridas pelos contratos de distribuição de energia em razão de atos governamentais praticados como conseqüência da crise energética não se inserem no conceito de "risco de mercado". Definitivamente, a redução da receita neste caso é decorrência direta de situação extraordinária gerada pela crise energética, não imputável às distribuidoras.

Sendo assim, as perdas contratuais decorrentes da *racionalização* devem ser recompostas pelo Poder Concedente, da mesma forma como as perdas decorrentes do racionamento estão sendo. Ambas são situações idênticas na sua origem – a crise energética – e ambas são derivadas de específicas determinações de *autoridades* do setor elétrico – GCE e ONS. Tais situações excepcionais foram criadas pela necessidade de redução da demanda de energia elétrica no país e causaram reflexo no equilíbrio econômico-financeiro dos contratos de concessão firmados com as empresas distribuidoras de energia elétrica.

IV – Conclusão

Por tudo o que foi exposto, é possível responder resumidamente à questão objeto da consulta.

As empresas distribuidoras de energia elétrica atuantes na Região Sul do país – tendo em vista a perda nas suas receitas na ordem de 10% com a redução no consumo de energia decorrente da aplicação de plano de racionalização – têm direito ao reequilíbrio econômico-financeiro dos seus respectivos contratos de concessão?

Sim. A determinação contida no Item 5 da 27ª Reunião do Conselho de Administração do ONS impôs às concessionárias de distribuição de energia elétrica da Região Sul o dever de implementar programa de *racionalização* de consumo de energia.

Trata-se de um ato da política pública de regulação do setor, praticado dentro do contexto da atual e grave crise energética.

13. O fato de o plano de racionalização ter gerado uma economia de 7% no consumo de energia não significa que a queda na receita das concessionárias devesse se dar na mesma proporção. A par da diminuição da receita, as empresas foram obrigadas a manter uma série de atividades ancilares à de distribuição de energia (equipes de manutenção, reparos na rede, pedidos de ligação e desligamento, acidentes na rede...) com custo idêntico ao de períodos sem racionalização de energia.

Várias medidas foram tomadas pelo Governo Federal para a redução do consumo. Entre elas, foram determinados o racionamento para as Regiões Sudeste, Centro-Oeste e Nordeste e a *racionalização* para as Regiões Sul e Norte.

A implementação dessas duas medidas governamentais produziu, de igual modo, perdas de receita para as empresas distribuidoras de energia elétrica, decorrentes diretamente da redução do consumo provocado.

Isto é notado inclusive em relação ao programa de *racionalização* (que, comparado ao racionamento, se mostra mais brando em relação ao consumidor, mas igualmente prejudicial à receita das empresas distribuidoras), pois é causa da redução do consumo nas Regiões em que foi implementado.

Por tudo isso, é inafastável o dever de recomposição do equilíbrio econômico-financeiro dos contratos de concessão das empresas de distribuição de energia elétrica atuantes da Região Sul do país. Instrumento hábil para tal recomposição é a revisão de tarifas, a exemplo do que vem sendo feito com as empresas distribuidoras das Regiões Sudeste, Centro-Oeste e Nordeste.

É o nosso parecer.

PECULIARIDADES DO CONTRATO DE ARRENDAMENTO PORTUÁRIO

Floriano de Azevedo Marques Neto

Advogado – Doutor em Direito pela USP
– Professor-Doutor do Departamento de Direito Público e do Estado da USP

Fábio Barbalho Leite

Advogado – Mestre em Direito Público pela PUC/SP
– Professor no Curso de Pós-Graduação *Lato Sensu* em Direito do Estado
da Faculdade de Direito de Itu/SP

1. O caso. 2. Identificando o âmbito da investigação. 3. O regime jurídico dos portos e da atividade neles desenvolvida. 4. O contrato de arrendamento: 4.1 A natureza do contrato de arrendamento de instalações portuárias – 4.2 O regime do contrato de arrendamento de instalações portuárias: 4.2.1 O porto é bem público – 4.2.2 O porto é dedicado a finalidade pública específica. 5. Implicações do regime jurídico de serviço público da atividade desenvolvida pela empresa ao ensejo do novo contrato. 6. Implicações do regime de contrato administrativo para a compreensão da ampliação do objeto imediato do segundo contrato de arrendamento. Peculiaridades do contrato em causa. 7. A ampliação do contrato como legítimo ato administrativo ressarcitório da "empresa" contratada e neutralizador de claro e fundado direito indenizatório. Ganhos para o interesse público referidos ao serviço público em causa e ao patrimônio público tutelado pela concessionária. 8. Compatibilidade entre a ampliação contratual cogitada e o princípio da isonomia. 9. Conclusão.

1. O caso

Cuida-se, aqui, de estudo concernente à ampliação de escopo contratual cogitada em contrato de arrendamento de instalação portuária.

(i) A empresa é interessada no presente contrato de arrendamento de instalação portuária com concessionária de serviços públicos, cujo objeto consubstancia-se no "arrendamento para exploração de Instalação Portuária, com utilização de área, sob administração da outra parte contratante, considerada como retro-área remota, localizada em porto marítimo, abrangendo armazéns, conforme indicações e delimitações apresentadas na Planta de Localização da Área Arrendada (...)".

(ii) Sobre dito contrato chama-nos ainda a empresa interessada neste estudo a atenção ao teor de cláusula contratual que prescreve que "as Instalações Portuárias deverão ser exploradas, operadas, conservadas e melhoradas pela Arrendatária, podendo ser modernizadas e ampliadas nos termos do art. 4º, § 4º, VIII, da Lei 8.630/1993"; sendo certo que essa disposição constava originalmente da minuta contratual que acompanhou o Instrumento Convocatório do certame precedente à formalização da avença em comento.

(iii) Além desse contrato, a empresa entretém outro similar, conquanto mais antigo, voltado ao arrendamento de outras instalações portuárias; tal contrato abrange o arrendamento de outras áreas.

(iv) O primeiro contrato, entretanto, encontra-se em vias de ter sua execução comprometida em vista da abertura de nova via interna ao próprio Porto, a qual passará justamente em meio à área abrangida por essa avença.

(v) Essa avenida – demonstram os desenhos de seu projeto –, ainda que não abarque toda a área operada pela empresa com fundamento no contrato inicial, quadra por inviabilizar operacional e economicamente o uso da parcela de área restante, donde a inevitabilidade da rescisão contratual indireta, uma vez implementada a nova via portuária.

Assim, a rescisão contratual a se operar quanto ao primeiro contrato dever-se-á a uma atuação da própria concessionária, que, implementando um projeto viário seu, provoca o exaurimento da viabilidade operacional e econômica da exploração do objeto contratado mediante a segunda avença retrocitada.

Cogitam, todavia, as partes – como procedimento que, otimizando as potencialidades econômicas do novo contrato, sirva também a contornar conseqüências responsabilizatórias da rescisão do contrato inicial – de ampliar o objeto contratual *imediato* do segundo contrato, para que abranja o arrendamento de áreas adjacentes ao Armazém.

Sumariada assim a consulta, passamos ao enfrentamento das questões nela enredadas, para, ao cabo, podermos, secundados em consistente estofo teórico, responder a elas.

2. *Identificando o âmbito da investigação*

Como desde o início adiantado, a indagação formulada gira em torno de ampliação do objeto contratual *imediato* de um contrato de arrendamento de instalações portuárias firmado pela empresa.

Tomássemos tal contrato como um contrato administrativo de regime comum – isto é, integral e exclusivamente submetido às concernentes disposições da Lei 8.666/1993 –, e todo o foco da investigação cingir-se-ia basicamente a analisar eventual observância dos limites de acréscimo de objeto contratual positivados no art. 65, §§ 1º e 2º, da Lei 8.666/1993. Ainda nessa hipótese, entretanto, certamente o problema não seria reduzido à singeleza de uma operação matemática (saber se o objeto acrescido ultrapassa, ou não, 25% do objeto original), porquanto, consoante acuradas doutrina e jurisprudência, os limites em referência podem e devem ser ultrapassados em várias hipóteses legais. Como ilustração, servem hipóteses de (i) reequilíbrio econômico-financeiro: onde a impositividade – por direito subjetivo de uma das partes – da restauração da equação econômica original não pode ser limitada por qualquer valor *a priori*, senão pela proporcionalidade do abalo sofrido pela dita equação; (ii) modificação do projeto ou das especificações contratuais para melhor adequação técnica aos seus objetivos: hipótese em que a impositividade do ótimo atingimento do interesse público instrumentado pela contratação exige a alteração contratual, a qual, aqui também, não poderá estar constrangida por valores ou outros dados *a priori* (abstratos, genéricos e anteriores ao próprio problema), senão ao que tecnicamente necessário – segundo um juízo administrativo técnico-discricionário pautado pelos princípios da razoabilidade e da proporcionalidade – para fazer com que o contrato atinja o objeto público que o justifica.[1]

Sem embargo, desde já temos que os contratos em causa – sem azo a dúvida, contratos administrativos (o que mais adiante melhor justificamos) – apresentam algumas peculiaridades de intensidade em seu regime jurídico quando comparado este ao que chamaremos de "regime jurídico comum" das avenças administrativas. Tais peculiaridades ensejam considerar a limitação das ampliações contratuais, no caso concreto, não em face de valores proporcionais definidos *a priori*, mas, sim, em face de parâmetros materiais referenciados aos princípios jurídicos da finalidade (interesse público), da razoabilidade e da proporcionalidade.

Nesse diapasão, o diploma normativo primacial para entender essas peculiaridades do regime jurídico dos contratos de arrendamento de instalações portuárias, sem desconsiderar a incidência da legislação comum (Lei 8.666/1993, arts. 54 e ss.), é a Lei 8.630, de 25.2.1993, que institui o Regime Jurídico da Exploração dos Portos Organizados e das Instalações Portuárias. A partir dele – mas não somente diante dele –, trataremos de delinear o regime jurídico peculiar (ainda que, já adiantamos, de forma alguma absolutamente original) dos contratos em causa. Nessa trilha, o emprego supra-operado da expressão "objeto contratual *imediato*" noticia um pouco dessa peculiaridade jurídica da contratação em causa – peculiaridade, essa, que demanda algum esforço (o menor e mais singelo possível) de nomeação de certas realidades que, se não novas em substância, são novas em intensidade (se é que novas de qualquer modo).

Conhecidas as linhas-mestras desse regime, será a vez de, entre elas, identificar as diretrizes principiológicas e regras que poderão nos levar à conclusão e, assim, construir[2] a resposta à indagação.

Do que se pode anteolhar, a investigação não é pequena. Como, aqui, a impressão de que a mesma ainda será realizada constitui nada mais que uma "ilusão de ótica" literária, para que a objetividade e a síntese restem o mais possível prestigiadas por uma peça que, antes de tudo, deve anelar a funcionalidade necessária à práxis jurídica, é oportuno quebrar momentaneamente essa ilusão discursiva, antecipando, a título de pauta da redação, as conclusões do parecer. Assim, a ampliação do objeto contratual imediato do contrato é lícita, pois:

(i) A atividade desenvolvida ao ensejo de referido contrato é de serviço público,[3] o que submete a relação contratual a um regi-

1. Apenas como ilustração de escólio doutrinário, a acuidade de Carlos Ari Sundfeld: "Esses limites não são aplicáveis em hipótese de elevação do preço contratual motivada pela necessidade de recompor a equação atingida por sujeições imprevistas, pela álea econômica extraordinária ou pelo fato do príncipe. Nessas situações, o objeto do contrato não é alterado, quer em sua natureza, quer em sua extensão; a modificação do preço impõe-se apenas para remunerar o contratado pela execução do exato objeto do contrato. Não haveria por que, em conseqüência, limitar o acréscimo de valor possível nessas hipóteses, sabendo-se que os limites previstos no art. 65, § 1º, o foram para impedir que, por meio de aditamentos contratuais, a Administração acabasse por costear a exigência de licitação" (*Licitação e Contrato Administrativo*, 2ª ed., São Paulo, Malheiros Editores, 1995, pp. 244-245).

2. Sim, "construir", pois já vai longe o tempo em que se imaginava que as respostas para os problemas de relevo na práxis jurídica seriam descobertas, encontradas como se estivessem no texto normativo originalmente prontas antes de qualquer intervenção hermenêutica. Entre nós, ao menos desde Carlos Maximiliano sabemos que assim não se dá. E, no mundo – pelo menos desde Kelsen e sua norma como moldura de possíveis interpretações –, ninguém que tenha ultrapassado os rudimentos do Direito duvida de que o aplicador da norma participa da construção da solução jurídica para o problema da práxis desde o instante em que se põe a necessidade de interpretar o ordenamento jurídico. Mas isso é uma digressão que já se alonga.

3. Pouco importa se esta é concedida à concessionária e por ela diretamente prestada, ou se parcela dessa atividade concedida a ela é prestada mediante a atuação de particulares legitimados a tanto com base em contratos de arrendamento de

me juspublicista; neste, entre outros, vige o princípio da continuidade do serviço público, impondo aos agentes públicos incumbidos da prestação do serviço velar com todos os meios possíveis pela continuidade da prestação do serviço – continuidade, esta, que não se cinge à mera permanência de uma operação material, mas, sim, à permanência *ótima* da operação material em que se consubstancia o serviço: sob essa diretriz, a ampliação do objeto contratual *imediato* da referida avença homenageia a persistência da operação dantes desenvolvidas na área abrangida pelo contrato inicial e a otimização da funcionalidade do espaço das instalações portuárias adjacentes à área abrangida inicialmente pelo novo contrato.

(ii) O contrato em tela é um contrato administrativo; e, por decorrência do regime geral dos contratos administrativos, caracteriza-se pela alterabilidade como regra imanente; demais, por peculiaridade jurídica defluída da Lei 8.630/1993, tal alterabilidade é característica intensificada nos contratos de arrendamento de instalações portuárias, ensejando a ampliação do objeto contratual original imediato quando (sob apreciação discricionária do agente administrativo competente) as condições estruturais da área adjacente àquela objeto do segundo contrato podem ser otimizadas – e, assim, potencializada a eficiência do serviço público em causa –, estendendo-se a operação do contrato em tela sobre essas áreas adjacentes.

instalações portuárias. O serviço público não perde sua natureza jurídica (isto é, seu regime jurídico) mediante atos de delegação (como o são a concessão, a permissão e, *in casu*, consoante adiante melhor se vê, o arrendamento portuário): "A concessão ou a permissão de uma dada atividade não transforma sua natureza de serviço público. Na prestação deste, o critério orientador é sempre a satisfação de uma utilidade pública, quer seja prestador o Estado ou um concessionário ou permissionário particular" (Fábio Barbalho Leite, "O conceito de serviço público para o direito tributário", in Elizabeth Nazzar Carrazza (coord.), *Direito Tributário Constitucional*, São Paulo, Max Limonad, 1999, p. 209).

(iii) Tal opção administrativa (discricionária) tanto mais se revela legítima quando notado que a mesma neutraliza, por compensação material, claras e fundadas pretensões ressarcitórias da empresa interessada, as quais adviriam em desfavor da outra parte (e, assim, do patrimônio público que a mesma tutela) com a rescisão do primeiro contrato por fato atribuível à responsabilidade daquela parte.

(iv) Demais, não comparece afronta à isonomia no caso em análise.

Para alicerçar tais conclusões, cabe-nos expor: (i) o regime jurídico atinente à atividade desenvolvida ao ensejo da execução do novo contrato; (ii) a natureza jurídica do contrato de arrendamento de instalações portuárias e sua injunção para o caso concreto; (iii) as injunções do princípio da isonomia em face do caso concreto (em que, como será visto, não se põe exatamente alteração contratual, mas, sim, ampliação contratual; diferença que, agora, malgrado parecer mais jogo de palavras, será adiante melhor exposta).

3. O regime jurídico dos portos e da atividade neles desenvolvida

A Constituição de 1988 alterou consideravelmente o tratamento jurídico reservado à atividade portuária em comparação com suas predecessoras. As Cartas Constitucionais de 1946 e de 1967 referiam tão-somente a competência da União para legislar sobre o regime dos portos e da navegação de cabotagem, mas silenciavam sobre a exploração da atividade portuária pelo Estado. Diversamente, a Constituição de 1988, além de reservar à União a competência para legislar sobre a matéria (art. 22, X), estabeleceu, em seu art. 21, XII, que compete à União: "XII – explorar, diretamente ou mediante autorização, concessão ou permissão: (...) f) os portos marítimos, fluviais e lacustres".

Sobranceira doutrina ensina que a CF, art. 21, estabelece os serviços públicos federais, que devem ser assegurados pela União, diretamente ou por meio de delegação, esta mediante concessão ou permissão. Ao incluir expressamente a exploração dos portos no rol dos serviços públicos de competência da União, a Lei Maior atribuiu ao Estado o poder-dever de explorar tal atividade, exatamente da mesma forma que os serviços de radiodifusão sonora e de sons e imagens, os serviços de telecomunicações, as instalações de energia elétrica, os serviços postais etc.

A exploração dos portos é, assim, serviço público, ainda que existam posições isoladas que afirmem o contrário.[4] A favor da natureza de serviço público para a atividade em pauta os juspublicistas das mais diversas vertentes do direito administrativo, entre os quais Celso Antônio Bandeira de Mello,[5] Cármen Lúcia Antunes Rocha[6] e Marçal Justen Filho[7] – rol meramente exemplificativo. Deixemos esse ponto pacífico, portanto, de lado.

Oferece maior oportunidade ao debate, entretanto, saber qual é a natureza jurídica dos serviços públicos de "portos marítimos fluviais e lacustres" de que trata a Constituição. Escassa a doutrina a respeito, a pouca existente pode ser dividida em duas correntes.

Uma primeira, defendida por Tércio Sampaio Ferraz Jr., sustenta que o serviço

4. Ivan Barbosa Rigolin, por exemplo, em parecer inédito datado de 13.1.1999, sustenta que a expressão "explorar", constante do texto constitucional, indicaria que a atividade portuária não se reveste da natureza de serviço público. Segundo o autor, "serviço público a União não explora, presta apenas. Quem explora serviço público é o concessionário particular, mas para ele o serviço público de que é concessionário em verdade se traduz como exploração de atividade econômica, junto ao usuário que lhe paga tarifas. Apenas para o Poder Público que concedeu o que pare ele seria serviço público irá enxergar a prestação pelo concessionário como sendo prestação de serviço público. O particular concessionário não o enxerga assim, porque, sendo empresa privada capitalista, deseja lucro, oriundo da exploração da atividade econômica que o Poder Público enxerga como serviço público. Não tendo lucro, o particular não será concessionário, desinteressando-se da atividade econômica que para ele é a – digamos assim, para clareza – exploração do serviço público. Repita-se: serviço público a União não explora, mas presta à população. Se explora, é porque não se trata de serviço público". Sem embargo do respeito que dedicamos ao autor, a nosso ver – e nisso estamos acompanhados de toda a doutrina administrativa autorizada –, a afirmação não procede. Basta recordar que os serviços públicos são espécie do gênero atividade econômica em sentido amplo, integrando-o ao mesmo título que as atividades econômicas em sentido estrito a que se refere o autor. Nesse sentido, a sistemática constitucional é coerente e reproduz a definição mencionada, utilizando o termo "explorar" de maneira indistinta para as atividades econômicas (*stricto sensu*) e para os serviços públicos.

5. Segundo o autor: "A Carta Magna do país já indica, expressamente, alguns serviços antecipadamente propostos como da alçada do Poder Público Federal. Serão, pois, obrigatoriamente serviços públicos (obviamente quando volvidos à satisfação da coletividade em geral) os arrolados como de competência das entidades públicas" (Celso Antônio Bandeira de Mello, *Curso de Direito Administrativo*, 14ª ed., São Paulo, Malheiros Editores, 2002, p. 612).

6. "Alguns dos dispositivos constitucionais deixam clara a definição de algumas atividades como serviços públicos, superando-se o debate quanto à sua qualificação e quase que inteiramente quanto ao regime de Direito que sobre eles deve incidir no direito positivo fundamental" (Cármen Lúcia Antunes Rocha, *Estudo sobre Concessão e Permissão de Serviço Público no Direito Brasileiro*, São Paulo, Saraiva, 1996, p. 20).

7. "Existem serviços públicos por inerência, assim entendidos aqueles cuja caracterização deriva (explícita ou implicitamente) da Constituição. Ao discriminar competências dos diversos entes federados ou ao estabelecer atribuições do Estado, a Carta qualifica certos serviços como públicos. O art. 21, por exemplo, contém diversas previsões acerca de serviços públicos (incisos X, XI e XII). Quanto aos serviços públicos por inerência, não há margem de opção para a legislação infraconstitucional. Sua estruturação far-se-á segundo regime de direito público, pois tal foi imposto pelo legislador constitucional" (Marçal Justen Filho, *Concessões de Serviços Públicos*, São Paulo, Dialética, 1997).

público de que trata a Constituição restringe-se ao porto, na qualidade de universalidade de bens, não compreendendo os particulares que arrendam parcelas territoriais dessa unidade e que ali exercem atividade privada desvinculada do serviço público do porto organizado. Segundo o autor: "Concedido é o porto (art. 21, XII, "f", da CF), enquanto uma unidade organizada. Diferente da concessão (e da delegação) do porto, isto é, da sua exploração como um todo, é a exploração de instalação portuária de uso público ou privativo, que é exploração de parte do objeto da concessão (e da delegação) e que pressupõe a prévia concessão (ou delegação). Havendo já a concessão (ou delegação) do todo organizado, a relação de exploração de parte deste todo não se faz mais por concessão (ou delegação), que, por pressuposto, já abrangeu a totalidade. (...). Entende-se neste sentido que a Lei 8.630, de 25.2.1993, que dispõe sobre o regime jurídico da exploração dos portos organizados e das instalações portuárias, tenha distinguido entre a exploração do porto organizado, pela União, diretamente ou mediante concessão (art. 1º), do arrendamento de instalações portuárias quando dentro dos limites do porto organizado (art. 4º, I)".[8]

A tese, aí, assenta-se, portanto, em duas constatações. Uma, que releva do direito positivo: a de que a Lei 8.630/1993 (Lei dos Portos) distingue, efetivamente, entre a concessão do porto organizado (art. 1º) e os arrendamentos (art. 4º, I). Seriam concessionárias as companhias de docas estabelecidas nos Estados Brasileiros – como a CODESP, a CODEBA e tantas outras –, não os arrendatários de armazéns ou instalações portuárias. Outra, que parte de uma constatação empírica: esses particulares, ao contrário das companhias de docas, acima mencionadas, exercem atividade intrinsecamente distinta dessas companhias, de caráter eminentemente privatista.

A segunda corrente sustenta, em sentido contrário, que os particulares arrendatários de parcela dos bens que integram o porto desempenham, ali, funções que tocam ao núcleo do serviço público assentado constitucionalmente. Assim em, por exemplo, Caio Tácito, ao lecionar que "*[n]*os portos organizados nasce e se mantém uma relação publicística, imbricada na concessão de serviço público, que tem como origem a legislação monárquica de 1869 e se prolonga até o Estatuto de 1993".[9]

Nessa linha, mais que a outorga para o uso de bem integrante do porto, os arrendatários assumem obrigações e direitos típicos de concessionários de serviço público, que não se relacionam propriamente ao uso do bem, mas sim à atividade ali desempenhada. Por isso é que o regime do arrendamento constante da Lei dos Portos abrange regras típicas da concessão de serviços públicos, sejam elas relativas aos padrões de qualidade e de metas do serviço (art. 4º, § 4º, II e III), aos direitos e deveres dos usuários (art. 4º, § 4º, VI), à responsabilidade do arrendatário pela inexecução ou deficiente execução dos serviços (art. 4º, § 4º, XII) e à reversibilidade dos bens (art. 4º, § 4º, VII). Acrescemos a lei ainda dispor que a reversão dos investimentos realizados pelo particular obedecerá ao "disposto na lei que regulamenta o regime de concessão e permissão de serviços públicos" (art. 4º, § 6º).[10]

Do esforço exegético do texto constitucional surge conclusão incontornável. O diploma não outorgou à União o dever de "organizar" os portos marítimos, fluviais e la-

8. Tércio Sampaio Ferraz Jr., "Porto – Arrendamento – Cessão e prorrogação do contrato", *RTDP* 26/146, São Paulo, Malheiros Editores, abril-junho/1999.

9. Caio Tácito, "Regime de portos. Terminal privativo. Permissão", *Temas de Direito Público (Estudos e Pareceres)*, vol. 2, Rio de Janeiro, Renovar, 1997, p. 1.246.

10. A esse respeito, v. o interessante parecer de Alice Gonzales Borges, "Instalações portuárias – Contrato de arrendamento", *RDA* 210/337, Rio de Janeiro, Renovar, outubro-dezembro/1997.

custres, "administrá-los" ou "viabilizar" sua exploração. Atribui-lhe – isso, sim – o poder-dever de explorá-los. Cabe à União Federal, portanto, realizar a tarefa em causa, e todos aqueles que participarem dessa atividade – a de embarque e desembarque de pessoas e mercadorias e todas as atividades que lhe são correlatas ou acessórias – executarão parcela do serviço público atribuído àquele ente federativo. Nessa senda, o desempenho de atividades atreladas à exploração do porto para os fins a que se destina estará imbricado no serviço público outorgado à União.

No entanto, o texto constitucional admite – como é o caso no setor das telecomunicações – que a delegação da exploração do porto a particulares se dê por meio de concessão, permissão ou autorização. Nesse sentido, a Constituição deve ser interpretada sistematicamente, com o sopesamento dos demais preceitos nela contidos. Ora, segundo o art. 175 da Carta Maior, os serviços públicos serão prestados diretamente ou por meio de concessão e permissão, sempre precedidas de licitação. Assim, ao admitir que a exploração dos portos se dê também mediante autorização, o legislador constituinte implicitamente estabeleceu que parte dos serviços compreendidos na atividade portuária fosse prestada além do quadro estreito do regime de direito público incidente sobre os serviços públicos *stricto sensu*, como ocorre com o setor das telecomunicações.[11]

Cumpre determinar, nesse sentido, quais os serviços que serão objeto de autorização – e que, portanto, sujeitam-se a regime regulatório mais lasso (privado) – e quais os serviços que, integrando o núcleo do serviço público estabelecido no art. 21 da CF, serão objeto de permissão e concessão. Nesse passo, o complexo regime a que os contratos de arrendamento são submetidos é o exato reflexo da dificuldade de determinar qual a parcela de serviços prestados por particulares que se encontra sob o manto do serviço público estabelecido pela Constituição Federal. É o que adiante se verá.

11. Sobre o assunto, Floriano de Azevedo Marques Neto, "Direito das telecomunicações e ANATEL", in Carlos Ari Sundfeld (coord.), *Direito Administrativo Econômico*, São Paulo, Malheiros Editores, 2000, pp. 300 e ss.

4. O contrato de arrendamento

Não é novidade o uso do instituto do arrendamento como instrumento de regulação da atuação do particular no porto. Entretanto, a Lei dos Portos alterou significativamente as feições e o âmbito da delegação que se perfaz por meio do arrendamento. Tal alteração tem efeitos não somente sobre (i) a natureza do contrato de arrendamento, como também (ii) sobre o regime que lhe é aplicável. Abordemos, portanto, os dois tópicos de maneira segmentada.

4.1 A natureza do contrato de arrendamento de instalações portuárias

A doutrina divide-se quanto à natureza do contrato de arrendamento no bojo da Lei 8.630/1993. Além daqueles que sustentam tratar-se de concessão de serviço público, outros afirmam que o arrendamento consiste em concessão de bem público ou de obra pública, e ainda há quem propugne que se trata do arrendamento clássico do direito civil (art. 679 do CC) aplicado à Administração Pública sob o regime do Decreto-lei 9.760/1946.

A corrente privatista afirma que a figura do contrato de arrendamento é expressamente prevista na legislação para a contratação pela Administração Pública e integra os chamados "contratos privados" que podem ser firmados pela Administração sobre os bens de sua propriedade, subordinando-se a regime de direito privado, tal qual a enfiteuse ou a locação.

Sustentam esses autores – entre os quais o já mencionado Tércio Sampaio Ferraz Jr. – que a exploração de instalações portuárias por agentes econômicos privados é negócio jurídico entre esses e o concessionário; logo, trata-se, aqui, de um contrato civil da Administração, regido pelo direito privado. Ademais, a marca característica da gestão privada em tal contrato decorre da análise dos direitos que são transferidos em tal operação. Para o autor, ocorre apenas a transferência do uso e do gozo da coisa, recebendo o arrendatário apenas um consentimento para ocupar e explorar a coisa pública, diferentemente do concessionário, que atua como se fosse Estado, pois este, quando do contrato de concessão, recebeu poderes públicos para tal.[12] E arremata: "O uso do instituto do arrendamento para a exploração de atividades portuárias, destarte, é perfeitamente legítimo, ainda que se reconhecesse a existência de bens patrimoniais públicos indisponíveis, bens da entidade pública destinados ao serviço público, que são *extra commercium*, mas apenas inalienáveis, sendo passíveis, assim, de ser objeto de todos os direitos reais que não sejam incompatíveis com seu destino (Diez, *Domínio Público*, Buenos Aires, 1940, p. 113, citando Alessio)".[13]

Já, a caracterização do arrendamento como uma concessao de serviço público considera, em primeiro lugar, que o simples fato de o contrato ter o nome de arrendamento não o faz submeter-se, automaticamente, ao regime do arrendamento previsto no Código Civil e autorizado por meio do Decreto-lei 9.760/1946. Em Direito não há palavras mágicas, cujo mero uso teria o condão de dar a natureza dos seres jurídicos. Importa, pois, não o nome que se dê ao negócio jurídico, mas sim a natureza das relações jurídicas estabelecidas e as conseqüências que delas advêm.

12. Tércio Sampaio Ferraz Jr., "Porto – Arrendamento – Cessão e prorrogação do contrato", cit., *RTDP* 26/146 e ss.

13. Idem, p. 147.

Quanto ao arrendamento portuário, trata-se da execução de atividade que integra a exploração do porto, em sentido lato, incidindo, portanto, na prescrição constitucional do art. 21, XII, "f". Ao arrendar terminais ou instalações portuárias, ao arrendatário é facultado tornar-se operador portuário e executar funções típicas desses operadores, inclusive para terceiros, desde que não prejudiquem a prestação dos serviços regulares.[14] Ainda, como anteriormente demonstrado, as cláusulas essenciais do contrato de arrendamento, constantes do art. 4º da Lei dos Portos, possuem disposições típicas da concessão de serviços públicos, como é o caso da reversão dos bens e das metas de qualidade e padrões de serviço.

Daí a posição de que se trata, em realidade, de concessão de serviço público, sustentada por vários autores, dentre os quais Caio Tácito[15] e Carlos Augusto da Silveira Lobo: "Os terminais de uso público são subconcessionários de serviços públicos portuários. Os terminais de uso público prestam serviços públicos tal como acima definidos, ou seja: a) o seu objetivo primordial é suplementar os portos organizados na satisfação das necessidades da coletividade, quanto a serviços portuários; b) qualquer interessado tem o direito de utilizar-se do serviço, em igualdade de condições com os demais usuários; c) o titular de terminal de uso público tem a obrigação de colocar o serviço à disposição dos interessados de forma regu-

14. V., nesse sentido, a cláusula 6.2 do Edital de Concorrência Pública CODESP-24/1997, que originou o contrato de arrendamento objeto da consulta. Apesar de tratar-se de arrendamento de mero armazém (e não de terminal de *containers*, por exemplo), é previsto no edital que "a arrendatária, desde que não haja prejuízo para a prestação dos serviços, poderá realizar a prestação do serviço de carga, descarga, armazenagem e serviços complementares a terceiros interessados, por sua conta e risco, obedecido o objeto do contrato".

15. Caio Tácito, "Regime de portos. Terminal privativo. Permissão", cit., *Temas de Direito Público (Estudos e Pareceres)*, vol. 2, 1997,

lar e contínua, sem discriminar entre os usuários; d) seus serviços devem ser remunerados mediante uma tarifa estabelecida pelo Poder Público, de aplicação geral; e) seus serviços estão sujeitos a fiscalização pelo poder concedente. (...). Em nosso modo de ver, os terminais de uso público se enquadram na figura da subconcessão, prevista no art. 26 da Lei 8.987/1995 (Lei de Concessões de Serviços Públicos)".[16]

Além disso, é de se consignar que, historicamente, os portos sempre foram explorados por regime de concessões, o que deixa claro que as relações estabelecidas com os particulares, no que concerne à exploração do porto, sempre foram ditadas por um viés nitidamente publicista.[17]

Originalmente, a participação dos particulares dava-se claramente por uma concessão de obra pública; aos poucos, foi-se acentuando a importância dos serviços prestados pelo particular. A atividade por ele desempenhada tomou maior importância com o aumento da complexização do serviço e da legislação portuária e, notadamente, com a Lei 8.630/1993. Assim é que a legislação atualmente vigente não somente obriga (i) a investimentos mínimos na construção das instalações portuárias que lhe incumbem, mas também (ii) a uma movimentação mínima contratual (MMC), bem como (iii) ao atingimento de metas de qualidade na execução de sua atividade e de padrões de atendimento aos seus usuários.

A bom tempo, Alice Gonzales Borges sustenta que, com o advento da nova Lei dos Portos, o arrendamento torna-se mais complexo e conjuga aspectos da concessão de uso de bem público e da concessão de serviço público:

"A Lei 8.630/1993 institui um 'novo' arrendamento, assumindo este uma nova forma contratual, atípica, híbrida e mista, diferenciando-o do arrendamento até então praticado conforme a legislação anterior.

"Dentro da estrutura deste 'novo' arrendamento encontramos as naturezas jurídicas de concessão remunerada de uso de bem público imóvel; de concessão do serviço público, quanto às operações portuárias; e concessão de obra pública (concessão de serviço precedida da construção de obra pública, conforme denominação utilizada na Lei 8.987/1995)."[18]

O arrendamento, portanto, caminha-se a caracterizar, a partir do novo regime estabelecido pela Lei dos Portos, uma subconcessão *sui generis* de serviço público, guardando traços da concessão de uso de bem público que está em sua origem. Nisso vai a consideração das pesadas exigências relativas ao desempenho de serviço com quantidades, padrões e metas mínimos. Fosse o arrendamento uma mera concessão de uso de bem público ou, ainda, um contrato regido estritamente pelo direito civil, a exploração dos serviços pelo particular e a percepção dos frutos decorrentes desse serviço não seriam obrigação, mas sim mera faculdade oferecida ao arrendatário. Caberia a ele escolher como melhor aproveitar-se da exploração do bem que lhe fora concedido.[19]

16. Carlos Augusto da Silveira Lobo, "Os terminais portuários privativos na Lei 8.630/1993", *RDA* 220/28-29, Rio de Janeiro, Renovar, abril-junho/2000.

17. A esse respeito, são importantes as lições históricas colacionadas por Caio Tácito e por José Mattos de Vasconcellos, às quais o parágrafo abaixo deve muito – aos quais, para abreviar digressões, remetemos: José Mattos de Vasconcellos, *Direito Administrativo*, vol. 1, 1937, pp. 29 e ss.; Caio Tácito, "Regime de portos. Terminal privativo. Permissão", cit., *Temas de Direito Público (Estudos e Pareceres)*, vol. 2, pp. 1.243 e ss.

18. Alice Gonzales Borges, "Instalações portuárias – Contrato de arrendamento", cit., *RDA* 210/337.

19. Vale registrar, derradeiramente, que parte relevante da doutrina enxerga o arrendamento de instalações portuárias como uma concessão de uso de bem público. Nesse sentido, Hely Lopes Meirelles sustenta a impossibilidade da locação ou arrendamento no caso de bens públicos, pois conside-

Pode-se sustentar, em sentido contrário, que a preocupação com o uso eficiente do bem público e com a otimização da utilização desse bem escasso (o espaço geográfico no qual se situa o porto) poderia justificar as exigências de quantidades mínimas e de qualidade do serviço, sem desnaturar a essência original do contrato, que era a de concessão de obra pública. No entanto, a nosso ver, a ordem de preceitos e de exigências em relação aos serviços desempenhados pelo particular, constantes da lei e dos contratos de arrendamento, vai muito além do mero zelo pelo uso eficiente do bem.

O que se verifica é uma efetiva preocupação e regulação, pelo contrato, da atividade a ser exercida pelo particular. Assim é que, como assinalado anteriormente, não apenas (i) são fixadas quantidades mínimas de movimentação de cargas na área arrendada, como também (ii) os direitos dos usuários dos serviços prestados pelos arrendatários, além (iii) das cláusulas de reversão dos bens e de metas a serem atingidas em relação aos serviços. Longe de ser simples escolha do particular, o exercício da atividade portuária é uma exigência contratual imposta pelo Poder Concedente, sendo, assim, impossível cingir o âmbito do arrendamento à mera concessão de uso ou ao arrendamento ditado pelo Código Civil (que se assemelha à locação).

De qualquer forma, sublinhamos que o amálgama de caracteres acima apontados (concessão de serviço com traços ainda de concessão de uso de bem público) bem indica não restar o assunto, aqui, exaurido. As respostas ora encontradas, sem porem termo à investigação teórica, valem mais como constatações suficientes para responder ao problema trazido pela indagação. E é exclusivamente nesse fito que aqui nos empenhamos.

Insta, agora, falar do regime aplicável ao arrendamento, que será objeto do tópico seguinte.

4.2 O regime do contrato de arrendamento de instalações portuárias

A falta de consenso quanto à natureza efetiva do contrato de arrendamento reflete-se, evidentemente, em controvérsia quanto ao regime aplicável ao contrato de arrendamento. A divergência dá-se entre os que defendem a colocação desse contrato sob a égide do direito privado, ainda que com cláusulas típicas de direito público e prévia licitação, e aqueles que não vislumbram, no acordo, submissão senão ao direito público.

Não pode, todavia, haver dúvidas quanto ao caráter publicista dos contratos de arrendamento, seja (i) pelo fato de o território do porto em que se insere o contrato de arrendamento ser bem público; seja (ii) porque tal bem é afeto à finalidade específica de serviço público, fazendo incidir sobre a atividade uma regulação específica. Vejamos cada uma dessas afirmações.

ra inadmissível que a Administração renuncie às prerrogativas jurídicas que lhe são inerentes, transferindo o uso e o gozo do bem ao particular, tal como se faz no regime privado de contratação. Afirma o autor: "A locação é contrato típico do direito privado, onde as partes devem manter equivalência de situações nos direitos e obrigações que reciprocamente assumirem. Por isso se conceitua a locação como um contrato bilateral perfeito, oneroso, comutativo e consensual. Ora, no direito administrativo jamais se poderá traspassar o uso e gozo do bem público com as características da locação civil, porque implicaria renúncia de poderes irrenunciáveis da Administração, para que ela viesse a se colocar em igualdade com o particular, como é da essência desse contrato no campo do direito privado. O só fato de uma lei administrativa, primando pela falta de técnica, referir-se erroneamente a um instituto civil não é o bastante para implantá-lo em nosso direito público. (...). O que a lei federal denominou impropriamente de 'locação' nada mais é que *concessão remunerada de uso* dos bens do domínio público patrimonial, instituto, esse, perfeitamente conhecido e praticado pela Administração Pública dos povos cultos e regido por normas próprias do direito administrativo" (*Direito Administrativo Brasileiro*, 27ª ed., São Paulo, Malheiros Editores, 2002).

4.2.1 *O porto é bem público*

Não parece haver dúvida de que o contrato de arrendamento incide sobre a parcela dos portos organizados que constitui, obrigatoriamente, bem de natureza pública. As áreas conformadoras do porto organizado, objeto do contrato de arrendamento, são de domínio público, pois que estarão sempre situadas ou sobre o mar territorial[20] ou sobre os terrenos de marinha, bens que a própria Constituição Federal reputa como públicos (art. 20, VI e VII).

Nesse sentido é a lição de Cretella Jr.:

"Nessas condições, a natureza jurídica do lugar abrigado das correntes e ventos, escolhido pelo homem, funcionalmente, para fins de comunicabilidade humana, acompanha a natureza das águas em que se localiza o porto.

"Ora, tais águas são bens integrantes do domínio público e, assim, o porto é bem público, quer se ache situado em águas correntes, quer se encontre localizado em águas dormentes."[21]

Além disso, como públicos também as disposições da Lei 8.630/1993 tratam os terrenos dos portos. A legislação admite implicitamente, em seu art. 4º, II, que os particulares detenham titularidade do domínio útil de áreas situadas dentro do porto organizado, mas nunca o domínio direto sobre tais bens. Mesmo nessa hipótese estamos diante, portanto, de bem de propriedade pública.

Mais que isso, o porto é bem público afeto a uma finalidade específica: a exploração dos serviços públicos de portos marítimos, fluviais e lacustres. São, portanto, bens públicos de uso especial.[22]

Diante da afetação específica do bem para a finalidade publicística, não seria aceitável que o Poder Público abrisse mão de suas prerrogativas institucionais e contratasse a cessão de tais bens a particulares sob o manto do direito privado, conforme a lição já anteriormente perorada de Hely Lopes Meirelles. Também nesse sentido, Maria Sylvia Zanella Di Pietro recorda que "o emprego de institutos do direito privado para transferência de uso privativo somente é possível no caso de bens dominicais, já que estes estão dentro do comércio jurídico de direito privado".[23] *A contrario sensu*, os bens afetos a finalidade pública específica – e mormente os afetos a serviços públicos – não poderão jamais ser objeto das contratações regidas pelo direito privado, entre as quais o arrendamento civil.

20. Sobre o assunto, eis a posição de Benjamin Villegas Basavilbaso: "El CC, em su art. 2340, inciso 2º, establece: 'Son bienes públicos del Estado general o de los Estados particulares (...), los purtes y ancladeros'. Este texto, como lo anota Segovia, tiene su fuente en el *Esboço* de Freitas. Si se observa que tanto los puertos como los ancladeros están necesariamente situados en el mar territorial, en los ríos o en los lagos, que constituyen bienes del dominio público (supra, 488, 498, 516 y 517), la disposición citada es superflua. Los puertos son siempre dependencias del dominio público por cuanto forman parte de las aguas públicas, corrientes o durmientes, donde se hallan situados" (*Derecho Administrativo*, vol. IV, Buenos Aires/Argentina, 1952, p. 637).

21. José Cretella Jr., *Tratado do Domínio Público*, Rio de Janeiro, Forense, 1984, pp. 225-226, *apud* Alice Gonzales Borges, "Instalações portuárias – Contrato de arrendamento", cit., *RDA* 210/339.

22. Sobre a afetação de bens para uma finalidade pública, Maria Sylvia Zanella Di Pietro anota que: "Quando se fala que o bem de uso especial está afetado à realização de um serviço público, como o faz o art. 66, II, do CC, tem-se que entender a expressão 'serviço público' em sentido amplo, para abranger toda atividade de interesse geral exercida sob a autoridade ou sob fiscalização do Poder Público; nem sempre se destina ao uso direto da Administração, podendo ter por objeto o uso por particular, como ocorre com o mercado municipal, o cemitério, o aeroporto, a terra dos silvícolas etc." (*Direito Administrativo*, 12ª ed., São Paulo, Atlas, 2000, p. 522).

23. Maria Sylvia Zanella Di Pietro *Direito Administrativo*, 14ª ed., São Paulo, Atlas, 2002, p. 569.

4.2.2 *O porto é dedicado a finalidade pública específica*

Ao tornar a exploração dos portos um serviço público, a Lei Maior faz incidir sobre a atividade uma regulação específica, um regime protetivo especial que a distingue das demais atividades que não receberam tal tratamento constitucional.[24]

Não é por acaso que a alínea "f" do inciso XII do art. 21 da CF erige à categoria de serviço público a exploração dos portos marítimos, fluviais e lacustres. Trata-se de atividade imprescindível ao desenvolvimento econômico nacional, com evidente interesse público envolvido.

A relevância e essencialidade da atividade alçada ao *status* de serviço público justificam, no tratamento do direito constitucional, a existência de regulação intensa e alheia à regra de liberdade inerente às relações econômicas (balizadas pelo direito privado, onde a liberdade é a regra). A regulação estatal no âmbito dos serviços públicos, portanto, efetiva-se pela aplicação do próprio regime de direito público. Os bens que integram o porto, por serem instrumento pelo qual o Estado cumpre a obrigação que lhe é imposta constitucionalmente de explorar os portos, não poderiam estar alheios a esse regime.

24. Sobre os efeitos decorrentes da elevação de determinada atividade econômica (em sentido amplo) à categoria de serviço público, note-se que dela decorrem três conseqüências: (i) o Estado assume a obrigação de oferecer a atividade considerada serviço público de forma permanente (continuidade) e a toda gente (acessibilidade, generalidade e universalização); (ii) estabelece-se uma restrição à possibilidade de acesso dos particulares à exploração da atividade, pois que ela será prestada por ente estatal ou delegada a particulares por ato específico de outorga; (iii) a exploração da atividade, considerada então serviço público, só poderá se dar em regime derrogatório das relações privadas (regime de direito público) (v., nesse sentido, Floriano de Azevedo Marques Neto, "Reestruturação do setor postal brasileiro", *RTDP* 19/149 e ss., São Paulo, Malheiros Editores, 1997).

Ainda que se sustentasse – como vimos parte da doutrina fazer – que o âmbito do serviço público se esgota na administração do porto organizado como um todo, não abarcando a cessão dos bens que o integram, ainda assim seria forçoso reconhecer que incide evidente interesse público nos bens que integram o porto organizado, por serem, exatamente, o instrumento necessário à consecução dos fins estabelecidos constitucionalmente. Daí que necessariamente serão regidas pelas regras de direito público, e nunca privado, as relações envolvendo os bens do Estado quando esses forem afetos à finalidade pública, como são os imóveis da zona portuária.

Afirmar o contrário não somente iria contra os princípios mais basilares do direito público, como também geraria paradoxo interno no próprio regime de uso dos bens públicos que integram o porto, sob a sistemática da Lei 8.630/1993. Com efeito, para a cessão dos terminais privativos aplica-se o instituto da permissão de uso de bem público, modalidade de cessão regulada inteiramente pelo direito público. Não seria admissível que a cessão do uso de parcela do porto organizado, dado o maior interesse público que nele se envolve, fosse submetida a regime civilista.

Por todo o exposto, é de se concluir que o regime aplicável aos contratos de arrendamento previstos na Lei 8.630/1993 será necessariamente o regime de direito público, seja pelo fato de que a exploração dos portos constitui serviço público, seja porque as instalações portuárias têm natureza de bens públicos de uso especial, seja, ainda, porque existe evidente interesse público envolvido. Ainda que persista a controvérsia quanto à verdadeira natureza do contrato – concessão de serviço público ou concessão de uso de bem público –, não poderá haver dúvida quanto ao regime que lhe é aplicável: trata-se, indiscutivelmente, de regime de direito público. E as contratações em causa, por uma ou outra opção (concessão de serviço ou de uso de bem), sempre serão contratos administrativos.

De rigor: tendo como objeto um bem público e voltado – desde o ângulo do Estado – à satisfação de um interesse público instrumentado pela prestação de um serviço público, o contrato de arrendamento de instalações portuárias tem, incontendivelmente, natureza jurídica de contrato administrativo.[25]

Impende, agora, indicar os pontos mais relevantes do regime jurídico dos contratos administrativos que incidem no contrato em comento e acrescer o que de peculiar antes aventamos sobre o regime da atividade desenvolvida pela empresa interessada ao ensejo de referido contrato. Pela ordem inversa:

5. *Implicações do regime jurídico de serviço público da atividade desenvolvida pela empresa ao ensejo do novo contrato*

Não é o caso, aqui, de se proceder à exposição exaustiva do conteúdo do regime jurídico do serviço público. Ao contrário das matérias tratadas anteriormente, ainda pouco pisadas por nossa doutrina e nossos tribunais, justamente pelo contrário, o tema deste tópico não justifica extensão de monta. Importa-nos identificar que princípio ou regra, dentre aqueles do regime jurídico de serviço público, mais de perto impõe injunções à solução do caso concreto.

Temos que tal é o *princípio da continuidade do serviço público*, o qual, corolário "da obrigatoriedade do desempenho de atividade pública", sujeita a Administração "ao dever de continuidade no desempenho de sua ação".[26] Essa continuidade do serviço público – no caso, a prestação dos serviços realizados ao ensejo da exploração das instalações portuárias arrendadas pelos dois contratos – obviamente não tem, aqui, um significado meramente temporal. "Continuidade do serviço público" não é, no exato sentido jurídico do princípio em causa, apenas permanência no tempo, mas, sim, uma permanência de uma atuação ótima por parte da Administração Pública.

Logo, o princípio da continuidade do serviço público *não* prescreve *apenas* a preservação de uma dada prestação direta ou indireta do Estado. Por ele, princípio da continuidade do serviço público – compreendido em seu necessário intercurso com os princípios da finalidade e da eficiência administrativa (CF, art. 37) –, a continuidade não é alheia de qualquer caractere substancial, mas, sim, prescreve-se como continuidade da prestação pública positivamente qualificada, cada vez melhor, mais eficiente, otimizada quanto ao atingimento da plenitude de seus fins, entre os quais a produtividade. Conecta-se, ainda, o princípio da continuidade do serviço público com aqueloutro da economicidade (CF, art. 70), no que aponta a imposição da permanência de uma atuação administrativa eficiente e otimizante de

25. Aliás, já teria tal contrato natureza administrativa, isto é, já estaria submetido a uma regência extravasante do regime contratual comum, dado ter sido precedido de procedimento licitatório. Nesse sentido, Carlos Ari Sundfeld, com invulgar acuidade, notou-o bem no que atina com as conseqüências do regime licitatório sobre o regime jurídico do contrato produzido ao ensejo do certame:"(...) a licitação não é mera condição do contrato, pois interfere intensamente no próprio regime de sua execução. Nos contratos entre particulares é ampla a possibilidade de alteração, desde que por consenso. Mas, nos da Administração (inclusive naqueles que a doutrina teima em considerar como 'privados'), a mutação é inadmitida se importar fraude à licitação. Destarte, os limites qualitativos e quantitativos à modificação, impostos pela lei como freio à fraude (art. 65, §§ 1º e 2º), se aplicam a quaisquer contratos estatais" (*Licitação e Contrato Administrativo*, cit., 2ª ed., p. 201).

26. Celso Antônio Bandeira de Mello, *Curso de Direito Administrativo*, 13ª ed., São Paulo, Malheiros Editores, 2001, p. 41.

suas potencialidades, com o atingimento dos melhores resultados a partir dos menores custos possíveis.

Nesse contexto principiológico, é claro que se veste de color jurídico negativo a abrupta rescisão do primeiro contrato, sem que nada se faça para preservar a continuidade do escopo (público) desenvolvido ao seu ensejo. Tal eventualidade tanto mais é reprovável quando, como *in casu*, passível de ser contornada, dado existirem instalações portuárias ociosas que poderiam prestar-se como compensação, pela rescisão ocorrida no primeiro contrato, à empresa interessada. Mais importante, a compensação aventada volta-se em favor da outra parte contratante e do interesse público implementado pelos serviços prestados ao ensejo da execução do contrato inicial, evitando-se, assim, a perda de continuidade em parcela das atividades portuárias e, mais ainda, otimizando-se prontamente essa mesma continuidade, ao se ampliar o uso das instalações portuárias, mediante extensão do objeto imediato do segundo contrato.

A solução cogitada na indagação homenageia, portanto, vários e caros princípios para a atuação administrativa: o da continuidade do serviço público, o da eficiência e o da economicidade. E todos os três, nada obstante com distintas ênfases e ângulos, apontam para a impositividade de se dar plena otimização para as áreas portuárias, mormente as lindeiras àquela originalmente constituinte do objeto imediato do primeiro contrato. Uma tal medida rende à segunda contratação (i) continuidade (ao preservar a prestação da atividade antes desenvolvida no contrato anterior), (ii) eficiência (à medida que otimiza a operação portuária, evitando-se perdas) e (iii) economicidade (uma vez que a otimização do uso dos equipamentos públicos dar-se-á sem quaisquer novos custos para a outra parte – aliás, esta irá aumentar seus rendimentos, já que não sofrerá queda de remuneração com a interrupção da execução do objeto contratual inicial).

6. Implicações do regime de contrato administrativo para a compreensão da ampliação do objeto imediato do segundo contrato de arrendamento. Peculiaridades do contrato em causa

Que os contratos de arrendamento portuário em análise consistem em contratos administrativos é constatação, a esta altura, incontendível, em apreço às razões supra-expendidas. Caso, agora, de também identificar com mais precisão as conseqüências de tal natureza para o contrato em comento.

Dentre as características do regime jurídico dos contratos administrativos assoma a alterabilidade de seu conteúdo. Mais: alterabilidade inclusive e notadamente unilateral, exercitável pela parte-Estado. Tal é o que releva da própria definição do instituto, segundo redação de Celso Antônio Bandeira de Mello, respaldada em extensa doutrina: "um tipo de avença travada entre a Administração e terceiros na qual, por força de lei, de cláusulas pactuadas ou do tipo de objeto, a permanência do vínculo e as condições preestabelecidas assujeitam-se a cambiáveis imposições de interesse público, ressalvados os interesses patrimoniais do contratante privado".[27]

Nesse caminho, a alterabilidade dos contratos administrativos é função direta do *interesse público* que lhes inspira a formalização e a execução. Esse interesse público, característico da relação jurídico-administrativa que é instaurada e vivenciada sempre sob "o influxo de uma finalidade cogente",[28] traz por conseqüência um regime jurídico de maleabilidade, plasticidade do con-

27. Celso Antônio Bandeira de Mello, *Curso de Direito Administrativo*, cit., 13ª ed., pp. 560-561.

28. Ruy Cirne Lima, *Princípios de Direito Administrativo*, 3ª ed., Porto Alegre, Globo, 1954, p. 63.

teúdo contratual: um regime público dinâmico, para usar expressão de Soto Kloss.[29]

Por outro lado, é certo e consabido que essa alterabilidade contratual, em nosso ordenamento jurídico, é restringida em face de duas razões: (i) proteção da situação jurídica do contratado, para que não haja (a) descaracterização do objeto contratual e eventual perda do interesse econômico na avença, ganha como direito subjetivo do particular; nem (b) exaurimento da posição econômica favorável defluída do contrato mediante solapamento da equação econômico-financeira provocado por alterações contratuais; (ii) evitar a burla ao procedimento licitatório, a qual, não fossem os limites de alteração contratual, restaria ensejada, uma vez formalizado o contrato, com a possibilidade de o agente administrativo incrementá-lo, tornando-o consideravelmente mais vantajoso que aquele originalmente licitado.

No regime jurídico comum dos contratos administrativos tais limites encontram-se notadamente regidos pelos arts. 65 e ss. da Lei 8.666/1993. Já vimos, entretanto, que sua aplicação, mesmo tratando-se de contratos administrativos comuns (considerados aqueles regidos integral e exclusivamente pelos arts. 54 e ss. da Lei 8.666/1993), não se dá em todas as hipóteses de alteração contratual.[30] No caso em análise, agregamos que o contrato de arrendamento de instalação portuária, se não duvidamos tratar-se de um contrato administrativo, também não pomos em dúvida que *o mesmo **não** é regido integral e exclusivamente pelos arts. 54 e ss. da Lei 8.666/1993*. Sem que certamente deixem de se submeter à referida lei, os contratos ora em consideração regem-se primeiramente (e daí decorrem algumas inovações em face do regime contratual administrativo ordinário) pela Lei 8.630/1993, que institui o regime jurídico dos portos.[31]

Nisso, sublinhamos que, se a alterabilidade de conteúdo é um caractere ínsito ao próprio conceito de "contrato administrativo", vai ser, entre outras,[32] *peculiaridade do regime jurídico específico dos contratos de arrendamento de instalação portuária uma maior intensidade dessa característica. Isto é: os contratos de arrendamento portuário demandam uma maior alterabilidade contratual. Em termos positivos, tal deflui da prescrição da Lei 8.630/1993, art. 4º*: "Art. 4º. Fica assegurado ao interessado o direito de construir, reformar, ampliar, melhorar, arrendar e explorar a instalação portuária (...)".

E, mais adiante, o § 4º, VIII, do mesmo artigo: "§ 4º. São cláusulas essenciais no contrato, a que se refere o inciso I do *caput* deste artigo, as relativas: (...) VIII – aos direitos, garantias e obrigações do contratante e do contratado, inclusive, quando for o caso, os relacionados com visíveis necessidades de futuras suplementações, alterações e expansões do serviço e conseqüente modernização, aperfeiçoamento e ampliação das instalações; (...)".

A razão dessa maleabilidade de conteúdo contratual mais intensa, como não poderia deixar de ser, prende-se ao próprio fundamento da alterabilidade de conteúdo como caractere definidor do contrato administrativo: a necessidade de se adaptar, cambiar, mudar o teor das disposições contratuais, para que se conformem às exigências cambiantes do interesse público. O que se entende, como em tantas coisas mais no Direito, conhecendo-se melhor a materialidade dos

29. *Apud* Odete Medauar, *Direito Administrativo Moderno*, 4ª ed., São Paulo, Ed. RT, 2000, p. 252.

30. V. item 2, supra.

31. A existência, em nosso ordenamento jurídico, de regimes contratuais administrativos específicos ao lado do regime contratual administrativo ordinário é constatação palmar. Apenas como ilustração (sequer extensa, quanto menos exaustiva), lembramos os contratos de concessão e permissão de serviço público (com regência especial positivada pela Lei 8.987/1995) e os contratos envolvendo concessão de potencial hidrelétrico (com regência especial positivada pela Lei 9.074/1995).

32. Como o prazo mais dilargado.

serviços portuários. Sem, obviamente, pretendermos nos arvorar em técnicos da engenharia operacional portuária, nem expertos em administração logística, impomo-nos as considerações fáticas seguintes, como inescapável dever de ofício para a adequada compreensão jurídica do problema.

Os serviços portuários são efetivados sobre uma infra-estrutura que, embora gigante aos olhos leigos, em verdade pode sofrer de escassez – e a mera ociosidade de capacidade já é fato, aqui, negativo –, dado o gigantismo das necessidades de embarque e desembarque de mercadorias e, sobretudo, o regime especialmente acelerado em que tal serviço deve ser operado, para que alcance seus préstimos: minoração das distâncias percorridas mediante (a) a máxima diminuição possível (em face dos meios de transporte conectados pelo porto) de tempo para despacho aduaneiro da mercadoria e (b) diminuição dos custos vinculados à permanência da mercadoria no porto.

Em face dessas exigências materiais, que consubstanciam o critério de eficiência desse serviço público, impõe-se ao concessionário do serviço de portos – no caso concreto, a concessionária – a permanente atenção logística voltada à otimização do emprego da infra-estrutura existente, quer (i) evitando-se o máximo possível sua ociosidade, quer (ii) incrementando-se seu uso.

Nesse contexto, a própria estruturação do objeto contratual original dos contratos de arrendamento portuário deixa, *ab initio*, inscrita como eventualidade *prevista* a possibilidade de ampliação de seu objeto, donde a intensificação da nota de alterabilidade contratual, característica dos contratos administrativos. A alteração neste não é uma superveniência remota e improvável; não requer, pois, um fato especialmente inesperado.

Essa ampliação do objeto contratual pode se dar mediante (a) reforma das instalações ou (b) acréscimo de instalações à operação portuária avençada por dado contrato de arrendamento. Daí termos, no início deste parecer, usado a expressão "objeto contratual *imediato*", querendo, assim – sem que nisso vá qualquer veleidade de originalismo teórico, mas tão-somente a necessidade de referir uma realidade que nos parece não fidedignamente traduzível pela terminologia comum dos contratos administrativos –, aludir à existência, nos contratos de arrendamento de instalações portuárias, de um objeto contratual original (consubstanciado naquele inicialmente definido e certo e uma potencialidade desde já inscrita como evento previsto, embora incerto), o qual abrange (i) um objeto contratual *imediato* (aquele inicialmente definido e certo no instrumento contratual – *in casu*, aquele descrito no contrato) e (ii) um objeto contratual mediato ou potencial (o referente a uma potencialidade desde já inscrita como evento *previsto*, embora *incerto*).[33]

Mediante a ampliação prevista como evento normal e normatizado no art. 4º, *caput* e § 4º, VIII, da Lei 8.630/1993 (ademais, contratualmente inscrita na avença), atualiza-se, definindo o que dantes incerto, o objeto contratual *mediato* (potencial), que passa a incorporar o objeto contratual *imediato* (presente e definido) do contrato de arrendamento. Nessa ampliação do objeto contratual imediato, na qual certamente se pode ver uma alteração contratual substancialmente indistinta daquelas ocorrentes com contratos administrativos em geral, queremos chamar a atenção para a peculiaridade intensificada de que a alteração contratual *in casu* corresponde a uma potencialidade consideravelmente expectada desde sempre para a avença.

33. Insistimos em que a sistematização acima corresponde a um esforço de descrição de uma realidade jurídica que nos parece inequívoca. A descrição pode não ser a melhor, e aqui certamente é feita em termos ensaísticos – o que não nos preocupa, vez não confundirmos a natureza desta peça com um trabalho científico. Contudo, de que consegue a mesma chamar a atenção para peculiaridades do contrato em comento e render-lhes didática indicação, disso não duvidamos. E por isso mesmo a empregamos.

A ampliação em referência, portanto, não pressupõe uma situação extraordinária, inusitada, emergencial, nem singularmente especial. A competência de ampliação do objeto contratual imediato da avença em causa, com expresso e especial lastro legal, é exercida discricionariamente, dependendo apenas da ocorrência fática que razoavelmente a justifique. Tal fato, entretanto, não é raro, nem incomum, mas gravita em torno da normalidade do *modus operandi* da economia portuária. Calham, aqui, as considerações da lavra da Consultoria Jurídica do Ministério dos Transportes vazadas no Parecer CONJUR-039/2001, lançado nos autos do Processo 50000.005052/2001-30:

"Por outro lado, a Lei n. 8.630/1993 (...) dá respaldo legal à ampliação das instalações, em seu art. 4º, § 4º, inciso VIII (...).

"Vê-se que a norma supratranscrita dá certeza e segurança ao administrador para autorizar a incorporação de área do Armazém 13 à área arrendada, posto que o referido Armazém, pelas peculiaridades operacionais do local em que se encontra encravado, caracteriza, de certa forma, a inviabilidade de ser utilizada por outros interessados (...).

"Desse modo, está demonstrada nos autos a presença do interesse público, pois essa incorporação irá aumentar a movimentação de carga no Porto de Santos, uma das metas prioritárias da concessionária (...)."

Quanto aos limites da ampliação de objeto contratual imediato dos contratos de arrendamento em exame, não temos que se possa sem mais incidir os percentuais constritivos do art. 65, §§ 1º e 2º. Estes são incindíveis quando não comparecer qualquer fundamento fático para a ampliação ou acréscimo de objeto contratual que, em face da engenharia logística peculiar do serviço portuário, justifique adição de área de instalação portuária em volume maior que 25% da área original (objeto contratual original imediato).

Há, todavia, eventualidades em que tal acréscimo de objeto além dos 25% (além, portanto, dos limites dos referidos dispositivos legais) constitui-se como necessidade reclamada para otimização do emprego de dadas áreas portuárias, quando, então, configura-se hipótese subsumível diretamente ao art. 65, I, "a" (ou, no mínimo, uma hipótese específica defluída da combinação desse dispositivo com o art. 4º, VIII, da Lei 8.630/1993): "Art. 65. Os contratos regidos por esta Lei poderão ser alterados, com as devidas justificativas, nos seguintes casos: I – unilateralmente pela Administração: a) quando houver modificação do projeto ou das especificações, para melhor adequação técnica aos seus objetivos; (...)".

E já se pode considerar pacificada a melhor doutrina quanto ao afastamento, em casos tais, do art. 65, §§ 1º e 2º, da Lei 8.666/1993 como limites ao aditamento ou ampliação do objeto contratual que se demonstre necessário fazer. Por todos, Celso Antônio Bandeira de Mello, acerca desses referidos dispositivos legais constritivos, magistra: "Parece-nos, entretanto, que a dicção legal, conquanto muitíssimo salutar, não deve ser recebida de modo extremado. É que, por mútuo acordo, segundo entendemos, poderia caber modificação excedente dos limites previstos no § 1º do art. 65 caso ocorra alguma situação anômala, excepcionalíssima, que a justifique, ou, então, em face das chamadas 'sujeições imprevistas'; isto é: quando dificuldades naturais insuspeitadas se antepõem à realização da obra ou do serviço, exigindo tal acréscimo. Seria o caso, *e.g.*, de o perfil geológico revelar-se diferente daquele constante dos dados oferecidos pela Administração ou da descoberta de um lençol freático insuspeitado".[34]

Esclarecemos que Bandeira de Mello, ao referir o requisito de excepcionalidade da situação, certamente considera o costumeiro dos contratos administrativos, como não poderia deixar de ser em capítulo de curso jurídico em que se expõe sobre a gene-

34. Celso Antônio Bandeira de Mello, *Curso de Direito Administrativo*, cit., 13ª ed., p. 568.

ralidade desses negócios. No caso concreto, entretanto, a ampliação da área arrendada, mesmo em patamares superiores a 25% da área original (objeto contratual imediato), se não pode ser tomada como fato futuro e certo no instante da formalização da avença, claramente apresenta, tanto em face das idiossincrasias materiais da infra-estrutura e do serviço público em referência quanto por regência legal específica (Lei 8.630/1993, art. 4º, § 4º, VIII), um caractere de eventualidade *expectada*, não se caracterizando, assim, necessariamente pela excepcionalidade referida pelo festejado Titular da PUC/SP.

De qualquer modo, atalhando polêmicas, no caso concreto, os fatos subjacentes à decisão de ampliar o escopo contratual imediato do contrato de arrendamento claramente podem ser entendidos como excepcionais, visto não ser do costumeiro das vicissitudes contratuais dessas avenças que sua continuidade seja inviabilizada pela perda do objeto contratual em face da construção de via portuária. Há, pois, aqui, uma situação fática excepcionalíssima.

Seja notado, ainda, que a subsunção legal, nessas hipóteses, não é possível sem o intercurso de um juízo técnico-administrativo, o qual – sem embargo de sindicável perante pautas de consistência técnica, razoabilidade e proporcionalidade jurídicas – enseja, não raro, apreciação discricionária do agente administrativo competente. Essa observância impõe-nos um limite: só podemos concluir pela presença, ou não, de condições fáticas e fundamento jurídico para que o agente administrativo competente decida, exercendo a discrição administrativa que lhe cabe, em favor ou não da ampliação do contrato. Caso não estivessem presentes tais pressupostos (fatos e fundamento jurídico), responderíamos, em termos peremptórios, contrariamente à licitude da ampliação contratual cogitada. Como, todavia, já avisamos desde o início que antevemos o comparecimento de aludidos requisitos, nossa resposta – assim como o controle administrativo ou jurisdicional externos – deve ir somente até a assertiva de que pode o agente administrativo assim decidir. Nesse caso, a ele, e somente a ele – agente administrativo –, a decisão.

Com esses avisos, podemos concluir esse tópico, opinando favoravelmente à licitude da ampliação contratual cogitada, porquanto presentes justificações técnicas concernentes à necessidade de se otimizar o emprego de área portuária, rendendo ganhos de eficácia e produtividade ao serviço prestado. Em reforço são as considerações pertinentes lançadas pela Procuradoria da Fazenda Nacional, por sua Coordenação-Geral Jurídica:

"(...) menciona-se que, (...), a (...) realizou audiência pública sobre a licitação para a recuperação e modernização da Avenida Perimetral Portuárias, acessos e saídas, e infra-estrutura para a automação das operações do Porto de Santos.

"Como essas obras serão realizadas em áreas do Porto Organizado, haverá mudanças nos traçados das atuais rodovias e ferrovias internas, com a utilização de novas áreas e com o não-uso das vias que serão extintas.

"É claro que, com essas alterações, serão atingidos pátios de manobra, de estacionamento e de movimentação de cargas, armazéns, edificações administrativas, silos etc.

"Qualquer permuta ou acréscimo de áreas conseqüentes a essas alterações são perfeitamente legais, ensejando alterações dos respectivos contratos, sem nova licitação."

7. A ampliação do contrato como legítimo ato administrativo ressarcitório da "empresa" contratada e neutralizador de claro e fundado direito indenizatório. Ganhos para o interesse público referidos ao serviço público em causa e ao patrimônio público tutelado pela concessionária

Sendo os contratos de arrendamento entretidos pela empresa junto à concessionária em causa contratos administrativos (aliás, fossem singelos contratos comuns, tanto mais se punha a conclusão adiante), é próprio de sua normatividade a instituição de direitos e deveres jurídicos para ambas as partes. Consoante o sabido por qualquer graduando que tenha feito sua primeira leitura de qualquer curso de direito administrativo, capítulo dos contratos administrativos, o aperfeiçoamento de uma avença dessa estirpe institui juridicamente um sinalagma entre as partes contratantes, constituindo-se, a partir daí, um plexo de direitos e deveres contrapostos. O sentido econômico subjacente a esse arranjo de direitos e deveres é sinteticamente referido como "equação econômico-financeira", e sua proteção – grifemos: *intensa proteção* – consiste desses casos raros em que doutrina, nacional e estrangeira, e ainda a jurisprudência comungam em uníssona opinião.[35]

Firmado o contrato, vindo seu objeto, em meio à vigência e execução contratuais, a ter sua exploração economicamente inviabilizada, a extinção contratual daí ocasionada, porque de responsabilidade da concessionária (a causa material da inviabilização consiste na construção de uma via portuária por iniciativa desta), configura hipótese de quebra da equação econômico-financeira da avença e, assim, institui em favor da empresa o concernente direito à proporcional compensação.

Tal se entende porquanto referida equação econômico-financeira, presente em todo e qualquer contrato de conteúdo econômico apreciável (a especialidade do contrato administrativo, nesse tema, diz apenas com a intensidade da proteção da equação), abrange um planejamento de custos e investimentos (encargos financeiros) aos quais correlacionado um programa de ganhos que, considerados ao longo da vigência contratual pactuada, proporcionarão a remuneração do capital investido (lucro). Diante desse programa econômico da contratação, a diminuição abrupta de sua duração implica direta queda de volume de ganhos, e, por conseqüência incontornável, perda de remuneração de capital investido. Trata-se, pois, de hipótese fática inegavelmente eficaz em produzir abalo à equação econômico-financeira.

Uma vez formalizado o contrato, contratada entre as partes a equação econômico-financeira a ele subjacente, a proteção institucional da mesma obriga, *in casu*, a concessionária a respeitá-la, do que decorrem, em caso de quebra da equação em referência: (i) ou o direito à recomposição da equação econômico-financeira da avença, ou (ii) se empecida a persistência do contrato em causa em face da inviabilização econômica da exploração da parcela de sua área persistente após a construção da via portuária, o direito à indenização integral dos custos havidos e das justas expectativas de lucro compromissadas mediante referido negócio.[36]

A consideração isolada e exclusiva dessa contingência já por si – insistimos: só e exclusivamente por si – enseja fundamento

35. Ajuntaríamos como referência as contribuições de: Jean Rivero, *Droit Administratif*, 3ª ed., Paris, Dalloz, 1965, p. 108; Francis-Paul Bénoît, *Le Droit Administratif Français*, Paris, Dalloz, 1968, p. 588; Georges Péguinot, *Theórie Générale du Contract Administratif*, Paris, A. Pedone, 1945, pp. 433-434; Marcel Waline, *Droit Administratif*, 9ª ed., Paris, Sirey, 1963, p. 618; Marcello Caetano, *Princípios Fundamentais de Direito Administrativo*, Rio de Janeiro, Forense, 1977, pp. 255-256; André de Laubadère, *Traité Theórique des Contrats Adminsitratifs*, t. I, Paris, pp. 85-103; Mattos de Vasconcelos, *RDA* II/153; o Min. Oscar Saraiva, *RDA* I/323, V/277, X/284 e XXV/257; Guimarães Menegale, *RDA* XXVII/312; Alcino Salazar, *RDA* XXXI/301; Alfredo de Almeida Paiva, *Aspectos dos Contratos de Empreitada*, Rio de Janeiro, Forense, 1955, p. 68; e Clóvis Paulo da Rocha, *Revista Jurídica da Faculdade Nacional de Direito* XVII/143, 1959. Em remate, vale colacionar também as seguintes obras, mais recentes até: Carlos Henrique Magalhães Marques, *RDP* 91/103; Eros Roberto Grau, *RDP* 96/61; e Hely Lopes Meirelles, *Estudos e Pareceres de Direito Público*, vol. 11, p. 80, e vol. III, p. 2, São Paulo, Ed. RT.

36. Celso Antônio Bandeira de Mello, em texto de agudeza ímpar, expõe a *ratio* jurídica em causa

legítimo bastante para a ampliação do objeto contratual imediato do ajuste, considerando-se tal ampliação como *lídimo ressarcimento* à empresa pela quebra da equação econômico-financeira do contrato (fato lesivo), provocadora de *perda de justas expectativas de lucro* (consubstanciação de dano indenizável), por conseqüência de fato de *exclusiva* responsabilidade da concessionária (caracterização e personificação da responsabilidade ressarcitória).

(*Curso de Direito Administrativo*, 12ª ed., São Paulo, Malheiros Editores, 2000, pp. 560-561):

"(...) a índole deste tipo de relações entre Administração e particular assenta no respeito mútuo de interesses. Pretende-se encarecer que se trata de vínculo – segundo doutrina dominante na atualidade – no qual o chamado contratante privado é havido como um colaborador da Administração, de tal sorte que: 'tende a prevalecer a idéia de que o interesse do Estado é de assegurar uma remuneração normal (e não mais o menor lucro possível) a seu contratante, que vai ser associado não como um executante sem iniciativa, mas como um colaborador ao qual tais iniciativas, pelo contrário, são pedidas em favor de uma tarefa de interesse público'.

"(...) cai a lanço observar que a posição jurídica da Administração, em suas múltiplas relações públicas, difere substancialmente da posição dos particulares quanto aos objetivos que podem animá-los. Ao contrário destes últimos, o Poder Público não tem móvel de lucro, de ganho, de especulação. Seu móvel é apenas e tão-somente a utilidade pública.

"(...).

"Enquanto o particular procura o lucro, o Poder Público busca a satisfação de uma utilidade coletiva. Calha, pois, à Administração atuar em seus contratos com absoluta lisura e integral respeito aos interesses econômicos legítimos de seu contratante, pois não lhe assiste minimizá-los em ordem a colher benefícios econômicos suplementares ao previsto e hauridos em detrimento da outra parte.

"Para tanto, o que importa, obviamente, não é a 'aparência' de um respeito ao valor contido na equação econômico-financeira, mas o real acatamento dele. De nada vale homenagear a forma quando se agrava o conteúdo. O que as partes colimam em um ajuste não é a satisfação de fórmulas ou fantasias, mas um resultado real, uma realidade efetiva que se determina pelo espírito da avença; vale dizer, pelo conteúdo verdadeiro do convencionado."

E a licitude da medida tanto mais é reforçada quando observado que se ajuntam em prol de sua concretização duas considerações em torno do princípio jurídico da finalidade (entendido, aqui, em seara jusadministrativa, como impositivo da atuação administrativa que melhor atenda ao interesse público) focadas perante o caso concreto. Além de corresponder a lídimo ressarcimento de dano indenizável em favor da empresa, a ampliação do escopo contratual imediato do contrato de arrendamento se legitima como medida lícita e aconselhável porque: (i) a uma, otimiza a operação portuária nas áreas que abrange, proporcionando ganhos de produtividade e de eficiência na prestação do serviço público administrado pela concessionária, no que se revela a consecução de aspecto relevante do interesse público imbricado no caso concreto; (ii) a duas, evita despesa para o patrimônio público gerido pela concessionária, à medida que não somente neutraliza revés econômico que, de outro modo, lhe seria imposto em face do direito de ressarcimento titulado pela empresa, como também proporciona a manutenção do incremento patrimonial público correspondente, em razoável medida, à remuneração que, cabível em favor da concessionária, restaria prejudicada pela inviabilização econômica de sua continuidade.

Sobre ser lícita, portanto, a solução cogitada pela concessionária para recomposição dos interesses e direitos tocados pela inviabilização econômica da continuidade do contrato é aconselhável. Como arremate tópico, oportuna a cita do seguinte aresto do STF, que, ao ensejo de hipótese fática muito aproximada, avalizou solução tomada pela Prefeitura Municipal do Distrito Federal (ao tempo do Rio de Janeiro, Capital), de inspiração similar àquela subjacente à medida cogitada e aqui comentada: "*Ementa:* Não é ilegal o ato do prefeito que acertou com o concessionário da exploração de um parque de diversões a prorrogação por mais de três anos, a troco da vantagem de mudança do local, sem despesas para a Prefeitura".[37]

No corpo do voto do Min. Mário Guimarães flagra-se tirocínio jurídico irretorquível:

"A explicação da Prefeitura foi cabal: funcionava na Quinta da Boa Vista, há mais de cinco anos, um parque de diversões. A Prefeitura precisou do local para instalação do Jardim Zoológico, transferido para aquela Quinta. Entrou em entendimento com o proprietário do Parque, que se mudou para outro local, na mesma Quinta. Como, porém, essa transferência acarretaria despesas para o concessionário, do acordo constou que ele teria, como indenização dessas despesas, prorrogada por mais três anos a autorização.

"Desse ato não resultou qualquer violação de direito do impetrante, desejoso de inscrever-se numa hipotética concorrência pública."

8. Compatibilidade entre a ampliação contratual cogitada e o princípio da isonomia

Cabe, enfim, ainda uma última indagação. Sem embargo dos vários aspectos jurídicos positivos supraflagrados em prol da medida cogitada pela concessionária, não seria a mesma atentatória ao princípio da isonomia, por eventualmente ensejar o arrendamento de áreas portuárias sem prévia e específica licitação e, assim, proporcionar tratamento jurídico diferenciado à empresa contratante?

Temos que não.

Ensina Antônio Roque Citadini que "a igualdade não é uma regra de equiparação matemática, mas sim um princípio relativo a cada caso em concreto. Isso equivale a dizer que o tratamento isonômico só é aplicável entre aqueles que se encontram na mesma situação ou condição jurídica, devendo os díspares ser tratados conforme suas peculiares condições".[38]

Daí, antes de imaginarmos que todas as formas de discriminação ferem a garantia de isonomia, devemos saber reconhecer em que casos essa discriminação é, ou não, legítima. É o que esclarecem Lúcia Valle Figueiredo e Sérgio Ferraz, ao afirmarem que "fundamental, para saber qual é o conteúdo jurídico do princípio da igualdade, é conhecer quando é válida a desigualdade. Se soubermos quando podemos discriminar, conheceremos o conteúdo jurídico do princípio da igualdade. Isso significa: é preciso que se investigue, com profundidade, qual o traço de legitimidade que fundamenta, perante o ordenamento jurídico, determinado fator discricionário. Isso determinará a observância ou inobservância do preceito da igualdade".[39]

Por óbvio, não cabe, aqui, repertoriar exaustivamente as hipóteses fáticas que justificariam um tratamento jurídico similar àquele cogitado pela concessionária. Mais profícuo e objetivo é identificar no caso concreto o que pode ser considerado como idiossincrasias fáticas hábeis, por sua eficácia em singularizar o caso concreto, a dar fundamento ao tratamento específico.

Ora, avulta, *in casu*, a condição da empresa, (i) arrendatária da concessionária no contrato, de (ii) potencial credor desta em face de (iii) abalo de equação econômico-financeira subjacente ao (iv) contrato entretido entre ambas, (v) cuja continuidade restará impedida por inviabilização da exploração econômica de seu objeto, provocada por (vi) fato de exclusiva responsabilidade da

37. STF, Pleno, RMS 1.835-DF, rel. Min. Mário Guimarães, *DJU* 24.9.1953 (disponível na Internet, *www.stf.gov.br*).

38. Antônio Roque Citadini, *Comentários e Jurisprudência sobre a Lei de Licitações Públicas*, 2ª ed., São Paulo, Max Limonad, 1997, p. 39.

39. Lúcia Valle Figueiredo e Sérgio Ferraz, *Dispensa e Inexigibilidade de Licitação*, 3ª ed., São Paulo, Malheiros Editores, 1994, p. 23.

concessionária. Seis aspectos fáticos, portanto, diretamente correlacionados à situação fático-jurídica da empresa e que a peculiarizam já por permitirem configurar fato jurídico inegavelmente específico: a caracterização da solução contratual aventada pela concessionária como medida ressarcitória da empresa.

A essa situação jurídica peculiar em que inserida a empresa agregam-se todas as considerações outras supra-explanadas, as quais, mais atinentes ao regime da atividade e do contrato em causa (e não exatamente à pessoa da empresa), também peculiarizam fática e juridicamente a hipótese relatada por esta, indicando a justeza de uma solução desigualada do ordinário, à medida que a situação não é ordinária.

Em face desse contexto, suposta afronta à igualdade somente se daria caso, presente outro sujeito em situação símile à interessada (isto é, que também se qualificasse pelo seis aspectos fáticos identificados no penúltimo parágrafo supra), não se lhe estendesse tratamento idêntico ao cogitado pela concessionária sem se apresentar justificativa objetiva e razoável para a solução eventualmente desequiparada.

Isso não comparecendo, a solução contratual aventada pela concessionária e ora analisada sobressai conformada com o cânone da isonomia.

9. Conclusão

Feitas essas ponderações, é com confortável e tranqüilo estofo nas mesmas que respondemos favoravelmente à licitude da ampliação do objeto contratual imediato do contrato, retomando, aqui, a conclusão dantes antecipada e os concernentes fundamentos, partidos das considerações de que:

9.1 A atividade desenvolvida ao ensejo de referido contrato é de serviço público, o que submete a relação contratual a um regime juspublicista em que vigente o princípio da continuidade do serviço público; de seu lado, este impõe aos agentes públicos incumbidos da prestação do serviço velar com todos os meios possíveis pela continuidade da prestação do serviço – continuidade, esta, que não se cinge à mera permanência de uma operação material, mas, sim, à permanência *ótima* da operação material em que se consubstancia o serviço: sob essa diretriz, a ampliação do objeto contratual imediato da referida avença homenageia a persistência da operação dantes desenvolvida na área abrangida pelo contrato e a otimização da funcionalidade do espaço das instalações portuárias adjacentes à área abrangida inicialmente pelo instrumento.

9.2 O contrato em tela é um contrato administrativo, e, por decorrência do regime geral dos contratos administrativos, caracteriza-se pela alterabilidade como regra imanente; demais, por peculiaridade jurídica defluída da Lei 8.630/1993, tal alterabilidade é característica intensificada nos contratos de arrendamento de instalações portuárias, ensejando a ampliação do objeto contratual original imediato quando (sob apreciação discricionária do agente administrativo competente) as condições estruturais da área adjacente àquela objeto do contrato podem ser otimizadas – e, assim, potencializada a eficiência do serviço público em causa –, estendendo-se-lhe a operação da avença em tela.

9.3 Tal opção administrativa (discricionária) tanto mais se revela legítima quando notado que a mesma neutraliza, por compensação material, claras e fundadas pretensões ressarcitórias da empresa, as quais adviriam em desfavor da concessionária (e, assim, do patrimônio público que a mesma tutela) com a rescisão do contrato por fato atribuível à responsabilidade desta última.

9.4 Ainda corrobora tal conclusão a observância de que a medida, a par de neutralizar revés financeiro em desfavor do patrimônio público tutelado pelo Estado, oportuniza-lhe ganhos, seja (a) de produtividade, com a otimização de sua operação portuária nas áreas abrangidas pela cogitada ampliação, seja (b) pela permanência da remuneração correspondente (ainda que, por eventualidade, de forma não-integral) ao que cabia à concessionária ao ensejo da execução do contrato em comento.

9.5 Demais, não comparece afronta à isonomia no caso em análise. Ao contrário, a medida cogitada consubstancia tratamento isonômico no passo em que especialmente desenvolvida para situação que se apresenta razoável e proporcionalmente específica. Em suma: trata-se de um tratamento não-ordinário para uma situação que não é ordinária.

JUROS BANCÁRIOS: REFLEXÕES JURÍDICO-CONSTITUCIONAIS SOBRE O EMBATE DIALÉTICO QUE O TEMA SUSCITA

FRANCISCO PINTO RABELLO FILHO

Magistrado no Paraná

I – Introdução. II – O art. 192, § 3º, da CF: A) Histórico – B) Aplicabilidade imediata – C) A invocação da lei complementar – D) Os juros reais – E) Outras considerações – F) A efetividade das normas programáticas – G) A efetividade do limite percentual dos juros. III – Conclusões.

I – Introdução

1. O foco da atenção, aqui, como a epígrafe desde logo entremostra, converge para um ponto específico e determinado: a fixação dos juros em 12% ao ano no § 3º do art. 192 da CF. O busílis está em saber se esse limite desde logo deve ser obedecido, ou se é como se *não existisse* aquela prescrição da *Lei Maior*, podendo as taxas de juros ser fixadas em *qualquer percentual*. É sobre o que refletiremos.

1.1 Nesse desiderato, investigaremos a *gênese* daquele preceito (*occasio legis*), desde o momento histórico por que então passava o país, a apresentação do projeto e seus vaivéns, até desembocar na promulgação da Carta Magna. Chegando nessa estação, tendo, já, norma validamente posta inauguralmente no sistema – e no sistema *constitucional*, que é o tópico *supino* do ordenamento jurídico-positivo –, desceremos até o *núcleo*, até o ponto central, a parte essencial daquele dispositivo, para dali extrair sua essência, apurando se o de que se trata é de norma constitucional de *eficácia plena* e de aplicabilidade direta, imediata e integral, quando resvalaremos no problema das normas constitucionais *proibitórias*, ou se seu cerne é de norma de *eficácia limitada* e de aplicabilidade indireta, mediata e reduzida, do subtipo *norma programática*, sempre e sempre na classificação por demais conhecida do professor José Afonso da Silva.

1.2 Será inevitável, já aí, uma tomada de posição, de que não nos esquivaremos. Mas não encerraremos ainda o esquadrinhamento: visitaremos o sítio em que se situa a tese de que a norma do parágrafo (§ 3º) só poderá correr ordenamento afora após receber o sopro de vida que lhe dará a *lei complementar* a que se refere o *caput* do artigo (art. 192) e a de que a expressão "juros reais" é ossatura só, a ser preenchida pelo tecido muscular daquela lei integrativa. Nessa ocasião faremos adjunção de *outras considerações*, para nesse comenos tracejarmos frugal visão dos *pareceres* emitidos na ocasião e da *decisão* da Suprema Corte sobre o assunto, confrontando-a com outros posicionamentos do mesmo STF em casos análogos; e não olvidaremos o *horror econômico* prenunciado na época.

1.3 Tocaremos em seguida na *efetividade das normas programáticas*, e, tomando aquela sob exame *com essa feição*, meditaremos sobre se sua aplicação imediata fica – ou não – subordinada à edição de lei complementar. E, ainda admitindo tratar-se de norma programática, a *efetividade do limite percentual dos juros* receberá atenção, quando buscaremos harmonizar a norma constitucional em apreço com os ditames da Lei 4.595/1964, desta feita para perscrutar se, no exercício da delegação que lhe foi concedida, o Conselho Monetário Nacional, ao estabelecer e variar nas taxas de juros, deverá observar, ou não, o limite máximo fincado no texto constitucional.

1.4 Debuxando, por fim, um croqui das *conclusões* principais a que conseguiremos chegar, não só teremos exposto as razões *básicas* de nosso posicionamento, como realizaremos nossa aspiração a que o tema contribua para a (re)meditação dos operadores do Direito.

1.5 Afinal, quando a todo átimo nos vem – principalmente a nós, que exercitamos a judicatura – à lembrança a *efetividade da proteção jurisdicional* que é nosso dever-poder dar, "não devemos ter a ilusão de que todas as injustiças do país serão dirimidas pelo Judiciário mas também não podemos nos conformar com tantos e tamanhos *abusos* dos poderes público e privado, com flagrante violação dos direitos e garantias fundamentais. Dentro dos limites constitucionais, que constitui a barreira máxima do Estado de Direito, já não há lugar para o juiz apático, burocrata e só *expectador* dos acontecimentos nacionais; como um dos Poderes constituídos do Estado, ao Judiciário cabe assumir a *responsabilidade* de participar *ativamente* na vida do país, reconhecendo direitos, sobretudo os fundamentais, com a conseqüente e impostergável execução da sentença definitiva, reparando injustiças e censurando os abusos. Só assim daremos vida ao princípio constitucional da efetiva proteção judicial, que é um dos primeiros *pilares* do tão sonhado (utópico, para os menos otimistas) *Estado Social e Democrático de Direito*"[1] (grifamos).

II – O art. 192, § 3º, da CF

A) Histórico

2. A *postura metodológica* que estamos empregando para *começar a desenvolver* o assunto, com o subtítulo mencionado ("Histórico"), põe desde logo a descoberto que estamos, neste passo, rumando por sobre os trilhos do *método histórico-evolutivo de interpretação*, o que nos leva a fazer alguns esclarecimentos *introdutórios*, para que bem se entenda o *modo* como utilizaremos esse instrumental exegético.

2.1 É que com o critério histórico-evolutivo o intérprete investiga as tendências circunstanciais ou as condições *subjetivas* e *objetivas* que cercaram a produção da norma examinada, destrinçando a evolução do substrato de *vontade* que o *legislador* depositou no texto da lei.[2] Isso, então, traz à tona a velha *questão relativa à vontade da lei ou do legislador como critério hermenêutico*, tendo a (impropriamente) chamada interpretação histórica, então, certa *ligação* com a *teoria subjetiva* (*mens legislatoris*),

1. Luiz Flávio Gomes, "Proteção judicial efetiva", *RT* 678/267-268, Ano 81, São Paulo, Ed. RT, abril/1992.

2. Paulo de Barros Carvalho, *Curso de Direito Tributário*, 7ª ed., São Paulo, Saraiva, 1995, p. 74.

hoje em dia assaz enfraquecida, ao contrário do que se passa com a *teoria objetiva*.[3]

2.1.1 Com isso, já na largada, e fazendo o necessário *corte metodológico*, devemos *esclarecer* que não ingressaremos nesse campo. Assim procederemos, primeiro, porque – como acaba concluindo Tércio Sampaio Ferraz Jr.[4] – a polêmica que envolve aquelas duas teorias da interpretação não pode ser resolvida com facilidade, nem de modo satisfatório, obtendo-se um norte seguro para se saber se é a *mens legis* ou se é a *mens legislatoris* que deve iluminar o caminho do operador do Direito; trata-se, reconhecidamente, de acirrada controvérsia, que, "pela força de seus argumentos e contra-argumentos, não se resolve".[5]

2.1.2 Em segundo lugar, é de se ter em conta que mesmo os *críticos* mais contundentes à teoria subjetiva *reconhecem* que a pesquisa do elemento histórico tem importância às vezes *decisiva* para se encontrar o sentido e o alcance da norma jurídica investigada. Assim é que a dura crítica de um Rebelo de Sousa não o impede de *concordar* em que "os trabalhos preparatórios são, por seu turno, o natural repositório de um processo de maturação que é, do ponto de vista técnico-jurídico, tendencialmente qualificado e cuidado. A *occasio legis*, ou o elemento que consubstancia o ambiente social que envolve a criação da lei, revela o *pretexto próximo* dessa criação e que pode, por isso, ser *determinante* na interpretação de algumas leis (...)"[6] (grifos nossos).

2.1.3 Maria Helena Diniz, declaradamente objetivista,[7] verifica que a *técnica interpretativa histórica* tem a ver com o "(...) histórico do processo legislativo, desde o projeto de lei, sua justificativa ou exposição de motivos, emendas, aprovação e promulgação, ou às circunstâncias fáticas que a precederam e que lhe deram origem, às causas ou necessidades que induziram o órgão a elaborá-la, ou seja, às condições culturais ou psicológicas sob as quais o preceito normativo surgiu (*occasio legis*)".[8]

2.1.3.1 E, após essa acertada reflexão, admite: "Como a maior parte das normas constitui a continuidade ou modificação das disposições precedentes, é *bastante útil* que o aplicador investigue o desenvolvimento histórico das instituições jurídicas, a fim de captar o *exato significado* das normas, tendo sempre em vista a razão delas (*ratio legis*), ou seja, os resultados que visam a atingir. *Essa investigação pode conduzir à des-*

3. Cf., a respeito, entre outros: Karl Engisch, *Introdução ao Pensamento Jurídico* (*Einführung in das juristische denken*), 5ª ed., trad. de J. Baptista Machado, Lisboa, Fundação Calouste Gulbenkian, s/d, pp. 140 e ss.; Marcelo Rebelo de Sousa e Sofia Galvão, *Introdução ao Estudo do Direito*, 3ª ed., Portugal, Publicações Europa-América, 1994 (coleção "Biblioteca Universitária"), pp. 46 e ss.; Angel Latorre, *Introdução ao Direito* (*Introducción al Derecho*), 5ª ed., trad. de Manuel de Alarcão, Coimbra, Livraria Almedina, 1978, pp. 104 e ss.; Miguel Reale, *Lições Preliminares de Direito*, 19ª ed., São Paulo, Saraiva, 1991, pp. 273 e ss.; Maria Helena Diniz, *Compêndio de Introdução à Ciência do Direito*, São Paulo, Saraiva, 1988, pp. 383 e ss.; Carlos Maximiliano, *Hermenêutica e Aplicação do Direito*, 8ª ed., Rio de Janeiro, Freitas Bastos, 1965, pp. 30 e ss.; Tércio Sampaio Ferraz Jr., *Introdução ao Estudo do Direito – Técnica, Decisão, Dominação*, São Paulo, Atlas, 1988, pp. 234 e ss.; *A Ciência do Direito*, 2ª ed., São Paulo, Atlas, 1980, pp. 68 e ss.; e *Função Social da Dogmática Jurídica*, São Paulo, Ed. RT, 1980, pp. 140 e ss.; A. L. Machado Neto, *Compêndio de Introdução à Ciência do Direito*, 3ª ed., São Paulo, Saraiva, 1975, pp. 216 e ss.

4. Tércio Sampaio Ferraz Jr., *Função Social da Dogmática Jurídica*, cit., pp. 145 e ss., e *Introdução ao Estudo do Direito – Técnica, Decisão, Dominação*, cit., pp. 243 e ss.

5. Tércio Sampaio Ferraz Jr., *Introdução ao Estudo do Direito – Técnica, Decisão, Dominação*, cit., p. 243.

6. Marcelo Rebelo de Sousa e Sofia Galvão, *Introdução ao Estudo do Direito*, cit., 3ª ed., p. 56.

7. Maria Helena Diniz, *Compêndio de Introdução à Ciência do Direito*, cit., p. 384.

8. Idem, p. 390.

coberta do sentido e alcance da norma"[9] (grifamos).

2.1.4 Tércio Ferraz chega à mesma conclusão: "É preciso ver as condições específicas do tempo em que a norma incide, mas não se pode desconhecer as condições em que ocorreu a sua gênese".[10] E Vicente Ráo é ainda mais incisivo ao acentuar que "o estudo dos antecedentes históricos de um particular instituto, ou de particulares disposições sujeitas à interpretação, revela-se *rigorosamente indispensável* quando se investiga o sentido real das normas positivas de Direito (...)"[11] (grifamos).

2.1.5 É com essa *intenção* que labutaremos, valendo- nos (também) do método histórico-evolutivo; remontando, tanto quanto nos for possível, aos documentos relacionados com a elaboração do § 3º do art. 192 da Carta Política e procurando, no que aqui importa, reconstituir as circunstâncias históricas que o ensejaram.[12] Terá relevância, nessa traça, a verificação daquele momento histórico do país, assim como a apresentação do projeto, justificativa, discussões, emendas – enfim, a *occasio legis*.[13]

2.1.5.1 E, assim labutando, conforta-nos a certeza de que seguimos a orientação da *mais autorizada doutrina constitucional*: "A análise histórico-teleológica, que nenhum texto constitucional dispensa e a que não se pode forrar nenhum constitucionalista, é talvez o instrumento interpretativo mais poderoso de que dispõe a hermenêutica das normas constitucionais (...)".[14]

2.2 Pois bem. Os *anos 80 do século passado*, como todos lembramos, foram duramente marcados pela enorme crise em que mergulhou a economia brasileira, arrastada para baixo pelas garras da brutal estagnação econômica e das altas taxas de inflação.[15] Com prática de juros elevadíssimos e descontrolados, aquela, em verdade, "foi a pior crise por que passou a economia brasileira desde que o país se tornou independente no início do século XIX, tendo sido muito mais grave que, por exemplo, a crise dos anos 30".[16] É também útil recordar, outrossim, que, fracassado o *Plano Cruzado*, a *inflação* chegou, *em 1988*, ao patamar (anual) de *1.037,6%*, saltando, no ano seguinte (*1989*), para *1.782,9%* (anuais).[17]

2.3 A *maioria* amplamente esmagadora da *sociedade brasileira*, constituída (essa maioria) por *consumidores* e pelo *setor produtivo* do país, bradava aos quatro ventos sua revolta com aquela que passou a ser chamada de "ciranda financeira", ao tempo em que *exigia* a tomada de medidas radicais, *objetivamente suficientes* para *estancar* a desabalada carreira progressiva das *taxas de juros*.

2.4 Essa revolta geral (setor produtivo e consumidores) chegou à sala da Assembléia Nacional Constituinte de 1987/1988. Era *impossível* não voltar a atenção para o clamor miseravelmente doído, agora ali, no colo de cada constituinte. Era preciso estancar

9. Idem, ibidem.

10. Tércio Sampaio Ferraz Jr., *Introdução ao Estudo do Direito – Técnica, Decisão, Dominação*, cit., p. 263.

11. Vicente Ráo, *O Direito e a Vida dos Direitos*, 2ª ed., 1º vol., t. III ("O Direito"), São Paulo, Resenha Universitária, 1977, p. 473.

12. Luiz Fernando Coelho, *Lógica Jurídica e Interpretação das Leis*, 2ª ed., Rio de Janeiro, Forense, 1981, p. 216.

13. André Franco Montoro, *Introdução à Ciência do Direito*, 8ª ed., 2º vol., São Paulo, Ed. RT, 1980, pp. 125-126; Maria Helena Diniz, *Lei de Introdução ao Código Civil Brasileiro Interpretada*, São Paulo, Saraiva, 1994, p. 154.

14. Paulo Bonavides, *Curso de Direito Constitucional*, 6ª ed., São Paulo, Malheiros Editores, 1996, p. 219.

15. Cf., por exemplo, as análises feitas por Luiz Carlos Bresser Pereira, *Economia Brasileira: uma Introdução Crítica*, 3ª ed., São Paulo, Editora 34, 1988, especialmente pp. 165 e ss.

16. Luiz Carlos Bresser Pereira, *Economia Brasileira: uma Introdução Crítica*, cit., 3ª ed., p. 165.

17. Cf. *Conjuntura Econômica*, vários números (in Luiz Carlos Bresser Pereira, *Economia Brasileira: uma Introdução Crítica*, cit., 3ª ed., p. 167, Quadro XIX, "Taxa de Inflação Anual").

esse sangramento. *E logo!* Inserir um dispositivo na Constituição impondo um limite *suportável* nas taxas de juros bancários *lato sensu* foi o que os constituintes *acertadamente* encontraram como panacéia infalível.

2.5 O constituinte Fernando Gasparian, então, Relator da Subcomissão do Sistema Financeiro[18] – presidida pelo deputado Cid Sabóia de Carvalho –, encarregado de redigir o Anteprojeto do capítulo relativo ao Sistema Financeiro Nacional, ao fazê-lo, apresentou emenda e incluiu um dispositivo nesse sentido. Assim: "As taxas de juros reais, nelas incluídas comissões e quaisquer outras remunerações direta ou indiretamente referidas à concessão de crédito, não poderão ser superiores a 12% ao ano. A cobrança acima desse limite será conceituada como crime de usura, punida em todas as suas modalidades, nos termos em que a lei determinar".[19]

2.5.1 Eis a "Exposição de Motivos" por ele apresentada na ocasião: "Uma Constituição tem que conter o fundamental para transformar a vida de um país, a fim de que ele alcance seu desenvolvimento econômico e social, equilibrado, sem desníveis regionais e com uma boa distribuição de renda. Digo isso a propósito das críticas que temos recebido através dos jornais. Quando sugerimos alguns aspectos fundamentais, dizem que eles não são assuntos constitucionais. A Lei da Usura é um dos assuntos contidos no relatório, e quero defendê-la especificamente. *Se não for incluída na Constituição não será aprovada por lei complementar, pois já temos leis desse tipo circulando no Congresso há muito tempo*"[20] (grifamos).

2.6 É que aquela não foi a vez primeira em que a *usura* teve tratamento constitucional, objeto ocupacional que foi das Constituições de 1934,[21] 1937[22] e 1946.[23] Só que nessa ocasião, já mobilizado o *lobby* financeiro, passou a haver insistência no sentido de que aquele *preceito-**garantia*** caracterizava a chamada "constitucionalização do ordinário".

2.7 Só que, entre o teórico (o que se amolda ao conceito de *matéria constitucional*) e o prático (disposição *constitucional* que *assegurasse* à *sociedade, desde logo*, o respeito ao *limite* das taxas de juros), deveria prevalecer este último.

2.7.1 É que o *lobby* dos banqueiros nunca deixou ir adiante qualquer tentativa

18. Subordinada à Comissão do Sistema Tributário, Orçamento e Finanças.

19. *Diário da Assembléia Nacional Constituinte*, Suplemento ao n. 1.321/384, Brasília, 22.8.1987. Como a forma que estamos empregando (completa) para fazer as referências bibliográficas dispensa a apresentação de bibliografia propriamente dita, queremos desde logo cumprir nosso dever de *honestidade científica* e também homenagear as orientações que (também) nesse sentido nos foram transmitidas pelo admirável professor Eduardo de Oliveira Leite (cf. seu – indispensável – *A Monografia Jurídica*, 3ª ed., São Paulo, Ed. RT, 1997, 381 pp.): queremos deixar registrado que na investigação, que ora estamos fazendo, dos trabalhos, debates etc. da Assembléia Nacional Constituinte de 1987/1988, em boa parte, lançamos mão da admirável pesquisa feita por Roberto Braga de Andrade, documentada no artigo "A limitaçao da taxa de juros reais e a revisão constitucional: um golpe de misericórdia?", publicado na revista *Cadernos de Direito Tributário e Finanças Públicas* 3/233-250, Ano 1, São Paulo, Ed. RT, abril-junho/1993.

20. Fernando Gasparian, "Exposição de Motivos", *Diário da Assembléia Nacional Constituinte*, Suplemento ao n. 1.321/382, Brasília, 22.8.1987.

21. Constituição da República dos Estados Unidos do Brasil, promulgada em 16.7.1934, art. 117, parágrafo único, *litteris*: "É prohibida a usura, que será punida na fórma da lei" (in *Constituições do Brasil*, 6ª ed., compilação e atualização por Adriano Campanhole e Hilton Lobo Campanhole, São Paulo, Atlas, 1983, p. 540).

22. Constituição dos Estados Unidos do Brasil, decretada em 10.11.1937, art. 142, *litteris*: "A usura será punida" (in *Constituições do Brasil*, cit., 6ª ed., p. 445).

23. Constituição dos Estados Unidos do Brasil, promulgada em 18.9.1946, art. 154, *litteris*: "A usura, em tôdas as suas modalidades, será punida na forma da lei" (in *Constituições do Brasil*, cit., 6ª ed., p. 253).

(projeto de lei) fixando limite para os *juros bancários*. O deputado Gastone Righi, por exemplo, ante a ponderação da *constitucionalização do ordinário*, declarou que já em 1983 apresentou projeto de lei fixando o limite dos juros em 12% ao ano, além da correção monetária, mas o *lobby* mencionado (dos banqueiros) "conseguiu arquivá-lo".[24]

2.7.2 O senador Itamar Franco, igualmente, fez expressivo pronunciamento rebatendo a idéia de que "esta matéria deve ser enviada à legislação ordinária (...). Posso relatar a prova cabal de que não podemos remeter essa matéria para a legislação ordinária. Em 1981, apresentamos ao Senado Federal – observem o ano, Sras. e Srs. Constituintes, 1981 – um projeto de lei determinando a aplicação da Lei de Usura. O que aconteceu com esse projeto? Está tramitando até hoje no Congresso Nacional".[25]

2.8 Venceu a opção pela via constitucional. Mas não era o bastante: houve em seguida "pedido de esclarecimentos sobre a definição da expressão 'juros reais'", com as explicações necessárias do Relator, constituinte Fernando Gasparian: "Não quero fazer aqui o jogo daqueles tecnocratas que, durante anos, nos enganaram, dizendo que, no mês que vem, vão baixar os juros. Sei que qualquer tribunal saberá julgar o que é juro real. É o que se faz, todos os meses, para fixar os rendimentos da caderneta de poupança, a taxa da inflação mais 0,5% de juros ao mês. A inflação, somada com esse juro, dá o juro real".[26]

2.9 Ainda não era tudo: veio a "idéia" de que a questão fosse transferida para a lei complementar, com o quê o dispositivo não teria aplicação imediata, quando interveio o senador Itamar Franco (ex-Vice-Presidente da República), rechaçando o *estalo*:

"Sr. Presidente, Sras. e Srs. Constituintes, acabamos de ouvir o nobre constituinte Francisco Dornelles, que tentou convencer esta Assembléia de que estaríamos, através da aprovação do primeiro turno de uma emenda do constituinte Fernando Gasparian, tentando impedir a política fiscal e monetária do Governo, chegando, inclusive, a dizer que estaríamos engessando o próprio Governo. Esqueceu-se, porém, o ex-Ministro Francisco Dornelles de dizer que, se não engessarmos o Governo, ele continuará a engessar o povo brasileiro, com os juros exorbitantes que aí estão. Esqueceu-se S. Exa. – não era o constituinte que falava naquele momento, mas o ex-Ministro de Estado – daqueles lucros que não decorrem da virtude dos banqueiros, nem dos erros da autoridade monetária, que são, obviamente, lucros qualificados para serem taxados.

"O constituinte Fernando Gasparian diz que os lucros reais praticados no sistema financeiro brasileiro são insuportáveis. A produção paga até 45% de juros reais ao ano, e o consumidor, que recorre ao crédito, paga mais de 100% de juros reais ao ano, além da inflação. No mês de agosto os juros no mercado monetário subiram de 6 para 60% acima da correção monetária.

"O que fez o Governo Federal que levou o constituinte Francisco Dornelles a querer colocar o problema na ordem ideológica? Perguntamos também à Assembléia Nacional Constituinte qual é a política deste Governo, que, nos últimos anos, endividou este país, sem que o Congresso tomasse conhecimento, pois o fez por intermédio de decreto-lei. [Palmas]

24. Gastone Righi, "Discurso", *Diário da Assembléia Nacional Constituinte* 242/10.363, Brasília, 12.5.1988 (in Roberto Braga de Andrade, "A limitação da taxa de juros reais e a revisão constitucional: um golpe de misericórdia?", cit., *Cadernos de Direito Tributário e Finanças Públicas* 3/237).

25. Itamar Franco, "Discurso", *Diário da Assembléia Nacional Constituinte* 305/14.007, Brasília, 19.9.1988.

26. Fernando Gasparian, "A luta contra a usura", in Roberto Fernandes de Almeida (coord.), *A Luta Contra a Usura: o Limite Constitucional dos Juros Anuais de 12% Está em Vigor*, s/l, Graal, s/d, p. 10.

"Nem se diga que esta matéria deve ser enviada à legislação ordinária, como sugere a aula teórica do ex-Ministro Francisco Dornelles. Posso relatar a prova cabal de que não podemos remeter essa matéria para a legislação ordinária. Em 1981, apresentamos ao Senado Federal – observem o ano, Sras. e Srs. Constituintes, 1981 – um projeto de lei determinando a aplicação da Lei de Usura. O que aconteceu com esse projeto? Está tramitando até hoje no Congresso Nacional.

"Quando deixamos de ser constituintes e voltamos a ser legisladores ordinários, V. Exas. sentirão esse problema tão logo esta Assembléia Nacional Constituinte encerre os seus trabalhos. Se não for mantida essa idéia do constituinte Fernando Gasparian, vamos chegar ao fim deste século, ao Terceiro Milênio, sem que o Brasil consiga aplicar a Lei de Usura. Não queremos atravessar o Terceiro Milênio com essas taxas exorbitantes. Por isto, devemos manter esta emenda, ao contrário do que preconiza o constituinte Francisco Dornelles.

"Vale a pena lembrar, Sras. e Srs. Constituintes, que até 1965, não por deliberação do Congresso Nacional, mas por decisão do STF, manteve-se a Lei de Usura, até que alguns empresários do setor derrubaram-na, perante o mesmo STF, através da Súmula n. 596.

"Sras. e Srs. Constituintes, esta é uma emenda – e, no caso, estamos de acordo com S. Exa. – da mais alta relevância, e não podemos retirá-la do texto constitucional. A comunidade brasileira, na sua imensa maioria, repele os excessivos privilégios outorgados ao capital financeiro, em detrimento das outras atividades econômicas produtivas. É entendimento corrente que as tendências inflacionárias vêm sendo realimentadas pela própria política oficial, que estimula a especulação financeira a níveis jamais vistos em nossa História.

"O restabelecimento da vigência da Lei de Usura, para todos aqueles que se dedicam à intermediação da moeda, com efeito contrário ao que disse o ex-Ministro Francisco Dornelles, visa a estimular a produção, o pleno emprego e, em conseqüência, a retomada do processo de desenvolvimento econômico. Atende também ao superior imperativo de ordem ética – de ordem ética, repito –, qual seja, a repressão a esse tipo de atividade, condenável sob todos os aspectos. Isto não foi dito da tribuna.

"Por isto, pedimos a esta Assembléia Nacional Constituinte que mantenha a emenda do constituinte Fernando Gasparian.

"Muito obrigado a V. Exas. [Palmas]"

2.10 Essa foi a densa atmosfera que tomou conta do Plenário da Assembléia Nacional Constituinte. Como verificou o Mestre e Doutorando em Direito Roberto Braga de Andrade: "Predominava ali um sentimento indefinido de repúdio ao regime econômico inflacionário, onde a elevação das taxas de juros reais era uma de suas manifestações mais palpáveis".[27] Não bastasse aquele feliz pronunciamento do constituinte Itamar Franco, é igualmente bem expressiva a manifestação do constituinte Gastone Righi: "Na realidade, a emenda restabelece em sua plenitude a Lei de Usura, que ainda vigora entre nós, mas que, pela sucessiva legislação e entendimento pretoriano, acabou cingida aos particulares, isentando as entidades e instituições financeiras da obrigação de obedecerem a ela. Sabemos todos – é cediço na opinião pública, e os jornais o divulgam diariamente – que o Brasil se debate nessa crise em razão de uma inflação galopante, que avilta os salários e reduz à indigência os trabalhadores, mas que faz a opulência daqueles que vivem do mercado financeiro. É a ciranda financeira implantada, é o autêntico festival de Baltazar, festim onde o dinheiro do povo e o dinheiro público são consumidos em juros extorsivos sobre os particulares e as entidades públicas".[28]

27. Roberto Braga de Andrade, "A limitação da taxa de juros reais e a revisão constitucional: um golpe de misericórdia?", cit., *Cadernos de Direito Tributário e Finanças Públicas* 3/238.

28. Gastone Righi, "Discurso", *Diário da Assembléia Nacional Constituinte* 242/10.362, Bra-

2.11 Estava *clara demais*, no seio da Assembléia Nacional Constituinte, a idéia de que o dispositivo teria *aplicação imediata*. A *manobra* posta em prática, então, teve a ver com a *localização topográfica* do preceito.

2.11.1 É que o Relator da Constituinte, deputado Bernardo Cabral, ao fazer a redação adaptando o corpo do Projeto às emendas por último aprovadas, estabeleceu critérios para esse labor, como ele mesmo cuidou de expor, no *Prefácio ao Projeto de Constituição B*, explicando a metodologia empregada: "a) sempre que possível, rigorosa aplicação das regras técnico-normativas consagradas pela praxe, no Brasil, e adotadas como diretrizes pelo legislador constituinte; b) absoluto respeito à integridade das fórmulas literais normativas aprovadas no primeiro turno, promovendo alterações de linguagem e na colocação dos dispositivos no corpo do texto somente nos casos em que a aplicação das regras técnico-normativas não implicasse mudanças capazes de despertar a idéia de haver modificado o sentido das normas".[29]

2.11.2 Assim procedendo, o Relator modificou a estrutura do artigo em que estava inserida a emenda Fernando Gasparian. Eis como o relator Bernardo Cabral noticiou a modificação: "Art. 197: Transformei em § 3º a disposição do inciso IX do *caput* para compatibilizá-la com a introdução deste".[30]

2.11.3 Com isso, o constituinte Luís Roberto Ponte apresentou emenda englobando duas propostas, a saber: "Converta-se o § 3º do art. 197 em inciso IX, conforme havia sido aprovado pelo Plenário, dele suprimindo-se a expressão 'não poderão ser superiores a 12% ao ano'".[31] A tentativa não vingou, em virtude do quê o dispositivo não só permaneceu intocado, como deslocado do *inciso IX* para o *§ 3º* do art. 197 (atual art. 192).[32]

2.11.4 O constituinte Bonifácio Andrada fez ainda uma tentativa visando a que a prescrição voltasse a figurar como *inciso*, com a seguinte interveniência: "Sr. Presidente, gostaria que o nobre Relator nos ouvisse. Vamos encaminhar à Mesa pedido de ato declaratório, referente ao art. 197, que diz respeito ao sistema financeiro".[33]

2.11.4.1 O pedido, em verdade, não atendia aos pressupostos do *ato declaratório*, tal como ajustado por acordo entre as lideranças partidárias, no sentido de que: "Quando alguma emenda ou conjunto de emendas objetivar a simples restauração do texto aprovado no primeiro turno e havendo concordância das lideranças sobre a matéria, caberá à Mesa baixar ato declaratório nesse sentido".[34]

sília, 12.5.1988 (in Roberto Braga de Andrade, "A limitação da taxa de juros reais e a revisão constitucional: um golpe de misericórdia?", cit., *Cadernos de Direito Tributário e Finanças Públicas* 3/238-239).

29. Bernardo Cabral, *Prefácio ao Projeto de Constituição B*, Brasília, Centro Gráfico do Senado Federal, julho/1988, p. I (in Roberto Braga de Andrade, "A limitação da taxa de juros reais e a revisão constitucional: um golpe de misericórdia?", cit., *Cadernos de Direito Tributário e Finanças Públicas* 3/239).

30. Bernardo Cabral, *Prefácio ao Projeto de Constituição B*, cit., p. XII.

31. Luís Roberto Ponte, "Emenda 383", *Diário da Assembléia Nacional Constituinte* 305/14.012, Brasília, 1.9.1988 (in Roberto Braga de Andrade, "A limitação da taxa de juros reais e a revisão constitucional: um golpe de misericórdia?", cit., *Cadernos de Direito Tributário e Finanças Públicas* 3/240).

32. *Diário da Assembléia Nacional Constituinte* 305/14.010 e 14.014, Brasília, 1.9.1988.

33. Bonifácio Andrada, "Aparte", *Diário da Assembléia Nacional Constituinte* 305/14.026, Brasília, 1.9.1988 (in Roberto Braga de Andrade, "A limitação da taxa de juros reais e a revisão constitucional: um golpe de misericórdia?", cit., *Cadernos de Direito Tributário e Finanças Públicas* 3/240).

34. *Diário da Assembléia Nacional Constituinte*, Suplemento "B" ao n. 307/66, Brasília, 23.9.1988; no mesmo sentido: Roberto Braga de Andrade, "A limitação da taxa de juros reais e a revisão constitucional: um golpe de misericórdia?", cit., *Cadernos de Direito Tributário e Finanças Públicas* 3/240.

2.11.4.2 E o parecer do relator Bernardo Cabral foi nesse sentido: "Não tenho no pedido encaminhado pelo nobre constituinte Bonifácio Andrada emenda, erro ou omissão que o sustentem. Não há, pois, via regimental para o seu atendimento, nos termos da Resolução n. 3 desta Assembléia Nacional Constituinte. Fica o Relator, diante do exposto, impossibilitado de emitir parecer sobre o mérito".[35]

2.11.4.3 O Presidente da Mesa, Ulysses Guimarães, proferiu decisão completamente ambígua: "Os elementos ficarão na *mens legis* para interpretação e, se possível, na redação".[36] Com essa decisão, o preceito chegou à Comissão de Redação como *inciso IX* do art. 192.

2.11.5 Mas a manobra foi percebida! O constituinte Vivaldo Barbosa notou a astúcia e sugeriu, então, o *retorno* do dispositivo ao *§ 3º*. Após os debates, a sugestão foi *aprovada*, para que prevalecesse a *decisão do Plenário* no segundo turno da votação.[37]

2.11.6 O acaciano poderia indagar: por que todo esse 'vai-não-vai' com a localização topográfica da multicitada prescrição? Claro que era porque, se o preceito ficasse como *inciso*, restaria indiscutível sua *dependência* com o *caput* do artigo, a exigir – aí, sim – lei complementar! Bem como ainda aventuravam uma vez os banqueiros... Foi o que também concluiu Roberto Braga de Andrade: "Que estava por trás dessa controvérsia sobre a localização do dispositivo? A sua relação de dependência com a lei complementar mencionada no *caput* do art. 192".[38]

2.11.7 Aliás, aqui devemos pôr a pá-de-cal: no segundo turno, minutos antes da votação das emendas, o constituinte César Maia solicitou ao Relator que esclarecesse se a expressão "nos termos em que a lei determinar", contida no § 3º, *fine*, estava relacionada com todo o dispositivo, ou apenas com o crime de usura.[39]

2.11.8 O questionamento, bem se vê, estava direta e imediatamente ligado à *aplicabilidade imediata* do preceito. E eis o esclarecimento *incisivo* do relator Bernardo Cabral: "Sr. Bernardo Cabral (...) – Sr. Presidente, respondo, com muita satisfação, ao eminente constituinte César Maia. A remissão 'nos termos da lei' é feita quanto ao crime de usura. O que se estabelece no texto permanente é que as taxas de juros reais não poderão ser superiores a 12% ao ano. Isto é auto-aplicável, evidentemente".[40]

2.12 Aí está, por assim dizer, a reconstituição histórica dos principais acontecimentos, no seio da Assembléia Nacional Constituinte de 1987/1988, relacionados com o que acabou sendo o atual § 3º do art. 192 da Lei Básica. *Sempre* esteve claro demais, "evidente" mesmo, que a regra foi posta no texto constitucional para ter *aplicação imediata*.

2.13 Já nas discussões *antecedentes* o que se queria era pôr no sistema jurídico-positivo uma prescrição que *desde logo* limi-

35. Bernardo Cabral, "Parecer", *Diário da Assembléia Nacional Constituinte* 306/14.159, Brasília, 2.9.1988.

36. Ulysses Guimarães, "Decisão", *Diário da Assembléia Nacional Constituinte* 306/14.160, Brasília, 2.9.1988.

37. *Diário da Assembléia Nacional Constituinte*, Suplemento "B" ao n. 307/63-64, Brasília, 23.9.1988 (in Roberto Braga de Andrade, "A limitação da taxa de juros reais e a revisão constitucional: um golpe de misericórdia?", cit., *Cadernos de Direito Tributário e Finanças Públicas* 3/240).

38. Roberto Braga de Andrade, "A limitação da taxa de juros reais e a revisão constitucional: um golpe de misericórdia?", cit., *Cadernos de Direito Tributário e Finanças Públicas* 3/241.

39. *Diário da Assembléia Nacional Constituinte* 305/14.009, Brasília, 1.9.1988 (in Roberto Braga de Andrade, "A limitação da taxa de juros reais e a revisão constitucional: um golpe de misericórdia?", cit., *Cadernos de Direito Tributário e Finanças Públicas* 3/241).

40. Bernardo Cabral, "Parecer", *Diário da Assembléia Nacional Constituinte* 305/14.009, Brasília, 1.9.1988.

tasse eficazmente os juros bancários, atendendo-se com isso aos *justos* reclamos da maioria esmagadora da *sociedade brasileira*. O assaz *fundado* receio de que o *lobby* das instituições financeiras *lato sensu* não deixasse que preceito desse jaez brotasse da legislação infraconstitucional, fez com que o *imperativo* tivesse assento *constitucional*.

2.14 E, em todos os vaivéns que experimentou, resistindo a todas as manobras que o gênio inventivo em vão conjurou, a *nota típica* que a emenda portou sempre foi a da *pronta aplicação* da *regra-**garantia*** limitadora das taxas dos juros bancários. E quando se quis, *propositadamente*, afastar qualquer laivo de dúvida acerca da imediata aplicação do dispositivo, veio o brado seco, direto e enérgico do *Relator* da Assembléia Nacional Constituinte: "Isto é auto-aplicável, evidentemente".

B) Aplicabilidade imediata

3. O art. 192 da Carta Política assim prescreve:

"Art. 192. O Sistema Financeiro Nacional, estruturado de forma a promover o desenvolvimento equilibrado do país e a servir aos interesses da coletividade, será regulado em lei complementar, que disporá, inclusive, sobre:

"(...).

"§ 3º. As taxas de juros reais, nelas incluídas comissões e quaisquer outras remunerações direta ou indiretamente referidas à concessão de crédito, não poderão ser superiores a 12% (doze por cento) ao ano; a cobrança acima deste limite será conceituada como crime de usura, punido, em todas as suas modalidades, nos termos que a lei determinar."

3.1 O *núcleo* do *comando* constitucional, no que *neste passo* importa, preceitua que *as taxas de juros reais não poderão ser superiores a 12% ao ano*.

3.2 A verificação desse núcleo deixa inequívoco que se trata de norma constitucional de *eficácia plena* e de aplicabilidade direta, imediata e integral, na classificação por demais conhecida do professor José Afonso da Silva.[41] Deveras, a *ordem* de que *os juros reais não podem ser superiores a 12% ao ano* torna claro demais que ela *não depende* de legislação outra qualquer (infraconstitucional) para ser aplicada, exatamente porque o legislador constituinte a impregnou de *normatividade suficiente* para derramar sua incidência sobre as realidades tangíveis.

3.3 Ora, dada a sentença "o juro real não pode ser superior a 12% ao ano", não se consegue encontrar em que passo reclama ela a necessidade de lei que lhe venha regular os limites. A *determinação* – está intensamente claro – recebeu *densidade normativa* para aplicar-se aos fatos que eclodirem no mundo fenomênico, provocando efusão dos efeitos jurídicos típicos.

3.4 Neste pensar encontramos apoio na doutrina de José Afonso da Silva:

"Pronunciamo-nos, pela imprensa, a favor de sua aplicabilidade imediata, porque se trata de uma norma autônoma, não subordinada à lei prevista no *caput* do artigo. Todo parágrafo, quando tecnicamente bem situado (e este não está, porque contém autonomia de artigo), liga-se ao conteúdo do artigo, mas tem autonomia normativa. Veja-se, por exemplo, o § 1º do mesmo art. 192. Ele disciplina assunto que consta dos incisos I e II do artigo, mas suas determinações, por si, são autônomas, pois, uma vez outorgada qualquer autorização, imediatamente ela fica sujeita às limitações impostas no citado parágrafo.

"Se o texto, em causa, fosse um inciso do artigo, embora com normatividade formal autônoma, ficaria na dependência do que viesse a estabelecer a lei complementar. Mas, tendo sido organizado num parágra-

41. Cf. seu (já) clássico *Aplicabilidade das Normas Constitucionais*, 3ª ed., São Paulo, Malheiros Editores, 1998, especialmente pp. 103-116.

fo, com normatividade autônoma, sem referir-se a qualquer previsão legal ulterior, detém eficácia plena e aplicabilidade imediata. O dispositivo, aliás, tem autonomia de artigo, mas a preocupação, muitas e muitas vezes revelada ao longo da elaboração constitucional, no sentido de que a Carta Magna de 1988 não aparecesse com demasiado número de artigos levou a relatoria do texto a reduzir artigos a parágrafos e uns e outros, não raro, a incisos. Isso, no caso em exame, não prejudica a eficácia do texto."[42]

3.5 Assim também entende Américo Luís Martins da Silva, inclusive valendo-se de José Afonso da Silva:

"(...).

"A segunda questão diz respeito a controvérsia quanto à *aplicabilidade* do dispositivo. José Afonso da Silva se pronunciou a favor de sua aplicabilidade imediata, porque se trata de uma norma autônoma, não subordinada à lei prevista no *caput* do artigo. O texto, em causa, foi organizado num parágrafo, com normatividade autônoma, sem referir-se a qualquer previsão legal ulterior; detém, pois, eficácia plena e aplicabilidade imediata."[43]

3.6 Tupinambá Miguel Castro do Nascimento sintetiza que "na área dos negócios e fora do direito penal, o § 3º tem suficiente normatividade para ser aplicado, independentemente de qualquer lei complementar".[44] Roberto Fernandes de Almeida também observa que "a norma ora estudada tem *eficácia plena*, já que os efeitos (limitação dos juros) estão claramente balizados pela expectativa ou probabilidade de sua aplicação real, regulando conduta palpável que pode ou não ocorrer no plano fático (...)".[45]

3.7 Igualmente Nagib Slaibi Filho, após dissertar longamente sobre o assunto, conclui que "é auto-aplicável o disposto no art. 192, § 3º, da nova Constituição, ao fixar a taxa de juros reais em 12% ao ano".[46] Também assim Hugo de Brito Machado: "Por tudo isto concluímos que a proibição contida no § 3º do art. 192 da vigente Constituição da cobrança de juros reais superiores a 12% ao ano é norma jurídica vigente e auto-aplicável".[47]

3.8 Régis Fernandes de Oliveira também é categórico:

"Percebe-se, claramente, que a norma constitucional gerou um *direito* exercitável no círculo do sistema financeiro, criador de uma limitação. Está ela plenamente delimitada no corpo da norma constitucional, independentemente de qualquer lei ou norma jurídica posterior. Bem se vê que 'as taxas de juros reais, nelas incluídas comissões e quaisquer outras remunerações direta ou indiretamente referidas à concessão de crédito, não poderão ser superiores a 12% ao ano; (...)'. Segue a redação após o ponto e vírgula estabelecendo que o descumprimento do preceito será estabelecido em lei (ordinária, porque definidora de infração penal).

"O desfrute de tal limitação constitucional àqueles que lidam no mercado financeiro (qualquer do povo) é imediato. A limita-

42. José Afonso da Silva, *Curso de Direito Constitucional Positivo*, 12ª ed., São Paulo, Malheiros Editores, 1996, p. 758.

43. Américo Luís Martins da Silva, *A Ordem Constitucional Econômica*, Rio de Janeiro, Lumen Juris, 1996, p. 262.

44. Tupinambá Miguel Castro do Nascimento, *Comentários à Constituição Federal: Ordem Econômica e Financeira*, Porto Alegre, Livraria do Advogado, 1997, p. 254.

45. Roberto Fernandes de Almeida, "A aplicação imediata do parágrafo III (*sic*) do art. 192 da CF de 1988", in Roberto Fernandes de Almeida (coord.), *A Luta Contra a Usura: o Limite Constitucional dos Juros Anuais de 12% Está em Vigor*, cit., p. 26.

46. Nagib Slaibi Filho, "Taxa de juros na nova Constituição", *ADV Informativo*, Boletim Semanal 46/499, 1988.

47. Hugo de Brito Machado, "Tabelamento constitucional de juros", *Repertório IOB de Jurisprudência* 2/33, São Paulo, IOB Informações Objetivas Publicações Jurídicas, 2ª quinzena de janeiro/1989, RJ-1, n. 1.839.

ção aos que operam no sistema, emprestando dinheiro, é imediata. Do direito de um nasce a obrigação do outro. A relação jurídica intersubjetiva que se instaura gera a perspectiva do imediato desfrute da limitação imposta."[48]

3.9 Mas *não é só*. É de todo em todo *indiscutível* que a norma aqui verificada tem *feição proibitória, encerra uma proibição*, tal seja, a de que *os juros reais **não podem** ser superiores a 12% ao ano*. Ou, apanhando tal como está literalmente redigido o preceito, no que agora importa: "As taxas de juros reais, (...) *não poderão* ser superiores a 12% (doze por cento) ao ano".

3.9.1 A Lei Suprema *proíbe, impede, torna defeso, veda, não permite* que as taxas de juros reais sejam superiores a 12% ao ano. Ora, na época que corre já é assunto integrante do saber jurídico trivial o de que a norma constitucional de caráter proibitório é *imediatamente executável*, independentemente de qualquer desenvolvimento legislativo integrativo; é norma *auto-executável*, a que "se executa de si mesma", que se executa imediatamente (*self-executing, self-enforcing, self-acting, self-operative dispositions*).

3.9.2 Salvo engano de nossa parte – pelo quê nos penitenciamos desde logo, se ocorrido –, salvo engano, dizíamos, o imortal Rui foi, no Brasil, o primeiro a refletir sobre o assunto. Tal se deu num parecer que emitiu a propósito da *ACOr 7*, que no ano de *1900*, perante o STF, o *Estado de Santa Catarina* propôs em face do *Estado do Paraná*, buscando fosse este (Paraná) compelido "a reconhecer e respeitar os limites" entre ambos, "definidos pelos rios Saí, Negro e Iguaçu, bem como à restituição de quaisquer territórios de que, além desses rios, estivesse de posse o réu, Estado do Paraná".[49]

3.9.3 Nessa ocasião, autoformulando-se – para responder outra – interrogação consistente em saber "se todas as disposições constitucionais são executáveis independentemente de lei, que as paute, ou se, pelo contrário, algumas haverá, que, antes de lhes ser pautado em lei o exercício, não se possam exercer", buscando saber, mesmo – de modo análogo ao que aqui se passa –, "se há disposições constitucionais que, para se aplicarem, dependem de que a lei ordinária as desenvolva", e "quais serão elas",[50] assim concluiu:

"16. Entre os textos constitucionais executáveis sem o concurso de legislação aplicativa sobressaem os de caráter proibitório.

"'It is the prevailing doctrine, thought there is contrary authority, that prohibitory constitutional provisions are self-executing' (6 *Americ. and Engl. Encycl. of Law*, 912, *b*).

"'All *negative or prohibitive* provisions in a Constitution are self-executing' ('Law *vs.* People' 87 Illinois, 385. Cooley: *Constitutional Limit.*, 7ª ed., p. 120, not. 5).

"'The rule favored by the weight of authority is that prohibitive and restrictive provisions are self-executing, and may be enforced by the courts independent of any legislative action' (*Cyclopaedia of Law and Procedure*, vol. 8, p. 754).

"No proibir que se faça alguma coisa não há nada que exija ulterior ação da lei. A ação ulterior da lei poderá vir a ser necessária a fim de castigar as infrações da regra proibitiva. Isto, porém, é coisa totalmente

48. Régis Fernandes de Oliveira, "Taxa de juros", *RT* 666/234, Ano 80, São Paulo, Ed. RT, abril/1991.

49. Essa petição inicial foi assinada pelo conselheiro Manuel da Silva Mafra, tendo o Estado do Paraná constituído para atuação na demanda os advogados Joaquim da Costa Barradas, Anfilófio Botelho Freire de Carvalho e Bento Fernandes de Barros, sendo a contestação ofertada pelo primeiro destes (cf., a respeito, *Obras Completas de Rui Barbosa*, vol. XLII, t. I ("Limites Interestaduais"), rev. de José Câmara, Rio de Janeiro, Ministério da Educação e Cultura, 1915, p. 147, "Nota do Revisor").

50. Rui Barbosa, "Parecer", in *Obras Completas de Rui Barbosa*, vol. XLII, t. I ("Limites Interestaduais"), rev. de José Câmara, Rio de Janeiro, Ministério da Educação e Cultura, 1915, p. 155.

diversa da proibição em si mesma. *There is nothing in forbidding a thing action may be necessary to punish a violation of the prohibition; but that is a matter totally different from the prohibition itself* ('Groves *vs.* Slaughter' 15 Peters 457. 10 L. Ed. 803).

"'Prohibitory provisions in a Constitution are usually self-executing' ('Willis *vs.* St. Paul Sanitation Co.' 16 L.R.A. 285).

"17. É que a norma proibitiva encerra em si mesma tudo quanto se há mister para que desde logo se torne obrigatória a proibição, embora a sanção contra o ato, que a violar, ainda não esteja definida. Se uma Constituição proíbe formalmente certos e determinados atos, a prática de qualquer deles transgride *ipso facto* o preceito constitucional; porquanto a interdição, como interdição, na medida traçada pelos seus termos, é cabal quanto à obrigação, que, juridicamente, estabelece *erga omnes*, de ser respeitada.

"18. Assim, quando a nossa Constituição declara que 'nenhuma pena passará da pessoa de delinqüente', que 'fica abolida a pena de galés, a do banimento e a de morte'; quando estatui que ninguém sofrerá privação dos seus direitos por motivo religioso; quando prescreve que nenhum imposto se cobrará senão em virtude de lei anterior (art. 72, §§ 19, 20, 21, 28 e 30); quando veda ao Governo Federal criar distinções de qualquer natureza em favor dos portos de uns contra os de outros Estados (art. 8º); quando proíbe aos Estados tributar bens, rendas ou serviços da União, assim como a esta, reciprocamente, lançar impostos sobre serviços, rendas ou bens dos Estados (art. 10); quando exclui a decretação de leis retroativas pelos Estados, ou pela União (art. 11), a inibição que resulta desses textos, assim como de quaisquer outros que apresentem o mesmo caráter, é absoluta e imediata.

"Nenhuma legislação complementar se requer para que eles operem e obriguem na sua maior plenitude."[51]

3.9.4 Essa, então, a doutrina que *floresceu* entre nós: *a norma constitucional de caráter proibitivo é imediatamente executável, sem o concurso de legislação aplicativa.* A propósito, há um exemplo formulado por Rui que vem aqui a talho de foice, a saber: "Quando, por exemplo, um texto constitucional sujeita a um máximo certos e designados tributos, o contribuinte não precisa de outra lei, a que se abrigue, se a tributação ultrapassar esse limite. Porque o intuito da Constituição, aí, foi, precisamente, instituir uma restrição ao arbítrio da legislatura, e não entregar o assunto à sua mercê (6 *Am. and Eng. Encicl.* 914, n. 3)".[52]

3.9.5 Para que se conclua pela subsunção integral desse exemplo ao caso presente, basta que se faça a substituição de "tributos" por "juros", "contribuinte" por "mutuário" e "tributação" por "taxação". Assim: "Quando, por exemplo, um texto constitucional sujeita a um máximo certos e designados *juros*, o *mutuário* não precisa de outra lei, a que se abrigue, se a *taxação* ultrapassar esse limite. Porque o intuito da Constituição, aí, foi, precisamente, instituir uma restrição ao arbítrio da legislatura, e não entregar o assunto à sua mercê".

3.9.6 Não há, então, o que tergiversar: a norma constitucional relativa à limitação dos juros reais, por ser *proibitiva, auto-executável é.*

3.10 Pois bem. Nada obstante a clarividência dessa norma, instituidora de *limite-**garantia***, a dispensar qualquer regra completiva, fundamentalmente duas objeções contra isso são agitadas.

3.10.1 Por primeiro, argumenta-se, em resumo, que a eficácia do preceito está na dependência da edição de lei complementar que discipline o sistema econômico brasileiro como um todo, nos moldes do que prescreve o *caput* daquele art. 192. Com isso, o § 3º do art. 192 da Carta Básica conteria norma singelamente programática, sem possibi-

51. Idem, pp. 160-162 (*ipsis litteris*, exceto quanto à ortografia, que atualizamos).

52. Idem, p. 167.

lidade de qualquer aplicação concreta enquanto não houver a chegada daquela que seria a adventícia de sua eficácia.

3.10.2 Para além disso, a expressão "juros reais", contida naquele parágrafo, é indefinida, sendo, mesmo, conceito jurídico indeterminado, também por isso ainda na dependência de aclaração para que possa haver aplicação.

3.10.3 Respeitosamente, o desacerto dessas objeções poremos a descoberto em seguida, mais de espaço.

C) A invocação da lei complementar

4. O *caput* do art. 192 da CF estabelece que: "O Sistema Financeiro Nacional, estruturado de forma a promover o desenvolvimento equilibrado do país e a servir aos interesses da coletividade, será regulado em lei complementar, que disporá, inclusive, sobre: (...)".

4.1 Articula-se com essa menção a lei complementar, regulamentadora do sistema econômico nacional, para dizer-se que a eficácia do § 3º desse art. 192 fica na inteira dependência dessa lei complementar para que possa ele (o parágrafo) ser aplicado.

4.2 É bom *começar* recordando que foi buscando essa relação de dependência – quando viram começarem a esboroar-se, no âmbito da Assembléia Nacional Constituinte, as tentativas de sepultamento precoce da emenda limitadora da taxa de juros bancários –, foi buscando essa relação de dependência, dizíamos, que os manipuladores dos interesses das instituições financeiras ao final tentaram, a toda custo, fazer com que a prescrição ficasse constando como, por assim dizer, simples *inciso* do art. 192 da Carta Política.

4.2.1 Êxito tivessem logrado, e aí, sim, ao menos em princípio, no caso específico, não haveria o que discutir: como inciso, não passaria de mera e vera subdivisão do *caput*, a depender, bem por isso, do comando contido na cabeça: dependência de lei complementar, que seria indefinidamente protelada.

4.2.2 Só que a regra veio à tona como *parágrafo*, e parágrafo inteiramente *independente* do *caput*. *Evidentemente autoaplicável*, para falar com o Relator da Assembléia Nacional Constituinte. Deveras, não se ignora que, no rigor da técnica legislativa, um parágrafo deve conter norma secundária em relação à cabeça do artigo de lei. Contudo, por força da heterogeneidade peculiar das Casas Legislativas, constituídas por pessoas dos mais diversificados segmentos da sociedade, não se pode esperar, absolutamente, que os textos ali produzidos observem sistematicamente as exigências de técnica legislativa – o que torna compreensível "o porquê dos erros, impropriedades, atecnias, deficiências e ambigüidades que os textos legais cursivamente apresentam", como agudamente observa Paulo de Barros Carvalho.[53]

4.2.3 Isso significa, então, que nem sempre essa regra – de que o parágrafo deve conter norma subordinada ao *caput* – é observada pelo legiferador, na medida em que vezes sem conta topamos com regras legais alojadas em parágrafo mas sem guardar relação de dependência com a cabeça do artigo, que bem por isso são aplicadas como disposições autônomas, desvinculadas da cabeça do artigo.

4.2.3.1 Aliás, neste passo queremos trazer também à reflexão norma constitucional que está alojada em *inciso*, com o *caput* fazendo menção a lei complementar, e apesar disso *todas as Cortes de Justiça deste país*, sem exceção, estão aplicando, sem que se tenha notícia de ponderação no sentido de que sua aplicação está na dependência do advento da lei complementar.

4.2.3.2 Referimo-nos ao *inciso IX do art. 93 da CF*, que transcrevemos, para melhor compreensão: "Art. 93. *Lei complementar*, de iniciativa do Supremo Tribunal Federal, disporá sobre o Estatuto da Magistratura, observados os seguintes princípios: (...)

53. Paulo de Barros Carvalho, *Curso de Direito Tributário*, cit., 7ª ed., p. 4.

IX – todos os julgamentos dos órgãos do Poder Judiciário serão públicos, e fundamentadas todas as decisões, sob pena de nulidade, podendo a lei, se o interesse público o exigir, limitar a presença, em determinados atos, às próprias partes e a seus advogados, ou somente a estes".

4.2.3.3 No que aqui importa, o inciso determina que "todos os julgamentos dos órgãos do Poder Judiciário serão públicos, e fundamentadas todas as decisões, sob pena de nulidade". Ora, nada obstante seja norma escrita em *inciso*, com o *caput* estabelecendo que *lei complementar* disporá sobre o Estatuto da Magistratura, quando *deverá* observar também esse princípio, não parece que haja algum operador do Direito negando que está revogada qualquer norma (inclusive regimentos internos de tribunais) que permita realização de julgamento em segredo, ou admita prolação de *decisão* sem fundamentação.

4.2.3.4 Mas a determinação está num *inciso*! E o *caput* manda que essa diretriz (e outras) seja observada *em lei complementar*! E por que assim o é? É pela razão que há pouco mencionamos: *é porque o* ***inciso****, no caso, consubstancia uma norma* ***completa, bastante em si mesma****, sem guardar dependência com o "caput", que bem por isso é aplicada como disposição autônoma, desvinculada da cabeça do artigo.*

4.2.3.5 Não há como negar que o mesmíssimo raciocínio é aplicado ao art. 192 e § 3º. "Onde há regra completa, seja em inciso ou em parágrafo, é ela eficaz e auto-aplicável"[54] – é o *norte verdadeiro* a ser seguido pelo intérprete. E essa *acertada* diretriz é aplicada, como vimos procurando demonstrar, independentemente do desacerto do legislador por não seguir a regra de técnica legislativa apontando no sentido de que inciso e parágrafo devem conter normas subordinadas ao *caput* do artigo.

4.2.4 Essa, vale ilustrar, foi exatamente a constatação de Hugo de Brito Machado, forte nas lições de Hélio Fernandes Pinheiro, especificamente a respeito do tema sobre que ora nos debruçamos: "O argumento de técnica legislativa, em que se funda a primeira das teses em exame, há de ser recolocado nos seus devidos termos. É certo que um *parágrafo* deve conter norma secundária, acessória ou complementar da norma contida na cabeça do artigo. Nessa condição, todavia, muita vez ela modifica a norma principal, sendo certo ainda que essas normas da técnica legislativa nem sempre são observadas pelo legislador".[55]

4.2.5 Pomos um exemplo: no *caput* do art. 212[56] a CF estabelece os *percentuais* que os Estados, o Distrito Federal e os Municípios deverão anualmente aplicar "na manutenção e desenvolvimento do ensino". Contudo, o § 4º[57] daquele artigo trata de assunto completamente *diferente*: o tratamento, ali, já é relativo aos "programas suplementares de alimentação e assistência à saúde", previstos no art. 208, VII.

4.2.6 São de José Afonso da Silva[58] estas palavras, precisamente a propósito des-

54. Luís Roberto Barroso, *O Direito Constitucional e a Efetividade de suas Normas: Limites e Possibilidades da Constituição Brasileira*, 2ª ed., Rio de Janeiro, Renovar, 1993, p. 222. A diretriz referida pelo ilustre Professor foi fincada especificamente a propósito da auto-aplicabilidade do § 3º do art. 192 da Carta Política, que ele sustenta com galhardia.

55. Hugo de Brito Machado, "Tabelamento constitucional de juros", cit., *Repertório IOB de Jurisprudência* 2/36.

56. "Art. 212. A União aplicará, anualmente, nunca menos de 18 (dezoito), e os Estados, o Distrito Federal e os Municípios 25% (vinte e cinco por cento), no mínimo, da receita resultante de impostos, compreendida a proveniente de transferências, na manutenção e desenvolvimento do ensino."

57. "§ 4º. Os programas suplementares de alimentação e assistência à saúde previstos no art. 208, VII, serão financiados com recursos provenientes de contribuições sociais e outros recursos orçamentários."

58. José Afonso da Silva, *Curso de Direito Constitucional Positivo*, cit., 12ª ed., p. 758.

sa alegação: "Todo parágrafo, quando tecnicamente bem situado (e este não está, porque contém autonomia de artigo), liga-se ao conteúdo do artigo, mas tem autonomia normativa. Veja- se, por exemplo, o § 1º do mesmo art. 192. Ele disciplina assunto que consta dos incisos I e II do artigo, mas suas determinações, por si, são autônomas, pois, uma vez outorgada qualquer autorização, imediatamente ela fica sujeita às limitações impostas no citado parágrafo". E insiste, logo adiante, em que, como o dispositivo foi "organizado num parágrafo, com normatividade autônoma, sem referir-se a qualquer previsão legal ulterior, detém eficácia plena e aplicabilidade imediata".[59]

4.2.7 Também Hugo de Brito Machado adverte que "a afirmação de que a lei complementar tratará de todas as matérias inerentes ao sistema financeiro não tem, de modo nenhum, o alcance que se lhe pretende atribuir. Na verdade, a lei complementar poderá e deverá tratar mesmo de taxas de juros, *mas não poderá dispor em contrário ao estabelecido no § 3º*".[60]

4.2.8 E Edvaldo Brito, após desenvolver sobre o desacerto da tese, arremata: "É com esse raciocínio que concluímos pela aplicabilidade imediata da regra do seu § 3º limitando as taxas de juros reais, até porque ela independe da disposição da cabeça do art. 192. Com efeito, há parágrafos que são desdobramentos de artigo, outros, porém, apenas veiculam matéria de natureza semelhante e, por isso, são alojados, na lei, na mesma área".[61]

4.2.9 Aí está, por conseguinte, como o § 3º do art. 192 da CF, tendo normatividade autônoma, não fica, para sua aplicação, na dependência do advento da lei complementar a que se refere o *caput* daquele dispositivo.

D) Os juros reais

5. O outro óbice que se tentou pôr no caminho da aplicação imediata do dispositivo em exame tem a ver com a expressão "juros reais", com a argüição de que se trata de termo *indefinido*.

5.1 Aqui, está claro que a intenção é no sentido de fazer crer que as palavras contidas nos textos legais, que os conceitos jurídicos, devem ter *precisão* para que possam ser aplicados; devem, mesmo, ter a precisão de cálculos... *Exatidão matemática*.

5.2 Basta, para sepultar de vez essa temerária argumentação, lembrar a lição de um estudioso da estatura científica de Carrió: "No es verdad que los términos y los conceptos jurídicos se asemejen a los de la Geometría en que unos y otros están integrados por un número determinado de elementos necesarios, que no se pueden tocar sin que la figura (jurídica o geométrica) se desmorone. No es cierto que las llamadas figuras jurídicas poseen 'purísimos perfiles indeformables'".[62]

5.3 A argumentação, então, parece olvidar noção jurídica primária, no sentido de que "os conceitos utilizados na linguagem jurídica são geralmente plurissignificativos, ou plenos de vaguidade, e nisto reside a principal dificuldade enfrentada pelos que aplicam o Direito".[63] E verbera o mesmo magistrado e professor cearense: "O fato de ser o alcance, ou sentido, de um conceito jurídico objeto de controvérsias não pode retirar, de modo nenhum, a vigência da prescrição na qual se encarta. Inúmeros são os

59. Idem, ibidem.

60. Hugo de Brito Machado, "Tabelamento constitucional de juros", cit., *Repertório IOB de Jurisprudência* 2/35-36.

61. Edvaldo Brito, "O Sistema Financeiro Nacional", in José Cretella Jr. e outros, *A Constituição Brasileira 1988: Interpretações*, Rio de Janeiro, Forense Universitária/Fundação Cabral/Academia Internacional de Direito e Economia, 1988, p. 399.

62. Genaro Carrió, *Notas sobre Derecho y Lenguage*, Buenos Aires, Abeledo-Perrot, 1972, p. 40.

63. Hugo de Brito Machado, "Tabelamento constitucional de juros", cit., *Repertório IOB de Jurisprudência* 2/35.

conceitos utilizados pela Constituição cujo significado é objeto de controvérsia. Nem por isto a prescrição na qual se encartam tais conceitos indeterminados fica com aplicação a depender de definição em lei complementar, ou ordinária".[64]

5.3.1 E insiste, logo adiante: "A definição do que sejam *juros reais*, em lei complementar, é inteiramente desnecessária para que a prescrição constitucional possa ser aplicada. Se todos os conceitos vagos, ou plurissignificativos, encartados em prescrições constitucionais tivessem de ser definidos, como condição de aplicação da Constituição, operar-se-ia verdadeira destruição do princípio da supremacia constitucional".[65]

5.4 A propósito, calha, aqui, a talho de foice uma reflexão feita por José Carlos Barbosa Moreira em palestra que proferiu na Associação dos Magistrados do Rio de Janeiro (AMARJ), sobre o mandado de injunção: "Gostaria, para tornar mais claro o assunto, de fixar certas hipóteses nas quais, a meu ver, fica excluída a possibilidade da utilização do mandado de injunção. Em primeiro lugar não cabe o mandado de injunção quando a norma constitucional seja bastante em si mesma, ou, como se costuma dizer, autoaplicável, ainda que para lhe dar um sentido operante, atuante, sejamos obrigados a proceder a uma interpretação capaz de precisar e concretizar o sentido de conceitos jurídicos indeterminados, como o famoso conceito de 'taxa de juros reais'. Todo conceito jurídico indeterminado é suscetível de concretização pelo juiz, como é o conceito de boa-fé, como é o conceito de bons costumes, como é o conceito de ordem pública e tantos outros com os quais estamos habituados a lidar em nossa tarefa cotidiana".[66]

64. Idem, ibidem.

65. Idem, p. 34.

66. José Carlos Barbosa Moreira, "Mandado de injunção", in James Tubenchlak e Ricardo Silva de Bustamante (coords.), *Livro de Estudos Jurídicos*, 2ª ed., Rio de Janeiro, Instituto de Estudos Jurídicos, 1991, p. 41.

5.5 Realmente, é o que se passa com termos como "pobreza",[67] "relevância e urgência",[68] "boa-fé",[69] "falta grave"[70] etc. Todos são termos em si mesmos ocos, vazios de qualquer conteúdo, mas que nem por isso restam desprovidos de densidade significativa. Para falar com Celso Antônio Bandeira de Mello, se dessa densidade significativa carecessem "não seriam conceitos e as expressões com que são designados não passariam de ruídos ininteligíveis, sons ocos, vazios de qualquer conteúdo, faltando-lhes o caráter de palavras, isto é, de signos que se remetem a um significado".[71]

5.5.1 O que não se pode olvidar, absolutamente, é que quando, no exame da prescrição normativa, topa-se com um conceito cujo termo, indeterminado, o legislador não definiu estipulativamente, é *ao aplicador do Direito* que cabe superar essa indeterminação.[72] Mas o fato é que "os *conceitos indeterminados* (...) *não conduzem a uma situação de indeterminação na sua aplicação*"[73] (nossos os últimos grifos).

5.5.2 E, como esclarece Lúcia Valle Figueiredo, por mais ocados que estejam os

67. CF, arts. 3º, III, e 23, X.

68. CF, art. 62.

69. CF, art. 231, § 6º.

70. CF, art. 8º, VIII.

71. Celso Antônio Bandeira de Mello, *Curso de Direito Administrativo*, 8ª ed., São Paulo, Malheiros Editores, 1996, p. 76.

72. Eros Roberto Grau, *O Direito Posto e o Direito Pressuposto*, São Paulo, Malheiros Editores, 1996, p. 148. Cf. também, do mesmo autor, "Crítica da discricionariedade e restauração da legalidade", in Cármen Lúcia Antunes Rocha (coord.), *Perspectivas do Direito Público: Estudos em Homenagem a Miguel Seabra Fagundes*, Belo Horizonte, Del Rey, 1995, p. 316.

73. Eros Roberto Grau, *O Direito Posto e o Direito Pressuposto*, cit., p. 148. Em igual sentido, do mesmo autor, "Crítica da discricionariedade e restauração da legalidade", cit., in Cármen Lúcia Antunes Rocha (coord.), *Perspectivas do Direito Público: Estudos em Homenagem a Miguel Seabra Fagundes*, p. 317.

termos, tanto que a matéria seja posta em juízo, "(...) será o juiz que os interpretará e lhes atribuirá significado. E nunca houve objeção a que isto assim se passasse".[74] Também Celso Antônio Bandeira de Mello apurou que "jamais se questionou caber ao Judiciário o reconhecimento das fronteiras destes conceitos fluídos, que são comuns em todas as províncias do Direito".[75]

5.5.3 Nessa mesma vereda, de modo bem incisivo, Marcelo de Oliveira Fausto Figueiredo Santos: "E nem se diga que há conceitos vagos ou indeterminados na Constituição, o que impossibilitaria ou dificultaria a aplicação do Direito. Não é exato. O Judiciário nunca se negou a conferir definição objetiva a tais termos. Ocorre-nos *justo preço* na desapropriação. Acaso não foi uma construção jurisprudencial? Certo que sim".[76]

5.6 De qualquer sorte, a doutrina – que é a quem compete, *adequadamente*, cuidar de definições – já delineou bem o que se deve entender como sendo "juros reais", ensinando Luiz Carlos Bresser Pereira, por exemplo, que é a "taxa nominal de juros menos a taxa de inflação".[77] Realmente, o próprio autor da emenda que resultou na limitação constitucional dos juros observou que nem chega a haver "o que definir, quanto a juros reais: são aqueles que excedem as taxas inflacionárias do período do crédito".[78] Por isso refere Régis Fernandes de Oliveira que "o significado dos juros reais independe de qualquer esclarecimento ou interpretação autêntica (que depende de outra norma do mesmo órgão emanador da primeira)".[79]

5.6.1 Incide aqui, a lanço, a veemência de Barbosa Moreira: "Só na hora de interpretar a Constituição é que não se sabe o que é: não se sabe porque não se quer saber. É claro que a taxa de juros reais é tudo aquilo que se cobra, menos a correção monetária. Se sabemos o que é boa-fé, conceito muito mais vago; se sabemos o que são bons costumes, o que é vaguíssimo; se sabemos o que é mulher honesta, para aplicarmos o dispositivo legal que define o crime de estupro, por que é que não podemos saber o que são taxas de juros reais? Isso faz parte da tarefa quotidiana do juiz: interpretar textos legais e definir conceitos jurídicos indeterminados: e este aqui não é tão indeterminado. Acho até que é bastante determinado".[80]

5.7 Tem-se, então, que não vinga a ponderação de que a expressão "juros reais" é indeterminada, a fazer depender de lei complementar definidora para que o § 3º do art. 192 da CF seja imediatamente aplicado.

E) Outras considerações

6. No dia seguinte ao da promulgação da Constituição Federal foi emitido "parecer" pelo então Consultor-Geral da República, logo depois homologado pelo Presidente da República, basicamente com a linha de argumentação que já resumimos (programa-

74. Lúcia Valle Figueiredo, *Curso de Direito Administrativo*, 2ª ed., São Paulo, Malheiros Editores, 1995, p. 126.

75. Celso Antônio Bandeira de Mello, "Eficácia das normas constitucionais sobre justiça social", *RDP* 57-58/245, Ano XIV, São Paulo, Ed. RT, janeiro-junho/1981.

76. Marcelo de Oliveira Fausto Figueiredo Santos, "As normas programáticas – 'Uma análise político-constitucional'", *Cadernos de Direito Constitucional e Ciência Política* 16/129, Ano 4, São Paulo, Ed. RT, julho-setembro/1996.

77. Luiz Carlos Bresser Pereira, *Economia Brasileira: uma Introdução Crítica*, cit., 3ª ed., p. 134.

78. Fernando Gasparian, "A luta contra a usura", cit., in Roberto Fernandes de Almeida (coord.), *A Luta Contra a Usura: o Limite Constitucional dos Juros Anuais de 12% Está em Vigor*, p. 17.

79. Régis Fernandes de Oliveira, "Taxa de juros", cit., *RT* 666/235.

80. José Carlos Barbosa Moreira, "Ações coletivas na Constituição de 1988", *Boletim Jurídico da Procuradoria-Geral do Município do Rio de Janeiro* 2/17, 1991, *apud* Luís Roberto Barroso, *Interpretação e Aplicação da Constituição: Fundamentos de uma Dogmática Constitucional Transformadora*, São Paulo, Saraiva, 1996, p. 243.

ticidade do § 3º do art. 192, que por isso não teria eficácia, e nebulosidade do conceito de "juros reais", a reclamar definição legal).

6.1 Outrossim, por encomenda de associações de banqueiros, vários outros "pareceres" foram emitidos na ocasião – com superabundância de publicação – por Hely Lopes Meirelles,[81] Caio Tácito,[82] José Frederico Marques,[83] Manoel Gonçalves Ferreira Filho,[84] Celso Bastos,[85] Ives Gandra da Silva Martins,[86] Rosah Russomano,[87] José Alfredo de Oliveira Baracho,[88] Cid Heráclito de Queiroz[89] etc., essencialmente com aquelas duas argumentações principais.

6.1.1 Eros Roberto Grau os analisou, deles dizendo o seguinte:

"Não posso deixar de mencionar, inicialmente, que alguns desses pareceres – como tantos outros, que a pletora de publicações nos impõe – não constituem autênticas *reponsae*. Mais do que voltados ao encaminhamento de resposta ao problema proposto, soam como suporte para a exibição de informação bibliográfica e, em um ou mesmo em outro caso, para a prática de narcisismo indisfarçado.

"É difícil distinguir o autêntico parecer do articulado forense, o que resulta extremamente pernicioso, na medida em que neste o conflito é, ideologicamente, convertido em disputa retórica. Por certo que o parecer jurídico é expressão da acumulação de razões – mas é necessário estarmos bem atentos para o fato de que o parecer destina-se ao esclarecimento de um problema, por isso devendo a solução proposta ser comprovada, *com autoridade*; não se trata, pois, de nele reproduzir-se mero articulado do advogado que atua com sagacidade."[90]

6.1.2 Especificamente quanto àquele *feito* pelo então Consultor-Geral da República, notou Luís Roberto Barroso que, "empenhado em negar a auto-aplicabilidade da regra, é trabalho de advogado, comprometido com um interesse e com uma tese. Na pressa, envolveu-se o nome do professor Vicente Ráo, por duas vezes, em póstumo constrangimento".[91] E explica, em nota de rodapé: "76. A certa altura, atribui-se ao falecido professor duas passagens copiadas, quase literalmente, do prefácio à *Contribuição à Crítica da Economia Política*, de Karl Marx. No livro de Ráo, todavia, felizmente o crédito é dado ao filósofo alemão (v. *O Direito e a Vida dos Direitos*, 1952, p. 155). Pouco antes, o parecer atribuíra ao mesmo professor o seguinte equívoco: 'As declarações

81. Hely Lopes Meirelles, "Tabelamento de juros", *RDP* 88/147-150, Ano XXI, São Paulo, Ed. RT, outubro-dezembro/1988.

82. Caio Tácito, "O art. 192 da CF e seu § 3º", *RDP* 88/151-157.

83. José Frederico Marques, "Tabelamento de juros", *RDP* 88/158-161.

84. Manoel Gonçalves Ferreira Filho, "Os princípios do direito constitucional e o art. 192 da Carta Magna", *RDP* 88/162-171.

85. Celso Bastos, "Tabelamento de juros", *RDP* 88/172-181.

86. Ives Gandra da Silva Martins, "Tabelamento de juros: juros reais e sua conformação jurídica", *RDP* 88/182-189. Com o título "Juros reais e sua conformação jurídica", publicado também na *RT* 635/143-150, Ano 77, São Paulo, Ed. RT, setembro/1988.

87. Rosah Russomano, "O art. 192 da Constituição de 1988 – Sua inquebrável unidade – A impossível autonomia de seu § 3º – A impossível plenitude eficacial desse parágrafo", *RDP* 89/63-70, Ano XXII, São Paulo, Ed. RT, janeiro-março/1989.

88. José Alfredo de Oliveira Baracho, "O art. 192 da Constituição de 1988 – Estrutura lógica da norma jurídica – Diferença entre direito e retórica", *RDP* 89/71-86.

89. Cid Heráclito de Queiroz, "Taxa de juros", *RDP* 89/246-255.

90. Eros Roberto Grau, "As normas constitucionais programáticas (anotações para exposição na OAB)", in Roberto Fernandes de Almeida (coord.), *A Luta Contra a Usura: o Limite Constitucional dos Juros Anuais de 12% Está em Vigor*, cit., p. 44.

91. Luís Roberto Barroso, *O Direito Constitucional e a Efetividade de suas Normas: Limites e Possibilidades da Constituição Brasileira*, cit., 2ª ed., pp. 54-55.

programáticas que só enunciam princípios gerais e são mais particularmente usadas nas constituições e leis políticas, não contêm, em si, a força de sua obrigatoriedade: obrigatórias só se tornam quando uma disposição concreta de lei as aplica (...)'. Havendo escrito em 1952, sob influências e concepções à época aceitas, a impropriedade da análise das normas programáticas não seria grave. Sucede, no entanto, que, visto no contexto, Vicente Ráo refere-se a declarações programáticas que *antecedem* os textos legislativos, hipótese inteiramente diversa daquela para a qual se procurou invocar sua autoridade".

6.2 Pelo Partido Democrático Trabalhista (PDT) submetido o assunto ao STF, através da ADI 4-DF, a Corte Suprema, em sessão plenária, decidiu, *por maioria de votos* – 6 contra 4 –, no sentido da não-auto-aplicabilidade da limitação constitucional dos juros.[92] Deu-se por impedido o Min. Sepúlveda Pertence, já tendo ele, *em ocasião posterior*, declarado: "Não votei, porque impedido, na ADI n. 4, mas tenho restrições à corrente vitoriosa".[93] A maioria foi composta pelos Mins. Sydney Sanches (Relator), Celso de Mello, Célio Borja, Aldir Passarinho, Moreira Alves e Octávio Gallotti; a minoria esteve composta pelos Srs. Mins. Marco Aurélio, Carlos Velloso, Paulo Brossard e Néri da Silveira.

6.2.1 Da análise que fez, explica o livre-docente Luís Roberto Barroso que se tratou de "decisão dividida, de cunho muito mais político do que técnico (...)".[94]

6.3 Como motivação, o digno Relator, em resumo, deitou a argumentação – sobre que já nos debruçamos, aqui – de que: "O discutido § 3º do art. 192, referente à limitação das 'taxas de juros reais', como parágrafo que é, segue a sorte do artigo todo. E, não-exeqüível de imediato, depende da regulamentação por lei complementar". Depois, sobre a lembrança de que a lei complementar não poderá descumprir o que já está no citado § 3º, ponderou que "isso não significa, necessariamente, que, antes dela, tal norma já esteja produzindo plenamente seus efeitos". Disse, noutra passagem, que "não se pode desprezar a controvérsia doutrinária, em Direito e na Economia, sobre o conceito de 'juros reais'".

6.3.1 Exata e principalmente sobre esses pontos também vimos desenvolvendo, demonstrando exatamente o contrário, com o respeito devido. A propósito, o Min. Marco Aurélio, quanto à colocação topográfica do dispositivo, lembrou a pouca importância dada nos trabalhos legislativos a essa técnica, com o quê, "sobrepondo-se o conteúdo à forma, há que se concluir que o simples fato de o preceito em comento estar revelado em parágrafo não firma a presunção definitiva de dependência ao artigo no qual está inserido. Cabe assim o exame do teor de cada qual". Quanto ao âmago da questão (eficácia imediata, ou não, do preceito), advertiu que é preciso ter presentes "as linhas básicas da própria Carta, (...) que, privilegiando o trabalho, buscam preservar a dignidade do homem como fundamento do verdadeiro Estado Democrático de Direito de que cogita o primeiro artigo da Lei Básica". Lembrou que "os juros excessivos sempre mereceram a crítica geral e providências no campo legislativo". Severo na crítica à ponderação feita a respeito da expressão "juros reais", chegou a dizer que "o enfoque sobre a necessidade de lei que discipline o que são juros reais contraria a ordem natural das coisas. Implica relegar à lei a definição do que, pela própria natureza, pelo sentido do vernáculo pátrio, já está suficientemente definido" e "é dado encontrar na própria Carta a elucidação".

92. O acórdão, na íntegra, está publicado na *RTJ* 147/719-858, Brasília, STF/Imprensa Nacional, março/1994.

93. Trecho do voto proferido (como Relator para o acórdão) por ocasião do julgamento do MI 361, j. 8.4.1994, *RDA* 197/206, Rio de Janeiro, Renovar/FGV, julho-setembro/1994.

94. Luís Roberto Barroso, *Interpretação e Aplicação da Constituição: Fundamentos de uma Dogmática Constitucional Transformadora*, cit., p. 242.

6.3.2 O Min. Carlos Velloso, forte em José Afonso da Silva, Rui Barbosa, Thomas Cooley, Celso Antônio Bandeira de Mello, Régis Fernandes de Oliveira etc., observou (entre vários outros argumentos) que a norma contém uma vedação. "Porque ela é uma norma proibitória ou vedatória, ela é de eficácia plena e aplicabilidade imediata, ou é ela uma norma auto-aplicável. E porque confere ela, também, um direito aos que operam no mercado financeiro, também por isso a citada norma é de eficácia plena".

6.3.3 O Min. Paulo Brossard, entre as muitas razões que apresentou, deitou a de que a norma é auto-aplicável, já que é proibitiva, esgotando-se em si mesma, não carecendo, então, de norma reguladora. Após dissertar longamente, concluiu de modo emocionante:

"Se eu fosse legislador é possível que não incluísse o preceito em tela na Constituição; mas eu, que já fui, deixei de sê-lo. Agora, como juiz, não faço leis, antes lhes devo obediência, e precipuamente à Lei Maior, goste ou não goste de suas regras, devendo dar-lhes honesta e leal aplicação.

"É o que penso fazer no caso em exame, julgando, como julgo, procedente a Ação Direta n. 4."

6.3.4 Por fim, o Min. Néri da Silveira, à época Presidente, lembrou que pode um parágrafo, em dadas circunstâncias, aplicar-se "com autonomia em relação às demais partes do artigo a que pertence, não obstante o *caput* e outros parágrafos não possuam idêntica aptidão a fazê-lo. Basta, para tanto, que o parágrafo tenha instrumental de incidência pleno". Depois, encontrou no dispositivo em referência dois comandos, sendo de índole civil a primeira parte, que "constitui norma de eficácia plena, de aplicabilidade imediata, integral, independendo de legislação posterior para sua inteira operatividade". Refutou, quanto aos juros reais, "o argumento de que a complexidade do conceito estaria necessariamente a exigir edição de lei a disciplinar a matéria", não se podendo impedir "a vigência de uma norma constitucional, sob essa alegação; cumpre, ao contrário, interpretá-la segundo os princípios consagrados pela Hermenêutica Jurídica e à vista dos demais elementos de que se vale o intérprete na exegese constitucional. Inúmeros são os dispositivos e conceitos inseridos na Constituição cujo conteúdo é objeto de longa e larga controvérsia; nem por isso deixam de estar em vigor".

6.4 Muito bem; em bom estudo, Pedro Luiz Pozza[95] faz-nos lembrar agora de um aspecto *interessante* a propósito dessa decisão da augusta Corte. Deveras, assim estabelecem o art. 201 e §§ 5º e 6º da Carta Básica:

"Art. 201. Os planos de previdência social, mediante contribuição, atenderão, *nos termos da lei*, a: (...).

"(...).

"§ 5º. Nenhum benefício que substitua o salário de contribuição ou o rendimento do trabalho do segurado terá valor mensal inferior ao salário mínimo.

"§ 6º. A gratificação natalina dos aposentados e pensionistas terá por base o valor dos proventos do mês de dezembro de cada ano" (grifamos).

6.4.1 Como se vê, no que diz respeito à menção à *lei*, feita no *caput*, vindo posteriormente vários incisos (cinco) e parágrafos (oito), o assunto é assaz *análogo* ao aqui tratado a propósito da limitação dos juros bancários, do modo como está no art. 192 e § 3º da CF, em que decidiu o STF que, como no *caput* há referência à *lei* complementar, a norma do § 3º *não é* auto-aplicável, devendo ficar no aguardo dessa lei referida no *caput*.

6.4.2 Pois a Suprema Corte, em sessão plenária, decidiu, por unanimidade, que o § 5º do art. 201 da CF *é auto-aplicável*: "Previdência Social – § 5º do art. 201 da CF – É

95. Pedro Luiz Pozza, "A limitação das taxas de juros, a nível constitucional e legal, no crédito bancário", *Ajuris* 62/296-297, Ano XXI, Porto Alegre, Associação dos Juízes do Rio Grande do Sul/Ajuris, novembro/1994.

auto-aplicável o § 5º do art. 201 da CF – Recurso extraordinário não conhecido".[96]

6.4.3 Como se vê, a diferença entre o caso presente e esse outro é unicamente a de que aqui (CF, art. 192, § 3º) o *caput* do artigo menciona "lei complementar", e ali (CF, art. 201, § 5º) a cabeça do artigo fala em "lei", que *naquele caso* é ordinária – o que, no entanto, é em tudo e por tudo irrelevante, que *não justifica o julgamento completamente diverso*, como, inclusive, Pedro Luiz Pozza[97] pôs a descoberto.

6.4.4 É inevitável ir um pouco adiante: no julgamento desse recurso extraordinário (n. 159.413-SP), o Relator, Min. Moreira Alves, sustenta – e bem –, inclusive citando Rui Barbosa e Thomas Cooley, que, quando o *caput* do art. 201 faz referência à necessidade de regulamentação por lei, isso diz respeito *somente aos incisos* do artigo, *não se aplicando aos parágrafos*. Eis como, de modo cientificamente *exato*, se pronunciou o ilustre Ministro-Relator, ao proferir seu voto:

"*O Sr. Min. Moreira Alves* (relator): 1. Apesar de ambas as Turmas serem acordes no sentido de o § 5º do art. 201 da CF ser auto-aplicável – e a esse benefício é que se adstringe o presente recurso extraordinário –, trago este recurso à apreciação do Plenário para que se manifeste definitivamente sobre essa questão.

"2. Do reexame a que procedi a respeito, volto a concluir pelo acerto da orientação no sentido de que o § 5º do art. 201 da Carta Magna é auto-aplicável.

"Se me parece correta a afirmação de que não é aplicável a esse benefício o § 1º do art. 5º da Constituição – que se restringe às garantias previstas nos incisos do citado artigo, e que não tem caráter absoluto, quando a impossibilidade de aplicação deles decorre de impossibilidade material ou de ressalva expressa dos termos da lei a ser elaborada –, também se me afigura exata a assertiva de que a auto-aplicabilidade em causa decorre dos próprios termos do já referido art. 201 da Carta Magna. Com efeito, o que nele está necessariamente adstrito ao *caput* – como norma que exige para sua aplicação lei futura ou lei anterior que tenha sido recebida pelo novo sistema constitucional – é o disposto nos princípios a que se referem os incisos que se lhe seguem imediatamente. O mesmo, no entanto, não ocorre necessariamente com os parágrafos desse dispositivo, tanto assim que em alguns deles se faz a ressalva – que, caso contrário, seria supérflua, conclusão que é repelida na exegese pelo princípio de que nas leis constitucionais não há expressões inúteis – 'na forma dos planos previdenciários' (§ 1º), 'conforme critérios definidos em lei' (§ 2º) e 'nos casos e na forma da lei' (§ 4º). Por outro lado, é correntio na doutrina americana da auto-aplicabilidade das normas constitucionais que as proibitórias são auto-aplicáveis. É clássica, a propósito, a lição de Rui Barbosa (*Comentários à Constituição Federal Brasileira*, vol. II, p. 481, Saraiva & Cia., São Paulo, 1933), da qual cito trecho:

"'Entre os textos constitucionais executáveis sem o concurso de legislação aplicativa sobressaem os de caráter proibitório. (...).

"'All negative or prohibitive provisions in a Constitution are self-executing' ('Law *vs.* People', 87 Illinois, 385. Cooley, *Constitucional Limit.*, 7ª ed., p. 120, not. 5). (...).

"'É que a norma proibitiva encerra em si mesma tudo quanto se há mister para que desde logo se torne obrigatória a proibição, embora a sanção contra o ato, que a violar, ainda não esteja definida. Se uma Constituição proíbe formalmente certos e determinados atos, a prática de qualquer deles transgride *ipso facto* o preceito constitucional;

96. STF, Tribunal Pleno, RE 159.413-SP, rel. Min. Moreira Alves, j. 22.9.1993, v.u., *RTJ* 153/312, Brasília, STF/Imprensa Nacional, julho/1995.

97. Pedro Luiz Pozza, "A limitação das taxas de juros, a nível constitucional e legal, no crédito bancário", cit., *Ajuris* 62/297.

porquanto a interdição, como interdição, na medida traçada pelos seus termos, é cabal quanto à obrigação que, juridicamente, estabelece *erga omnes*, de ser respeitada'.

"Sendo, pois, auto-aplicáveis as normas constitucionais proibitivas (e a do § 5º do art. 201 inequivocamente o é: 'Nenhum benefício que substitua o salário de contribuição ou o rendimento do trabalho do segurado terá valor mensal inferior ao salário mínimo'), sem a ressalva expressa da observância de requisito dependente de lei, não se lhe podem opor, para negar-se essa auto-aplicabilidade, exigências que a mesma Constituição faz para o futuro, e, portanto, para o legislador infraconstitucional, como ocorre com a constante do § 5º do art. 195 ('Nenhum benefício ou serviço da seguridade social poderá ser criado, majorado ou estendido sem a correspondente fonte de custeio total'). Essa norma, que também é auto-aplicável, por ser proibitiva, se aplica de imediato às concessões que vierem a fazer-se depois de promulgada a Constituição, e só seria aplicável a texto constitucional concessivo de qualquer benefício dessa natureza se fizesse remissão àquela, auto-limitando-se."[98]

6.4.5 Essa reflexão, juridicamente correta, lamentavelmente *não foi a mesma* adotada no julgamento da ADI 4-DF. *Embora o raciocínio sirva como luva ao caso presente*... E em inúmeras outras ocasiões a Corte Suprema tem decidido que os §§ 5º e 6º do art. 201 da CF *são auto-aplicáveis*, nada obstante o *caput* faça referência expressa a *lei regulamentadora*.[99]

6.5 Há *outra observação* a ser feita: mencionamos, há pouco, a enxurrada de "pareceres" que as associações de banqueiros cuidaram de encomendar e espalhar aos quatro ventos, com particular destaque para um confeccionado pelo douto professor Ives Gandra da Silva Martins.

98. STF, Tribunal Pleno, RE 159.413-SP, cit., *RTJ* 153/316-318 (*ipsis litteris*).

99. Cf., por exemplo: STF, 2ª T., RE 162.232-SP/AgRg, rel. Min. Paulo Brossard, j. 22.6.1993, v.u., *RTJ* 158/318, Brasília, STF/Imprensa Nacional, outubro/1996; STF, 2ª T., RE 166.775-RS, rel. Min. Carlos Velloso, j. 26.10.1993, v.u., *RTJ* 157/1.061, setembro/1996; STF, 1ª T., RE 164.580-RS, rel. Min. Sepúlveda Pertence, j. 4.2.1994, v.u., *RTJ* 157/713, agosto/1996; STF, 1ª T., RE 165.962-SP/AgRg, rel. Min. Sydney Sanches, j. 9.11.1993; v.u., *RTJ* 156/1.052-1.053, junho/1996; STF, 1ª T., RE 166.037-SP/AgRg, rel. Min. Sydney Sanches, j. 9.11.1993, v.u., *RTJ* 156/1.054, junho/1996; STF, 1ª T., RE 158.238-RS, rel. Min. Sydney Sanches, j. 19.10.1993, v.u., *RTJ* 156/300, abril/1996; STF, 2ª T., AI 154.251-SC/AgRg, rel. Min. Carlos Velloso, j. 4.10.1993, v.u., *RTJ* 155/969, março/1996; STF, 1ª T., RE 157.109-SP/AgRg, rel. Min. Celso de Mello, j. 28.9.1993, v.u., *RTJ* 155/614-615; STF, 2ª T., RE 162.492-SP/AgRg, rel. Min. Paulo Brossard, j. 22.6.1993, v.u., *RTJ* 154/983-984; STF, 2ª T., AI 153.061-SP/AgRg, rel. Min. Carlos Velloso, j. 24.8.1993, v.u., *RTJ* 154/690, novembro/1995; STF, 1ª T., RE 159.409-SP/AgRg, rel. Min. Celso de Mello, j. 19.10.1993, v.u., *RTJ* 154/239, outubro/1995; STF, 2ª T., RE 162.544-SP/AgRg, rel. Min. Paulo Brossard, j. 22.6.1993,v.u., *RTJ* 154/261, outubro/1995; STF, 2ª T., RE 172.113-SP, rel. min. Marco Aurélio, j. 5.4.1994, v.u., *RTJ* 154/290, outubro/1995; STF, 1ª T., RE 164.665-RS, rel. Min. Sydney Sanches, j. 19.10.1993, v.u., *RTJ* 153/1.038-1.039, setembro/1995; STF, 1ª T., AI 154.199-SP/AgRg, rel. Min. Sydney Sanches, j. 5.10.1993, v.u., *RTJ* 153/698-699, agosto/1995; STF, 1ª T., RE 160.070-SP/AgRg, rel. Min. Sydney Sanches, j. 5.10.1993, v.u., *RTJ* 153/326, julho/1995; STF, 1ª T., RE 164.680-RS, rel. Min. Sydney Sanches, j. 19.10.1993, v.u., *RTJ* 152/999, junho/1995; STF, 1ª T., RE 156.905-SP/AgRg, rel. Min. Sepúlveda Pertence, j. 28.9.1993, v.u., *RTJ* 152/638, maio/1995; STF, 2ª T., RE 162.121-SP/AgRg, rel. Min. Paulo Brossard, j. 22.6.1993, v.u., *RTJ* 152/644-645, maio/1995; STF, 2ª T., AI 147.938-RS/AgRg, rel. Min. Carlos Velloso, j. 6.4.1993, v.u., *RTJ* 152/267, abril/1995; STF, 1ª T., RE 151.528-SP/AgRg, rel. Min. Sepúlveda Pertence, j. 29.6.1993, v.u., *RTJ* 152/275, abril/1995; STF, 1ª T., RE 159.518-SP/AgRg, rel. Min. Sepúlveda Pertence, j. 28.9.1993, v.u., *RTJ* 152/296, abril/1995, STF, 2ª T., RE 162.076-SP/AgRg, rel. Min. Paulo Brossard, j. 22.6.1993, v.u., *RTJ* 152/305-306, abril/1995; STF, 1ª T., RE 166.410-RS, rel. Min. Celso de Mello, j. 28.9.1993, v.u., *RTJ* 152/315, abril/1995; STF, 2ª T., AI 147.991-RS/AgRg, rel. Min. Carlos Velloso, j. 9.3.1993, v.u.,

6.5.1 A propósito, então, ocorreu-nos a lembrança de *correta lição* do professor Ives Gandra Martins contida em uma de suas conceituadas obras, no curso de reflexões que fez acerca do princípio da vedação do confisco, tal como estava implicitamente plasmado no art. 153, § 11, da Carta anterior (Emenda Constitucional 1/1969), com a redação da Emenda Constitucional 11, de 13.10.1978.[100] Eis o *irrepreensível ensinamento* do professor: "(...) na *proibição da lei maior*, é *evidente* que, à falta de lei explicitadora no campo tributário, necessita ser interpretada em função de *pertencer à categoria daquelas normas auto-aplicáveis, pela natureza proibitória*"[101] (grifamos).

6.5.2 Aí está a *doutrina perfeita* do renomado professor: quando ausente lei explicitadora, a proibição contida na Lei Maior pertence à categoria das normas auto-aplicáveis, por sua natureza proibitória. E assim deve ser interpretada, é evidente. Essa a precisa lição.

6.5.3 Pois bem. Não há como negar que a norma contida no § 3º do art. 192 da Carta Magna contém uma proibição: "as taxas de juros reais (...) *não poderão* ser superiores a 12% (doze por cento) ao ano" (grifamos). Por outra: *é proibido* cobrar juros reais superiores a 12% ao ano. E não há lei explicitadora. *Trata-se, então, de **norma auto-aplicável**, por sua natureza proibitória.*

6.5.4 É a precisa doutrina do professor. No entanto, desgraçadamente deu-se que o doutrinador, tanto que lhe foi encomendado o parecer, *esqueceu-se* de sua doutrina: quis, ali, fazer crer que aquela norma proibitória, sem lei explicitadora, não é auto-aplicável...

6.5.5 Ocorre-nos agora o que von Ihering disse em 15.10.1858, em carta dirigida a von Gerber: "Na maioria dos livros que saem do prelo, sente-se mais a parte lamentável do que a parte agradável da profissão de jurista. É preciso estômago de avestruz para digerir tudo isso!".[102]

6.6 Uma *última observação*. Em boa parte desses pareceres, principalmente naquele que as instituições financeiras levaram o Governo a montar e aprovar, aqui e ali é encontrado um *argumento* de feição econômica: a fixação da taxa de juros seria miseravelmente *perniciosa* para a economia nacional; a *tempestade* que a mão do drama lacrimoso desenhou vai de um extremo a outro: embarca no porto da perversidade que é o desvio de capitais e atravessa a procela da restrição ao crédito para, enfim, por entre os ventos terríficos da falta de investimento, aportar no terribilíssimo cais do desestímulo à poupança...

6.6.1 Com Bresser Pereira, não há como não rir desse anunciador do apocalipse, que o que acontece é exatamente *o contrário*:

"Embora os investimentos sejam bem menos sensíveis às flutuações da taxa de

RTJ 151/948, março/1995; STF, 1ª T., RE 151.122-SP/AgRg, rel. Min. Celso de Mello, j. 28.9.1993, v.u., *RTJ* 151/960, março/1995; STF, 1ª T., AI 153.036-SP/AgRg, rel. Min. Celso de Mello, j. 3.8.1993, v.u., *RTJ* 151/968-969, março/1995; STF, 2ª T., RE 162.064-SP/AgRg, rel. Min. Paulo Brossard, j. 22.6.1993, v.u., *RTJ* 151/1.010-1.011, março/1995; STF, 1ª T., RE 168.799-SC, rel. Min. Sydney Sanches, j. 19.10.1993, v.u., *RTJ* 151/1.013, março/1995.

100. Que tinha a seguinte redação:

"Art. 153. (...).

"§ 11. Não haverá pena de morte, de prisão perpétua, nem de banimento. Quanto à pena de morte, fica ressalvada a legislação penal aplicável em caso de guerra externa. A lei disporá sobre o perdimento de bens por danos causados ao Erário ou no caso de enriquecimento ilícito no exercício de função pública."

101. Ives Gandra da Silva Martins, *Da Sanção Tributária*, São Paulo, Saraiva, 1980, p. 66. No mesmíssimo sentido, desse ilustre autor: "Sanções tributárias", in Ives Gandra da Silva Martins (coord.), *Cadernos de Pesquisas Tributárias* 4, São Paulo, Resenha Tributária/Centro de Estudos de Extensão Tributária, 1979, p. 286.

102. In Eros Roberto Grau, "As normas constitucionais programáticas (anotações para exposição na OAB)", cit., in Roberto Fernandes de Almeida (coord.), *A Luta Contra a Usura: o Limite Constitucional dos Juros Anuais de 12% Está em Vigor*, p. 49, nota 19.

juros do que os modelos macroeconômicos sugerem, quando a taxa de juros reais passa a girar em torno de 15% ao ano, como aconteceu no Brasil a partir de 1982, os investimentos são necessariamente afetados. A não ser que a taxa de lucro esteja excepcionalmente alta, eles preferem aplicar seus recursos em títulos do Governo, em vez de investir. A redução dos investimentos provoca a redução da demanda agregada, cai a renda, e a poupança, e a economia entra em recessão.

"Curiosamente, entretanto, os economistas monetaristas têm um outro argumento a favor de taxas de juros elevadas. Além de provocar a redução dos investimentos e, por meio da redução das margens de lucro e principalmente da redução dos salários reais, lograr a redução da inflação, o aumento da taxa de juros seria uma forma de 'estimular a poupança'.

"Esta tese dos economistas ortodoxos, que foi também defendida na economia brasileira em diversas ocasiões, é um dos maiores contra-sensos em matéria de pensamento econômico. Está mais do que verificado que a sensibilidade do consumo à taxa de juros é mínima. Taxas de juros mais elevadas podem, no máximo, fazer os rentistas desviarem suas aplicações de negócios imobiliários e de pura e simples agiotagem para o mercado regular de títulos. O volume de poupança não aumenta com taxas de juros elevadas. Pelo contrário, poderá diminuir à medida que a elevação dos juros prejudique os investimentos. Já vimos que os investimentos são pouco sensíveis à taxa de juros, mas se estas subirem de maneira absurda, como aconteceu no Brasil no início de 1981, elas poderão afetar o investimento e toda a atividade econômica (nessa ocasião, a taxa real de juros chegou em torno de 30%, quando o razoável seria entre 5 e 10%). Na verdade, como ensinaram Keynes e Kalecki, não é a poupança que determina o investimento, mas o inverso. Quanto maior o investimento, maior será a renda e mais se poderá poupar dessa renda. Uma elevação da taxa de juros só estimularia a poupança se estivéssemos na excepcional situação de pleno emprego, quando o aumento dos investimentos não levaria ao aumento da produção, mas à inflação. Sabemos, porém, que esse fato só ocorre no sistema capitalista no rápido momento do auge do ciclo econômico. Fora desse momento, a elevação da taxa de juros só contribui para estimular a inflação, reduzir a produção e diminuir a poupança macroeconômica.

"Na verdade, essa tendência para se elevar injustificadamente as taxas de juros na economia brasileira já faz parte da luta entre o capital bancário e o capital rentista contra o capital industrial e comercial. Quanto maiores forem as taxas de juros, maior será a participação na renda das instituições financeiras e dos rentistas, em prejuízo, naturalmente, das atividades produtivas."[103]

6.6.2 Essa *acertada* verificação encontra repouso no que está acontecendo *agora mesmo* na economia nacional. Longe hoje em dia estamos da hiperinflação que nos devorou no período 1981-1994; a economia está estabilizada; no entanto, ainda são praticados *os juros mais altos do mundo, de 16,2%*, como apurou a revista *Veja* em recente levantamento:[104]

103. Luiz Carlos Bresser Pereira, *Economia Brasileira: uma Introdução Crítica*, cit., 3ª ed., pp. 135-136. A respeito, cf. também o estudo de Sérgio Gischkow Pereira, "A limitação constitucional dos juros reais", *Ajuris* 47/178-194, Ano XVI, Porto Alegre, Ajuris, novembro/1989. Também publicado com o mesmo título na *RDC* (*Revista de Direito Civil, Imobiliário, Agrário e Empresarial*) 54/142-152, Ano 14, São Paulo, Ed. RT, outubro-dezembro/1990.

104. Matéria de Ricardo Grinbaum, "O garrote dos juros", *Veja* edição 1.517, n. 41, de 15.10.1997, Ano 30, São Paulo, Editora Abril, p. 127. Na Internet, está disponível no endereço: *http://www2.uol.com.br/veja/151097/p_126.html*; a imagem, juntamente com as demais que figuram na revista "em papel", está inserida na reportagem; exclusivamente esta imagem, pode ser obtida no endereço: *http://www2.uol.com.br/veja/151097/imagens/economia9.gif*.

A TAXA DE JURO REAL PRATICADA PELO GOVERNO BRASILEIRO QUE BALIZA AS TAXAS DE COMÉRCIO, BANCOS E CONSÓRCIOS ESTÁ ENTRE AS MAIORES DO MUNDO. ESTA TABELA MOSTRA OS JUROS ESTIMADOS PARA 1997

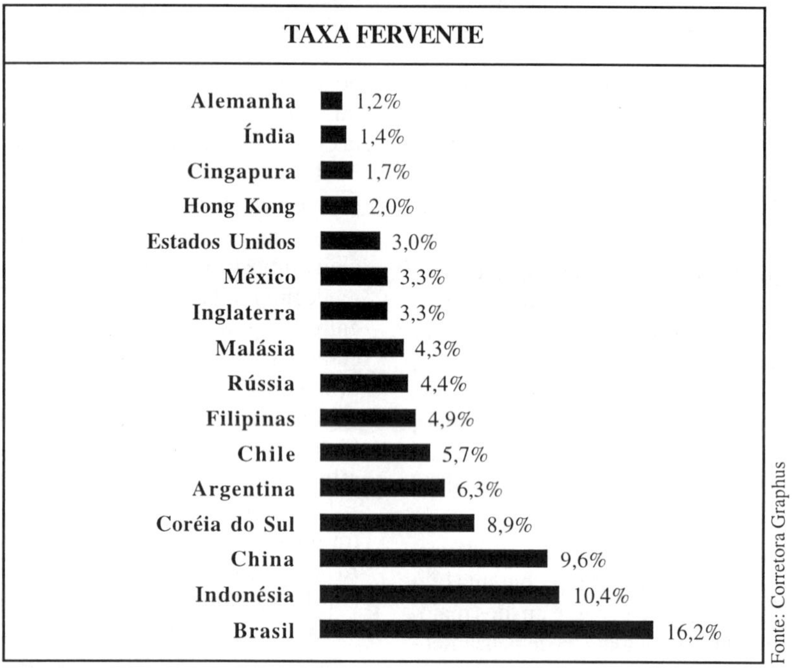

6.6.3 Como apurou a reportagem, neste país "os juros cobrados da pessoa física podem render ao banco 10% ao mês. *Provavelmente não há país civilizado em que se ganhe tanto sem fazer força*"[105] (grifamos). É algo que deixa transtornado qualquer psicanalista: "O que está acontecendo na economia brasileira é capaz de transtornar o mais analítico dos psicanalistas. Os juros cobrados pelos bancos e pelas lojas estão, como se dizia naquele fraseado antigo, pela hora da morte. Não há mais inflação, mas deflação, e, no entanto, pagam-se na casa de eletrodomésticos 7% ao mês de juros reais para comprar uma geladeira. Pelo dinheiro que empresta no cheque especial o banco está cobrando 10% ao mês. O castigo para quem estourou o orçamento é o seguinte: uma dívida de 1.000 Reais transforma-se numa bola de 3.138 Reais depois de 12 meses. Entretanto, o sistema financeiro está emprestando como nunca. Dava apenas 7,5 bilhões em Dólares em crédito para pessoas físicas em 1994, e hoje concede 23 bilhões, segundo estudo do Banco Patrimônio de São Paulo. O psicanalista alemão olharia para essa sociedade e diria que ela é formada por lunáticos que não se importam em pagar o dobro por um produto, nem em perder a pele no cheque especial e no cartão de crédito. Apesar das taxas que esfolam, as lojas não se esvaziaram".[106]

6.6.4 Com esse preocupante *quadro atual*, até mesmo as autoridades monetárias do país não conseguem mais esconder a apreensão. De feito, o *Diretor de Política*

105. Idem, ibidem.

106. Matéria de Ricardo Grinbaum, "O garrote dos juros", cit., *Veja* edição 1.517, n. 41, de 15.10.1997, p. 126.

Monetária do Banco Central do Brasil, Francisco Lopes, agora há pouco, em entrevista ao matutino *O Estado de S.Paulo*, declarou que:"Se em quatro anos não for possível ter um juro semelhante ao dos países desenvolvidos, a estabilização não terá alcançado seu objetivo". Em Português claro: o *Plano Real* ruirá... Eis suas palavras: "Se esse programa de estabilização não conseguir trazer os juros para um nível civilizado no longo prazo, é porque a estabilidade não deu certo. Nós gostaríamos de daqui a quatro ou cinco anos ter a mesma taxa de inflação de hoje, ou um pouco menos, com juros de 7% ao ano. Ou seja, juros decentes".[107]

6.6.5 Acerca dessa entrevista, a analista de renome nacional Miriam Leitão, no jornal *O Globo*, coluna "Panorama Econômico", de 17.2.1998, revelou sua apreensão e fez as seguintes observações, no que aqui interessa mais diretamente:

"Se a taxa de juros não cair, e se não estiver em níveis de 7% ao ano em quatro ou cinco anos – hoje está em 34,5% –, o Plano Real terá fracassado. O pior é que até a trajetória de queda dos juros, que está sendo seguida pelo COPOM, não é garantida. Se houver um novo ataque especulativo, o Banco Central terá que subir as taxas de juros novamente, e a Tban foi mantida a 42% exatamente para esta emergência.

"Quem disse isto não foi um crítico da política econômica, mas o próprio Diretor de Política Monetária do Banco Central, Chico Lopes, numa entrevista publicada domingo no *O Estado de S. Paulo*. Em determinado momento, os repórteres Nilton Horita e Vanessa Viola afirmam que 'para alguns analistas a probabilidade de um novo ataque foi reduzida para algo próximo a 5%'. Foram interrompidos antes de concluir o raciocínio, pela resposta de Chico Lopes: 'Eu não apostaria nisso, pois a situação externa não está totalmente resolvida'.

"(...).

"(...). No longo prazo, Chico alerta que: 'se esse programa de estabilização não conseguir trazer os juros para um nível civilizado no longo prazo, é porque a estabilidade não deu certo'.

"(...).

"A entrevista é um panorama sincero, e assustador, dos dilemas da política econômica. Ele diz que o fluxo para os países emergentes foi usado como insumo básico para se fazer o plano de estabilização, mas a globalização acabou produzindo aumento de vulnerabilidades. Que a queda dos juros é garantia do sucesso do Plano, mas eles podem até subir se houver nova onda de instabilidade. Que é preciso reduzir os gastos, mas que até a privatização está sendo usada para ampliá-los. A conclusão a que se pode chegar é que a política econômica agora terá de desarmar as armadilhas postas no caminho."[108]

6.7 Mais não é preciso dizer, nestas *observações*. É parecer fabricado, é envolvimento constrangedor de autor, é decisão puramente política, é doutrina escamoteada, é desastre econômico fantasiado – enfim, tudo, tudo é feito para não se aplicar *a lei do mais alto escalão jurídico* deste país, a Lei das Leis, a Lei Suprema, a Lei-Gênese, a Carta Magna. E essa procela, esse horror que se pratica contra a letra e o espírito da Carta-Mãe, é assim despejado para não contrariar o *deus* de um setor que tudo pode, econômica e politicamente; em detrimento da

107. "Governo deve perseguir meta de juro baixo, diz Lopes" – título da entrevista concedida por Francisco Lopes, Diretor de Política Monetária do Banco Central, aos repórteres Nilton Horita e Vanessa Viola (*O Estado de S. Paulo*, ed. 15.2.1998, Caderno Economia, São Paulo). Obtivemos essa informação em pesquisa na Internet no endereço *http://www.estado.com.br/jornal/98/02/15/news156.html*, em 14.5.1998, 20h58min.

108. Miriam Leitão, coluna "Panorama Econômico" do jornal *O Globo*, ed. de 17.2.1998, Primeiro Caderno, Editoria de Economia, Rio de Janeiro, p. 24. Tomando conhecimento do teor da coluna pela Internet, solicitamos e obtivemos a íntegra por *e-mail*, que gentil e gratuitamente nos foi enviado por "Ana Magdalena Horta – Red. Econ. (Redação)": *Anahorta@oglobo.com.br*.

maioria esmagadora da gente brasileira; em detrimento do consumidor e dos setores produtivos desta Nação; em detrimento do *verdadeiro* avanço social... Não há limite racionalmente (!) mensurável; há objetivo. Esconso.

6.7.1 Na rapidíssima análise perpassante que fizemos, até chegar nestas "Outras considerações", por todo lado vê-se brilhando aquilo que Luís Roberto Barroso, em seu seminal estudo, chama de *insinceridade normativa*, notadamente quanto ao "terceiro caso" que ele aponta como sendo de "existência formal e inútil de Constituições": é precisamente aquele em que as disposições constitucionais deixam de ser cumpridas por resistência dos setores econômica e politicamente influentes. No contexto do Estado Burguês a Constituição sintetiza uma composição, sob a fórmula de compromisso, entre as diversas forças atuantes na sociedade, que, em última análise, podem ser reduzidas às classes dominante e dominada. A formalização desse *pacto* costuma contemplar uma ampla gama de diretivas de cunho social, desprovidas, no entanto, de garantias efetivas para sua concretização. A Constituição transforma-se, assim, em um mito, um "mero instrumento de dominação ideológica", repleta de promessas que não serão honradas. No Constitucionalismo moderno este quadro se repete com rotineira freqüência. Os agrupamentos conservadores sofrem aparente derrota quando da elaboração legislativa, mas impedem, na prática, no jogo político do poder econômico e da influência, a consecução dos avanços sociais.[109]

F) A efetividade das normas programáticas

7. Voltamo-nos, já, para a argumentação no sentido de que o multicitado § 3º não é auto-aplicável, porque dependente de lei complementar, contendo ele, então, norma "meramente" programática. Pensamos ter deixado claro que aquele parágrafo é dotado de *normatividade autônoma*, de modo tal que *não necessita* receber o colorido de qualquer lei complementar para que, afastada a palidez que nele se procurou impingir, possa ter aplicação concreta.

7.1 O de que se trata, procuramos demonstrar, é de norma constitucional de *eficácia plena* e de aplicabilidade direta, imediata e integral. Neste passo, propositadamente – e por amor à argumentação –, queremos registrar que, ainda que o caso fosse de norma programática, sua aplicação não ficaria subordinada à edição de lei complementar. É o que demonstraremos em seguida.

7.2 Como historia Paulo Bonavides, forte em Carl Schmitt, enquanto não adquiriu dignidade de juridicidade normativa, imperava a respeito das disposições programáticas a alternativa *direito positivo* ou *programa*, sendo elas "objeto de ironias e sarcasmos, evidenciando-se esta posição de menosprezo (...) até mesmo no vocabulário da época", abundando a seu respeito expressões de juízo negativo tais como "mero programa", "proclamações", "admoestações morais", "declarações bem-intencionadas", "manifestos", "sentenças políticas", "aforismos políticos", "boas intenções" etc., "todas com o propósito de recusar eficácia e aplicabilidade àquelas proposições cuja presença no Texto Básico parecia servir unicamente de emprestar colorido doutrinário às Constituições".[110]

7.2.1 Hoje em dia, embora não se lhes negue conteúdo normativo, não raro são utilizadas como fórmula *perfeita* para inobservância *prática* de prescrições constitucionais. "Tal acontece com enunciações diretivas formuladas em termos genéricos e abstratos, às quais comodamente se atribui a escusa evasiva da programaticidade como

109. Luís Roberto Barroso, *O Direito Constitucional e a Efetividade de suas Normas: Limites e Possibilidades da Constituição Brasileira*, cit., 2ª ed., pp. 57-58.

110. Paulo Bonavides, *Curso de Direito Constitucional*, cit., 6ª ed., pp. 218 e ss.

expediente fácil *para justificar o descumprimento da vontade constitucional.* Com efeito, de todas as normas constitucionais, a programática é indubitavelmente aquela cuja fragilidade mais suscita dúvidas quanto à sua eficácia e juridicidade, *servindo assim de pretexto cômodo à inobservância da Constituição*" (grifamos) – como *acertadamente* lastima o catedrático cearense.[111]

7.3 Pois bem. Escrevendo com a pena de José Afonso da Silva, têm-se "como *programáticas aquelas normas constitucionais através das quais o constituinte, em vez de regular, direta e imediatamente, determinados interesses, limitou-se a traçar-lhes os princípios para serem cumpridos pelos seus órgãos (legislativos, executivos, jurisdicionais e administrativos), como programas das respectivas atividades, visando à realização dos fins sociais do Estado*".[112]

7.4 Argumenta-se, então – em abono à tese insustentável de que ali onde a Lei Maior fincou limite para o percentual de juros bancários reais o que há é norma desse tipo –, argumenta-se, dizíamos, propositadamente ou não ainda sob influência do que representavam antes da ruptura com a doutrina clássica,[113] que já vai longe, que, por terem esse matiz, as normas programáticas são destituídas de eficácia jurídico-normativa, encerrando "meras exortações morais", simples aspirações, reles documentação de intenções (*boas*!), que "se reduziriam assim a regras meramente diretivas, descrevendo, pois, uma órbita vazia de positividade constitucional".[114] A breve trecho: as normas programáticas não teriam, *imediatamente*, *nenhuma* aplicação. Ficariam, assim – como dizer –, vagando, até que o caridoso legislador ordinário (infraconstitucional) lhes desse vida (eficácia), editando a lei integrativa.

7.4.1 É preciso lembrar, no entanto, que José Afonso da Silva adverte que "(...) não há norma constitucional alguma destituída de eficácia. Todas elas irradiam efeitos jurídicos, (...). O que se pode admitir é que a eficácia de certas normas constitucionais não se manifesta na *plenitude* dos efeitos jurídicos pretendidos pelo constituinte enquanto não se emitir uma normação jurídica ordinária ou complementar executória, prevista ou requerida"[115] (grifamos).

7.5 É preciso não ignorar, por conseguinte, que as normas programáticas têm – por assim dizer – uma *porção* ou uma considerável *irradiação de eficácia imediata.* Veja-se, por exemplo, a lição de Canotilho, que em nota se refere, inclusive, à doutrina brasileira: "Às 'normas programáticas' é reconhecido hoje um valor jurídico constitucionalmente idêntico ao dos restantes preceitos da Constituição. Não deve, pois, falar-se de simples eficácia programática (ou directiva), porque qualquer norma constitucional deve considerar-se obrigatória perante quaisquer órgãos do poder político (Crisafulli). Mais do que isso: a eventual mediação concretizadora, pela instância legiferante, das normas programáticas não significa que este tipo de normas careça de positividade jurídica autónoma, isto é, que a sua normatividade seja apenas gerada pela *interpositio* do legislador; *é a positividade das normas-fim e normas-tarefa (normas programáticas) que justifica a necessidade da intervenção dos órgãos legiferantes.* Concretizando melhor, a positividade jurídico-constitucional das normas programáticas significa, fundamentalmente: (1) vinculação do legislador, de forma permanente, à sua realização (*imposição constitucional*); (2) vinculação *positi-*

111. Idem, pp. 218-219.

112. José Afonso da Silva, *Aplicabilidade das Normas Constitucionais*, cit., 3ª ed., p. 138. Esse sentir é por ele revelado também no trabalho "Normas constitucionais", in Sérgio Ferraz (coord.), *A Norma Jurídica*, Rio de Janeiro, Freitas Bastos, 1980, p. 47.

113. Luís Roberto Barroso, *O Direito Constitucional e a Efetividade de suas Normas: Limites e Possibilidades da Constituição Brasileira*, cit., 2ª ed., p. 111.

114. Paulo Bonavides, *Curso de Direito Constitucional*, cit., 6ª ed., p. 219.

115. José Afonso da Silva, *Aplicabilidade das Normas Constitucionais*, cit., 3ª ed., pp. 81-82.

va de todos os órgãos concretizadores, devendo estes tomá-las em consideração como *directivas materiais permanentes*, em qualquer dos momentos da actividade concretizadora (legislação, execução, jurisdição); (3) vinculação, na qualidade de limites materiais negativos, dos Poderes Públicos, justificando a eventual censura, sob a forma de inconstitucionalidade, em relação aos actos que as contrariam".[116]

7.5.1 E, logo adiante:

"Além de constituírem princípios e regras definidoras de directrizes para o legislador e a Administração, as 'normas programáticas' vinculam também os tribunais, pois os juízes 'têm acesso à Constituição', com o conseqüente dever de aplicar as normas em referência (por mais geral e indeterminado que seja o seu conteúdo) e de suscitar o incidente de inconstitucionalidade, nos feitos submetidos a julgamento (cf. CRP, art. 204º), dos actos normativos contrários às mesmas normas. (...).

"As normas constitucionais programáticas têm ainda efeito 'derrogatório' ou 'invalidante' dos actos normativos incompatíveis com as mesmas, devendo, porém, precisar-se (e isso nem sempre é fácil) em que medida as normas programáticas servem de *limite negativo* às leis consagradoras de disciplina contrária. Para além destes 'efeitos directos', deve reconhecer-se que as normas-tarefa e normas-fim pressupõem, em larga medida, a clarificação conformadora efectuada pelas autoridades com poderes político-normativos."[117]

7.5.2 Também José Afonso da Silva investigou as "condições de *aplicabilidade*" *imediata* das normas programáticas, chegando à seguinte conclusão:

"Como normas de eficácia limitada, sua aplicação plena, relativamente aos interesses essenciais que exprimem os princípios genéricos e esquemáticos, depende da emissão de uma normatividade futura, em que o legislador ordinário, integrando-lhes a eficácia, mediante lei ordinária (a Constituição vigente, pelo menos nesse aspecto, foi sábia em não exigir a integração por meio de lei complementar, em sentido próprio), lhes dê capacidade de execução em termos de regulamentação daqueles interesses visados. Muitas, contudo, podem ser aplicadas independentemente de lei, mas por meio de outras providências, como aquela que visa ao amparo da cultura pelo Estado.

"84. Sendo também dotadas, ao menos, de um mínimo de eficácia, regem, até onde possam (por si, ou em coordenação com outras normas constitucionais), situações, comportamentos e atividades na esfera de alcance do princípio ou esquema que contêm, especialmente condicionando a atividade dos órgãos do Poder Público e criando situações jurídicas de vantagens ou de vínculo (o que ainda veremos).

"85. Em conclusão, as normas programáticas têm eficácia jurídica imediata, direta e vinculante nos casos seguintes: I – estabelecem um dever para o legislador ordinário; II – condicionam a legislação futura, com a conseqüência de serem inconstitucionais as leis ou atos que as ferirem; III – informam a concepção do Estado e da sociedade e inspiram sua ordenação jurídica, mediante a atribuição de fins sociais, proteção dos valores da justiça social e revelação dos componentes do bem comum; IV – constituem sentido teleológico para a interpretação, integração e aplicação das normas jurídicas; V – condicionam a atividade discricionária da Administração e do Judiciário; VI – criam situações jurídicas subjetivas, de vantagem ou de desvantagem, o que será visto no capítulo seguinte."[118]

116. J. J. Gomes Canotilho, *Direito Constitucional e Teoria da Constituição*, Coimbra, Livraria Almedina, 1997, pp. 1.050-1.051.

117. Idem, pp. 1.053-1.054.

118. José Afonso da Silva, *Aplicabilidade das Normas Constitucionais*, cit., 3ª ed., pp. 163-164.

7.5.2.1 Depois, acerca das situações jurídicas subjetivas, averbou, no que aqui importa mais diretamente:

"Das normas programáticas, em geral, derivam *vínculos* para o legislador, para o administrador e *para o juiz*. (...).

"Já verificamos que as normas programáticas *condicionam* a atividade discricionária da Administração, *bem como a atividade jurisdicional*. Essas atividades *não podem desenvolver-se contra os **fins** e **objetivos** postos pelas normas constitucionais programáticas*. Se isso ocorrer, manifesta-se um comportamento inconstitucional e o ato daí defluente fica sujeito ao controle de constitucionalidade"[119] (grifamos).

7.5.3 Luís Roberto Barroso debruçou-se sobre essas hipóteses arroladas por esses dois estudiosos e também por Celso Antônio Bandeira de Mello,[120] sistematizando-as:

"(...). Sistematizando a doutrina acerca da matéria, que converge para o reconhecimento do teor de eficácia jurídica das normas programáticas, é possível elencar algumas hipóteses de sua efetividade, visto que as regras desta natureza: (1) revogam as leis anteriores com elas incompatíveis; (2) vinculam o legislador, de forma permanente, à sua realização; (3) condicionam a atuação da Administração Pública; (4) informam a interpretação e aplicação da lei pelo Poder Judiciário.

"Contêm as normas constitucionais programáticas, por via de conseqüência, *eficácia paralisante de todos os atos que não sejam reverentes às proposições acima formuladas* e facultam ao jurisdicionado o reconhecimento e declaração de sua inconstitucionalidade"[121] (grifamos).

119. Idem, pp. 174-175.

120. Celso Antônio Bandeira de Mello, "Eficácia das normas constitucionais sobre justiça social", cit., *RDP* 57-58/233-256.

121. Luís Roberto Barroso, *O Direito Constitucional e a Efetividade de suas Normas: Limites e Possibilidades da Constituição Brasileira*, cit., 2ª ed., p. 154.

7.6 Tem-se, pois, que pelo menos nos casos mencionados pela doutrina as normas programáticas têm imediata aplicação, com o quê afastam a incidência de quaisquer atos a elas contrários, fazendo existir *também para o órgão jurisdicional* o *dever-poder* de assim atuar.

7.7 É o que se passa com a regra constitucional relativa aos juros reais: admitida a alegação de que se trata de norma programática, no que diz respeito ao ponto ali *objetivamente estabelecido*, tem aquele preceito *aplicação imediata*.

7.7.1 E esse traçado *objetivo* é precisamente o *limite máximo do percentual dos juros reais: 12% ao ano*. A norma do § 3º do art. 192 da CF, digamos assim, tem "eficácia paralisante de todos os atos que não sejam reverentes" a essa proposição (prescritiva): *os juros reais não podem ser superiores a 12% ao ano*. *Qualquer ato*, seja *contrato*, *lei* ou lá o que for, qualquer ato que desbordar daí é *nulo* de pleno direito, por ofensivo a esse preceito da *Lei Fundamental*, ao menos (!) nesse ponto dotado de *aplicabilidade direta e imediata*.

7.8 É bem por isso, aliás, que Edvaldo Brito verbera que,"ainda que o § 3º fosse mero desdobramento do *caput*, nenhuma norma infraconstitucional com ele conflitante poderia, como não pode, ter eficácia e aplicabilidade".[122] É também por isso que José Carlos Barbosa Moreira reflete: "Acerca das disposições que remetem a normas infraconstitucionais, a diretriz básica deve consistir em reconhecer-lhes, desde já, toda a eficácia *praticamente* possível. Se, apesar da remissão, o texto da Carta permite identificar os pressupostos da incidência da regra e os respectivos efeitos, ela satisfaz os requisitos essenciais de aplicabilidade, e inexiste razão para que não se aplique de imediato. Isso vale inclusive para as hipóteses em que a Constituição formula, a título

122. Edvaldo Brito, "O Sistema Financeiro Nacional", cit., in José Cretella Jr. e outros, *A Constituição Brasileira 1988: Interpretações*, p. 399.

de 'princípios', determinações a serem obedecidas pelo legislador".[123]

7.9 É bem por isso, insistimos, que *qualquer* ato, seja *lei* ou *contrato*, que contravir esse preceito constitucional de que os juros reais *não podem* ser superiores a 12% ao ano tem imediata "paralisia eficacial", por atingido em cheio pelo raio da *efetividade* daquela norma máxima. (i) *Se for lei antecedente*: porque a regra constitucional (mesmo alegadamente programática) "revoga as leis anteriores com ela incompatíveis" (Barroso); (ii) *se for lei posterior*: porque o comando constitucional "estabelece um dever para o legislador ordinário e condiciona a legislação futura, com a conseqüência de serem inconstitucionais as leis ou atos" que ferirem aquele ditame supino (José Afonso); (iii) *se for contrato*: porque a ordem do § 3º "constitui sentido teleológico para a interpretação, integração e aplicação das normas jurídicas, condiciona a atividade do Judiciário e cria situação jurídica subjetiva de vantagem" para o devedor, consistente em não ter de pagar juros (reais) superiores a 12% ao ano (José Afonso).

7.10 Em arremate: o ditame constitucional que estabelece que os juros reais não poderão ser superiores a 12% ao ano encerra norma de eficácia plena e de aplicabilidade direta, imediata e integral. De qualquer sorte, ainda que assim não fosse – é dizer, ainda que de *norma programática* se tratasse –, no ponto ora examinado ela teria efetividade, com o quê teria plena e imediata aplicação.

G) A efetividade do limite percentual dos juros

8. Inicialmente desenvolvemos reflexões indo ao encontro da demonstração no sentido de que a limitação relativa aos juros bancários contida no § 3º do art. 192 da Lei das Leis contém norma de *eficácia plena* e de aplicabilidade direta, imediata e integral.

8.1 Depois disso, como a *argumentação contrária* está *principaliter* em que o de que se trata é de *norma programática*, admitimos, *em tese*, para efeito de argumentação, que o caso é de norma programática. E, por aí, deixamos certo que *hoje* em dia, rompido de há muito, como está, o vínculo com a doutrina clássica, é indiscutível que as normas programáticas têm *efetividade*, desde logo irradiando, então, *em dados pontos, eficácia imediata.*

8.1.1 Desejamos, neste passo, retomar o assunto para registrar que mesmo sob o foco da Lei 4.595/1964 *há de ser respeitado o limite máximo de 12% ao ano.*

8.2 Pois bem. Com o reconhecimento, pela *generalidade* da doutrina *mais recente*, de que as normas programáticas portam teor de *eficácia jurídica*, os estudiosos, na busca do estabelecimento dos *limites* em que elas são *diretamente aplicáveis*, têm arrolado as hipóteses em que essa *aplicabilidade direta* ocorre. Ainda preparando o terreno sobre que plantaremos a sustentação, resumimos aqui as hipóteses dessa *pronta aplicação* das normas complementares, somente, agora, no que tem relação *específica* com o que neste segmento estamos tratando. Seja:

8.2.1 Canotilho, ao constatar "a positividade jurídico-constitucional das normas programáticas", elenca que por essa virtude ocorre "vinculação *positiva* de todos os órgãos concretizadores, devendo estes tomá-las em consideração como *directivas materiais permanentes*, em qualquer dos momentos da actividade concretizadora (legislação, execução, jurisdição)".[124]

8.2.2 José Afonso da Silva, ao investigar os casos em que "as normas programá-

123. José Carlos Barbosa Moreira, "O Poder Judiciário e a efetividade da nova Constituição", *RF* 304/153, Ano 84, Rio de Janeiro, Forense, outubro-dezembro/1988.

124. J. J. Gomes Canotilho, *Direito Constitucional e Teoria da Constituição*, cit., pp. 1.050-1.051.

ticas têm eficácia jurídica imediata, direta e vinculante", apura que elas "constituem sentido teleológico para a interpretação, integração e aplicação das normas jurídicas", assim como "condicionam a atividade discricionária da Administração e do Judiciário".[125]

8.2.3 E Barroso, ainda exemplificando, após inventariar analiticamente os casos de aplicação direta e imediata das normas programáticas, fez (boa) sistematização, elencando entre as "hipóteses de sua efetividade" as de que elas "condicionam a atuação da Administração Pública", bem como "informam a interpretação e aplicação da lei pelo Poder Judiciário".[126]

8.2.4 Em resumo – no que *hic et nunc* interessa –, tem-se que a *eficácia jurídica* que *imediatamente* decorre das normas programáticas significa que elas apontam a *diretiva material* a que *permanentemente* ***todos*** os órgãos do poder estatal (Legislativo, *Executivo* e *Judiciário*) ficam *vinculados*, tendo esses órgãos, por isso, o ***dever**-poder* de buscar *realizá-la* até mesmo – e fundamentalmente – na interpretação, integração e aplicação das normas jurídicas.

8.2.4.1 Na suma feliz do livre-docente Barroso: "As normas programáticas *condicionam a atuação da administração pública* e informam a *interpretação* e *aplicação* da lei *pelo Poder Judiciário*".

8.3 Agora, *um passo adiante*: a *Lei 4.595/1964*, em seu art. 4º, IX, outorgou ao Conselho Monetário Nacional poderes para "limitar, sempre que necessário, as taxas de juros, descontos, comissões e qualquer outra forma de remuneração de operações e serviços bancários ou financeiros, inclusive os prestados pelo Banco Central do Brasil (...)", também cabendo-lhe, como está no inciso XVII, "regulamentar, fixando limites, prazos e outras condições, as operações de redescontos e de empréstimo, efetuadas com quaisquer instituições financeiras públicas e privadas de natureza bancária".

8.4 Como essa lei delegou ao Conselho Monetário Nacional poderes para limitar as taxas de juros bancários, acabou surgindo o entendimento de que para essa fixação esse órgão administrativo não estava obrigado a observar o *limite percentual* fixado no Decreto 22.626/1933,[127] que veda a estipulação de juros em taxas superiores a 12% ao ano, isto é, o dobro da prevista no art. 1.062 do CC [*de 1916*],[128] chegando o STF a emitir a Súmula 596[129] de sua jurisprudência.

8.5 Vem, então, a Constituição Federal de *1988*, e estabelece, em norma *dita* programática, que *os juros reais não poderão ser superiores a **12% ao ano***.

8.6 Chegamos onde pretendíamos, e o assunto, então, fica excessivamente simples de ser resolvido. Assim:

(a) A *norma constitucional de 1988*, *dita* programática (art. 192, § 3º), traça, para todos os *órgãos do Poder do Estado Brasileiro*, como *diretriz* material, que todos eles estão *obrigados* a realizar, que *os juros reais não podem ser superiores a doze por cento ao ano*. E

(b) A *Lei 4.595/1964*, por seu turno, delega ao *Conselho Monetário Nacional*

125. José Afonso da Silva, *Aplicabilidade das Normas Constitucionais*, cit., 3ª ed., p. 164.

126. Luís Roberto Barroso, *O Direito Constitucional e a Efetividade de suas Normas: Limites e Possibilidades da Constituição Brasileira*, cit., 2ª ed., p. 154.

127. "Art. 1º. É vedado, e será punido nos termos desta Lei, estipular em quaisquer contratos taxas de juros superiores ao dobro da taxa legal (Código Civil, art. 1.062). (...).

"§ 3º. A taxa de juros deve ser estipulada em escritura pública ou escrito particular, e, não o sendo, entender-se-á que as partes acordaram nos juros de 6% ao ano, a contar da data da propositura da respectiva ação ou do protesto cambial."

128. "Art. 1.062. A taxa de juros moratórios, quando não convencionada (art. 1.262), será de 6% (seis por cento) ao ano."

129. STF, Súmula 596: "As disposições do Decreto 22.626/1933 não se aplicam às taxas de juros e aos outros encargos cobrados nas operações realizadas por instituições públicas ou privadas, que integram o Sistema Financeiro Nacional".

poderes para *limitar as taxas de juros bancários*.

8.6.1 Que está isso a significar? Significa, induvidosamente, que a *Constituição Federal* estabeleceu *expressamente* um *limite* até onde pode o Conselho Monetário Nacional *variar* com as taxas de juros bancários. É indiscutível que esse órgão administrativo pode, a qualquer instante que reputar necessário, alterar as taxas de juros bancários, finxando-as em 0,1%, 2%, 5%, 10%, 11,9%, *e até chegar em 12% ao ano*. Este (12% ao ano) é o seu *limite*. É o ponto máximo onde pode chegar. Precisamente porque *somente até aí a determinação constitucional lhe permite chegar. Não mais que isso!*

8.7 Cremos que (também) aqui estamos a desfiar um rosário de obviedades; cremos, mesmo, que estamos rumando por sobre os trilhos do óbvio ululante. Mas pareceu-nos necessário assim enunciar, porque é aspecto fundamental que não raro vem sendo involuntariamente *descurado* no exame de situações concretas.

8.8 Ora, de um lado, o operador tem uma norma *constitucional*, traçando-lhe uma *diretriz-limite*: juros reais não podem ser superiores a 12% ao ano. De outro lado, ele tem outra norma, *infraconstitucional*, estabelecendo que ele fica autorizado a limitar as taxas de juros bancários. Ora, é mais que evidente que ele *tudo pode*, manejando essas taxas. *Exceto ir adiante daquele limite*. Tem ele autorização (legal) para variar conforme lhe parecer útil, necessário, conveniente e oportuno (discricionariedade), nas taxas de juros bancários; mas *respeitando, sempre, o topo constitucional*; *varie como quiser, desde que sem violentar o percentual-limite fincado pela Lei Máxima do país*.

8.9 Dito de outro modo: a delegação de competência, feita por *lei ordinária*, não dá ao órgão delegatário poderes para desrespeitar a *Constituição*. E, o que é pior: naquilo, especificamente, que tem a ver com a delegação: taxas de juros bancários. *O sinete da autorização* ***legal*** *não tem, absolutamente, o poder de anular, amesquinhar ou paralisar a* ***determinação constitucional***. O *mandamento* da *Lei das Leis*, a que *todos os órgãos do Estado ficam desde logo vinculados*, é de que *o percentual* ***máximo*** *dos juros é 12% ao ano*. A partir daí, Legislativo, Executivo e Judiciário ficam, *todos*, cativos a esse *ditame supremo*; *ninguém, seja lá quem for, de que órgão for, e a que pretexto for, salvo unicamente o próprio constituinte, tem a mais mínima possibilidade de desrespeitar esse comando maior, de ultrapassar esse confim superior, de rasgar essa ordem suma*. E assim é, *assim tem que ser*, porque *a Constituição é suprema*! Ou o reino da anarquia é que governará...

8.10 Então, também por este ângulo indeclinável, os juros bancários não podem ser superiores a 12% ao ano. Toleramos, só e só para efeito de argumentação, que a norma contida no § 3º do art. 192 da CF é programática. Pois mesmo por aí é *obrigatória* essa conclusão:

(a) A norma constitucional "programática" em exame desde logo (eficácia imediata) desenha, com traço indelével, para todos os órgãos que compõem o poder estatal, uma diretriz a que eles ficam vinculados, com o dever-poder de realizar: as taxas de juros reais não podem ser superiores a 12% ao ano.

(b) A norma infraconstitucional autoriza um órgão administrativo (Conselho Monetário Nacional) a "limitar as taxas de juros".

(c) A ***harmonização*** desses dois ditames aponta, necessariamente, numa única direção possível: o órgão administrativo limitará, quando reputar necessário, as taxas de juros, mas com observância, sempre, do limite máximo que para esse fim específico é estabelecido na Carta Magna.

(d) *Em resumo: mesmo no exercício da autorização* ***legal***, *deve ser obedecida a baliza* ***constitucional*** *máxima, fincada* ***especificamente*** *para esse fim: 12% ao ano.*

III – Conclusões

9. Do exame de todos esses aspectos, que permeiam a questão, extraem-se as seguintes conclusões:

9.1 A verificação histórico-evolutiva da norma contida no § 3º do art. 192 da CF aponta necessariamente no sentido de que se trata de preceito inserido na Carta Magna para ter *execução imediata.*

9.2 O exame do núcleo dessa prescrição deixa inequívoco que se trata de norma constitucional de *eficácia plena* e de aplicabilidade direta, imediata e integral.

9.3 É de todo em todo indiscutível que a norma constitucional aqui analisada tem feição *proibitória* ("As taxas de juros reais ... *não poderão* ser superiores a 12% ao ano"), e como tal é *imediatamente executável.*

9.4 O § 3º do art. 192 da Carta Política tem normatividade *autônoma*, com o quê, para que possa ser aplicado, não fica na dependência da edição da lei complementar a que se refere o *caput*; embora inserida em parágrafo, a norma é inteiramente *independente*, sem guardar relação de subordinação para com a cabeça do artigo.

9.5 O que se deve entender por "juros reais", para os fins da prescrição constitucional em exame, é aspecto já perfeitamente *delineado.* De todo modo, ainda que a expressão "juros reais" fosse indefinida, sua aplicação não exigiria a presença de lei que a aclarasse e exatificasse: estar-se-ia diante do assim chamado *conceito jurídico indeterminado*, que nem por isso ficaria desprovido de densidade significativa, cabendo ao aplicador superar a indeterminação.

9.6 Hodiernamente já não se discute que também as *normas programáticas* irradiam *eficácia imediata* em dadas hipóteses, espraiando, então, "eficácia paralisante de todos os atos que não sejam reverentes" a determinadas proposições traçadas pela doutrina.

9.6.1 Com isso, mesmo admitida (em tese) a afirmação de que a norma em apreço é *programática*, não há como negar que no ponto ali *objetivamente estabelecido* tem aquele preceito *aplicação imediata.*

9.6.2 E esse traçado *objetivo* é precisamente o *limite máximo do percentual dos juros reais*: *12% ao ano*. Vem daí que a norma do § 3º do art. 192, *mesmo vista como programática*, tem "eficácia paralisante de todos os atos que não sejam reverentes" à determinação de que os juros reais não podem ser superiores a 12% ao ano.

9.7 A *eficácia jurídica* que *imediatamente* decorre das normas programáticas significa que elas apontam a *diretiva material* a que permanentemente *todos* os órgãos do poder estatal (Legislativo, *Executivo* e *Judiciário*) ficam *vinculados*, tendo esses órgãos, por isso, o ***dever****-poder* de buscar *realizá-la* até mesmo – e fundamentalmente – na interpretação, integração e aplicação das normas jurídicas.

9.7.1 Essa *diretriz material*, no caso do § 3º do art. 192, é a de que *os juros reais não podem ser superiores a 12% ao ano.*

9.7.2 A *Lei 4.595/1964*, por seu turno, delega ao *Conselho Monetário Nacional* poderes para *limitar as taxas de juros bancários.*

9.7.3 A *harmonização* desses dois ditames aponta, necessariamente, numa única direção possível: o órgão administrativo estabelecerá os percentuais, quando reputar necessário, das taxas de juros, mas com observância, sempre, do *limite máximo* que para esse fim específico é estabelecido na Carta Magna. Por outro giro verbal: mesmo no exercício da autorização *legal*, deve ser obedecida a *baliza* **constitucional** *máxima*, fincada *especificamente* para esse fim: *12% ao ano.*

9.8 Enfim: desde seu nascedouro, o § 3º do art. 192 foi idealizado, burilado e posto na Magna Carta com o propósito de ser cumprido *de imediato.* E assim lá está, ainda que encarado com matiz programático. E quando nenhuma outra disquisição exegética restar, buscando fazer *aplicável* o preceito (como é dever principalmente dos operadores do Direito, já que é de norma *constitucional* que se trata), brilhará a certeza de que ao menos o limite percentual não poderá jamais ser ultrapassado, porque é a linha de demarcação, o confim, a raia, o extremo longínquo decididamente assinalado de modo indelével pela *Lei Máxima*.

9.8.1 É a advertência enérgica de Pontes de Miranda que vem a pêlo aqui: "Nada mais perigoso do que fazer-se Constituição sem o propósito de cumpri-la. Ou de só se cumprir nos princípios de que se precisa, ou se entende devam ser cumpridos – o que é pior". [130]

130. Pontes de Miranda, *Comentários à Constituição de 1946*, 3ª ed., t. I (arts. 1º-5º), Rio de Janeiro, Borsói, 1960, p. 12.

A LESÃO À ORDEM PÚBLICA COMO FUNDAMENTO DE SUSPENSÃO DOS EFEITOS DE MEDIDA LIMINAR E DE SENTENÇA

José Anacleto Abduch Santos

Mestre em Direito Administrativo pela UFPR
– Professor na Faculdade de Direito de Curitiba/PR
– Procurador do Estado do Paraná

1. Introdução. 2. O espaço público e o espaço privado. 3. A noção de "ordem pública". 4. A noção de "lesão à ordem pública". 5. Juízo de valor destinado a aferir a existência de grave lesão à ordem pública. 6. Interesse público "versus" interesse público. 7. A "grave lesão à ordem pública" na acepção de ordem administrativa. 8. Conclusão.

1. Introdução

O sistema jurídico brasileiro apresenta a hipótese de suspensão de medida liminar ou dos efeitos de sentença concedidas em determinados processos judiciais no caso de a efetivação da decisão provocar lesão ou risco de grave lesão à ordem, à saúde, à segurança e à economia públicas. Esta possibilidade foi insculpida no art. 4º da Lei 4.348/1964 com a seguinte redação: "Quando, a requerimento de pessoa jurídica de direito público interessada e para evitar grave lesão à ordem, à saúde, à segurança e à economia públicas, o presidente do tribunal ao qual couber o conhecimento do respectivo recurso *(vetado)* suspender, em despacho fundamentado, a execução da liminar, e da sentença, dessa decisão caberá agravo, sem efeito suspensivo, no prazo de 10 (dez) dias, contados da publicação do ato".

Posteriormente, normas de conteúdo similar permearam outros diplomas legais, como aquelas previstas no art. 4º da Lei 8.437/1992 (que estende a prerrogativa legal aos casos de medida liminar e sentença proferidas em processo de ação cautelar inominada, ação popular e ação civil pública); no art. 12, § 1º, da Lei 7.347/1985 (que trata da ação civil pública); e a remissão feita pelo art. 1º da Lei 9.494/1997, que estende as hipóteses de suspensão dos efeitos da medida liminar e da sentença ao regime jurídico da tutela antecipada contra a Fazenda Pública.

Assim entendeu o legislador por reconhecer a carga axiológica de certos aspectos jurídicos transcendentes da condição privada, individual ou coletiva. Estes valores consagrados pelas referidas normas são a ordem, a saúde, a segurança e a economia públicas. Valores, pois, que, submetidos a contraste com outros valores legal e constitucionalmente tutelados, autorizariam, mediante dimensionamento jurisdicional, serem alçados a uma condição privilegiada que serve de substrato ao afastamento do interesse privado em prol do interesse público – consubstanciado na sustação dos efeitos de determinada medida liminar ou sentença proferida contra o Poder Público.

Trata-se, inegavelmente, de ponderação axiológica, de identificar em determinado caso concreto a existência, ou não, de risco ou de grave lesão a um destes valores legalmente tutelados, a autorizar a suspensão aludida.

Esta análise cingir-se-á à abordagem da noção de *ordem pública*, pretendendo sugerir critérios para aferir a lesividade ou potencialidade lesiva a este bem jurídico decorrente de medida liminar ou de sentença. Pretende, ainda, apontar as bases jurídicas autorizatórias da implementação da prerrogativa de obter a suspensão dos efeitos de liminares e de sentenças lesivas ou potencialmente lesivas a este valor juridicamente tutelado.

2. *O espaço público e o espaço privado*

Coexistem na sociedade dois espaços distintos (sob o enfoque sócio-político), determináveis – embora nem sempre determinados *a priori* com precisão – e identificáveis – embora nem sempre identificados *a priori* com precisão: são eles os espaços público e privado. A identificação e a delimitação destes espaços têm gerado controvérsia desde que se implementaram as primeiras sistematizações dos pensamentos políticos e sociais. Pensadores, filósofos, juristas, sociólogos e congêneres têm-se debatido ao longo dos séculos no sentido de estabelecer os limites do público e do privado.

A par de considerações históricas e científicas mais aprofundadas acerca desta distinção, parece possível a síntese despretensiosa do pensamento no sentido de ponderar que (i) há espaço de vida pública e há espaço de vida privada, e a sociedade humana não pode prescindir desta dicotomia; (ii) há tensão dialética entre os valores que integram cada um destes espaços (interesses em conflito).

A partir desta óbvia constatação preliminar podem ser deduzidas noções fundamentais para a construção de um conceito de "ordem pública". O espaço privado é o espaço, o âmbito, dentro do qual se travam as relações jurídicas e sociais que produzem efeitos – jurídicos ou não – que permanecerão circunscritos a um número limitado de atores sociais. A conduta humana que não viole norma de proibição e produza efeitos e diga respeito tão-somente em relação a um número determinado de pessoas é de ser considerada conduta do espaço privado. São condutas que não despertam ou não deveriam despertar a atenção da coletividade – a não ser nos casos de celebridades, em relação a quem o interesse é despertado por razões sociais, e não jurídicas.

Assim, certas condutas verificadas no seio da família, no círculo comercial e negocial das pessoas, no círculo das relações pessoais e profissionais, podem produzir efeitos cujo interesse se restringe ao grupo social no qual realizadas. É o espaço da intimidade familiar, social e comercial, identificado por interesses restritos, que não transcendem ou desbordam de limites relativamente claros.

Há, no entanto, condutas humanas que produzem efeitos, inclusive jurídicos, para além de um certo e delimitado grupo social. Condutas que afetam a coletividade, produzindo resultados de interesse transcendente do interesse meramente privado. Tais condutas, por dizerem respeito – no sentido de estabelecerem interesse – a toda a coletividade, se dão no espaço público. É o espaço que interessa a toda a sociedade. É o espaço no qual as condutas não produzem efeitos restritos, disseminando-se e atingindo a esfera jurídica de terceiros, partícipes ou não da relação jurídica original.

Se uma determinada relação jurídica produzir efeitos que extrapolem a esfera jurídica dos partícipes, que desborde do interesse comum das partes da relação, para produzir efeitos que interessem à coletividade em geral, esta relação é ínsita ao espaço público.

Embora a persecução do interesse público possa restar a cargo de entes privados, é o Estado o seu guardião natural – ao menos deveria ser –, por força do ordenamento constitucional. Com efeito, o interesse público está albergado e protegido por disposições constitucionais, dentre as quais as que estabelecem os princípios da supremacia do interesse público sobre o interesse privado e da indisponibilidade do interesse público pelo administrador.

3. A noção de "ordem pública"

Posto que o espaço público é o espaço do interesse público, deflui desta assertiva que há situações de fato e de direito decorrentes da dinâmica social que produzem ou podem produzir efeitos materiais ou jurídicos em relação a bens e valores que não pertencem individualmente a ninguém.

O sistema jurídico-constitucional oferece instrumentos suficientes – embora nem sempre dotados de eficácia plena – para a proteção de direitos privados, individuais ou coletivos. De igual forma, são localizáveis igualmente no sistema instrumentos de proteção do interesse público – deduzidos da Constituição. E são identificáveis e aferíveis tais instrumentos jurídicos de proteção ao interesse público exatamente porque o legislador apreendeu da dinâmica social o anseio por cautela e cuidado em relação a certos bens e valores de titularidade comum ou pública.

À evidência, o interesse público é aquele que, por força de sua natureza, tem importância e repercussão em relação à coletividade. Destarte, aquilo que disser respeito e puder ser identificado com um interesse público estará inserido em uma ordem específica: a ordem pública.

A noção de "ordem pública" integra o rol dos conceitos jurídicos indeterminados, aqueles deliberadamente deixados pelo legislador para determinação contextual e reflexa. Vale dizer: ao transferir a conceituação para outra instância que não a instância legiferante, retirando da lei formal o ônus de apresentar um conceito predeterminado de "ordem pública", o legislador admite não ser possível distanciar a noção da realidade empírica (contexto social, jurídico e econômico no qual está inserida a situação material a ser identificada como integrante do espaço da ordem pública).

Embora indeterminado o conceito, a noção de "ordem pública" comporta um mínimo de determinação que possibilite a aferição, pelo contraste, de ser ou estar um bem ou valor jurídico inserido no seu âmbito para o fim de receber a proteção estatal. "Ordem pública", para uma estabelecer um referente metodológico determinado, é o espaço no qual estão inseridas questões, aspectos e matérias – transcendentes do espaço privado – que, ao sofrerem influência de ações e condutas originadas de relações jurídicas produzidas no seu âmbito ou fora dele, produzem conseqüências e reflexos jurídicos, positivos ou negativos, sobre bens e valores de interesse público.

Estabelecido um paradigma conceitual, pode-se inferir, por lógico, que a identificação das questões inerentes à ordem pública se faz por exclusão, em face do seu caráter transcendente do espaço privado. Assim, será de ordem pública toda matéria ou questão que, ao tempo que desborda do espaço privado, produz conseqüência jurídica sobre bens e valores que, ao não pertencerem privativamente a ninguém, são de titularidade coletiva.

Toda e qualquer conduta, pública ou privada, que produza conseqüências sobre bens e valores de interesse público diz respeito a este espaço jurídico identificável pela denominação de "ordem pública". Referir a ordem pública como um espaço de tamanha amplitude não implica a conclusão de que em qualquer hipótese a matéria ou questão de ordem pública deverá sobrepujar direitos e interesses privados, quando conflitantes – interesse público *versus* interesse privado. A regra é a de que o sacrifício do direito privado em prol do interesse público encontra limites de ordem constitucional (ordem pública).

Assim, a proteção do interesse privado também é de ordem pública, eis que consubstanciada em preceitos traduzidos em normas ou princípios constitucionais. A ordem pública institui preceitos, portanto, e que, sob certo aspecto, estabelecem um conflito interno aparente. Ocorre que à noção de "sistema" importa reconhecer unidade e harmonia das suas regras internas, de modo que tais conflitos aparentes de normas de ordem pública se resolvem a partir de normas dedutíveis do próprio sistema constitucional. Pela ponderação valorativa entre normas, princípios e valores se obterá qual, dentre os interesses e direitos em jogo, deverá prevalecer.

O fato é que o espaço da ordem pública, embora amplo, não anula o espaço da ordem privada constitucionalmente assegurado.

O que se estabelece é efetivamente um processo permanente de conflito dialético/valorativo entre o interesse público (ordem pública) e o interesse privado (ordem privada), ambos tutelados pelo regime constitucional e que encontram no próprio sistema os instrumentos para identificar no caso concreto qual dos bens ou valores (público ou privado) deverá prevalecer: em concreto, pois, se deverá ser mantida a medida liminar ou sentença que se reputa lesiva à ordem pública, ou se a suspensão dos seus efeitos é condição inafastável para a preservação do interesse público.

Sob um enfoque um pouco mais específico, a ordem pública alcança os valores fundamentais relacionados ao exercício de qualquer das funções do Estado, para abranger todo e qualquer bem jurídico indispensável ao cumprimento dos misteres constitucionais instituídos para os entes públicos, inclusos o Poder Legislativo e o Poder Judiciário.

Insertos na noção de "ordem pública", em decorrência, estarão também os aspectos relativos à ordem administrativa, na qualidade de espécie daquele gênero. A este respeito parece haver consenso doutrinário e jurisprudencial. Serão bens ou valores jurídicos inerentes à ordem administrativa *aqueles relativos e instrumentais ao exercício da função administrativa na plenitude assegurada pela Constituição e focada na persecução do interesse público*. Estão inseridos nesta noção a implementação de políticas públicas, a prestação de serviços públicos, o regular funcionamento da estrutura administrativa estatal e a gestão dos servidores públicos, sempre na perspectiva e sob a premissa de que o único propósito da Administração Pública deve ser a persecução do interesse público.

Perseguindo idêntica linha de raciocínio, a noção de "ordem pública" envolverá igualmente a noção de "ordem jurídica". O espaço da ordem jurídica é composto e integrado pelas leis e pela Constituição. A fiel observância das normas legais e constitucionais é de ordem pública, eis que a integridade do sistema normativo é um dos fins a serem perseguidos em nome do interesse público. Afinal, a prerrogativa de instituir normas importa reconhecimento da vontade geral soberana, para cuja proteção são conferidas potestades públicas, inclusive de natureza jurisdicional.

4. A noção de "lesão à ordem pública"

Aferir o que constitui "lesão à ordem pública" implica recondução à seara dos conceitos jurídicos indeterminados, porém, que carecem de determinação mínima que possibilite desvelar sua ocorrência efetiva. A lesão à ordem pública autorizatória da suspensão dos efeitos de medida liminar ou de sentença é *o dano ou prejuízo, provocado por efeito de medida liminar ou sentença, a bens ou valores de interesse comum, inseridos no espaço público – espécie do gêne-*

ro interesse público –, que, por óbvio, transcendem, portanto, o espaço de interesse meramente privado, e que não se incluam nas noções de segurança, economia ou saúde públicas.

É conceito indeterminado cuja determinação inicia, portanto, por exclusão. Serão lesivas à ordem pública a medida liminar ou a sentença que produzam efeitos prejudiciais e nocivos a bens e valores de interesse público que não estejam incluídos nas noções de saúde, economia ou segurança públicas, na medida em que, se passíveis de subsunção a estas noções, estará alterado o fundamento da suspensão da decisão judicial.

A ocorrência de lesão à ordem pública é condição necessária, mas não suficiente, à suspensão dos efeitos de liminar ou de sentença. Deverá a lesão ser grave, ou seja, imprimir danos que suplantem uma mera modificação da situação de fato ou jurídica em que se encontrava o bem ou valor jurídico que se pretende tutelar – até porque a modificação provocada na ordem pública pode não ser lesiva. Importa que a medida liminar ou a sentença, para serem suspensas sob o argumento de lesão grave a bem jurídico inerente à ordem pública, devem provocar dano ou prejuízo significativo, apto a alterar a própria essência do bem ou a reduzir significativamente o proveito social dele decorrente.

Competirá ao intérprete inferir no caso concreto a magnitude da redução do proveito coletivo decorrente de medida liminar ou sentença que produza efeitos sobre bem ou valor jurídico de ordem pública e deduzir pela ocorrência, ou não, de grave lesão. Esta análise, embora implique juízo de convencimento, não importa juízo discricionário, e deverá se dar – à falta de critério objetivo – à luz do regime principiológico constitucional.

5. *Juízo de valor destinado a aferir a existência de grave lesão à ordem pública*

Concluir pela existência de grave lesão à ordem pública apta a justificar a suspensão dos efeitos de liminar ou de sentença constitui juízo que se orienta pelos princípios constitucionais. Por vezes os efeitos lesivos à ordem pública decorrentes de ordem judicial são tão evidentes e inequívocos que levam à inelutável conclusão da presença do requisito autorizatório da suspensão. Outras vezes tais efeitos não se apresentam com igual clareza, especialmente se contrastados com o dano que a suspensão do ato judicial pode acarretar ao interesse que pretende fazer prevalecer.

Nestas hipóteses, a busca pela decisão que melhor atenda ao interesse público não escapa a um juízo de ponderação axiológica, para contrastar o proveito que a decisão judicial confere ao seu beneficiário e a redução do proveito coletivo que a lesão à ordem pública provocará. Este contraste será vinculado aos princípios constitucionais, em especial aos princípios da supremacia do interesse público, da proporcionalidade e da razoabilidade, sem prejuízo dos demais princípios que informam o sistema jurídico. Não se está a sustentar a hipótese de prevalência de interesse particular sobre o interesse público, mas que, em casos nos quais a gravidade da lesão não se evidencie de imediato, esta ponderação axiológica poderá indicar a solução mais adequada ao interesse público (que pode se dar no sentido de proteção aos efeitos da medida liminar ou da sentença).

6. *Interesse público "versus" interesse público*

O contraste entre decisão judicial que objetiva a tutela de interesse particular e lesão à ordem pública, como visto, exigirá, por vezes, ponderação axiológica lastreada em princípios. Situações haverá nas quais será indispensável o juízo de proporcionalidade e de razoabilidade destinado à melhor e mais justa decisão acerca de suspender, ou não, o efeito de medida liminar ou de sentença. Uma destas hipóteses diz respeito a medida liminar ou sentença concedida em favor de ente público contra outro ente público, sendo certo que a ambos cumpre o mister constitucional de perseguir o interesse público.

Duas vertentes de discussão inauguram-se neste caso: (i) a hipótese de contraste entre interesse primário e interesse secundário dos entes públicos litigantes;[1] (ii) a hipótese de contraste entre interesses primários tutelados pelos entes públicos litigantes. Na primeira hipótese deverá ceder o interesse secundário em favor do interesse primário. A segunda hipótese exigirá juízo de proporcionalidade e de razoabilidade para deduzir, com fulcro na Constituição, qual dos bens ou valores deverá prevalecer.

7. A "grave lesão à ordem pública" na acepção de ordem administrativa

Especificamente em relação à noção ampla de "ordem pública", a lesão à ordem administrativa – abrangente de aspectos tocantes ao exercício da função administrativa – talvez produza os efeitos diretos mais significativos à coletividade. Parece evidente. Vez que assiste ao Poder Executivo a missão constitucional de exercer a função administrativa, a lesão a bem ou valor jurídico que prejudique a implementação de políticas públicas pode implicar lesão grave e, mesmo, irreparável ao interesse público.

Não se trata de advogar a supressão de direitos privados em prol do interesse público, mas de adequação, de pretender deduzir do sistema uma alternativa que, ao tempo em que tutela direito particular, assegura a integridade dos bens e valores de ordem pública. Nesta ótica se pode cogitar, como exemplo, de medida liminar que, ao revés de sustar o procedimento licitatório, assegure a participação do licitante insurreto; de sentença que, ao revés de condenação que importe prejuízo à prestação de um determinado serviço público, converta o direito em perdas e danos. Há centenas de precedentes judiciais nos quais a decisão foi precedida de juízo de razoabilidade e de proporcionalidade, de modo a manter a incolumidade da ordem administrativa, de modo a não provocar prejuízo ao exercício regular da função administrativa.

Nesta linha de argumentação, três princípios constitucionais parecem sobressair em relação aos demais: o princípio da supremacia do interesse público, o princípio da continuidade do serviço público e o princípio da separação dos Poderes da República. Estará a causar grave lesão à ordem administrativa a medida liminar ou a sentença que, a pretexto de garantir direito privado ou interesse secundário de outro ente público, (i) interrompa o regular exercício da função administrativa – imperativo da consecução do interesse público; (ii) interrompa ou suspenda a prestação adequada de serviço público; (iii) transfira para o Magistrado decisão de competência exclusiva daquele legitimado constitucionalmente para o exercício da função administrativa.

8. Conclusão

Do exposto, conclui-se que, embora a noção de "ordem pública" constitua um dos conceitos jurídicos indeterminados mais complexos no âmbito do direito público, sempre será possível um mínimo de determinação orientada a aferir se uma medida liminar ou sentença que produza efeitos em relação a bens e valores nela inseridos encontra substrato para ser suspensa sob o argumento da lei.

Aferir se uma lesão à ordem pública provocada por sentença ou medida liminar enseja suspensão exige ponderação axiológica e contraste entre os bens e valores jurídicos em questão, sempre com vistas ao resultado lesivo ou potencialmente lesivo ao

1. O primeiro constituindo interesse público propriamente dito, e o segundo identificado com o interesse próprio do Estado na qualidade de pessoa jurídica, consoante preleciona Renato Alessi.

interesse público. Haverá lesão grave à ordem pública quando os efeitos da sentença ou de medida liminar provocarem diminuição significativa do proveito coletivo advindo de bens e valores jurídicos públicos, ou quando provocarem interrupção do gozo de prerrogativa ou direito pertencente à coletividade emanado por tais bens e valores. Nesta circunstância, estará o Poder Judiciário autorizado a suspender seus efeitos.

PUNIÇÃO ELEITORAL COMO IMPEDIMENTO À PARTICIPAÇÃO EM LICITAÇÕES

CHRISTIANNE DE CARVALHO STROPPA

Mestranda pela PUC/SP – Professora de Direito Administrativo da PUC/SP e do IMES/SCS – Ex-Procuradora da USP

1. Introdução. 2. Condições de participação no procedimento licitatório. 3. Punição determinada pela Justiça Eleitoral. 4. Conclusão.

1. Introdução

Nos termos do art. 22, XXVII, c/c o art. 37, XXI, ambos da CF de 1988, foi expedida a Lei federal 8.666, de 21.6.1993 (alterada posteriormente), com o intuito de disciplinar as normas gerais sobre licitação e contratos administrativos.

Pode-se conceituar "licitação" como sendo um procedimento[1] administrativo vinculado mediante o qual a Administração Pública, assegurando iguais oportunidades a todos os interessados, busca, a final, a eleição da melhor proposta para celebração de contrato de seu interesse.

Analisando os termos utilizados no conceito, esclarecemos que:

(1º) Por "procedimento"[2] deve-se entender a licitação como sendo uma "suces-

1. Optamos pela adoção do termo "procedimento" não obstante o inciso XXI do art. 37 da CF se refira a "processo de licitação pública". Para Odete Medauar isto revela que "se trata de processo que existe no âmbito da função administrativa. (...). Processo, por seu lado, implica, além do vínculo entre atos, vínculos jurídicos entre os sujeitos, englobando direitos, deveres, poderes, faculdades, na relação processual. (...) caracteriza-se pela atuação dos interessados, em contraditório, seja ante a própria Administração, seja ante outro sujeito (...), todos, neste caso, confrontando seus direitos ante a Administração" (*Direito Administrativo Moderno*, 7ª ed., p. 179).

Carlos Ayres Britto, após questionar e analisar em que sentido o processo licitatório foi institucionalizado pela Constituição Federal, aceitando como pressuposto a existência de dicotomia entre normas processuais e normas procedimentais, afirma que "*licitação é ambivalentemente processo e procedimento*. Processo, enquanto conteúdo das normas gerais. Procedimento, enquanto conteúdo das normas específicas. Normas específicas, estas, que já correspondem a um segundo nível de legislação, consubstanciador de ulteriores providências para a plena realização dos atos parcelares e do ato final que se integram no conceito da licitação enquanto processo" (*O Perfil Constitucional da Licitação*, p. 134).

2. "No aspecto substancial, *procedimento* distingue-se de *processo* porque, basicamente, signi-

são itinerária e encadeada de atos, que tendem, todos, a um resultado final e conclusivo".[3] Ou seja: (a) sucessão de atos – tais atos nada mais são que as fases do certame licitatório, expressamente previstas na Lei 8.666/1993; (b) itinerária – porque as fases do certame licitatório seguem uma ordem já determinada pela Lei 8.666/1993, qual seja: abertura, habilitação, classificação, homologação e adjudicação; (c) encadeada – para ser válida, a fase subseqüente depende da validade da fase que a antecedeu.

(2º) "Procedimento administrativo"[4] a significar que o regime jurídico – ou seja, o conjunto de normas e princípios jurídicos – a ser aplicado e observado nos certames licitatórios é aquele determinado pelo Direito Administrativo.[5]

(3º) "Procedimento vinculado",[6] porque a Administração Pública, a partir do instante em que decide instaurar uma licitação, está obrigada a observar todas as regras estabelecidas na Lei 8.666/1993, não lhe restando margem de liberdade alguma no procedimento.

(4º) A expressão "Administração Pública" deve ser entendida no seu sentido mais amplo, porquanto, afora as pessoas expressamente elencadas no art. 1º e parágrafo único da Lei 8.666/1993 (Administração direta, Administração indireta e fundos especiais), outras também estão obrigadas a observar suas disposições, por expressa determinação do TCU (serviços sociais autônomos e conselhos de fiscalização profissional, entre outros),[7] em razão de manipularem recursos públicos.

fica a sucessão encadeada de atos" (Odete Medauar, *Direito Administrativo Moderno*, cit., 7ª ed., p. 179).

3. Celso Antônio Bandeira de Mello, *Curso de Direito Administrativo*, 17ª ed., p. 446.

4. Lembra Carlos Ayres Britto que, "enquanto dever ou atividade instrumental-graciosa da Administração, a licitação é matéria de direito administrativo de assento constitucional" (*O Perfil Constitucional da Licitação*, cit., p. 76).

5. A expressão "regime jurídico" também pode ser entendida como conjunto das *prerrogativas* e *restrições* a que está sujeita a Administração, e que não se encontram nas relações entre particulares, como leciona Maria Sylvia Zanella Di Pietro (*Direito Administrativo*, 17ª ed., 2004).

Enquanto as prerrogativas encontram fundamento no princípio da supremacia do interesse público sobre o privado, as restrições estão amparadas no princípio da indisponibilidade, pela Administração, dos interesses públicos. São, ambos os princípios, considerados as "pedras de toque" do direito administrativo, já que basilares para a identificação autônoma deste ramo do Direito.

6. Para Celso Antônio Bandeira de Mello, *atos vinculados* são "os que a Administração pratica sem margem alguma de liberdade para decidir-se, pois a lei previamente tipificou o único possível comportamento diante de hipótese prefigurada em termos objetivos" (*Curso de Direito Administrativo*, cit., 17ª ed., p. 389).

7. As caixas escolares, associações comunitárias e outras entidades filantrópicas, ao contratarem com recursos públicos, deverão observar os ditames da Lei 8.666/1993, conforme determina seu art. 1º, parágrafo único (TC/MG, Consulta 434.547, *Revista do TC/MG* 3/143, 1998).

Os órgãos integrantes do denominado "Sistema S" (SESI, SENAI, SESC, SENAC, SEST, SNAT, SENAR e SEBRAE), mesmo possuindo regulamentos próprios, estão adstritos ao disciplinado no art. 37 da CF e, por conseguinte, devem observar os princípios que norteiam as contratações públicas. Tal entendimento foi externado pelo TCU no Acórdão 184/1998, publicado no *DOU* 250-E, de 30.12.1998, e veiculado no *ILC* 60/146, fevereiro/1999.

Os conselhos de fiscalização de profissões regulamentadas devem observar as disposições da Lei 8.666/1993 para contratação de bens e serviços, impondo-se, portanto, a necessidade de instauração do devido procedimento licitatório (TCU, Acórdão 011/1999, *DOU* 38-E, de 26.2.1999, *ILC* 62/322, abril/1999).

Em face do Acórdão TCU-1.070, de 6.8.2003, o art. 27 da Instrução Normativa 1, de 15.1.1997, que disciplina a celebração de convênios de natureza financeira que tenham por objeto a execução descentralizada de Programa de Trabalho a cargo de órgãos e entidades da Administração Pública Federal direta e indireta, foi alterado pela Instrução Normativa 3/2003, passando a ter a seguinte

(5º) A instauração de uma relação jurídica, formalizada por meio de instrumento contratual, é, ao mesmo tempo, a justificativa e a conseqüência da realização de um certame licitatório.[8] E:

(6º) Os dois principais objetivos de um certame licitatório, como expressamente previsto no *caput* do art. 3º da lei, são: assegurar iguais oportunidades a todos os interessados e eleger a melhor proposta.

O primeiro objetivo retrata, em verdade, o princípio constitucional da isonomia (art. 5º, *caput*), que, segundo Aristóteles, consiste em *tratar os iguais igualmente e os desiguais desigualmente, na medida de suas desigualdades.*

Entretanto, referida discriminação somente é válida se prevista em lei, como afirma Celso Antônio Bandeira de Mello:

"*Não se podem interpretar como desigualdades legalmente* certas situações, quando a lei não haja 'assumido' *o fator tido como desequiparador*. Isto é, circunstâncias *ocasionais* que proponham fortuitas, acidentais, cerebrinas ou sutis distinções entre categorias de pessoas não são de considerar.

"Então, se a lei se propôs distinguir pessoas, situações, grupos, e se tais diferenciações se compatibilizam com os princípios expostos, não há como negar os discrímenes. Contudo, se a distinção não procede diretamente da lei que instituiu o benefício ou exonerou de encargo, não tem sentido prestigiar interpretação que favoreça a contradição de um dos mais solenes princípios constitucionais."[9]

Isto porque – acrescenta, ainda, o autor –, "não sendo o interesse público algo sobre que a Administração dispõe a seu talante, mas, pelo contrário, bem de todos e de cada um, já assim consagrado pelos mandamentos legais que o erigiram à categoria de interesse desta classe, impõe-se, como conseqüência, o tratamento impessoal, igualitário ou isonômico que deve o Poder Público dispensar a todos os administrados".[10]

Por sua vez, a eleição da melhor proposta está diretamente relacionada ao critério de julgamento escolhido pela Administração Pública, que deve estar orientado pelos seguintes fatores: qualidade, rendimento, preço, condições de pagamento, prazos e outros pertinentes ao objeto da licitação.

Em resumo, com fundamento nas lições do saudoso mestre Hely Lopes Meirelles,[11] os fatores citados podem ser entendidos como: (a) qualidade – é a aptidão do objeto para a satisfação de seus fins; (b) rendimento – pode ser traduzido por produtividade, pois o que se procura, quando se realiza uma licitação, é a utilidade do objeto licitado; (c) preço – é a contraprestação pecuniária do objeto da licitação; (d) condições de pagamento – são fatores altamente influenciáveis no preço e, conseqüentemente, ponderáveis no julgamento das propostas; (e) prazos – quer o pertinente à execução do objeto da licitação, quer ao pagamento, parcelamento, carência, entre outros.

Além desses, outros fatores poderão estar previstos no edital, desde que peculiares a cada licitação e pertinentes ao seu objeto. Somente o administrador pode estabelecê-los, tendo em vista o caso concreto e as

redação: "O convenente, ainda que entidade privada, sujeita-se, quando da execução de despesas com os recursos transferidos, às disposições da Lei n. 8.666, de 21 de junho de 1993, especialmente em relação a licitação e contrato, admitida a modalidade de licitação prevista na Lei n. 10.520, de 17 de julho de 2002, nos casos em que especifica".

8. Para Antônio Carlos Cintra do Amaral o processo de contratação compreende: o planejamento, a licitação, a celebração do vínculo contratual e a execução do objeto (*Licitações nas Empresas Estatais*, "Comentário 105, de 1.8.2000", disponível na Internet: *http//www.celc.com.br*, acesso em 12.10.2004).

9. Celso Antônio Bandeira de Mello, *O Conteúdo Jurídico do Princípio da Igualdade*, 3ª ed., p. 45.

10. Idem, pp. 73-74.

11. Hely Lopes Meirelles, *Licitação e Contrato Administrativo*, 13ª ed., *passim*.

exigências específicas do serviço público em cada órgão da Administração.

Conjugados os objetivos licitatórios, é possível afirmar que todos os interessados, se e quando atenderem às condições dispostas no instrumento regulador de determinada licitação, dela poderão participar.

Destacando o reconhecimento a todos apenas do *direito de licitar*, Marçal Justen Filho chama a atenção para a diferença existente entre o direito de contratar e o de participar da licitação, *in verbis*:

"O direito de contratar é reconhecido ao particular cuja proposta foi classificada como vencedora, desde que a Administração decida efetivar a contratação.

"O direito de licitar consiste na faculdade de formular perante a Administração uma proposta de contratação. O direito de licitar é reconhecido a todos quantos preencham os requisitos de idoneidade e capacitação para executar o contrato.

"O direito de licitar é um direito público subjetivo de natureza *abstrata*, em acepção semelhante à utilizada pela doutrina processualista. (...).

"(...). O licitante, quando apresenta sua proposta, exercita um direito abstrato de agir. Tem direito de comparecer perante a Administração Pública e formular sua proposta. Esse direito não pode ser suprimido. Sujeito passivo do direito de licitar é a Administração Pública. O direito de licitar assegura a qualquer pessoa a formulação de uma proposta de contratação dirigida à Administração Pública, segundo as condições fixadas na lei e no ato convocatório.

"O direito de licitar, ainda que abstrato, não é absoluto. É um direito condicionado, também na acepção definida pela doutrina processualista. O direito de licitar se subordina ao preenchimento de certas exigências, previstas na lei e no ato convocatório. Essas exigências se referem quer à pessoa do licitante, quer à proposta por ele formulada. A lei e o ato convocatório estabelecem certos requisitos como indispensáveis para a disputa. A esses requisitos podemos denominar de *condições do direito de licitar*."[12]

2. Condições de participação no procedimento licitatório

Na esteira de Marçal Justen Filho, portanto, "*o direito de licitar é reconhecido a todos quantos preencham os requisitos de idoneidade* e capacitação para executar o contrato"[13] (grifamos).

Assim, "fica patente que a idoneidade é uma característica da pessoa (física ou jurídica) do licitante, e não da proposta. Antes de qualquer cogitação em torno da proposta, cumpre saber se aquele que a formula é idôneo, isto é, se possui capacidade jurídica para contratar (não basta possuir personalidade jurídica, é preciso ter capacidade jurídica, o que é um *plus* em relação à personalidade e a pressupõe), capacidade técnica para poder executar a prestação objeto do futuro contrato e, finalmente, capacidade financeira para arcar com os ônus (custos e responsabilidades) inerentes à execução, pois é inconcebível o pagamento antecipado por parte da Administração".[14]

Desta forma, quando o inciso VI do art. 40 da Lei 8.666/1993[15] fala em "condições para participação na licitação", em conformidade com os arts. 27 a 31 dessa norma legal, está a se referir ao exame, pela Administração Pública, dos documentos apresentados pelos interessados, em uma fase denominada "habilitação".[16]

12. Marçal Justen Filho, *Comentários à Lei de Licitações e Contratos Administrativos*, 9ª ed., p. 293.

13. Idem, ibidem.

14. Adilson Abreu Dallari, *Aspectos Jurídicos da Licitação*, 6ª ed., p. 114.

15. O art. 40 da Lei 8.666/1993 enumera as cláusulas necessárias ou essenciais do instrumento convocatório elaborado a cada novo certame.

16. Para Adilson Abreu Dallari, não obstante haja divergência terminológica na doutrina com relação a essa fase, pois alguns a denominam "qualificação", informa preferir chamá-la de "habilita-

Para Celso Antônio Bandeira de Mello, "a habilitação, por vezes denominada 'qualificação', é a fase do procedimento em que se analisa a aptidão dos licitantes. Entende-se por 'aptidão' a qualificação indispensável para que sua proposta possa ser objeto de consideração. (...). Na habilitação, pois, são considerados atributos do sujeito, do proponente".[17]

Alerta Marçal Justen Filho que o vocábulo "habilitação" "indica tanto a fase procedimental como a decisão proferida pela Administração. Na acepção de fase procedimental, a habilitação consiste no conjunto de atos orientados a apurar a idoneidade e a capacitação de um sujeito para contratar com a Administração Pública. Na acepção de ato administrativo, indica o ato pelo qual a Administração finaliza essa fase procedimental, decidindo estarem presentes as condições do direito de licitar".[18]

Na mesma linha, lembra Carlos Ari Sundfeld que:

"A fase de habilitação nas licitações (também chamada de qualificação) é destinada a apurar se os proponentes atendem às condições pessoais necessárias à participação no certame.

"Justifica-se pois a futura contratação não pode ser feita com qualquer sujeito, mas apenas com o qualificado, isto é, o regularmente estabelecido, idôneo, técnica e economicamente capaz de cumprir as obrigações avençadas."[19]

Segundo Lúcia Valle Figueiredo, no entanto, "a habilitação é ato vinculado por meio do qual a Administração reconhece ter o interessado capacidade para licitar. Se satisfizer o interessado o exigido no edital, não pode a Administração inabilitá-lo".[20]

Diógenes Gasparini acrescenta que "os habilitados tornam-se iguais e têm o direito subjetivo público de ver abertos os envelopes contendo as propostas e, conforme o caso, de ver ou não classificadas as propostas apresentadas. Esses os efeitos jurídicos da habilitação. Portanto, a habilitação é o ato administrativo vinculado mediante o qual a Comissão de Licitação confirma no procedimento da licitação os licitantes aptos, nos termos do edital".[21]

Destaca Hely Lopes Meirelles que:

"A habilitação ou qualificação do proponente é o reconhecimento dos requisitos legais para licitar, feito, em regra, por Comissão, que, no caso do convite, pode ser substituída por servidor designado por autoridade competente para o procedimento licitatório (art. 51, § 1º), caracterizando-se como ato prévio ao do julgamento das propostas (art. 43, I e II, e § 5º).

"Embora haja interesse da Administração no comparecimento do maior número de licitantes, o exame das propostas restringe-se àquelas que realmente possam ser aceitas, em razão da pessoa do proponente."[22]

Por sua vez, para Carlos Pinto Coelho Motta a habilitação "significa o reconhecimento formal, por parte da Comissão de Licitação (arts. 43, I e II, e 51), de que o licitante atendeu às condições exigidas, nos aspectos jurídico e de qualificação técnica, econômica e financeira, bem como de regularidade perante o Fisco. (...). A redação do art.

ção", "pois, embora esses termos sejam quase equivalentes, o segundo (qualificação) dá idéia de um julgamento de valor. 'Habilitar-se' significa estar apto; 'qualificar-se', além desse sentido, dá uma idéia de excelência, isto é, de aptidão mais bom desempenho" (*Aspectos Jurídicos da Licitação*, cit., 6ª ed., p. 114).

17. Celso Antônio Bandeira de Mello, *Curso de Direito Administrativo*, cit., 17ª ed., pp. 539-540.

18. Marçal Justen Filho, *Comentários à Lei de Licitações e Contratos Administrativos*, cit., 9ª ed., p. 294.

19. Carlos Ari Sundfeld, *Licitação e Contrato Administrativo de Acordo com as Leis 8.666/1993 e 8.883/1994*, p. 108.

20. Lúcia Valle Figueiredo, *Curso de Direito Administrativo*, 7ª ed., p. 492.

21. Diógenes Gasparini, *Direito Administrativo*, 9ª ed., p. 512.

22. Hely Lopes Meirelles, *Licitação e Contrato Administrativo*, cit., 13ª ed., p. 133.

27 é precisa. Estabelece 'requisitos limítrofes', no dizer do Min. Paulo Bugarin".[23]

Ante os entendimentos citados, percebe-se não haver divergência doutrinária no tocante a extensão, efeito e natureza jurídica da fase de habilitação: relaciona-se a uma análise de idoneidade e capacitação do interessado em propor um determinado objeto à Administração.

Para se proceder à análise em questão, imprescindível ter presente a exigência imposta à Administração no art. 27 do Estatuto Licitatório, assim redigido: "Art. 27. Para a habilitação nas licitações exigir-se-á dos interessados, exclusivamente, documentação relativa a: I – habilitação jurídica; II – qualificação técnica; III – qualificação econômico-financeira; IV – regularidade fiscal; V – cumprimento do disposto no inciso XXXIII do art. 7º da Constituição Federal".[24]

O artigo em comento, ao explicitar que os documentos a serem exigidos são *exclusivamente* os enumerados nos seus incisos – cuja forma de apresentação está expressa nos arts. 28 a 31 –, evidencia tratar-se de rol taxativo.[25] Fica, então, a Administração impedida de reclamar documento não previsto no art. 27 da Lei 8.666/1993.

Referido entendimento encontra amparo nas exigências para habilitação de licitantes previstas no art. 37, XXI, da CF,[26] ao determinar que, exceção feita às hipóteses legalmente previstas, "as obras, serviços, compras e alienações serão contratados mediante processo de licitação pública que assegure igualdade de condições a todos os concorrentes, (..), o qual somente permitirá as exigências de qualificação técnica e econômica indispensáveis à garantia do cumprimento das obrigações".

Desta forma, nas licitações, a orientação correta "é a dispensa de rigorismos inúteis e a não-exigência de formalidades e documentos desnecessários à qualificação dos interessados em licitar. Daí por que a Lei 8.666, de 1993, no art. 27, limitou a documentação, exclusivamente, aos comprovantes de capacidade jurídica, regularidade fiscal, capacidade técnica e idoneidade financeira. *Nada mais se pode exigir, na fase de habilitação, dos licitantes. Reconhecimento de firma, certidões negativas, cauções, regularidade eleitoral, são exigências impertinentes, que a lei federal dispensou nesta fase, mas que a burocracia ainda vem fazendo ilegalmente, no seu vezo de criar embaraço aos licitantes.* É verdadeiro estrabismo público, que as autoridades superiores precisam corrigir, para que os burocratas não persistam nas suas distorções rotinei-

23. Carlos Pinto Coelho Motta, *Eficácia nas Licitações e Contratos: Estudos e Comentários sobre as Leis 8.666 e 8.987/1995, a Nova Modalidade do Pregão e o Pregão Eletrônico; Impactos da Lei de Responsabilidade Fiscal, Legislação, Doutrina e Jurisprudência*, 9ª ed., p. 256.

24. Inciso acrescido pela Lei 9.854, de 27.10.1999, e regulamentado pelo Decreto 4.358, de 5.9.2002. Objetiva verificar se os licitantes não estão utilizando trabalho de menores, em conformidade com o inciso XXXIII do art. 7º da CF, com a redação dada pela Emenda Constitucional 20, de 15.12.1998: "proibição de trabalho noturno, perigoso ou insalubre a menores de 18 (dezoito) e de qualquer trabalho a menores de 16 (dezesseis) anos, salvo na condição de aprendiz, a partir de 14 (quatorze) anos".

25. "É inválida a cláusula do ato convocatório que exige, além dos documentos previstos no art. 25, também uma declaração de concordância com os termos e exigências previstos pela Administração (*RJTJSP* 81/79. Confira-se, ainda, julgado na *RJTJSP* 77/154)" (Marçal Justen Filho, *Comentários à Lei de Licitações e Contratos Administrativos*, cit., 9ª ed., nota de rodapé 111, p. 297).

26. "Há de compreender-se o art. 27 em sintonia com o inciso XXI do art. 37 da CF/1988. Este junge as exigências que a lei e a Administração podem fazer aos competidores, em cada processo licitatório, à comprovação da qualificação técnica e econômica que seja imprescindível, exclusivamente, à garantia do cumprimento das obrigações que virão a ser pactuadas no contrato, todavia previstas, desde logo, no ato convocatório" (Jessé Torres Pereira Jr., *Comentários à Lei das Licitações e Contratações da Administração Pública*, 6ª ed., p. 328).

ras de complicar aquilo que a legislação já simplificou"[27] (grifamos).

Até porque exigências descabidas, incoerentes com o objeto licitado, acabam por frustrar a competição, porquanto restringem o universo de participantes, em total afronta aos princípios da isonomia, impessoalidade e competição, norteadores de todo certame licitatório.[28]

Nesse sentido têm-se manifestado a jurisprudência[29] e os Tribunais de Contas.[30]

Com o fito de demonstrar ser esse também o pensamento majoritário da doutrina, trazemos à colação, novamente, as lições de Maria Sylvia Zanella Di Pietro, que após uma análise crítica dos documentos elencados nos arts. 27 a 31 da Lei 8.666/1993, especialmente no tocante à regularidade fiscal – com exceção da perante a seguridade social, prevista no art. 193, § 3º, da Lei Maior – e à declaração de atendimento ao disposto no inciso XXXIII do art. 7º da CF, concluiu que "essa e outras exigências, que não são indispensáveis à garantia do cumprimento das obrigações, contribuem para tornar o procedimento da licitação ainda mais formalista e burocrático, desvirtuando os objetivos da licitação e infringindo o inciso XXI do art. 37 da Constituição".[31-32]

27. Hely Lopes Meirelles, *Licitação e Contrato Administrativo*, cit., 13ª ed., p. 128.

28. V. art. 3º, *caput*, c/c o § 1º, I, da Lei 8.666/1993, que expressamente veda aos agentes públicos admitir, prever, incluir ou tolerar, nos atos de convocação, cláusulas ou condições que comprometam, restrinjam ou frustrem seu caráter competitivo e estabeleçam preferências ou distinções em razão da naturalidade, da sede ou domicílio dos licitantes ou de qualquer outra circunstância impertinente ou irrelevante para o específico objeto do contrato.

29. Segundo o TJRS, "visa a concorrência pública a fazer com que o maior número de licitantes se habilite para o objetivo de facilitar aos órgãos públicos a obtenção de coisas e serviços mais convenientes a seus interesses. Em razão desse escopo, exigências demasiadas e rigorismos inconsentâneos com a boa exegese da lei devem ser arredados. Não deve haver nos trabalhos nenhum rigorismo e na primeira fase da habilitação deve ser de absoluta singeleza o procedimento licitatório" (AgPet 11.383, *RDP* 14/240).

Decidiu a 3ª Turma do TRF-1ª Região, na ApMS 1998.01.00.038725-8/PA, ser "inválida a exigência de procuração pública e registro em órgão como requisito para habilitação em certame licitatório" (*DJU* 6.5.2002).

Para o STJ, "os arts. 27 e 28 da Lei n. 8.666/93 não permitem que o Estado condicione a habilitação de licitante à apresentação de procuração *ad judicia*" (MS 5.281-DF, 1997/0052995-9, *DJU* 9.3.1998).

30. A Decisão 523/1997 do TCU já consignou que "a Administração Pública, para fins de habilitação, deve se ater ao rol dos documentos constantes dos arts. 28 a 31, não sendo lícito exigir outro documento ali não elencado".

Recomendou o TCU, na Decisão 202/1996, que a Administração "abstenha-se de exigir, para habilitação em processos licitatórios, documentos além daqueles previstos nos arts. 28 a 31 da Lei n. 8.666/1993, caracterizando restrição ao caráter competitivo do certame". E, ainda, no Acórdão 808/2003, que "abstenha-se de estabelecer (...) para efeito de habilitação dos interessados, exigências que excedam os limites fixados nos arts. 27 a 33 da Lei n. 8.666/1993 (...) condições de participação em certames licitatórios anteriores à fase de habilitação e não previstas na Lei n. 8.666/1993, a exemplo da prestação da garantia de que trata o art. 31, III, da Lei n. 8.666/1993 antes de iniciada a fase de habilitação, devendo processar e julgar a licitação com observância dos procedimentos previstos no art. 43 da Lei n. 8.666/1993 e nos princípios estatuídos no inciso XXI do art. 37 da CF e no art. 3º da Lei n. 8.666/1993".

Nota, ainda, Jessé Torres Pereira Jr. que "o ato convocatório padecerá de vício de ilegalidade se exigir qualquer documento, por mais plausível que pareça, imprevisto nos arts. 27 a 31. Ilustre-se a impossibilidade com exigência formulada em edital de concorrência na Administração Federal, quanto à apresentação de certidão negativa de processo administrativo, o que atraiu a glosa do TCU (Decisão 840/1996, Plenário, rel. Min. Lincoln Magalhães da Rocha)" (*Comentários à Lei das Licitações e Contratações da Administração Pública*, cit., 6ª ed., p. 331).

31. Maria Sylvia Zanella Di Pietro, *Direito Administrativo*, cit., 17ª ed., p. 334.

32. Na mesma linha Ivan Barbosa Rigolin e Marco Tullio Bottino (colaborador), *Manual Prá-*

Outrossim, importante também relembrar, conforme destacado por Adilson Abreu Dallari, que o objetivo da fase de habilitação "é verificar se aquelas pessoas que pretendem contratar têm ou não condições de contratar (essa é a essência, isso é o fundamental), interessa para a Administração receber o maior número de proponentes, porque, quanto maior a concorrência, maior será a possibilidade de encontrar condições vantajosas". Logo, acrescenta, "não deve haver rigidez excessiva, deve-se procurar a finalidade da fase de habilitação, deve-se verificar se o proponente tem concretamente idoneidade. Se houver um defeito mínimo, irrelevante para essa comprovação, isso não pode ser colocado como excludente do licitante".[33]

Fica patente, então, que a idoneidade do interessado é condição *sine qua non* para sua habilitação, devendo a Administração apurar referida condição, fazendo constar no instrumento convocatório documentos pertinentes e adequados para tanto.[34] Entretanto, "ao preparar o edital a Administração deve respeito à lei, nada podendo fazer contra ela ou sem base nela (princípio da legalidade)".[35]

3. Punição determinada pela Justiça Eleitoral

A Lei 9.504, de 30.9.1997, ao estabelecer normas para as eleições, determinou, em seu art. 81 e §§, que:

tico das Licitações, 2ª ed., 1998; Jorge Ulisses Jacoby Fernandes, *Comentando as Licitações Públicas – Série Grandes Nomes II*, 2002; e Maria Lúcia Jordão Ortega, *Licitações à Luz da Lei 8.666/1993*, 1ª ed., com as alterações introduzidas pela Lei 8.883, de 8.7.1994, 1995.

33. Adilson Abreu Dallari, *Aspectos Jurídicos da Licitação*, cit., 6ª ed., p. 120.

34. "Exige-se, para a habilitação, a idoneidade, ou seja, a capacidade plena da concorrente de se responsabilizar pelos seus atos" (STJ, 2ª T., ROMS 970-PR, *DJU* 20.5.2002).

35. Carlos Ari Sundfeld, *Licitação e Contrato Administrativo de Acordo com as Leis 8.666/1993 e 8.883/1994*, cit., p. 112.

"Art. 81. As doações e contribuições de pessoas jurídicas para campanhas eleitorais poderão ser feitas a partir do registro dos comitês financeiros dos partidos ou coligações.

"§ 1º. As doações e contribuições de que trata este artigo ficam limitadas a 2% (dois por cento) do faturamento bruto do ano anterior à eleição.

"§ 2º. A doação de quantia acima do limite fixado neste artigo sujeita a pessoa jurídica ao pagamento de multa no valor de 5 (cinco) a 10 (dez) vezes a quantia em excesso.

"§ 3º. Sem prejuízo do disposto no parágrafo anterior, *a pessoa jurídica que ultrapassar o limite fixado no § 1º estará sujeita à proibição de participar de licitações públicas e de celebrar contratos com o Poder Público pelo período de 5 (cinco) anos, por determinação da Justiça Eleitoral, em processo no qual seja assegurada ampla defesa*" (grifamos).

Trata-se, efetivamente, de sanção impeditiva do exercício do direito de licitar?

Ariosto Mila Peixoto, analisando a legislação em testilha, alerta que "alguns órgãos da Administração Pública começaram a exigir, além da extensa e exaustiva relação de documentos fixados pela Lei de Licitações – a Lei 8.666/1993 –, mais um documento: a 'certidão da Justiça Eleitoral'. Este documento visa a certificar que a empresa participante da licitação não contribui ou contribuiu com campanhas eleitorais com valores acima de 2% do seu faturamento bruto anual, pois, caso contrário, poderá ser impedida de participar de licitações por cinco anos, conforme estabelecido no art. 81, § 3º, da Lei 9.504/1997".[36]

Para justificar sua conclusão no sentido de que a exigência de referida certidão

36. Ariosto Mila Peixoto, *Eleições e Licitações: Mais uma Burocracia?*, edição 1.107 (disponível na Internet: *http//www.valoronline.com.br*, acesso em 30.9.2004).

não pode prosperar, o jurista apresenta, em síntese, os seguintes argumentos: (1º) extrapola os limites da lei específica, porque cria novo documento e estabelece regra não prevista na Lei de Licitações. Assim, por conta do princípio da especialização, como há divergência entre normas de mesma hierarquia, deve-se adotar a legislação específica – no caso a Lei 8.666/1993, e não a restrição imposta pela Lei 9.504/1997; (2º) impõe regra restritiva à licitação, pois estabelece à empresa que contribui em campanhas hipotéticas vedações à participação em licitações; (3º) burocratiza ainda mais o já emperrado processo licitatório; e (4º) não cabe às Comissões de Licitações ou aos pregoeiros a tarefa de fiscalizar mais este tipo de atividade.

Não obstante concordarmos com as observações no sentido de que a ampliação do rol de documentos a serem apresentados pelos interessados em participar de licitações tem o condão de tornar estes procedimentos cada vez mais burocráticos, divergimos do articulista no tocante à necessidade de não ser exigida a certidão da Justiça Eleitoral.

Isto porque, se o direito de licitar apenas é reconhecido àqueles que preenchem os requisitos de idoneidade e capacitação para executar o contrato, estando a pessoa jurídica, por determinação da Justiça Eleitoral, proibida de participar de licitação e celebrar contrato com a Administração, não há dúvida de que não atende ao requisito de idoneidade.

Discorrendo sobre as punições impeditivas da participação em licitação, Marçal Justen Filho leciona que:

"*É admissível, perante nosso ordenamento, que a atuação abusiva acarrete a interdição do exercício do direito de licitar.* Essa espécie de sanção pode dar-se no plano administrativo como também na própria via penal. No plano administrativo, há regras autorizando a suspensão temporária do direito de licitar ou declaração de inidoneidade para licitar.

"São hipóteses de punição ao contratado que atuou de modo incompatível com os deveres previstos no contrato. (...). Ainda no plano administrativo, a legislação repressiva do abuso do poder econômico contempla outra hipótese de suspensão do direito de licitar. É o que dispõe a Lei 8.884, cujo art. 24, II, previu dispor o CADE da competência para impor 'a proibição de (...) participar de licitação (...), por prazo não inferior a 5 (cinco) anos'. A Lei 8.429 disciplina a probidade administrativa e dispõe sobre enriquecimento ilícito na função pública. Seu art. 12, nos incisos I a III, contempla a interdição a contratação com a Administração Pública como sanção por infrações à moralidade administrativa.

"Pode cogitar-se da suspensão temporária do direito de licitar como sanção de natureza penal. Ainda que a hipótese seja invulgar, seria compatível com a legislação vigente. (...).

"(...). Verificado que o licitante praticou conduta penalmente reprovável, consistente na defraudação da licitação ou conduta semelhante, deverá impor-se a ele pena que o impeça de participar de outras licitações. *Sua conduta demonstra ausência de confiabilidade ou de idoneidade para licitar.*

"*Aquele que foi declarado inidôneo para licitar ou teve interditada sua participação em licitação não pode ser habilitado.* Em tais hipóteses, há impossibilidade jurídica da habilitação. *Embora o silêncio do art. 27, é pressuposto da habilitação a ausência de sancionamento dessa ordem.* Não se examinam os documentos do licitante que teve suspenso o direito de licitar. Deve ser excluído da licitação sem que a Administração sequer chegue a examinar o preenchimento dos demais requisitos previstos para a habilitação"[37] (grifamos).

Desta forma, o fato de a certidão eleitoral não constar expressamente do rol de documentos enumerados no art. 27 da Lei

37. Marçal Justen Filho, *Comentários à Lei de Licitações e Contratos Administrativos*, cit., 9ª ed., pp. 296-297.

8.666/1993 não é argumento para sua inexigência pela Administração e negativa de apresentação pelo interessado.

Isto porque, quando nos referimos ao "respeito à lei", não estamos nos limitando à Lei 8.666/1993, mas sim, à observância do princípio da legalidade em sentido amplo – o que implica, nos moldes delineados pelo art. 2º, parágrafo único, I, da Lei 9.784, de 29.1.1999, *atuação conforme o Direito*[38]

"O princípio da legalidade, expressamente previsto no art. 37 da CF, significa que a administração pública é uma atividade que se desenvolve debaixo da lei, na forma da lei, nos limites da lei e para atingir fins assinalados pela lei. Entenda-se 'lei' tanto uma específica modalidade de ato normativo quanto o sistema jurídico como um todo, compreendendo, evidentemente, a Constituição Federal."[39]

Nesse mesmo sentido, afirma Hely Lopes Meirelles que "a eficácia de toda atividade administrativa está condicionada ao atendimento da lei e do Direito".[40]

"Em suma, a lei, ou, mais precisamente, o sistema legal, é o fundamento jurídico de toda e qualquer ação administrativa."[41]

Cediço, em conclusão, que a idoneidade de determinada pessoa jurídica, para fins de licitação, deve ser analisada à luz de todo o ordenamento jurídico[42] – o que inclui verificar se não incide sobre ela a proibição aplicada nos termos do § 3º do art. 81 da Lei Eleitoral.

Assim sendo, não há que se falar em "tarefa de fiscalização dessa atividade", como o fez Ariosto Mila Peixoto, até porque à Administração não foi delegada competência para fiscalizar se a pessoa jurídica efetuou doações acima do limite permitido, o que deve ser feito pela própria Justiça Eleitoral, em processo com garantia de contraditório e ampla defesa.

Cabe à Administração, apenas e tão-somente, a verificação da não-existência da proibição em questão.

Até porque, se não o fizer, estando ou não o licitante (pessoa jurídica) sujeito a tal proibição, poderá incorrer em ato de improbidade administrativa atentatório aos princípios da Administração Pública, nos termos do art. 11, *caput*, da Lei 8.429, de 2.6.1992: "Art. 11. Constitui ato de improbidade administrativa que atenta contra os princípios da Administração Pública qualquer ação ou omissão que viole os deveres de honestidade, imparcialidade, *legalidade* e lealdade às instituições, e notadamente: (...)".

4. Conclusão

A idéia de idoneidade do interessado em participar de certames licitatórios, como condição de habilitação a ser analisada pela Administração Pública, não se limita ao rol de documentos constantes dos arts. 27 a 31 da Lei 8.666/1993, devendo ser analisada sob o manto de todo o ordenamento jurídico.

Destarte, será idônea a pessoa jurídica que também não estiver proibida de licitar e contratar com a Administração em face de decisão proferida pela Justiça Eleitoral, com fundamento no art. 81, § 3º, da Lei 9.504/1997.

Nota Adilson Abreu Dallari que o licitante "cuja idoneidade não seja reconheci-

38. Acerca do tema, importante a leitura do texto "Princípios do processo administrativo e a importância do processo administrativo no Estado de Direito", de autoria de Luiz Tarcísio Teixeira Ferreira, publicado na obra *Comentários à Lei Federal de Processo Administrativo*, coord. de Lúcia Valle Figueiredo, pp. 11-36.

39. Sérgio Ferraz e Adilson Abreu Dallari, *Processo Administrativo*, p. 55.

40. Hely Lopes Meirelles, *Direito Administrativo Brasileiro*, 29ª ed., p. 88.

41. Celso Antônio Bandeira de Mello, *Curso de Direito Administrativo*, cit., 17ª ed., p. 67.

42. Acerca da extensão do conteúdo do princípio da legalidade, importante a leitura dos seguintes acórdãos: TRF-4ª Região, MS 1997.04.16302-9-PR, rel. Fernando Quadros da Silva, *DJU* 28.4.1999; e TRF-1ª Região, MS 2000.01.00.027502-9-DF, rel. João Batista Moreira, *DJU* 6.11.2000.

da ou não esteja devidamente comprovada, isto é, quanto ao licitante inabilitado, ocorre apenas a vedação do seu ingresso numa nova situação jurídica. Ele não recebe qualquer atributo que já não possuísse antes, nem perde juridicamente coisa alguma. Não há qualquer lesão de direitos quando alguém não é reconhecido como idôneo e perde a possibilidade de continuar em uma licitação se esse ato de exclusão é lícito".[43]

Assim, existindo a citada proibição, estará a pessoa jurídica impedida de exercer o direito de licitar. Atente-se apenas para o fato de que o impedimento decorreu de ato proferido pelo Poder Judiciário – portanto, anterior ao certame licitatório. O que a Administração faz é, apenas, reconhecer uma situação jurídica preexistente.

No tocante à forma como cada Administração Pública deverá efetuar a verificação da regularidade junto à Justiça Eleitoral, entendemos que deva, por ora, ser exigida uma certidão a ser expedida pelo órgão judicial competente.

Bibliografia

AMARAL, Antônio Carlos Cintra do. *Licitações nas Empresas Estatais*. "Comentário 105", de 1.8.2004. Disponível na Internet: *http://www.celc.com.br*, acesso em 12.10.2004.

BANDEIRA DE MELLO, Celso Antônio. *Curso de Direito Administrativo*. 17ª ed. São Paulo, Malheiros Editores, 2004.

__________. *O Conteúdo Jurídico do Princípio da Igualdade*. 3ª ed. São Paulo, Malheiros Editores, 1998.

BRITTO, Carlos Ayres. *O Perfil Constitucional da Licitação*. Curitiba, ZNT Editora, 1997.

DALLARI, Adilson Abreu. *Aspectos Jurídicos da Licitação*. 6ª ed. São Paulo, Saraiva, 2003.

__________, e FERRAZ, Sérgio. *Processo Administrativo*. São Paulo, Malheiros Editores, 2001.

43. Adilson Abreu Dallari, *Aspectos Jurídicos da Licitação*, cit., 6ª ed., p. 126.

DI PIETRO, Maria Sylvia Zanella. *Direito Administrativo*. 17ª ed. São Paulo, Atlas, 2004.

FERNANDES, Jorge Ulisses Jacoby. *Comentando as Licitações Públicas – Série Grandes Nomes II*. Rio de Janeiro, Temas & Idéias, 2002.

FERRAZ, Sérgio, e DALLARI, Adilson Abreu. *Processo Administrativo*. São Paulo, Malheiros Editores, 2001.

FERREIRA, Luiz Tarcísio Teixeira. "Princípios do processo administrativo e a importância do processo administrativo no Estado de Direito". In: FIGUEIREDO, Lúcia Valle (coord.). *Comentários à Lei Federal de Processo Administrativo*. Belo Horizonte, Fórum, 2004.

FIGUEIREDO, Lúcia Valle. *Curso de Direito Administrativo*. 7ª ed. São Paulo, Malheiros Editores, 2004.

__________ (coord). *Comentários à Lei Federal de Processo Administrativo*. Belo Horizonte, Fórum, 2004.

GASPARINI, Diógenes. *Direito Administrativo*. 9ª ed. São Paulo, Saraiva, 2004.

JUSTEN FILHO, Marçal. *Comentários à Lei de Licitações e Contratos Administrativos*. 9ª ed. São Paulo, Dialética, 2002.

MEDAUAR, Odete. *Direito Administrativo Moderno*. 7ª ed. São Paulo, Ed. RT, 2003.

MEIRELLES, Hely Lopes. *Direito Administrativo Brasileiro*. 29ª ed. São Paulo, Malheiros Editores, 2004.

__________. *Licitação e Contrato Administrativo*. 13ª ed. São Paulo, Malheiros Editores, 2002.

MOTTA, Carlos Pinto Coelho. *Eficácia nas Licitações e Contratos: Estudos e Comentários sobre as Leis 8.666 e 8.987/1995, a Nova Modalidade do Pregão e o Pregão Eletrônico; Impactos da Lei de Responsabilidade Fiscal, Legislação, Doutrina e Jurisprudência*. 9ª ed. Belo Horizonte, Del Rey, 2002.

ORTEGA, Maria Lúcia Jordão. *Licitações à Luz da Lei 8.666/1993*. 1ª ed., com as alterações introduzidas pela Lei 8.883, de 8.7.1994. São Paulo, M. L. J. Ortega, 1995.

PEIXOTO, Ariosto Mila. *Eleições e Licitações: Mais uma Burocracia?*. Edição 1.107. Disponível na Internet: *http//www.valoronline.com.br*, acesso em 30.9.2004.

PEREIRA JR., Jessé Torres. *Comentários à Lei das Licitações e Contratações da Administração Pública*. 6ª ed. Rio de Janeiro, Renovar, 2003.

RIGOLIN, Ivan Barbosa (colaborador Marco Tullio Bottino). *Manual Prático das Licitações*. 2ª ed. São Paulo, Saraiva, 1998.

SUNDFELD, Carlos Ari. *Licitação e Contrato Administrativo de Acordo com as Leis 8.666/1993 e 8.883/1994*. São Paulo, Malheiros Editores, 1994.

FUNÇÃO ADMINISTRATIVA – II[1]

Ricardo Marcondes Martins

Procurador do Município de São Paulo
– Mestrando em Direito Administrativo pela PUC/SP

5. A função administrativa: 5.1 A função administrativa e o Poder Executivo – 5.2 A função administrativa e o princípio da legalidade: concepção clássica – 5.3 Os reflexos do Nazismo – 5.4 O princípio da legalidade e o ordenamento jurídico brasileiro – 5.5 O princípio da legalidade e a teoria dos princípios – 5.6 O conceito material de "função administrativa" e seus contornos normativos. 6. A função jurisdicional: 6.1 O conceito material de "função jurisdicional" – 6.2 Os contornos normativos da função jurisdicional – 6.3 O inter-relacionamento das funções estatais. 7. O ato administrativo: 7.1 O veículo introdutor de norma administrativa – 7.2 As peculiaridades da norma administrativa: 7.2.1 Os atos da Administração regidos pelo direito privado – 7.2.2 Os regulamentos. 8. Conclusões.

5. *A função administrativa*

A exposição tem por objetivo precisar o significado da função administrativa. Para tanto, primeiro caracterizou-se a função estatal; após, a função legislativa. A próxima etapa, antes de adentrar o tema central, seria o exame da função jurisdicional. No entanto, por fortes razões, o exame da função jurisdicional deve ser posterior ao das funções legislativa e administrativa.

A concretização dos princípios constitucionais dá-se em quatro momentos que, ao final da exposição, serão visualizados: primeiro é efetuada uma ponderação pelo constituinte, depois pelo legislador, depois pelo administrador ou pelos particulares e, por fim, pelo juiz. Nem sempre todas essas fases configuram-se: bem possível, por exemplo, que uma regra constitucional de comportamento dispense a ponderação do legislador para ser aplicada pelo administrador, ou que o legislador edite uma norma concreta que dispense a ponderação do administrador ou, ainda que a matéria não seja levada ao Judiciário, não se efetuando a ponderação pelo magistrado. Enfim, é bem possível que uma ou mais dessas etapas não ocorram. Como, todavia, as funções estatais consistem na edição de normas jurídicas, correspondem, assim, à forma de atuação e desenvolvimento do fenômeno jurídico, e este se dá nessa seqüência.[2]

1. A primeira parte deste artigo foi publicada no número anterior desta *Revista* (vol. 41).

2. Não se adota, aqui, a interessante concepção do célebre Oswaldo Aranha Bandeira de Mello. Para o notável jurista a função administrativa divide-se em duas etapas indissociáveis: a legislativa e

A pertinência de se examinar a função administrativa antes da função jurisdicional decorre, portanto, da forma seqüencial de atuação e desenvolvimento do fenômeno jurídico. A compreensão exata da função administrativa, nesses termos, só será possível após a análise das três funções – e, assim, completar-se-á com o exame seguinte, da função jurisdicional.

5.1 A função administrativa e o Poder Executivo

Feita essa ressalva, passa-se ao exame da função administrativa. Pelo que se expôs até aqui, ela consiste na edição de normas jurídicas para concretização dos princípios constitucionais, sempre tendo em vista o interesse público. Trata-se, na verdade, da edição de um veículo introdutor de normas genericamente denominado de "ato administrativo". Sob o aspecto formal, "administrar" é editar atos administrativos.

Relembra-se que o art. 2º da CF, ao prever somente três estruturas orgânicas – Poderes –, previu apenas três funções, pois a teoria da divisão de Poderes sempre foi considerada uma teoria de divisão de funções (cf. a primeira parte deste artigo, *RTDP* 41, item 3.2, nota 38). Do dispositivo extraiu-se uma importante diretriz: o Poder Legislativo exerce precipuamente a função legislativa; o Poder Judiciário, a função jurisdicional; e o Poder Executivo, a função administrativa.

Essa regra decorre da própria denominação dada à estrutura orgânica, e essa assertiva leva à indagação do porquê da denominação "função administrativa", e não "função executiva". Primeiro, por uma razão normativa: o constituinte utilizou-se da expressão "administração pública" (título do Capítulo VII do Título III). Esse critério é insuficiente, pois o assunto vem disposto antes do tratamento dos Poderes, ou seja, do Título IV, e não há um capítulo específico para cada função pública, e sim para cada Poder. Daí a razão prática: se a função legislativa é, por regra geral, privativa do Legislativo (só exercida pelos outros Poderes em casos pontuais, expressamente fixados) e a função jurisdicional é privativa do Judiciário (sem qualquer exceção admitida no texto), a função administrativa não é privati-

a executiva. Ambas têm por fim a realização da integração social; têm aspecto predominantemente operativo, pois atuam no presente, voltadas para o futuro; exteriorizam-se de modo direto pela comunidade; por seu intermédio o Estado-Poder pratica atos como parte, em obra própria; têm por objeto a utilidade pública a ser alcançada; são presididas pela prudência, virtude pela qual se ordena a ação por meio da reta razão; por força delas a utilidade pública é conseguida como conseqüência, exteriorizando-se o Poder Político, pela integração da ordem jurídica mediante seu estabelecimento e sua atuação, criando a utilidade pública e tomando o Direito como forma necessária para tanto. A função administrativa é contraposta à jurisdicional: esta tem por fim a manutenção da ordem jurídica em vigor, assegurando o Direito vigente; tem aspecto predominantemente contemplativo, atua no presente, voltada para o passado; exterioriza-se de modo indireto, pelas partes em controvérsia; por seu intermédio o Estado-Poder atua como terceiro, substituindo as partes; tem por objeto o próprio Direito, aplicável a uma controvérsia; é presidida pela justiça, virtude pela qual se dá a cada um o que é devido por meio da razão reta; por força dela a utilidade pública é conseguida como noção positiva; exteriorizando-se o Poder Jurídico, pela reintegração da ordem jurídica mediante o asseguramento e fixação de seu sentido normativo; resguardando a ordem jurídica e tomando o Direito como sua razão de ser (Oswaldo Aranha Bandeira de Mello, 1969:34-37).

Apesar do inegável brilho da exposição, discorda-se: as três funções, como já exposto, visam à concretização dos princípios constitucionais. Para apurar os pesos dos princípios jurídicos necessita-se sempre da prudência, até mesmo no exercício da função jurisdicional. Além disso, a utilidade pública não é propriamente criada pela função administrativa, foi fixada pelo constituinte quando da positivação dos valores a serem alcançados, e, por isso, as três funções estatais já têm previamente posta a utilidade pública a ser realizada. Enfim, são três fases de atuação do fenômeno jurídico, de concretização de uma utilidade pública previamente fixada no texto constitucional.

va nem quase-privativa do Executivo. Eis a explicação para a utilização da denominação "administração" ao invés de "execução": a função administrativa não é privativa do Executivo.[3]

Foi acurado o constituinte ao inserir o tema da função administrativa em título anterior ao dos Poderes, pois ela se aplica aos três.[4] Há, no entanto, uma diferença: os Poderes Judiciário e Legislativo só exercem a função administrativa no que se refere à sua auto-administração, à execução das normas necessárias à sua atuação funcional. Esses assuntos não estão diretamente ligados à própria edição das leis ou das sentenças, pois, se estivessem, consistiriam no exercício de função legislativa e jurisdicional, respectivamente. Trata-se de assuntos ligados à administração do próprio Poder: quadro de funcionários; aquisição de bens por ele utilizados etc. A função administrativa exercida pelos Poderes Legislativo e Judiciário restringe-se a essas questões: o exercício de função administrativa de assuntos estranhos à própria atuação, ou, melhor, a auto-administração, é privativo do Poder Executivo.

É incorreto, assim, afirmar que a função administrativa é excepcionalmente exercida pelos Poderes Legislativo e Judiciário, pois eles a exercem para todos os assuntos relacionados à sua estrutura íntima. Pode-se, apesar disso, afirmar que a função administrativa é precipuamente exercida pelo Executivo, pois é privativa deste para todos os assuntos estranhos à intimidade dos demais Poderes.

3. Oswaldo Aranha Bandeira de Mello (1969:414) prefere reservar a palavra "administração" ao gênero, do qual "legislação" e "execução" são espécies; mas reconhece que a expressão "ganhou a preferência dos juristas". A dicotomia proposta por ele, todavia, foi aqui afastada, não restando, por isso, qualquer utilidade à denominação "função executiva".

4. Ensina Agustín Gordillo (1998: IX-46): "La actividad de tipo administrativo que realizan los Poderes Judicial y Legislativo se rige en un todo por el régimen jurídico propio de la misma actividad administrativa (...)".

O exercício da função administrativa pelo Poder Legislativo apresenta, todavia, uma particularidade: efetua-se não só pela edição de atos administrativos, mas também pela edição de decretos legislativos, resoluções e, excepcionalmente, leis ordinárias. Esses três veículos introdutores, nos casos em que são utilizados para o exercício da função administrativa, em nada diferem dos atos administrativos, a não ser pela peculiaridade de serem privativos do Poder Legislativo.

Fixada a ressalva de que a função administrativa pode concretizar-se na edição de resoluções, decretos legislativos e leis ordinárias, para efeito de simplificação, reduzir-se-á neste estudo o exercício da função administrativa à edição de atos administrativos.

"Função administrativa", assim, consiste na edição de atos administrativos, seja pelo Legislativo, seja pelo Judiciário, nas matérias relacionadas a sua organização e atuação funcional, seja pelo Executivo, para todas as demais matérias. O critério formal aqui também se mostra insuficiente: imprescindível apurar os contornos substanciais do verbo "administrar". Impõe-se fixar o significado material, sem desprezo dos contornos fixados pelo sistema constitucional, da edição dos atos administrativos.

5.2 A função administrativa e o princípio da legalidade: concepção clássica

O exame do princípio da legalidade consiste em verdadeiro pressuposto para compreensão do significado material da função administrativa. Como já afirmado, o direito administrativo desenvolveu-se inicialmente na França: muitos tomam o julgamento do "caso *Blanco*" como a data de seu nascimento (v. primeira parte deste artigo, *RTDP* 41, item 3.3.6). Por força disso, a história da França constitui importante instrumento para compreensão desse ramo da dogmática jurídica.

Pode-se afirmar que a Revolução Francesa foi uma reação ao Absolutismo Monárquico, e o direito administrativo uma conseqüência histórica da Revolução Francesa. O Absolutismo Monárquico Francês consolidou-se na segunda metade do século XVI, com Luís XIV (conhecido como "Rei Sol"), e caracterizava-se pela concentração absoluta do poder nas mãos do rei: ele fazia as leis, executava-as e julgava-as.[5] O Absolutismo perdurou até o reinado de Luís XVI, guilhotinado em 21.1.1793.[6]

A ruptura com o Absolutismo Monárquico empreendida pela Revolução Francesa foi positivada, sobretudo, na Constituição Francesa de 3.9.1791. Esse documento consistiu numa radical adoção da teoria da tripartição dos Poderes de Montesquieu, e dele extraiu-se a chamada *concepção clássica* do princípio da legalidade: o Poder Executivo deve tão-somente executar as leis editadas pelo Poder Legislativo.[7]

Essa concepção foi registrada por ilustres juristas. Afirmou Stassinopoulos (1954:69): "Dans un État de Droit, l'Administration ne se trouve pas seulement dans l'impossiblité d'agir *contra legem* ou *praeter legem*, mais elle est obligée d'agir toujours *secundum legem*". No Brasil essa visão foi magistralmente sintetizada pelo conspícuo Seabra Fagundes (1950:13): "Administrar é aplicar a lei de ofício".

Em síntese, pela visão clássica do princípio da legalidade, decorrente da positivação da teoria da tripartição dos Poderes de Montesquieu – positivação que refletiu uma reação ao Absolutismo Monárquico –, a Administração limita-se a executar as leis editadas pelo Parlamento. Exercer a função administrativa é cumprir as leis, editar atos individuais e concretos que cumpram as leis, gerais e abstratas. Hoje essa teoria é insuficiente para o correto entendimento da função administrativa, em face da releitura do princípio da legalidade. O tema, sob pena de equívocos perigosos, exige exame cuidadoso.

5.3 Os reflexos do Nazismo

Se o princípio da legalidade decorreu de uma reação ao Absolutismo Monárquico, uma revisão desse princípio decorreu do Nazismo. Adolf Hitler foi nomeado chanceler da Alemanha em 1933, e no ano seguinte acumulou as funções de chanceler e presidente. O Parlamento era 100% nazista, e, por isso, editou todas as leis que Hitler queria: pelas leis de 1935, por exemplo, os judeus passaram à condição de súditos e perderam os direitos civis. Com o fim da II Guerra Mundial – e, conseqüentemente, do Nazismo –, o Tribunal de Nuremberg, em novembro/1945, julgou 199 homens, considerados os principais responsáveis pelo Nazismo na Alemanha. O principal argumento de defesa foi o fiel cumprimento da lei.

A partir daí passou-se a uma revisão do princípio da legalidade. A Administração não deveria ser apenas uma fiel executora das leis, a Humanidade não tinha mais tanta confiança nos Parlamentos. Basica-

5. Como bem observa Bénoit (1968:30), não existia uma divisão de funções no Absolutismo Monárquico; e, por isso, seria impróprio falar em "função administrativa": "sous la Monarchie existait un État de type patrimonial et à personnalité unitaire, toutes les missions étant soumises à un régime unique qui était celui du bon plaisir du Roi".

6. Sobre os dados históricos, v. Arruda 1993:63 e ss.

7. O princípio da legalidade pode ser extraído principalmente de três dispositivos da Constituição de 1791: *Chapitre II, Section Première*: "Art. 3. Il n'y a point en France d'autorité supérieure à celle de la Loi. Le Roi ne règne que par elle, et ce n'est qu'au nom de la loi qu'il peut exiger l'obéissance"; *Chapitre III, Section Première*: "Art. 1. La Constitution délègue exclusivement au Corps législatif les pouvoirs et fonctions ci-après: 1) De proposer et décréter les lois: le Roi peut seulement inviter le Corps législatif à prendre un objet en considération"; *Chapitre IV, Section Première*: "Art. 6. Le Pouvoir Exécutif ne peut faire aucune loi, même provisoire, mais seulement des proclamations conformes aux lois, pour en ordonner ou en rappeler l'exécution".

mente, surgiram duas novas concepções, bem distintas, sobre a legalidade, aqui identificadas como *doutrina francesa* e *doutrina alemã*. Ambas consistiram numa revisão do princípio da legalidade e foram evidentes conseqüências do Nazismo.

A concepção francesa decorre do art. 37 da Constituição de 4.10.1958 e baseou-se numa saída um tanto quanto simplista: a função legislativa, afora alguns casos expressamente mencionados, passou a ser exercida solidariamente pelo Legislativo e pelo Executivo. Criou-se a figura do *regulamento autônomo*, que, substancialmente, em nada difere da lei.[8] A concepção francesa praticamente aboliu o princípio da legalidade, dividindo a função legislativa entre os dois Poderes.

A concepção alemã funda-se no conceito de princípio jurídico e parte da seguinte diretriz: a lei deve ser cumprida pela Administração na medida em que esse cumprimento represente o cumprimento dos princípios constitucionais. A concepção alemã manteve o princípio da legalidade, mas o submeteu a uma complexa concepção principiológica.

5.4 O princípio da legalidade e o ordenamento jurídico brasileiro

Esta exposição pretende compreender a função administrativa no ordenamento jurídico brasileiro. Impõe-se apurar qual concepção do princípio da legalidade foi adotada pelo direito positivo nacional: tradicional, francesa, alemã ou outra. Parte-se de uma ressalva importante: o exame de concepções jurídicas alienígenas deve ser efetuado com muita cautela, pois elas podem ser instrumentos úteis para compreensão do Direito nacional ou absolutamente inúteis.[9]

Hoje, no direito público brasileiro, existem duas claras correntes sobre o tema: há os que defendem a vigência da concepção clássica e há os que defendem a vigência de uma concepção próxima da francesa. A história brasileira é marcada pelo autoritarismo, o Poder Executivo tradicionalmente sempre concentrou poderes (a Monarquia do Segundo Reinado, o Estado Novo de Getúlio, a Ditadura Militar, tornam a verdade da assertiva evidente) e, por isso, compreende-se sua busca incessante por mais poderes e sua dificuldade em se restringir às funções que lhe foram incumbidas. Além disso, naturalmente, sempre existem os *auxiliares do ditador de plantão*, juristas prontos a defender os interesses dos detentores do Poder. Eis os dois fatores que justificaram a defesa da segunda corrente no Brasil.

Segundo essa concepção, seria possível o exercício da função legislativa pelo Executivo, bastando que a lei autorizasse disciplinar a matéria por regulamento. Essa concepção, cuja fama adveio com as denominadas "agências reguladoras", muito se aproxima da atual concepção francesa do princípio da legalidade, pois tanto o Legis-

8. Após enumerar uma série de matérias que devem ser disciplinadas por lei, estabelece a Constituição Francesa vigente, no art. 37: "Outras matérias que pertencem ao domínio da lei têm um caráter regulamentar. Os textos de caráter legislativo intervindo nessas matérias podem ser modificados por decretos, ouvido o Conselho de Estado".

9. A advertência de Celso Antônio Bandeira de Mello (2004:Cap. VI-nota 2) nunca deve ser esquecida e merece, diante da importância, transcrição: "Cumpre, pois, estar advertido contra o típico servilismo intelectual de povos periféricos em relação às metrópoles culturais, cujas produções jurídicas teóricas costumam ser havidas como as 'verdadeiras' e, destarte, reproduzidas acriticamente. Ao incorrer no sobredito equívoco, prescinde-se da obviedade de que as considerações doutrinárias neles formuladas correspondem ou podem corresponder a descrições exatas (verdadeiras) dos respectivos direitos positivos, mas não são necessariamente aplicáveis ao nosso próprio direito positivo, cujas instituições, aliás, compreensivelmente, passam muito ao largo das preocupações dos juristas de tais países".

lativo quanto o Executivo passam a legislar, diferenciando-se da concepção francesa apenas na exigência de uma genérica autorização legislativa. Trata-se, entretanto, de infeliz equívoco científico.

Primeiramente, não há na Constituição Brasileira de 1988 um dispositivo similar ao art. 37 da Constituição Francesa, transcrito acima. Pelo contrário, a Constituição adota expressamente, no art. 5º, II, o princípio da legalidade e restringe, no art. 84, IV, os decretos e regulamentos à fiel execução das leis. Argumentam os defensores dessa concepção que, ao se exigir expressa autorização legislativa para que a disciplina se dê por regulamento, afastada estaria qualquer ofensa aos dispositivos mencionados. Esquecem-se, porém, da previsão constitucional da lei delegada (art. 68): a autorização legislativa para que a matéria seja disciplinada por regulamento viola frontalmente a exigência de lei delegada para delegação de função legislativa ao Executivo. Conclui-se: a concepção francesa do princípio da legalidade, em que o Executivo pode exercer função legislativa por regulamento, mostra-se inaceitável no ordenamento jurídico brasileiro, ainda que haja uma autorização legislativa expressa. O Executivo só exerce função legislativa nas hipóteses expressamente previstas no texto constitucional: participação no processo de edição de leis ordinárias, pela iniciativa, sanção e veto; edição de medidas provisórias e leis delegadas.

Afastada a atual concepção francesa sobre o princípio da legalidade e qualquer aproximação dela, resta apurar se a concepção alemã é compatível com o ordenamento brasileiro. Para tanto, por força da complexidade do tema, necessárias mais algumas considerações sobre essa posição.

5.5 O princípio da legalidade e a teoria dos princípios

A Ciência do Direito na Alemanha após o Nazismo passou por uma crise de fundamentos: o cumprimento da lei por meio da simples subsunção passou a ser inaceitável. A crise permaneceu até a edição da obra de Theodor Viehweg, em 1953 – *Tópica e Jurisprudência*.[10] A Tópica, no entanto, por gerar extraordinária insegurança, também foi considerada insustentável: se o Positivismo dava uma importância exagerada ao texto normativo, a Tópica praticamente o desconsiderava, reduzindo-o a um mero *topoi*. Possibilitaram, todavia, o surgimento de várias teorias alemãs os *métodos concretistas*, que, sem desconsiderar o caso concreto, tomam a lei como ponto de partida e limite para interpretação. Dentre os diversos métodos, um tornou-se universalmente reconhecido: o de Robert Alexy.

Dois exemplos citados pelo insigne constitucionalista alemão são suficientes para os fins desta análise. O jurista tectônico vale-se, primeiramente, do caso da incapacidade processual – *BverGE* 51, 324: trata-se da discussão sobre a admissibilidade de uma audiência oral de um acusado que, por força da tensão por ela gerada, corre o perigo de sofrer um infarto. Há uma tensão entre dois deveres do Estado: o de garantir a aplicação adequada do direito penal, concretizado na lei processual, e o de salvaguardar os direitos constitucionalmente garantidos do acusado (direito à vida e à saúde). Nenhum desses deveres tem prioridade absoluta sobre o outro; o conflito, por isso, deve ser resolvido por meio de uma ponderação entre os interesses opostos: deve ser apurado qual dos interesses, abstratamente da mesma classe, possui maior peso no caso concreto. Se da ponderação resultar que o dever de garantir a vida do acusado tem maior peso que a realização da lei penal, a realização da audiência implicará violação do *princípio da proporcionalidade*.[11] Essa situação

10. Excelente tradução para o Português de Tércio Sampaio Ferraz Jr. (Brasília, Departamento de Imprensa Nacional, 1979).

11. O chamado "princípio da proporcionalidade" é composto de três sub-regras, dispostas orde-

de decisão consiste numa colisão de princípios em que cada mandado vale de acordo com as possibilidades fáticas e jurídicas de seu cumprimento. O Tribunal Constitucional Alemão decidiu que, no caso concreto, o direito à vida do acusado tinha muito maior peso que o dever de cumprimento da lei penal, justificando-se, por isso, o adiamento da audiência (Alexy 2002a:90).

O segundo exemplo de Alexy é o "caso *Lebach*" – *BverfGE* 35, 202: um programa de televisão pretendia passar um documentário sobre o assassinato dos soldados de Lebach, em que quatro soldados da guarda foram assassinados enquanto dormiam, e um condenado por cumplicidade neste crime estava prestes a sair da prisão. Ele alegou que a transmissão violaria seus direitos fundamentais à vida, à integridade física e à dignidade, sobretudo porque impediria sua ressocialização. O Tribunal Constitucional Alemão constatou, primeiramente, a colisão entre a proteção da personalidade (P1) e a liberdade de informação (P2), pois o primeiro princípio proíbe a exibição e o segundo a autoriza. A colisão deve ser solucionada por intermédio de uma ponderação, posto que nenhum dos princípios tem precedência em abstrato. Decidiu-se que, no caso da repetição da informação sobre um delito grave, não exigida por interesses atuais de informação, que põe em perigo a ressocialização do autor, tem precedência a proteção à personalidade em relação à liberdade de informação (Alexy 2002a:95-98).

Os dois exemplos são suficientes para a compreensão da teoria. O legislador, ao editar uma lei, concretiza um princípio constitucional, ou seja, estabelece um *peso* em abstrato ao referido princípio. Trata-se de uma ponderação realizada em abstrato, efetuada diante de circunstâncias concretas, mas consistente numa antecipação do caso em que a lei será aplicada (v. primeira parte, *RTDP* 41, item 4.3). Como o legislador jamais pode antecipar todas as particularidades do efetivo caso concreto, sua ponderação nunca poderá ser tomada como absoluta. Diante disso, ao aplicar a lei, a Administração sempre terá que efetuar uma nova ponderação e apurar qual princípio, diante das circunstâncias, apresenta maior peso: o concretizado pela lei ou o que se opõe a ela.

Feitas essas considerações, é finalmente possível compreender a aqui chamada *concepção alemã do princípio da legalidade*. Desse princípio extraem-se duas importantes conseqüências: a ponderação em abstrato é privativa da função legislativa, a Administração só pode efetuar ponderações em concreto, jamais ponderações em abstrato; há um princípio formal no sistema, decorrente da separação dos Poderes e do princípio da legalidade, que dá à ponderação efetuada pelo legislador uma espécie de primazia. Por força dessa última conseqüência, ao princípio concretizado pela lei acrescenta-se o peso de um princípio formal cuja diretriz estabelece que as ponderações do legislador devem ter primazia. Somente se, no caso concreto, o peso do princípio oposto for maior que o peso do princípio concre-

nadamente, subsidiárias umas em relação às outras: (1) pela sub-regra da adequação, a norma só é considerada proporcional se a medida fomenta de alguma forma o fim visado pela norma; se a medida adotada pela norma for considerada inadequada, cessa a análise exigida pelo princípio da proporcionalidade, e a norma deve ser considerada inconstitucional, por ser desproporcional; (2) caso seja considerada adequada, passa-se à segunda subregra, da exigibilidade ou necessidade; primeiro apura-se quais medidas existem igualmente idôneas ao fim proposto e, após, comparam-se as medidas existentes; se a medida adotada pela norma restringir mais o princípio por ela atingido que outra medida igualmente idônea, a medida é inexigível, e a norma deve ser considerada desproporcional; (3) passa-se à terceira sub-regra, da proporcionalidade em sentido estrito; somente se a medida for considerada adequada e idônea, faz-se um juízo de ponderação entre o princípio homenageado pela medida adotada e o princípio restringido por ela; se, no caso concreto, o princípio restringido apresentar maior peso que o princípio favorecido, a norma deve ser considerada desproporcional. Sobre o princípio da proporcionalidade há vasta produção doutrinária. Por todos, v. Luís Virgílio Afonso da Silva, 2002:23-50.

tizado pela lei somado ao peso do referido princípio formal é que a ponderação efetuada pelo legislador poderá ser afastada pela Administração. O grande parâmetro, aqui, é a *razoabilidade*:[12] deve existir um certo consenso de que o princípio colidente é mais pesado.

Ao contrário da concepção francesa, a doutrina alemã não empreendeu um aniquilamento do princípio da legalidade. Na França cabe a Administração exercer a atividade legislativa com a edição de regulamentos. Na Alemanha a Administração não pode, em princípio, fixar pesos em abstrato aos princípios; restringe-se à apuração dos pesos em concreto. Na ponderação administrativa a ponderação efetuada pelo legislador deve sempre ser levada em consideração e somente pode ser afastada se, diante das circunstâncias, o princípio privilegiado pela lei, acrescido do princípio formal de que a ponderação legislativa deve ser obedecida, for, razoavelmente, menos pesado que um princípio oposto.

Exposta a aqui chamada *concepção alemã*, resta saber se ela é aplicável ao ordenamento jurídico brasileiro, ou se neste continua vigente a concepção tradicional. Pode-se argumentar em favor da manutenção do conceito tradicional que na Constituição Alemã de 23.5.1949 não existe um dispositivo similar ao do inciso II do art. 5º da CF Brasileira ("ninguém será obrigado a fazer ou deixar de fazer alguma coisa senão em virtude de lei"). O texto constitucional brasileiro possui uma redação clara e objetiva do princípio da legalidade, diferentemente da Constituição Alemã. Esse forte argumento da concepção tradicional, todavia, cede em face de três argumentos a favor da concepção alemã: motivos de ordem normativa, técnica e prática impõem a adoção da concepção alemã do princípio da legalidade.

O fundamento *normativo* decorre de uma peculiaridade da Constituição Brasileira (v. primeira parte, *RTDP* 41, item 2.5): basta uma rápida leitura do texto constitucional para perceber a adoção irrestrita de uma concepção principiológica do Direito. O constituinte positivou uma série de princípios de difícil – se não impossível – enumeração. A conflituosidade e conseqüente necessidade de ponderação são ínsitas à própria natureza dessa espécie normativa. Disso se extrai que o próprio sistema constitucional brasileiro exige uma teoria de aplicação do Direito voltada para as peculiaridades dos princípios jurídicos, e a concepção alemã descrita é a que se mostra mais condizente com essa exigência.

O fundamento *técnico* decorre de uma constatação: a doutrina e a jurisprudência brasileiras dificilmente negariam, no orde-

12. "Razoabilidade" é um *postulado normativo*, pressuposto de compreensão do sistema jurídico e de aplicação das regras e dos princípios jurídicos. É um comando, uma ordem dirigida a todos os intérpretes em sentido amplíssimo; e, nesse sentido, é cogente: todo aplicador do Direito, seja o legislador em sentido estrito, seja o juiz, seja o administrador, seja o particular, só pode aplicar uma regra ou um princípio atentando para a razoabilidade. O conceito de "postulado jurídico" foi desenvolvido por Bastos (1999:95-96). E recentemente retomado por Humberto Ávila (2003:85 e ss.). "Não-razoável" é o que é absurdo de acordo com o senso comum, é a desatenção àquilo que as pessoas consideram inaceitável. "Razoável", assim, é aquilo sobre o qual não há consenso em sua não-aceitabilidade. "Consenso" é o que é predominantemente aceito por uma certa comunidade em determinada época, não bastando que haja maioria para determinar o consenso. Se uma pesquisa estatística apurar que 60% da população entendem de uma maneira e 40% entendem de outra, não haverá consenso. "Consenso" é aquilo que é aceito por quase todas as pessoas, ainda que haja alguém que discorde. É, por exemplo, um consenso que entre o direito ao livre exercício aos cultos religiosos e o direito à vida, num caso de sacrifícios humanos, o direito à vida tem precedência. Quase todas as pessoas aceitam que não se pode admitir o sacrifício de uma pessoa em homenagem a uma divindade. Não há consenso sobre o maior peso do direito à vida do feto sobre os direitos da gestante estuprada. Em síntese: "razoabilidade" é um postulado normativo e exige que, na aplicação das normas jurídicas, seja desconsiderado aquilo sobre o qual há consenso em sua não-aceitabilidade.

namento jurídico brasileiro, as soluções fixadas pelo Tribunal Alemão nos dois exemplos citados por Alexy. Mesmo os defensores da concepção clássica do princípio da legalidade aceitam tranqüilamente determinadas soluções que, numa análise rigorosa, implicariam violação da lei. Ocorre que, de um ponto de vista técnico, num sistema em que vigora uma série de princípios em constante colisão, cumprir a lei de ofício é impossível sem a preconizada *ponderação*. Do ponto de vista técnico, portanto, as soluções defendidas pela concepção alemã são plenamente aceitas pela doutrina e pela jurisprudência brasileiras, sem, no entanto, uma clara fundamentação.

Por fim, o argumento *prático*: se o povo europeu viu-se forçado a desenvolver concepções teóricas de enfraquecimento do poder parlamentar, por não confiar plenamente em seus Parlamentos, como negar a existência no povo brasileiro de igual ou maior desconfiança em seu Legislativo, legitimadora de concepções similares? A aceitação desse argumento extrajurídico decorre do simples fato de que o Direito sempre se volta para uma realidade. Essas três ordens de fatores – normativo, técnico e prático – justificam plenamente a assertiva de que a aqui chamada *concepção alemã* do princípio da legalidade é mais apropriada ao direito positivo brasileiro que a concepção tradicional.

Um exemplo extraído do ordenamento brasileiro evidencia o acerto da concepção aqui defendida. O art. 17 da Lei 9.427/1996 estabelece expressamente a suspensão, por falta de pagamento, do fornecimento de energia elétrica, especificando o dispositivo que nos casos em que o consumidor preste *serviço público* ou *essencial* à população o corte deve ser efetuado, mas se impõe uma comunicação ao Poder Público local com antecedência de 15 dias.[13] Diante do caso concreto, notificado o Poder Público local e ainda não efetuado o pagamento, poderá o concessionário simplesmente interromper o fornecimento de energia elétrica a um hospital, sabendo que, nas circunstâncias, tal fato certamente causará a morte de dezenas de pessoas, sob o fundamento de que estará cumprindo de ofício a lei? Evidentemente que não, pois para cumprir a lei necessitará efetuar uma ponderação de interesses, e princípios mais pesados, que impõem a proteção da vida das pessoas, impedirão a interrupção do serviço. Um simples exemplo evidencia que no Brasil vigora com toda força a concepção alemã do princípio da legalidade. Fixado mais esse ponto, pode-se, então, passar ao exame do aspecto material de função administrativa.

5.6 O conceito material de "função administrativa" e seus contornos normativos

Sob o aspecto formal, *função administrativa*, efetuando-se uma simplificação, consiste na edição de atos administrativos. Esse conceito, por força dos mesmos fundamentos expostos quando da análise do conceito formal de função legislativa (v. primeira parte, *RTDP* 41, item 4.2), é insuficiente. Necessário fixar seu aspecto material.

Se toda função estatal consiste na concretização dos princípios constitucionais pela edição de normas jurídicas, evidente que o exercício de toda função estatal implicará uma *ponderação*. A função administrativa, tal como a legislativa, consiste numa ponderação. Mas, enquanto esta é efetuada tendo em vista a antecipação do caso concreto, aquela é efetuada tendo em vista o próprio caso concreto. Ambas consistem na apuração dos pesos dos princípios incidentes, mas

13. A redação do dispositivo merece transcrição literal: "A suspensão, por falta de pagamento, do fornecimento de energia elétrica a consumidor que preste serviço público ou essencial à população e cuja atividade sofra prejuízo será comunicada com antecedência de 15 (quinze) dias ao Poder Público local ou ao Poder Executivo Estadual".

com uma diferença fundamental: o legislador, diante das circunstâncias fáticas em que atua, antecipa o caso concreto em que atuarão os particulares e/ou a Administração e fixa, em abstrato, o peso dos princípios; a Administração, vinculada à ponderação efetuada pelo legislador, diante do caso concreto efetivo, efetua nova ponderação e apura qual é o efetivo comportamento exigido pelo sistema jurídico para concretização do valor constitucional positivado.

Função administrativa, portanto, sob o aspecto substancial, consiste na apuração da medida constitucional da exigência de cumprimento de determinados fins, tendo em vista as circunstâncias do caso e a atividade legislativa até então exercida; bem como a fixação, de acordo com a medida apurada, dos meios necessários para realização desses fins.

Um conceito material de *função administrativa*, tal como ocorreu com a função legislativa, sob pena de inutilidade e até de inverdade, não pode ser formulado com desprezo dos contornos fixados pelo constituinte, ou seja, dos elementos normativos. Os três contornos impostos pelo sistema à função administrativa já foram, de certa forma, antecipados durante a exposição; resta, para fins didáticos, torná-los expressos.

O primeiro decorre dos princípios da separação dos Poderes e da legalidade: além de ser vedado à Administração, salvo no exercício de função legislativa (que se dá pela edição de medidas provisórias e leis delegadas), fixar o peso dos princípios em abstrato, ou seja, independentemente de um caso concreto real e efetivo – restrição, essa, extraída do próprio núcleo essencial do verbo "administrar" –, quando da efetuação da ponderação a Administração está vinculada à observância da ponderação efetuada pelo legislador. Entenda-se: só poderá afastar a disciplina legal, afastando uma exigência da lei ou impondo um comportamento não previsto, caso o princípio (ou princípios) que exija essa solução tenha mais peso diante do caso concreto que os princípios opostos à referida solução somados ao princípio de que a atuação legislativa deve preponderar. Somente nesses casos – que são raros – poderá ser imposto pela Administração um comportamento não previsto em lei ou afastada uma exigência imposta pela lei. A Administração, na ponderação que efetuar, deverá atentar para a diferença de peso previamente fixada pelo constituinte (*ponderação constitucional* – v. primeira parte, *RTDP* 41, item 4.4.1) e para a ponderação efetuada pelo legislador (*ponderação legal*). O parâmetro para saber se o princípio que exige essa solução tem mais peso que a soma do princípio que a contraria com o princípio formal mencionado é a *razoabilidade*.[14]

Essa concepção, longe de ter vocação autoritária, não dá – ao contrário do que possa parecer num primeiro momento – demasiados poderes à Administração: o exercício da função administrativa deve ser sempre motivado, e, por isso, ao editar o ato administrativo, imprescindível a explicitação dos princípios envolvidos, o porquê do peso dado a cada um deles. A concepção aqui defendida, se, por um lado, alarga as possibilidades de atuação da Administração, por outro, muito as dificulta.

O segundo contorno decorre das cláusulas de reserva legal fixadas na Lei Maior (v. primeira parte, *RTDP* 41, item 4.4.2). Numa ponderação efetuada pela Administração, esta jamais poderá, por exemplo, cobrar tributo não previsto em lei ou tipificar uma conduta como crime sem lei que o estabeleça. Nessas matérias incidem regras constitucionais de estrutura não passíveis de ponderação, e sim de subsunção: para ser cobrado um tributo ou tipificada uma condu-

14. Se a Administração está vinculada à ponderação efetuada pelo Legislativo, este, evidentemente, pode restringir ou alargar a atuação daquela, por meio de ponderaçoes mais específicas, ou seja, de leis mais concretas, de pouca abertura semântica, ou mais abstratas, com grande abertura semântica. Em outras palavras, o âmbito de discricionariedade da Administração depende sempre da atuação legislativa.

ta como crime exige-se a prévia edição de uma lei. Na ponderação administrativa impõe-se rigorosa observância de todas as cláusulas de reserva legal.

Por fim, o último contorno digno de menção refere-se à atribuição ao Legislativo das prerrogativas similares às de um proprietário (v. primeira parte, *RTDP* 41, item 4.4.3). Sempre que a Administração tiver que exercer uma das prerrogativas similares às de um proprietário que importe alteração patrimonial – tal como alienação ou aquisição de um bem, realização de um empréstimo –, necessitará de expressa autorização legislativa.

Eis, então, a função administrativa tal como se configura no direito positivo brasileiro. Sob o ponto de vista formal consiste na edição de atos administrativos (excetuadas as hipóteses mencionadas de resoluções, decretos legislativos e leis ordinárias). Esse conceito formal, no entanto, é pouco útil, exige considerações materiais. Sob o ponto de vista substancial, consiste na apuração da medida constitucional da exigência de cumprimento de determinados fins, tendo em vista as circunstâncias do caso concreto, a atividade legislativa até então exercida e as diferenças de peso efetuadas pelo constituinte; bem como a fixação para o caso concreto, de acordo com a medida apurada, dos meios necessários para realização desses fins. A esse conceito material acrescentaram-se os contornos traçados pelo constituinte: a apuração da medida dessa exigência deve atentar não só para as condições fáticas, mas também para as condições jurídicas, e estas decorrem das diferenças de peso atribuídas pelo constituinte e pelo legislador, acrescidas, respectivamente, do peso atribuído por um princípio formal de que as ponderações constitucional e legislativa devem ser observadas; a ponderação administrativa deve observar rigorosamente as cláusulas de reserva legal; e, por fim, no exercício de função administrativa não poderão ser exercidas prerrogativas similares às de um proprietário sem expressa autorização legislativa.

Esse longo conceito ainda é insuficiente para compreensão total da função administrativa. Seu completo entendimento conceitual exige o exame, ainda que sucintamente, da função jurisdicional e do ato administrativo. Aquela por ser a etapa final de realização do direito, umbilicalmente ligada às duas outras etapas; do ato, por ser o veículo de introdução de normas próprio da função administrativa.

6. A função jurisdicional

A função jurisdicional, sob o aspecto formal, consiste na edição de dois veículos introdutores de normas jurídicas: a sentença e o acórdão. Da mesma forma que os atos jurídicos necessariamente expedidos para que uma lei seja editada – tais como o ato de iniciativa de apresentação do projeto, a sanção, o veto – consistem no exercício de função legislativa, os atos jurídicos necessariamente editados para que uma sentença ou um acórdão se torne perfeito – tais como os diversos despachos judiciais – também consistem no exercício de função jurisdicional. Para a compreensão desta, porém, o conceito formal também se mostra insuficiente.

6.1 O conceito material de "função jurisdicional"

Para a maioria da doutrina a função jurisdicional consiste na solução definitiva de controvérsias.[15] Um dado normativo indica o acerto dessa diretriz: trata-se do inciso XXXV do art. 5º da CF ("a lei não excluirá da apreciação do Poder Judiciário lesão ou ameaça a direito"). Por força dele, a solução de uma controvérsia sobre o Direito aplicável não pode ser subtraída da apreciação do Poder Judiciário pelo Legislativo;

15. Para Gordillo (1998:IX-16), *função jurisdicional* consiste na "decisión con fuerza de verdad legal de una controversia entre partes". Para Oswaldo Aranha Bandeira de Mello (1969:37), a função jurisdicional "fixa o direito das partes, em resolvendo a controvérsia entre elas (...)".

só seriam possíveis as exclusões efetuadas pelo próprio constituinte. A acurada análise do texto constitucional, entretanto, revela inexistirem exclusões: o constituinte não subtraiu caso algum de controvérsia sobre o Direito aplicável da apreciação do Judiciário.[16]

No direito positivo brasileiro não há exceções: a função jurisdicional é privativa do Poder Judiciário e, sob o aspecto material, consiste na solução definitiva de controvérsias sobre a aplicação do Direito. Desse conceito material extraem-se três notas fundamentais: o exercício das funções legislativa e administrativa sempre poderá ser revisto pelo Poder Judiciário; conseqüentemente, somente a função jurisdicional possui a nota de *definitividade* (coisa julgada); o Poder Judiciário só atua se houver uma controvérsia sobre o Direito aplicável (com a ressalva a seguir examinada), e, por isso, jamais age de ofício, só atua se provocado.

Essa revisão deve ser bem entendida: o Poder Judiciário também efetua, no exercício da função jurisdicional, uma ponderação entre os princípios envolvidos, pois, como toda função estatal, em última análise, visa a concretizar os princípios constitucionais. O magistrado, no controle difuso ou concentrado de constitucionalidade e no controle de legalidade, quando da revisão das ponderações efetuadas, respectivamente, pelo legislador e pelo administrador, pode afastar o resultado da ponderação efetuada ou mantê-lo. O Poder Judiciário deverá sempre efetuar uma nova ponderação; e se, analisando a questão, concluir que o princípio afastado pelo legislador ou pelo administrador tem maior peso que o princípio concretizado pela lei ou pelo ato administrativo, deverá declarar, respectivamente, inconstitucional a lei e ilegal o ato. Ressalta-se que só deve afastar as ponderações efetuadas pelos outros Poderes se houver consenso sobre o desacerto destas: aqui também incide o postulado da razoabilidade.

Em síntese, sob o aspecto material a função jurisdicional consiste na apuração, quando provocada, da medida constitucional da exigência de cumprimento de determinados fins, tendo em vista as circunstâncias do caso, o peso em abstrato fixado pelo próprio constituinte, as ponderações efetuadas pelo Legislativo e pela Administração; bem como a fixação, com caráter definitivo, de acordo com a medida apurada, dos meios necessários para realização desses fins.

6.2 Os contornos normativos da função jurisdicional

Mas, da mesma forma que ocorreu com os conceitos materiais das funções legislativa e administrativa, o conceito material de *função jurisdicional* exige a enunciação dos contornos impostos pelo direito positivo. O primeiro decorre do princípio da separação dos Poderes: o Poder Judiciário só estará legitimado a afastar a ponderação efetuada pelo legislador ou pelo administrador caso não haja dúvidas em relação ao erro dessa ponderação. Os critérios preconizados não são de livre arbítrio do juiz: o magistrado que se propõe a modificar a ponderação legislativa ou administrativa deve levar em consideração padrões importantes que se opõem à mudança, tais como os princípios formais existentes no sistema, extraíveis do princípio da separação dos Poderes, que dão primazia às ponderações legislativa e administrativa.[17]

16. Os julgamentos efetuados pelo Congresso Nacional (inciso IX do art. 49), pelo Senado Federal (incisos I e II do art. 52) e pelo Tribunal de Contas (inciso II do art. 71) são passíveis de revisão pelo Poder Judiciário. Somente o entendimento contrário, que não encontra guarida no texto constitucional, justificaria afirmar-se o exercício de função jurisdicional nessas hipóteses; trata-se de função administrativa. Se alguma ilegalidade for cometida nesses julgamentos, possível sua invalidação pelo Poder Judiciário. Nesse sentido, integralmente correta a lição de Celso Antônio Bandeira de Mello (2004:Cap. I-nota 5-31).

17. Ronald Dworkin (2002:60) chama esse princípio formal de "princípio da supremacia do

Assim, o Judiciário, ao efetuar a nova ponderação em sede de controle de constitucionalidade ou de legalidade, só poderá declarar inconstitucional a lei ou ilegal o ato administrativo se o resultado da nova ponderação efetuada indicar que o peso do princípio afastado pela lei ou pelo ato administrativo é maior que a soma do peso do princípio por eles concretizado com o peso do princípio formal que dá primazia às ponderações legislativa e administrativa.

O segundo contorno é comumente referido pela doutrina: o exercício da função jurisdicional é regido por um conjunto de cânones consagrados pela evolução da Humanidade como exigências para uma decisão justa.[18] Assim, a função jurisdicional sempre é exercida num processo obediente a todas essas exigências.

Uma delas é digna de especial menção: a *imparcialidade*. Como os agentes estatais exercem sempre função – e, portanto, atuam em prol do interesse alheio (da coletividade – v. primeira parte, *RTDP* 41, itens 3.3.1 e 3.3.2) –, é inerente ao exercício funcional a *impessoalidade*. Nem o legislador nem o administrador podem perseguir interesse pessoal, desvinculado do interesse coletivo. Ao magistrado não basta ser impessoal, é necessário ser imparcial: além de não perseguir um interesse privado, desvinculado de uma perspectiva coletiva, deve estar distante dos fatos a serem apreciados, no sentido de uma desvinculação psicológica.[19-20-21]

O terceiro e último contorno decorre da possibilidade dada ao Legislativo de, caso a ponderação por ele efetuada revele necessário, retirar determinada matéria do âmbito da função administrativa e inseri-la no

Poder Legislativo". Alexy (2002a:86-nota 24) chama-o simplesmente de "princípio formal". Esse princípio precisa ser devidamente entendido: o princípio da supremacia do Legislativo, mencionado por Dworkin, não significa que este esteja em posição hierárquica superior aos demais Poderes, e sim que existe, por força do *princípio da separação dos Poderes*, uma carga valorativa maior à ponderação efetuada pelo legislador. Da mesma forma, existe – para usar a terminologia desse jurista – um "princípio de supremacia da Administração", decorrente também da separação de Poderes, que atribui uma carga valorativa maior à ponderação efetuada pela Administração. Para que o Judiciário reveja essas ponderações, tanto a legislativa quanto a administrativa, deve atentar para a incidência, além dos princípios jurídicos que deveriam inicialmente ser considerados pelo legislador e pelo administrador, dos princípios formais de supremacia que favorecem a permanência das ponderações efetuadas pelos outros Poderes.

18. Esses cânones foram sintetizados na expressão *due process of law*. Sobre o correto significado desse princípio, v. nosso "O conceito científico de processo administrativo" (Martins 2004:369 e ss.).

19. O legislador, para apresentar um projeto de lei e votá-lo, pode estar intimamente ligado aos fatos que justificaram a apresentação do projeto. Também o administrador, ao realizar uma obra pública, pode estar intimamente vinculado aos fatos que exigiram sua construção. O juiz, no entanto, se estiver vinculado psicologicamente aos fatos levados à sua apreciação, se participou como testemunha, por exemplo, de sua ocorrência, está, em princípio, impedido de julgar. Discorda-se, assim, da tendência doutrinária de equiparar os conceitos. Por todos, v. Ana Paula Oliveira Ávila, 2004. Para uma diferenciação conceitual diferente da aqui apresentada, v. Zago 2001:360 e ss.

20. É, nesse sentido, correta a afirmação corrente de que uma característica da função jurisdicional é ser exercida por quem não é parte. Por todos, v. Oswaldo Aranha Bandeira de Mello, 1969:35. Digna de nota é a crítica formulada por Albuquerque (1998:52): "A principal relação jurídica em jogo não é aquela a ser objeto do processo, mas a que se estabelece entre o Estado e cada uma das partes". Tem razão o jurista ao afirmar que o juiz é parte da relação processual; todavia, o que leva a doutrina a afirmar a imparcialidade do magistrado é sua necessária desvinculação com a relação material, não presente nas outras esferas de atuação estatal.

21. A letra "n" do inciso I do art. 102 da CF consiste na única exceção prevista no sistema: a ação em que todos os membros da Magistratura sejam interessados é julgada pelo STF, cujos integrantes, em última análise, também pertencem aos quadros da Magistratura.

âmbito da função jurisdicional. O legislador, ao disciplinar a separação consensual, por exemplo, poderia atribuir sua homologação à Administração, mas a ponderação que efetuou levou-o a atribuí-la ao Judiciário (arts. 1.120-1.124 do CPC). Quando o legislador atribui ao Judiciário determinada atividade, submete-a ao regime jurídico próprio da função jurisdicional, cujas diretrizes básicas foram assinaladas há pouco (um processo em que vigoram os cânones eleitos pela Humanidade como pressupostos de uma decisão justa, tais como, por exemplo, a imparcialidade). Ao atribuir a atividade ao Judiciário e, em decorrência disso, submetê-la ao regime próprio da atividade jurisdicional, alargam-se os contornos da própria função jurisdicional. Esta, portanto, além de consistir na solução definitiva de controvérsias sobre a aplicação do Direito, consiste também no exercício das atividades às quais o legislador atribuiu o regime próprio dessa solução.[22-23]

22. Discorda-se, assim, da doutrina majoritária que considera a chamada *jurisdição voluntária* própria da função administrativa. Por todos, Mayer 1903:7. Defendemos em outra oportunidade a diferença conceitual entre *processo jurisdicional* – existente quando há um litígio, suscetível de coisa julgada – e *processo judicial* – existente quando não há litígio, insuscetível de coisa julgada (Martins 2004:366). A distinção, todavia, não se mantém: as decisões proferidas pelo Judiciário em sede de jurisdição voluntária só são passíveis de alteração pelo próprio Poder Judiciário caso haja mudança das circunstâncias fáticas. Mantidas as circunstâncias em que foram proferidas, nem o próprio Poder Judiciário pode alterá-las. Assim, considerando-se a definitividade da decisão para as circunstâncias fáticas em que foi proferida, rigorosamente, há, sim, coisa julgada na jurisdição voluntária. O processo de jurisdição voluntária, sob pena de grave equívoco científico, não pode ser considerado um processo administrativo.

23. Por força do que se afirmou, acolhe-se integralmente a conclusão de Albuquerque (1998:54): para que a função jurisdicional se configure basta que o ato tenha sido produzido por um agente estatal na posição processual de juiz e que tenha sido submetida ao regime de direito processual.

Em conclusão, sob o ponto de vista formal, a função jurisdicional consiste na elaboração de dois veículos introdutores de normas: a sentença e o acórdão. Sob o ponto de vista material, trata-se de atividade privativa do Poder Judiciário em que este resolve definitivamente as controvérsias sobre a aplicação do Direito a ele submetidas. A este conceito acrescentam-se três contornos decorrentes do direito positivo. Ao apreciar as ponderações efetuadas pelo legislador e pela Administração, o Judiciário deve atentar para a existência de um princípio formal, decorrente da separação de Poderes, que atribui primazia às ponderações efetuadas pelos outros Poderes. Assim, somente se, diante das circunstâncias do caso concreto, o princípio afastado pela ponderação legislativa ou administrativa tiver maior peso que a soma do princípio por ela beneficiado, acrescido do princípio formal que lhe dá primazia, poderá o Judiciário considerar, respectivamente, inconstitucional a lei editada pelo Legislativo ou ilegal o ato administrativo proferido pela Administração. A função jurisdicional, além disso, possui um regime peculiar: é regida por um conjunto de cânones consagrados pela evolução da Humanidade como exigências para uma decisão justa, destacando-se, dentre eles, a imparcialidade do agente. Por fim, consiste também no exercício das atividades às quais o legislador, por força de uma ponderação reputada razoável, atribuiu esse regime.

6.3 O inter-relacionamento das funções estatais

Diante do exposto, constata-se que as três funções estatais correspondem a três etapas de realização do Direito, ou, melhor, de concretização dos princípios constitucionais. O constituinte positivou uma série de valores e estabeleceu, em abstrato, pesos diferenciados a esses valores. Inicialmente, também num plano abstrato, compete ao Legislativo apurar quais os fins a serem concretizados pelo Estado e qual a medida, diante das circunstâncias fáticas em que atua e do próprio sistema constitucional, da concretização exigida pelo constituinte. O legislador (bem como os demais agentes estatais) só poderá afastar a ponderação efetuada pelo constituinte se a razoabilidade indicar que o princípio por ela afastado tem maior peso que o princípio concretizado pela regra constitucional, acrescido do peso atribuído pelo princípio formal cujo mandamento estabelece uma primazia às ponderações do constituinte. Apurados os fins e a medida da exigência de sua realização, incumbe também ao legislativo fixar, em abstrato, os meios para o cumprimento desses fins, numa antecipação do caso concreto em que esses meios serão concretizados.

Após, incumbe à Administração apurar, diante do caso concreto, quais os fins a serem concretizados pelo Estado e a medida de exigência do cumprimento destes, tendo em vista não só as circunstâncias do caso e o sistema constitucional, mas as ponderações efetuadas pelo legislador e a diretriz existente no sistema de que estas, em princípio, sejam acolhidas. A Administração só poderá afastar a ponderação efetuada pelo legislador se a razoabilidade indicar que o princípio por ela afastado tem maior peso que o princípio concretizado, acrescido do peso atribuído pelo princípio formal, cujo mandamento estabelece uma primazia às ponderações do legislador. Após a apuração dos fins a serem concretizados e da medida da exigência dessa concretização, incumbe à Administração fixar, para o caso concreto, as medidas a serem efetivadas.

Por fim, incumbe ao Judiciário, se provocado, apurar se as ponderações efetuadas pelo legislador e pelo administrador foram corretas, isto é, se privilegiaram os princípios que efetivamente apresentavam maior peso. Deverá atentar, no entanto, na nova ponderação efetuada, para o princípio formal que dá às ponderações do legislador e da Administração primazia – ou seja, estas só poderão ser afastadas se a razoabilidade indicar que o princípio não acolhido tinha maior peso que o princípio beneficiado, acrescido este do peso atribuído pelo referido princípio formal.

As três funções estatais apresentam-se indissoluvelmente relacionadas e voltam-se para o mesmo objetivo: a concretização dos princípios constitucionais. A análise – relembra-se – teve por fim a caracterização precisa da função administrativa. Diante da inter-relação demonstrada, impôs-se a exposição, ainda que sucinta, das três funções e, assim, de todo processo de desenvolvimento do Direito. Para a perfeita delimitação conceitual da função administrativa, contudo, resta apenas fixar algumas considerações sobre o ato administrativo.

7. O ato administrativo

O ato administrativo é um tema complexo, repleto de peculiaridades e controvérsias. O exame de sua estrutura, de seus elementos e pressupostos, ou de seus atributos, escapa aos limites desta exposição. Sua abordagem, aqui, restringe-se ao necessário para precisar, em definitivo, o conceito de "função administrativa". Muito do que se afirmará neste tópico já foi antecipado durante a exposição; trata-se de mera aplicação dos conceitos até aqui fixados.

7.1 O veículo introdutor de norma administrativa

Recebe o nome de "ato administrativo" todo veículo introdutor de normas administrativas.[24] Por isso, são exemplos de atos administrativos: a licença, a autorização, a homologação, a concessão de serviço públi-

24. Só existem três exceções, todas concernentes ao exercício da função administrativa pelo Poder Legislativo: conforme afirmado (v. primeira parte, *RTDP* 41, item 4.1), os decretos legislativos, as resoluções e eventualmente as leis ordinárias podem ser utilizados para o exercício de função administrativa.

co, a permissão de uso de bens públicos, o regulamento. É um gênero abrangente de todos os veículos introdutores pertinentes à função administrativa – e, por isso, inaceitáveis as tentativas doutrinárias de restrição do instituto.[25]

"Função" e "ato administrativo" são conceitos indissociáveis. O exercício da função estatal – relembra-se – consiste no cumprimento do dever de concretização dos princípios constitucionais, tendo-se sempre em vista o interesse público; cumprimento, esse, que se dá com a edição de normas jurídicas, introduzidas por meio de atos jurídicos. O ato administrativo é um ato jurídico – e, portanto, veículo de introdução no sistema de uma norma jurídica. "Veículo de introdução", reportando-se à magistral exposição de Moussalem (2001:133 e ss.), não se confunde com a "norma" por ele introduzida. Mas, sem fazer a distinção, a doutrina costuma chamar ambos (veículo introdutor e norma introduzida) de "ato administrativo".[26] Para evitar ambigüidades, fixou-se a utilização da denominação para o veículo introdutor (v., na primeira parte, *RTDP* 41, o penúltimo parágrafo do item 3.3.6): assim como a *lei* é um veículo introdutor de uma *norma legal* (ressalvadas as excepcionais leis introdutoras de normas administrativas), o *ato administrativo* é o veículo de introdução de uma *norma administrativa*.

O exercício da função administrativa consiste, pois, na edição de atos administrativos, e esta sempre decorrerá de uma imposição do sistema jurídico. De duas, uma: ou a lei exige que o ato seja expedido, ou essa exigência decorre diretamente de um princípio constitucional. A edição de um ato administrativo nunca é uma faculdade da Administração, nunca é decorrência pura e simples de um ato de vontade: trata-se sempre de uma imposição do sistema normativo. A juridicização do fato, porém, não decorre simplesmente da incidência da regra, constitucional ou legal, ou do princípio, mas do resultado da ponderação efetuada pela Administração. A ponderação administrativa é sempre um *pressuposto* para edição do ato administrativo, é ela que indicará a norma incidente (se é a regra legal, se é a regra ou o princípio constitucional), o fato a ser juridicizado e as situações a serem instituídas no conseqüente da norma.

Se ato administrativo é o veículo de introdução de uma norma jurídica, então,

25. O exemplo mais significativo é a proposta de Alessi. Sustenta o conspícuo jurista a inutilidade de uma concepção unitária de ato administrativo e, por isso, restringe sua teoria ao que chama de *provimento administrativo* (Alessi 1970:249-251). Sem desprestigiá-lo, nada há de inutilidade numa teoria unitária: sempre que houver exercício da função administrativa, haverá, necessária e imperiosamente, um ato administrativo; os dois conceitos estão umbilicalmente ligados. Ao restringir o conceito, sua teoria gera um grave inconveniente: dá a entender que o que afirmou para os provimentos não se aplica para os demais atos praticados no exercício da função administrativa. Porém, muito do que afirmou para os provimentos é inerente a qualquer função estatal; e, se diferenças há entre o regime que propôs para eles e o regime dos demais atos proferidos no exercício da função administrativa, elas não justificam a restrição proposta.

26. Antônio Carlos Cintra do Amaral (1974: 36), jurista de escol, afirmou expressamente que "o que se designa usualmente como 'ato administrativo' é, a nosso ver, uma norma jurídica". Há, porém, quem discorde. José Luis Meilan Gil afirma: "Justamente lo contrario es lo que sucede a un acto: ceñido a un supuesto de hecho concreto, a él va ligado y con él muere; el mismo acto no puede volver a utilizarse para otro supueso de hecho diferente. Pues bien, esta posibilidad de reviviscencia de la norma frente al definitivo encadenamiento del acto a su supuesto de hecho concreto se explica porque la norma ha introducido alguna novedad objetiva, independientemente del supuesto de hecho determinado que haya sido su *occasio*. La reviviscencia de la norma, la liberación del supuesto de hecho que ha sido su soporte – la *occasio* normativa –, sólo es posible por su carácter de innovación" (Gil 1967:40). Esse autor elege a abstração como critério de distinção. Negou-se, aqui, essa diferenciação (v. primeira parte, *RTDP* 41, item 2.2): normas podem ser abstratas ou concretas, gerais ou individuais.

por intermédio dele se expede um imperativo autorizante em que o antecedente é ligado ao conseqüente por meio de um vínculo deôntico. Toda norma – relembra-se – apresenta a seguinte estrutura: ocorrendo no mundo fenomênico os fatos descritos na hipótese, deve surgir uma relação jurídica entre duas situações; relação e situações, essas, descritas no conseqüente. Importante assinalar as peculiaridades da norma introduzida pelo exercício da função administrativa – aqui chamada de *norma administrativa*.

7.2 *As peculiaridades da norma administrativa*

O fato descrito no antecedente da norma administrativa pode estar, ou não, descrito numa lei. Bem possível que determinadas circunstâncias fáticas atribuam a um princípio tal peso, que este exija a instituição de uma relação jurídica, independente da prévia descrição dessas circunstâncias no antecedente de uma norma legal. É a ponderação administrativa – insiste-se – que indicará qual a norma, legal ou constitucional, regra ou princípio, a ser aplicada.

Aos fatos descritos imputar-se-á uma relação jurídica entre duas situações. Numa dessas situações estará necessariamente presente o *Estado*. Este, como já se afirmou (v. primeira parte, *RTDP* 41, item 3.3.1), faz-se presente direta ou indiretamente por meio das pessoas jurídicas que o compõem (União, Estados, Distrito Federal e Municípios): diretamente, por meio dessas próprias pessoas; indiretamente, por intermédio de entes constituídos por elas ou dos particulares que, em colaboração com o Estado, fazem suas vezes. Não importa se presentado diretamente por uma pessoa jurídica que o compõe, indiretamente por um ente constituído por ela ou indiretamente por um particular: toda norma administrativa institui uma situação jurídica em que o Estado se faz presente.

Sempre que o Estado se fizer presente e não se tratar de exercício das funções jurisdicional ou legislativa, estar-se-á diante do exercício da função administrativa, da incidência de normas administrativas – e, portanto, de atos administrativos. Relembre-se que o ato material lícito ou ilícito (fato jurídico), de cumprimento ou descumprimento de uma norma jurídica (posta por um ato jurídico), realizado pelo agente público é sempre imputado ao Estado, pois o agente público torna presente a pessoa jurídica que compõe o Estado, sua atividade é considerada pelo sistema uma atividade estatal (v. primeira parte, *RTDP* 41, item 3.3.6). Daí se afirmou: nem toda atividade estatal consiste na realização de uma função pública, ou seja, na edição de atos jurídicos. Nem toda atividade estatal consiste no exercício de função estatal, mas depende deste exercício: para que o Estado se faça presente é necessária a instituição de uma situação jurídica, ou seja, a prévia incidência de uma norma, e, assim, a edição de um ato administrativo. A presença do Estado indica, portanto, a edição de uma norma, e, assim, o exercício de uma função estatal.

Disso decorre um interessante critério de identificação da função administrativa: ela existe sempre que houver atuação estatal e não se configurar a função legislativa, nem a jurisdicional.[27]

7.2.1 *Os atos da Administração regidos pelo direito privado*

Essa concepção é – impõe-se observar – isolada na doutrina: admite-se a possibilidade de o Estado atuar sob o regime de direito privado, hipótese em que não haveria exercício de função administrativa, nem edi-

27. Trata-se de critério residual muito próximo ao defendido por Gordillo (1998:IX-48). Discorda-se, entretanto, da concepção do nobre jurista que acrescenta ao critério residual o critério orgânico. Sempre que o Estado se fizer presente pela atuação dos particulares (salvo na rara hipótese de iniciativa legislativa, já mencionada) haverá exercício da função administrativa.

ção de atos administrativos.[28] Fortes motivos, porém, exigem um entendimento diferente.

A situação jurídica do Estado é sempre uma situação de *dever jurídico*, dever de concretização do interesse público, pois – não custa relembrar – faz parte da essência do Estado sua causa final (v. primeira parte, *RTDP* 41, nota de rodapé 29). A situação própria dos particulares, em que estes defendem interesses egoísticos, desvinculados de uma dimensão coletiva, é, por isso, incompatível com a presença do Estado. Daí, cientificamente, consistir um grave equívoco equiparar a situação de um particular num contrato de locação estabelecido entre dois particulares com a situação do Estado num contrato de locação estabelecido entre este e um particular. Lá o elemento "vontade" é importantíssimo, aqui é irrelevante; lá o particular pode buscar interesses seus, totalmente desvinculados de uma perspectiva coletiva, aqui o Estado só pode visar ao interesse público. As situações, independentemente do conteúdo das normas, são distintas. Enfim: para caracterização do regime jurídico de direito público é de somenos importância o conteúdo da norma, se retirada da Lei de Locações, do Código Civil ou da Lei de Licitações.

28. Afirma A. C. Cintra do Amaral (1974:36): "Ressaltamos, ainda, que excluímos da categoria de ato administrativo todo e qualquer ato estatal que não corresponda ao exercício de função administrativa (...)". E. logo adiante: "Ficam excluídos, assim, os atos de observância do Direito, bem como os de produção de normas negociais (contratuais) na prática dos quais o Estado se situa em posição idêntica à do particular". Os atos de observância do Direito foram, aqui, considerados fatos jurídicos, estranhos ao exercício da função estatal (v. primeira parte, *RTDP* 41, item 3.3.6). O fúlgido C. A. Bandeira de Mello exclui da categoria dos atos administrativos "os atos regidos pelo direito privado, como, por exemplo, a simples locação de uma casa para nela instalar-se uma repartição pública". E justifica: "O direito administrativo só lhes regula as condições de emanação, mas não lhes disciplina o conteúdo e correspondentes efeitos" (Celso Antônio Bandeira de Mello, 2004:Cap. VII-item 14-351).

A situação jurídica do Estado é sempre uma situação de dever regida pelo direito público, ainda que aplicáveis certas regras de direito privado. A simples presença do Estado implica a incidência de uma série de princípios próprios do direito público, caracterizadores de um *regime jurídico*. O regime de direito privado não é ditado pela aplicação das regras de direito privado, mas pela incidência de princípios que possibilitem a busca de fins egoísticos. Conclui-se: a figura do Estado é incompatível com o regime privado, implicará sempre a incidência do regime de direito público configurador da situação de dever de concretização dos princípios constitucionais.

Diante dessas afirmações, cabível a indagação sobre a expressa disposição constitucional que submete as empresas públicas e sociedades de economia mista, entidades estatais que tornam presente o Estado, ao regime jurídico próprio das empresas privadas (art. 170, § 1º, II). Essa norma não submete essas empresas ao regime de direito privado, pois onde estiver presente o Estado – insiste-se – haverá incidência do regime de direito público. Se o fizesse, seria possível uma situação jurídica em que o Estado assumisse a posição de um particular e, por isso, não necessitasse perseguir um interesse público, uma posição diferente da sujeição ao dever de concretização dos princípios constitucionais.

Dessa norma – com todo respeito pelo entendimento contrário – não se extrai isso. Dela decorre que, nos casos em que o Estado explore atividade econômica, ele atua em concorrência com o particular e, por isso, deve se valer das mesmas normas que regem a atuação deste; a determinação constitucional visa tão-somente a preservar a atuação dos particulares. Insiste-se: a imposição de utilização dessas normas não equivale a uma equiparação de situações, a situação do Estado continuando sendo própria do direito público. A utilização das normas de direito privado dá-se apenas como instrumento de resguardo da atuação dos particulares.[29]

Quando o Estado se vale das normas de direito privado, sempre o faz por exigência do próprio interesse público. O regime é fixado pelos princípios incidentes, não pela regra aplicável. Por esses motivos, afirma-se: todo ato jurídico editado pela Administração é um *ato administrativo*.[30] Nega-se, portanto, a possibilidade de atos da Administração regidos pelo direito privado. A Administração pode submeter-se às normas de direito privado, mas seus atos serão regidos pelo direito público.[31]

7.2.2 *Os regulamentos*

Em uma das situações instituídas pela norma administrativa sempre haverá a presença do Estado, ou de quem faça suas vezes. O comportamento exigido por essa situação consiste no meio eleito pelo agente editor da norma, na ponderação efetuada, de concretização do fim constitucional. A ponderação efetuada quando da expedição do ato administrativo sempre tem em vista o caso concreto; ponderações em abstrato, efetuadas a partir de uma antecipação do caso concreto efetivo, são privativas da função legislativa. Disso decorre a difícil caracterização dos regulamentos.[32]

29. Daí o evidente equívoco científico ao afirmar que, no exercício da exploração de atividade econômica pelo Estado, o excedente contábil não é *superávit*, e sim *lucro*. "Lucro" é "o saldo contábil positivo ocorrido no mundo fenomênico; resultado de comportamentos voluntários", decorrente de "vontade dos próprios agentes econômicos, que o perseguem"; "é o fim em relação à atividade, que é instrumento" (Ataliba e Gonçalves 1994:277). Incide em evidente contradição afirmar que quando o Estado presta serviço público há superávit, mas quando o Estado explora atividade econômica há lucro. Em ambas as hipóteses é absolutamente equivocado falar em lucro, o excedente contábil tem a natureza jurídica de superávit. Primeiro porque jamais será o fim dessas atividades. O fim delas, por expressa disposição constitucional, é o interesse coletivo, ou a segurança nacional. Segundo, o Estado as presta por dever de cumprimento dos princípios constitucionais, não por ato de vontade. Esse equívoco é pacificamente cometido pela doutrina e gera distorções perigosas: ao prestar atividade econômica o Estado se vale do direito privado apenas como um meio de resguardar a atuação dos particulares; não se torna um particular, não pode perseguir lucro e atuar em prol de interesses alheios ao interesse público. Brilhantes as palavras de O. A. Bandeira de Mello (1969:27): "As normas de direito público, embora possam ter por objeto matéria patrimonial, são alheias aos intuitos especulativos, às preocupações de lucro. Regulam, então, questões pecuniárias, como meio para atingir imediatamente o interesse geral, o bem comum". O Estado explora atividade econômica – insiste-se – para atingir o interesse coletivo, a segurança nacional: vale-se de normas próprias do direito privado, mas rege-se pelo direito público.

30. Celso Antônio Bandeira de Mello menciona três categorias de atos da Administração que não seriam atos administrativos. Os primeiros seriam os regidos pelo direito privado; mas estes, conforme exposto, quando praticados pelo Estado, ou por quem faça suas vezes, são regidos pelos princípios do direito público. A regra é de direito privado, mas a situação é de direito público. Os segundos seriam os atos materiais; mas estes não são atos jurídicos, e sim fatos jurídicos (v. primeira parte, *RTDP* 41, item 3.3.6), estranhos ao exercício da função administrativa. Os terceiros seriam os atos políticos. Conforme exposto (v. primeira parte, *RTDP* 41, item 3.2), essa categoria não é admitida pelo sistema constitucional; os chamados "atos políticos" ou são legislativos, ou administrativos; além disso, nenhuma particularidade possui tamanho relevo que justifique um tratamento distinto.

31. Inteiramente procedente a lição de Gordillo (2001:II-29-30): "Si lo principal del régimen aplicable al acto es el derecho público, no puede jurídicamente llamárselo *acto de derecho privado*. Esta primeira observación basta para señalar la improcedencia de considerar que existan actos de derecho privado realizados por la Administración".

32. Por isso, grande parte da doutrina nega aos regulamentos a qualificação de atos administrativos (Pereira 1970:78-85; Stassinopoulos 1954:62 e ss.; Amaral, Antônio Carlos Cintra do 1974:38; Cerquinho 1978:17-18). Celso Antônio Bandeira de Mello (2004:Cap. VII-itens 17 e 18-

Os regulamentos são atos jurídicos expedidos no exercício da função administrativa; são, portanto, atos administrativos. Introduzem normas administrativas caracterizadas pela *abstração*. Aí reside a complexidade do tema: as normas legais têm, em regra, também essa característica.

A norma legislativa fixa um meio de realização dos princípios constitucionais, tendo em vista uma antecipação do caso concreto em que a medida será efetivada. É impróprio ao regulamento fixar uma medida de cumprimento dos princípios constitucionais, tendo em vista a antecipação do caso concreto. Se o fizer, configurar-se-á exercício indevido de função legislativa pelo Executivo: este só pode fixar ponderações em abstrato por intermédio de medidas provisórias ou de leis delegadas, jamais por regulamentos.

O regulamento, sendo o veículo de introdução de uma norma jurídica, tem por pressuposto também a realização de uma ponderação. Nessa ponderação o chefe do Executivo não antevê o efetivo caso concreto em que se dará o cumprimento da medida concretizadora do princípio; trabalha com uma abstração: abstrai as circunstâncias efetivas do caso e supõe o cumprimento da medida fixada pelo legislador.

Os regulamentos são desdobramentos do princípio da separação de Poderes: a auto-administração do Poder, a execução das normas necessárias à sua atuação funcional – relembra-se –, incumbem a ele próprio. As medidas fixadas pelo Legislador precisam ser cumpridas pela Administração. Independentemente de qualquer nova ponderação, ainda no plano abstrato, o cumprimento da medida depende de providências relacionadas com a própria intimidade do Executivo. Incumbe ao regulamento limitar-se a disciplinar a atuação funcional no âmbito do Poder Executivo (ou dos outros Poderes, se se trata de regulamento editado por eles) para cumprimento da ponderação efetuada pelo legislador, ou seja, da medida fixada pela disposição legal.

Se o Legislativo instituir um tributo, por exemplo, ao determinar a data e local do pagamento, a guia de recolhimento apropriada para efetuá-lo, a Administração não estará efetuando propriamente uma nova ponderação, mas disciplinando a atuação funcional no âmbito interno do próprio Poder Executivo, necessária para dar cumprimento à cobrança do tributo. Os regulamentos, portanto, são normas abstratas destinadas a disciplinar a atuação interna da Administração – atuação, essa, necessária à execução da ponderação efetuada pelo legislador, ou seja, ao cumprimento da medida por ele determinada, abstraídas as circunstâncias do caso concreto, em que a referida medida poderá não se efetivar.

O regulamento não dispensa o agente administrativo de efetuar uma ponderação diante do caso concreto, tendo em vista que, quando da edição do regulamento, este é ignorado, o chefe do Executivo abstrai sua ocorrência: simplesmente disciplina o cumprimento da medida fixada na lei pelos órgãos da Administração. Como se trata de norma jurídica, quando da edição do regulamento, o chefe do Executivo também terá que efetuar uma ponderação dos princípios incidentes, mas estes não serão os princípios incidentes no caso concreto, colidentes com o princípio acolhido pela ponderação legislativa. Tal qual o legislador, o chefe do Executivo, quando da edição do regulamento, estará também diante de circunstâncias fáticas e deverá ponderar o princípio da eficiência administrativa, da economia etc. Mas esses princípios, incidentes quando da edição do regulamento, não coincidem com os princípios incidentes no caso concreto.

Voltando ao exemplo mencionado, ao regulamentar a cobrança do tributo, a decisão do chefe do Executivo de fixar a data do pagamento no primeiro dia útil ou no último dia útil do mês, no local "X" ou "Y", baseia-se numa ponderação, em que os princípios da eficiência e da economia são leva-

352 e 352) prefere formular dos conceitos de ato administrativo: o amplo, abrangente dos regulamentos, e o restrito, que os exclui.

dos em consideração. Quando da cobrança do tributo, no entanto, a incidência dos princípios da dignidade da pessoa humana, do não-confisco e da capacidade contributiva pode, num caso excepcional, impedir a cobrança do tributo. Para editar o regulamento efetua-se uma ponderação, mas sempre tendo em vista o cumprimento da ponderação efetuada pelo legislador; trata-se, mais precisamente, de um desdobramento desta. Diante do caso concreto, nova ponderação será efetuada, não se trata apenas de um desdobramento da anterior.

A função administrativa, enfim, consiste na edição de atos administrativos. Estes consistem na introdução de normas jurídicas, cuja particularidade está na situação instituída no conseqüente. Toda norma jurídica institui duas situações, ligadas uma à outra numa relação jurídica. Numa das situações instituídas pela norma administrativa haverá necessariamente a presença do Estado. Aliás, trata-se de importante critério de identificação: sempre que o Estado estiver presente e não se configurar o exercício das funções legislativa e jurisdicional, estar-se-á diante do exercício da função administrativa. Trata-se de uma situação de sujeição ao dever de cumprimento dos princípios constitucionais, uma situação própria do direito público. Nessa situação, o comportamento exigido da Administração consiste numa medida de cumprimento de um (ou mais) princípio constitucional. Esse comportamento sempre tem em vista as circunstâncias efetivas do caso concreto. Os regulamentos consistem em exceção, decorrente da separação dos Poderes: eles não têm em vista a circunstância do caso concreto, nem constituem uma antecipação deste. Fixam as medidas necessárias ao cumprimento da ponderação legislativa, partindo do pressuposto de que ela será exigível.

8. *Conclusões*

1.1 Iniciou-se a exposição fixando-se conceitos considerados pressupostos epistemológicos das considerações que se seguiram sobre a função administrativa. A norma jurídica foi conceituada como um imperativo autorizante em que a hipótese é ligada ao conseqüente por um vínculo deôntico. Por força dela, ocorrendo no mundo fenomênico o fato ou fatos descritos na hipótese, deve surgir uma relação jurídica entre duas situações jurídicas – relação e situações, essas, descritas no conseqüente.

1.2 Sob o aspecto formal as normas foram classificadas em gerais e abstratas, gerais e concretas, individuais e abstratas, individuais e concretas. Sob o aspecto substancial, em normas de comportamento – se ordenam de forma final a conduta – e em normas de estrutura – se regulam a produção ou modificação das primeiras.

1.3 Uma terceira classificação foi apresentada: normas podem ser *regras* ou *princípios*. Os princípios exigem que seja atingido um fim, mas não fixam o comportamento a ser adotado para que o fim seja atingido. Ao contrário das regras, que fixam o comportamento a ser adotado. Princípios consistem na positivação de um valor e determinam que esse valor seja concretizado da melhor forma possível; a apuração dessa "melhor forma" depende sempre das circunstâncias do caso concreto. Concluiu-se que os princípios são normas de estrutura, pois disciplinam a edição de outras normas jurídicas, apresentando duas formas distintas. (1) Sempre que uma norma jurídica é elaborada, incide o princípio jurídico impondo ao editor o dever de efetuar uma ponderação entre os princípios relacionados ao caso, de apurar o peso de cada um deles e de considerar o princípio incidente, conforme a medida do peso apurado, no conteúdo da norma editada; o fato descrito na hipótese normativa é a edição de uma norma jurídica; a hipótese é, assim, fechada e a incidência dá-se por ocasião de sua elaboração. (2) Os princípios incidem também quando as circunstâncias lhes atribuem determinado peso, impondo-se a edição de uma regra que concretize o valor neles positivado; nesses casos, o fato descrito na hipótese do princípio não é a edição de uma norma, mas um acontecimento que dê ao princípio determinado peso; trata-se, assim, de uma hipótese aberta, e a incidência não se dá pela elaboração de uma norma jurídica, mas exige a edição desta.

1.4 Adotou-se a teoria teleológica do Estado, considerando-se este uma realidade instrumental, um instrumento do ser humano para realização do *bem comum*. A Constituição foi tomada como fonte de validade de todo o Direito, como um conjunto de normas dotado não apenas de rigidez, mas de supremacia, que funda a ordem jurídica e, conseqüentemente, o Estado.

1.5 Apontou-se uma particularidade da Constituição Brasileira: ela positivou todos os valores que devem ser perseguidos pelo Estado Brasileiro. Do texto constitucional extrai-se uma série de princípios jurídicos tão extensa, que se torna quase impossível uma enumeração precisa. No direito positivo nacional, por isso, os princípios jurídicos estão expressos ou implícitos no texto da Lei Maior, de forma que todo princípio infraconstitucional é, na verdade, a expressão de um princípio constitucional implícito.

2.1 "Função" foi conceituada como atividade dotada de prerrogativas necessárias ao cumprimento do dever de atender ao interesse alheio. Concluiu-se que o Estado sempre exerce uma função, age sempre em prol do interesse dos particulares enquanto partícipes de uma sociedade; e, se exerce poder, o faz tão-somente para cumprimento de seu dever. Diante da presunção absoluta de que a pessoa que detém poder tende a abusar dele, tornou-se imperioso distribuir o exercício da função estatal entre um número razoavelmente grande de pessoas, e para tanto foi necessário um *critério* de divisão ou classificação da função.

2.2 Da análise do art. 2º da CF Brasileira extraiu-se que: (1) o ordenamento jurídico brasileiro adotou, ao menos em linhas gerais, a teoria da separação dos Poderes de Montesquieu; (2) ao utilizar a mesma denominação proposta pelo filósofo francês, o ordenamento adota um critério material de separação de funções: ao Poder Legislativo cabe legislar (*função legislativa*); ao Executivo, executar (*função administrativa*); e ao Judiciário, julgar (*função jurisdicional*); (3) todas as funções estatais pertencem, *a contrario sensu*, a um dos três Poderes, e, assim, referem-se a uma das três funções.

2.3 Passou-se ao exame da função estatal, e seis características foram apresentadas. Pela primeira, a função estatal visa sempre à realização do interesse público. O Estado se faz presente por intermédio de uma das pessoas que o compõem – União, Estados, Distrito Federal, Municípios –, seja diretamente, por meio delas próprias, seja indiretamente, por meio de um ente instituído por elas ou dos particulares em atividade de colaboração. Como a pessoa jurídica, sendo abstrata, não tem consciência, ela é presentada por uma pessoa física. Nem a pessoa jurídica que faz presente o Estado nem o agente público que a faz presente podem perseguir interesse que não seja público.

2.4 Toda função estatal consiste na imposição de um dever, eis sua segunda característica. Como conseqüência, não há faculdade na realização das atividades estatais; trata-se sempre de uma imposição cogente. A edição ou modificação das leis necessárias ao interesso público não é mera faculdade do legislador, mas dever deste; o juiz não pode jamais se abster de julgar; o administrador, mesmo diante de competências discricionárias, tem o dever de buscar a melhor forma de atender ao interesse público.

2.5 A terceira característica fixada foi a seguinte: toda função estatal consiste no cumprimento da Constituição Federal, mais especificamente na aplicação dos princípios constitucionais. Partiu-se de uma classificação: as normas constitucionais podem ser *regras de comportamento*, *regras de estrutura* ou *princípios*. As regras constitucionais de comportamento revelaram-se limites materiais ao exercício da função estatal. As regras constitucionais de estrutura organizam, ou, melhor, constituem a atuação estatal. Constituído o Estado pelas regras constitucionais de estrutura e fixados certos limites pelas regras constitucionais de comportamento, a atuação estatal propriamente consiste no cumprimento dos princípios constitucionais. Considerando não se confundirem a organização da função com seu exercício e que todas as regras não-organizativas consistem na concretização de um princípio, concluiu-se: *legislar*, *julgar* e *administrar* é aplicar os princípios – e, nesse sentido, cumpri-los, *concretizá-los*.

2.6 Passou-se à quarta característica: toda função estatal consiste na edição de normas jurídicas. Como a incidência dos princípios jurídicos ou decorre da edição de uma norma ou causa essa edição, o cumprimento de um princípio jurídico está sempre associado à edição de uma norma jurídica. Diferenciam-se o exercício da função e os efeitos do exercício dessa função ou de seu descumprimento: *legislar*, *julgar* e *administrar* é editar normas, e a edição destas ou seu descumprimento geram efeitos que não se confundem com a ação própria desses verbos.

2.7 Abordou-se, então, a penúltima característica: a vontade é irrelevante no exercício da função pública, pois vícios na manifestação da vontade jamais maculam a norma jurídica editada. Excepcionalmente, em duas hipóteses, configuradas somente no exercício da função administrativa discricionária, o desvirtuamento da manifestação de vontade adquire relevância, não constituindo, porém, vício da norma editada: a primeira é o erro quanto aos pressupostos de fato, que possivelmente pode implicar uma causa viciada; a segunda é o desvio de finalidade, que sempre implica uma finalidade viciada. Nessas hipóteses o vício de vontade não constitui vício da atuação estatal, mas meio de apuração deste.

2.8 Apontou-se, finalmente, a última característica da função estatal: ela consiste na edição de atos jurídicos. Diante da imprestabilidade da teoria privada dos atos e dos fatos jurídicos, baseada na vontade, fez-se necessária a formulação de uma nova teoria, que fosse aplicável tanto ao direito privado quanto ao direito público. Adotou-se a proposta de Celso Antônio Bandeira de Mello, conceituando-se *atos jurídicos* como dicções prescritivas de direito e *fatos jurídicos* como acontecimentos aos quais a lei atribui efeitos jurídicos. Da análise dessa proposta constatou-se que *atos jurídicos* são sinônimos de *normas jurídicas*. Após a análise de todas as espécies de fatos jurídicos, conclui-se que nenhum fato, tomado em si mesmo, consiste no exercício de função estatal. Afastou-se a tendência de considerar tudo que é praticado pelo agente público como exercício de uma função pública. Como o Estado, em última análise, faz-se presente por intermédio do agente, toda atividade do agente é uma atividade do Estado, porém nem toda atividade estatal consiste no exercício de uma função pública. Esta se restringe à prescrição de comportamentos, à disciplina das relações humanas – enfim, à edição de normas jurídicas e, assim, de atos jurídicos: os atos materiais imputados ao Estado correspondem à atividade estatal, mas não à função pública, são fatos jurídicos. Por fim, apontou-se a diferença entre o veículo introdutor de normas e a norma por ele introduzida e, em decorrência da diretriz científica que recrimina dar a mesma denominação a realidades distintas, fixou-se a denominação "ato jurídico" para o veículo introdutor. Concluiu-se: exercer função estatal é editar atos jurídicos, ou seja, veículos introdutores de normas jurídicas.

3.1 A etapa seguinte foi o exame da função legislativa. Constatou-se que "legislar", sob o aspecto formal, é editar sete veículos introdutores de normas: leis complementares, ordinárias ou delegadas; medidas provisórias; decretos legislativos; resoluções e regimentos. Concluiu-se que o Poder Judiciário exerce excepcionalmente função legislativa com a iniciativa de projetos de leis e com a edição dos regimentos internos, o Poder Executivo exerce-a excepcionalmente com a iniciativa de projetos de lei, com a sanção ou veto das leis e com a edição de medidas provisórias e das leis delegadas. A teoria da separação de Poderes – constatou-se – não foi adotada pelo ordenamento brasileiro de forma radical: a função legislativa é exercida pelos três Poderes. É, porém, exercida pelos Poderes Executivo e Judiciário em alguns casos pontuais, expressamente previstos, que devem ser tomados como exceção: vige a regra de que função legislativa cabe ao Poder Legislativo.

3.2 Quando o constituinte usa uma palavra, ele constitucionaliza um determinado significado. Por isso, toda palavra utilizada na Constituição tem um núcleo essencial significativo que está constitucionalizado. Uma palavra constitucional não é uma forma vazia, um "x" ou um "y" ao qual se pode atribuir qualquer conteúdo: a utilização da palavra importa a utilização de um significado, e este, ao menos em seu aspecto essencial, constitucionalizou-se junto com a palavra. Em conseqüência disso, concluiu-se pela impossibilidade de se atribuir apenas um conteúdo formal ao verbo "legislar"; ele não indica simplesmente tudo que tenha a forma de lei, há um aspecto material ou substancial que o caracteriza. Esse aspecto não despreza o ordenamento jurídico: "legislar" não é uma palavra oca, mas nada impede que o constituinte fixe alguns contornos conceituais – contornos, esses, que jamais poderão ser desprezados.

3.3 Concluiu-se que "legislar", sob o ponto de vista substancial, é fixar, após uma ponderação efetuada, os meios de serem atingidos os fins constitucionais – meios, esses, indissociavelmente ligados ao resultado da ponderação realizada. O exercício da função legislativa, em síntese, consiste: (1) na apuração dos princípios constitucionais a serem concretizados; (2) na ponderação entre esses princípios e na apuração do peso que cada um possui diante das circunstâncias fáticas e diante do próprio sistema constitucional; (3) na instituição de meios para concretização dos fins exigidos pelos princípios – meios, esses, que reflitam a ponderação efetuada. O conteúdo substancial da função legislativa, em síntese, é a apuração da medida da exigência constitucional de busca de determinados fins e a fixação, de acordo com a medida apurada, dos meios necessários ao alcance desses fins.

3.4 Fixado o núcleo essencial da função legislativa, passou-se ao exame dos contornos fixados pelo direito positivo. Constatou-se que o processo de ponderação e concretização dos princípios constitucionais não se inicia com o legislador, mas com o constituinte: a forma de positivação dos princípios indica que este já efetuou ponderações e atribuiu, por força delas, pesos diferenciados aos valores que positivou. Essas diferenças apriorísticas de peso constituem elementos normativos delimitadores do conceito jurídico de "função legislativa": a ponderação efetuada pelo legislador (e isso vale para todos os agentes públicos) deve observar os diferentes pesos previamente atribuídos pelo constituinte aos valores positivados.

3.5 Em seguida, fixou-se o segundo contorno normativo da função legislativa: há regras constitucionais de estrutura que, ao instituírem uma reserva legal, tornam determinadas matérias privativas de lei, ou seja, as normas que tratam dessas matérias só poderão ser postas no sistema por meio do exercício da função legislativa – e, mais precisamente, pela edição de um veículo introdutor de normas específico, a lei.

3.6 Conclui-se, pelo exposto sobre a função estatal, que, rigorosamente, nenhum agente estatal é senhor absoluto, nenhuma função estatal é atividade de proprietário – e, nesse sentido, tanto a legislação como a jurisdição também são uma espécie de administração. No entanto, as pessoas jurídicas que presentam o Estado são proprietárias de bens, e, como proprietárias, sempre tendo em vista o interesse público, têm que exercer poderes próprios da propriedade. Daí o terceiro contorno normativo fixado: o exercício das prerrogativas que, por mera analogia, são similares às de um proprietário, são próprias da função legislativa. Se o interesse público exigir a alienação ou aquisição de um bem, a realização de um empréstimo, necessitar-se-á de expressa autorização do Poder Legislativo.

4.1 Após o exame da função legislativa, iniciou-se o da administrativa, ressalvando-se que a compreensão desta só estaria completa ao final da exposição. Preferiu-se a denominação "função administrativa" a "função executiva", por dois motivos: primeiro, porque foi a utilizada pelo constituinte (título do Capítulo VII do Título III). Mais forte, porém, é a razão prática: se a função legislativa é, salvo exceções expressamente previstas, privativa do Legislativo e a jurisdicional, sem exceções previstas, privativa do Judiciário, a função administrativa não é privativa do Executivo. Considerou-se incorreto afirmar que a função administrativa é excepcionalmente exercida pelos Poderes Legislativo e Judiciário, pois eles a exercem para todos os assuntos relacionados à sua estrutura íntima. Afirmou-se, porém, que a função administrativa é precipuamente exercida pelo Executivo, pois é privativa deste para todos os assuntos estranhos à intimidade dos demais Poderes.

4.2 Ressalvou-se que a função administrativa pode concretizar-se na edição de resoluções, decretos legislativos e leis ordinárias. Para efeito de simplificação, todavia, reduziu-se o exercício da função administrativa à edição de atos administrativos. Sob o aspecto formal, conceituou-se "função administrativa" como a edição de atos administrativos, seja pelo Legislativo, seja pelo Judiciário, nas matérias relacionadas à sua organização e atuação funcional, seja pelo Executivo, para todas as demais matérias. Esse aspecto formal, pelos mesmos motivos assinalados para a função legislativa, foi considerado insuficiente.

4.3 Considerou-se o exame do princípio da legalidade um pressuposto para a compreensão do significado material da função administrativa. A ruptura com o Absolutismo Monárquico, empreendida pela Revolução Francesa, foi positivada na Constituição Francesa de 3.9.1791. Esse documento consistiu numa radical adoção da teoria da tripartição dos Poderes de Montesquieu, e dele extraiu-se a chamada *concepção clássica* do princípio da legalidade, segundo a qual o Poder Executivo limita-se tão-somente a executar as leis editadas pelo Poder Legislativo. Em conseqüência do Nazismo, todavia, surgiram duas novas concepções sobre o princípio da legalidade, chamadas na exposição de *doutrina francesa* e *doutrina alemã*.

4.4 A concepção francesa decorre do art. 37 da Constituição de 4.10.1958: a função legislativa, afora alguns casos expressamente mencionados, passou a ser exercida solidariamente pelo Legislativo e pelo Executivo, criou-se a figura do *regulamento autônomo*, que, substancialmente, em nada difere da lei. Essa concepção praticamente aboliu o princípio da legalidade, dividindo a função legislativa entre os dois Poderes. A concepção alemã funda-se no conceito de "princípio jurídico" e parte da seguinte diretriz: a lei deve ser cumprida pela Administração na medida em que esse cumprimento represente o cumprimento dos princípios constitucionais. A concepção alemã manteve o princípio da legalidade, mas o submeteu a uma complexa concepção principiológica.

4.5 Mencionou-se a existência de duas correntes no direito público brasileiro: a primeira defende a manutenção da concepção clássica do princípio da legalidade, a segunda defende uma concepção próxima da francesa. Dois fatores justificaram o aparecimento da segunda corrente: a tradicional tendência do Poder Executivo Brasileiro a exorbitar de suas competências e a natural existência de juristas prontos a defenderem os interesses dos detentores do Poder. Muito se aproxima da atual concepção francesa, diferenciando-se dela apenas pela exigência de uma genérica autorização legislativa. Concluiu-se, todavia, tratar-se de infeliz equívoco científico, por três motivos: não há na Constituição Brasileira de 1988 um dispositivo similar ao art. 37 da Constituição Francesa; a Constituição adota expressamente no art. 5º, II, o princípio da legalidade e restringe, no art. 84, IV, os decretos e regulamentos à fiel execução das leis; a previsão constitucional da lei delegada, no art. 68, proíbe uma autorização legislativa para que a matéria seja disciplinada por regulamento. Concluiu-se: a concepção francesa do princípio da legalidade, em que o Executivo pode exercer função legislativa por regulamento, mostra-se inaceitável no ordenamento jurídico brasileiro, ainda que haja uma autorização legislativa expressa.

4.6 Afastada a concepção francesa, voltou-se ao exame da concepção alemã, pela qual se extraem do princípio da legalidade duas importantes conseqüências: a ponderação em abstrato é privativa da função legislativa, a administração só pode efetuar ponderações em concreto, jamais ponderações em abstrato; na ponderação administrativa a ponderação efetuada pelo legislador deve sempre ser levada em consideração, e somente pode ser afastada se, diante das circunstâncias, o princípio privilegiado pela lei, acrescido do princípio formal de que a ponderação legislativa deve ser obedecida, for, razoavelmente, menos pesado que um princípio oposto. Passou-se ao exame de sua compatibilidade com o direito positivo brasileiro. Observou-se que, em favor da manutenção do conceito tradicional, não existe na Constituição Alemã, de 23.5.1949, um dispositivo similar ao do inciso II do art. 5º da CF Brasileira. Esse forte argumento da concepção tradicional, todavia, cedeu em face de três argumentos a favor da concepção alemã. O primeiro é de ordem *normativa*: o próprio sistema constitucional brasileiro exige uma teoria de aplicação do Direito voltada para as peculiaridades dos princípios jurídicos, e a concepção alemã descrita é a que se mostra mais condizente com essa exigência. O segundo é de ordem técnica: num sistema em que vigora uma série de princípios em constante colisão, cumprir a lei de ofício é impossível sem a preconizada *ponderação*, por isso as soluções defendidas pela concepção alemã são plenamente aceitas pela doutrina e jurisprudência brasileiras, sem, no entanto, uma clara fundamentação. O último é de ordem *prática*: se o povo europeu viu-se forçado a desenvolver concepções teóricas de enfraquecimento do poder parlamentar, por não confiar plenamente em seus Parlamentos, como negar a existência no povo brasileiro de igual ou maior desconfiança em seu Legislativo, legitimadora de concepções similares? Por fim, o exame do art. 17 da Lei 9.427/1996 evidenciou o acerto da concepção defendida.

4.7 A função administrativa, tal como a legislativa – constatou-se –, consiste numa ponderação; mas, enquanto esta é efetuada tendo em vista a antecipação do caso concreto, aquela é efetuada tendo em vista o próprio caso concreto. Sob o ponto de vista substancial, concluiu-se que a função administrativa consiste na apuração da medida constitucional da exigência de cumprimento de determinados fins, tendo em vista as circunstâncias do caso concreto, a atividade legislativa até então exercida e as diferenças de peso efetuadas pelo constituinte; bem como a fixação para o caso concreto, de acordo com a medida apurada, dos meios necessários para realização desses fins. A esse conceito material acrescentaram-se os contornos traçados pelo constituinte: a apuração da medida dessa exigência deve atentar não só para as condições fáticas, mas também para as condições jurídicas, e estas decorrem das diferenças de peso atribuídas pelo constituinte e pelo legislador, acrescidas, respectivamente, do peso atribuído por um princípio formal de que as ponderações constitucional e legislativa devem ser observadas; a ponderação administrativa deve observar rigorosamente as cláusulas de reserva legal; e, por fim, no exercício de função administrativa não poderão ser exercidas prerrogativas similares às de um proprietário sem expressa autorização legislativa.

5.1 Examinou-se, após, a função jurisdicional. Sob o ponto de vista formal, ela consiste na elaboração de dois veículos introdutores de normas: a sentença e o acórdão. Sob o ponto de vista material, trata-se de atividade privativa do Poder Judiciário, em que este resolve definitivamente as controvérsias sobre a aplicação do Direito a ele submetidas. Desse conceito material extraíram-se três notas fundamentais: o exercício das funções legislativa e administrativa sempre poderá ser revisto pelo Poder Judiciário; conseqüentemente, somente a função jurisdicional possui a nota de *definitividade* (coisa julgada); o Poder Judiciário jamais age de ofício, só atua se provocado.

5.2 A revisão efetuada pelo Judiciário mereceu esclarecimento: *função jurisdicional* consiste na apuração, quando provocada, da medida constitucional da exigência de cumprimento de determinados fins, tendo em vista as circunstâncias do caso, o peso em abstrato fixado pelo próprio constituinte, as ponderações efetuadas pelo Legislativo e pela Administração; bem como a fixação, com caráter definitivo, de acordo com a medida apurada, dos meios necessários para realização desses fins. A este conceito acrescentaram-se três contornos decorrentes do direito positivo. Ao apreciar as ponderações efetuadas pelo legislador e pela Administração, o Judiciário deve atentar para a existência de um princípio formal, decorrente da separação de Poderes, que atribui uma primazia às ponderações efetuadas pelos outros Poderes. Assim, somente se, diante das circunstâncias do caso concreto, o princípio afastado pela ponderação legislativa ou administrativa tiver maior peso que a soma do princípio por ela beneficiado acrescido do princípio formal que lhe dá primazia poderá o Judiciário considerar, respectivamente, inconstitucional a lei editada pelo Legislativo ou ilegal o ato administrativo proferido pela Administração. A função jurisdicional, além disso, possui um regime peculiar: é regida por um conjunto de cânones consagrados pela evolução da Humanidade como exigências para uma decisão justa, destacando-se, dentre eles, a imparcialidade do agente. O terceiro e último contorno decorre da possibilidade dada ao Legislativo de, caso a ponderação por ele efetuada revele necessário, retirar determinada matéria do âmbito da função administrativa e inseri-la no âmbito da função jurisdicional. Ao atribuir a atividade ao Judiciário e, em decorrência disso, submetê-la ao regime próprio da atividade jurisdicional, alargam-se os contornos dessa função. Ela, portanto, além de consistir na solução definitiva de controvérsias de aplicação do Direito, consiste também no exercício das atividades às quais o legislador atribuiu o regime próprio dessa solução.

6. As três funções estatais correspondem, conforme constatado, a três etapas de realização do Direito, ou, melhor, de concretização dos princípios constitucionais, que ocorre em quatro momentos: primeiro é efetuada uma ponderação pelo constituinte, depois pelo legislador, depois pelo administrador ou pelos particulares e, por fim, pelo juiz. As três funções estatais apresentam-se indissoluvelmente relacionadas e voltam-se para o mesmo objetivo: a concretização dos princípios constitucionais.

7.1 Por fim, para o completo entendimento da função administrativa, teceram-se algumas considerações sobre o ato administrativo. Este é um gênero abrangente de todos os veículos introdutores pertinentes à função administrativa. É um ato jurídico – ç, portanto, veículo de introdução de uma norma jurídica. Fixou-se: a *lei* é um veículo introdutor de uma *norma legal* (ressalvadas as excepcionais leis introdutoras de normas administrativas), o *ato administrativo* é o veículo de introdução de uma *norma administrativa*.

7.2 O exercício da função administrativa consiste, pois, na edição de atos administrativos, e esta sempre decorrerá de uma imposição do sistema jurídico. De duas, uma: ou a lei exige que o ato seja expedido, ou essa exigência decorre diretamente de um princípio constitucional. A juridicização do fato, porém, não decorre simplesmente da incidência da regra, constitucional ou legal, ou do princípio, mas do resultado da ponderação efetuada pela Administração. Concluiu-se que a ponderação administrativa é sempre um *pressuposto* para a edição do ato administrativo, é ela que indicará a norma incidente (se é a regra legal, se é a regra ou o princípio constitucional), o fato a ser juridicizado e as situações a serem instituídas no conseqüente da norma.

7.3 O fato descrito na antecedente da norma administrativa – afirmou-se – pode estar, ou não, descrito numa lei. Bem possível que determinadas circunstâncias fáticas atribuam a um princípio tal peso, que este exija a instituição de uma relação jurídica, independente da prévia descrição dessas circunstâncias no antecedente de uma regra legal. É a ponderação administrativa – insistiu-se – que indicará qual a norma, legal ou constitucional, regra ou princípio, a ser aplicada. Aos fatos descritos imputar-se-á uma relação jurídica entre duas situações. Numa dessas situações estará necessariamente presente o *Estado*: toda norma administrativa institui uma situação jurídica em que o Estado se faz presente.

7.4 Nem toda atividade estatal consiste no exercício de função estatal, mas depende deste exercício: para que o se Estado faça presente é necessária a instituição de uma situação jurídica, ou seja, a prévia incidência de uma norma. A presença do Estado indica, portanto, a edição de uma norma, e, assim, o exercício de uma função estatal. Disso decorreu um critério de identificação da função administrativa: ela existe sempre que houver atuação estatal e não se configurar a função legislativa, nem a jurisdicional.

7.5 A situação jurídica do Estado é sempre uma situação de *dever jurídico*, dever de concretização do interesse público. A situação própria dos particulares, em que estes defendem interesses egoísticos, desvinculados de uma dimensão coletiva, é, por isso, incompatível com a presença do Estado. Concluiu-se que a situação jurídica do Estado é sempre uma situação de dever regida pelo direito público, ainda que aplicáveis certas regras de direito privado. O regime de direito privado não é ditado pela aplicação das regras de direito privado, mas pela incidência de princípios que possibilitem a busca de interesses privados. Concluiu-se: a figura do Estado é incompatível com o regime privado, implicará sempre a incidência do regime de direito público configurador da situação de dever de concretização dos princípios constitucionais. Negou-se, portanto, a possibilidade de atos da Administração regidos pelo direito privado: a Administração pode submeter-se às normas de direito privado, mas seus atos serão regidos pelo direito público.

7.6 Por fim, efetuou-se breve exame dos regulamentos. São atos administrativos possuidores de uma peculiaridade: as normas por eles introduzidas são dotadas de *abstração*. Os regulamentos, porém, não têm em vista a circunstância do caso concreto, nem consistem numa antecipação deste. Fixam as medidas necessárias ao cumprimento da ponderação legislativa partindo do pressuposto de que ela será exigível.

Referências bibliográficas

ALBUQUERQUE, Ronaldo de Medeiros e (1998). "Ato administrativo, ato-fato administrativo". *RTDP* 23/40-69. São Paulo, Malheiros Editores.

ALESSI, Renato (1970). *Instituciones de Derecho Administrativo*. t. I, trad. da 3ª ed. italiana por Buenaventura Pellisé Prats. Barcelona, Bosch.

ALEXY, Robert (2002). "Sistema jurídico, principios jurídicos y razón práctica". *Derecho y Razón Práctica*. 2ª reimpr. México, Fontamara (pp. 7-24).

__________ (2002a). *Teoría de los Derechos Fundamentales*. 1ª ed., 2ª reimpr., trad. de Ernesto Garzón Valdés. Madri, Centro de Estudios Políticos y Constitucionales.

AMARAL, Antônio Carlos Cintra do (1974). "Conceito e elementos do ato administrativo". *RDP* 32/36-42. São Paulo, Ed. RT, novembro-dezembro/1974.

AMARAL, Francisco (2000). *Direito Civil: Introdução*. Rio de Janeiro, Renovar.

ARRUDA, José Jobson de A. (1993). *Histórica Moderna e Contemporânea*. 25ª ed. São Paulo, Ática.

ATALIBA, Geraldo, e GONÇALVES, J. A. Lima (1994). "Excedente contábil – Sua significação nas atividades pública e privada". *RTDP* 6/277-280. São Paulo, Malheiros Editores.

ÁVILA, Ana Paula Oliveira (2004). *O Princípio da Impessoalidade da Administração Pública: para uma Administração Imparcial*. Rio de Janeiro, Renovar.

ÁVILA, Humberto (2003). *Teoria dos Princípios: da Definição à Aplicação dos Princípios Jurídicos*. São Paulo, Malheiros Editores.

BANDEIRA DE MELLO, Celso Antônio (2004). *Curso de Direito Administrativo*. 17ª ed. São Paulo, Malheiros Editores.

__________ (1990). *Regime Constitucional dos Servidores da Administração Direita e Indireta*. São Paulo, Ed. RT.

__________ (1981). *Ato Administrativo e Direito dos Administrados*. São Paulo, Ed. RT.

__________ (1981a). "Eficácia das normas constitucionais sobre justiça social". *RDP* 57-58/233-256. São Paulo, Ed. RT, janeiro-junho/1981.

__________ (1975). *Apontamentos sobre os Agentes e Órgãos Públicos*. 2ª tir. São Paulo, Ed. RT.

BANDEIRA DE MELLO, Oswaldo Aranha (1969). *Princípios Gerais de Direito Administrativo*. vol. I. Rio de Janeiro, Forense.

__________ (1948). *A Teoria das Constituições Rígidas*. São Paulo, Prefeitura do Município de São Paulo.

__________ (1948a). *Natureza Jurídica do Estado Federal*. São Paulo, Prefeitura do Município de São Paulo.

BASTOS, Celso Ribeiro (1999). *Hermenêutica e Interpretação Constitucional*. 2ª ed. São Paulo, Celso Bastos Editor/Instituto Brasileiro de Direito Constitucional.

BÉNOIT, Francis-Paul (1968). *Le Droit Administratif Français*. Paris, Dalloz.

BOBBIO, Norberto (2001). *Teoria da Norma Jurídica*. Trad. de Fernanda Pavan Baptista e Ariani Bueno Sudatti. São Paulo, Edipro.

__________ (1999). *Teoria do Ordenamento Jurídico*. 10ª ed., trad. de Maria Celeste Cordeiro Leite dos Santos. Brasília, Ed. UnB.

__________, MATTEUCCI, Nicola, e PASQUINO, Gianfranco (2000). *Dicionário de Política*. 5ª ed., trad. de Cármen C. Varrialle e outros. Brasília: Ed. UnBrasília/São Paulo, Imprensa Oficial do Estado de São Paulo.

CANOTILHO, J. J. Gomes (2000). *Direito Constitucional e Teoria da Constituição*. 4ª ed. Coimbra, Livraria Almedina.

CARRAZZA, Roque Antonio (2002). *Curso de Direito Constitucional Tributário*. 18ª ed. São Paulo, Malheiros Editores.

CARRIÓ, Genaro R. (1994). *Notas sobre Derecho y Lenguaje*. 4ª ed., 1ª reimpr. Buenos Aires, Abeledo-Perrot.

CARVALHO, Paulo de Barros (1999). *Direito Tributário: Fundamentos Jurídicos da Incidência*. 2ª ed. São Paulo, Saraiva.

CASTRO, Carlos Roberto Siqueira (2003). *A Constituição Aberta e os Direitos Fundamentais: Ensaio sobre o Constitucionalismo Pós-Moderno e Comunitário*. Rio de Janeiro, Forense.

CERQUINHO, Maria Cuervo Silva Vaz (1978). "Conceito e elementos do ato administrativo". *RDP* 47-48/15-27. São Paulo, Ed. RT, julho-dezembro/1978.

CINTRA, Antônio Carlos de Araújo, DINAMARCO, Cândido Rangel, e GRINOVER, Ada Pellegrini (1995). *Teoria Geral do Processo*. 11ª ed. São Paulo, Malheiros Editores.

CIRNE LIMA, Ruy (1954). *Princípios de Direito Administrativo Brasileiro*. 3ª ed. Porto Alegre, Sulina.

DALLARI, Dalmo de Abreu (1995). *Elementos de Teoria Geral do Estado*. 19ª ed. São Paulo, Saraiva.

DINAMARCO, Cândido Rangel (2002). *A Instrumentalidade do Processo*. 10ª ed. São Paulo, Malheiros Editores.

__________, CINTRA, Antônio Carlos de Araújo, e GRINOVER, Ada Pellegrini (1995). *Teoria Geral do Processo*. 11ª ed. São Paulo, Malheiros Editores.

DINIZ, Maria Helena (1995). *Curso de Direito Civil Brasileiro*. 11ª ed. São Paulo, Saraiva.

DWORKIN, Ronald (2002). *Levando os Direitos a Sério*. 1ª ed., trad. de Nelson Boeira. São Paulo, Martins Fontes.

FARIA, Ernesto (2003). *Dicionário Latino-Português*. Belo Horizonte, Garnier.

FERREIRA FILHO, Manoel Gonçalves (2001). *Do Processo Legislativo*. São Paulo, Saraiva.

FORSTHOFF, Ernst (1958). *Tratado de Derecho Administrativo*. Trad. de Legaz Lacambra, Garrido Falla e Gómez de Ortega y Junge. Madri, Instituto de Estudios Políticos.

GIL, José Luis Meilan (1967). *La Distinción entre Norma y Acto Administrativo*. Madri, Escuela Nacional de Administración Pública.

GOMES, Orlando (2001). *Introdução ao Direito Civil*. 18ª ed. Rio de Janeiro, Forense.

GONÇALVES, J. A. Lima, e ATALIBA, Geraldo (1994). "Excedente contábil – Sua significação nas atividades pública e privada". *RTDP* 6/277-280. São Paulo, Malheiros Editores.

GORDILLO, Agustín (2001). *Tratado de Derecho Administrativo: El Acto Administrativo*. 2ª ed. colombiana, vol. III. Colômbia, Fundación de Derecho Administrativo/Biblioteca Jurídica Diké.

__________ (1998). *Tratado de Derecho Administrativo – Parte General*. 1ª ed. colombiana, vol. I. Colômbia, Fundación de Derecho Administrativo/Biblioteca Jurídica Diké.

GRINOVER, Ada Pellegrini, CINTRA, Antônio Carlos de Araújo, e DINAMARCO, Cândido Rangel (1995). *Teoria Geral do Processo*. 11ª ed. São Paulo, Malheiros Editores.

GROTTI, Dinorá Adelaide Musetti (2003). *O Serviço Público e a Constituição Brasileira de 1988*. São Paulo, Malheiros Editores.

JELLINEK, Georg (2002). *Teoría General del Estado*. 1ª reimpr., "Prólogo" e trad. de Fernando de los Ríos. México, Fondo de Cultura Económica.

JOLIVET, Régis (1986). *Curso de Filosofia*. 16ª ed. Rio de Janeiro, Agir.

JUSTEN, Mônica Spezia (2003). *A Noção de Serviço Público no Direito Europeu*. São Paulo, Dialética.

KELSEN, Hans (2000). *Teoria Geral do Direito e do Estado*. Trad. de Luís Carlos Borges. São Paulo, Martins Fontes.

__________ (1984). *Teoria Pura do Direito*. 6ª ed., trad. de João Baptista Machado. Coimbra, Arménio Amado Editor.

MARTINS, Ricardo Marcondes (2004). "O conceito científico de processo administrativo". *RDA* 235/321-381. Rio de Janeiro, janeiro-março/2004.

MATTEUCCI, Nicola, BOBBIO, Norberto, e PASQUINO, Gianfranco (2000). *Dicionário de Política*. 5ª ed., trad. de Cármen C. Varrialle e outros. Brasília, Ed. UnB/São Paulo, Imprensa Oficial do Estado de São Paulo.

MAYER, Otto (1903). *Droit Administratif Allemand – Partie Générale*. t. I. Paris, V. Giard & Brière Libraires-Éditeurs.

MONTESQUIEU (1979). *Do Espírito das Leis*. 2ª ed., "Introdução" e notas de Gonzague Truc, trad. de Fernando Henrique Cardoso e Leôncio Martins Rodrigues. São Paulo, Abril Cultural/Coleção Os Pensadores.

MOUSSALEM, Tárek Moysés (2001). *Fontes do Direito Tributário*. São Paulo, Max Limonad.

PASQUINO, Gianfranco, BOBBIO, Norberto, e MATTEUCCI, Nicola (2000). *Dicionário de Política*. Trad. de Cármen C. Varrialle e outros. Brasília, Ed. UnB/São Paulo, Imprensa Oficial do Estado de São Paulo.

PEREIRA, André Gonçalves (1970). *Erro e Ilegalidade no Acto Administrativo*. Lisboa, Ática.

PERLINGIERI, Pietro (2002). *Perfis do Direito Civil: Introdução ao Direito Civil Constitucional*. 2ª ed., trad. de Maria Cristina De Cicco. Rio de Janeiro, Renovar.

REALE, Miguel (2002). *Filosofia do Direito*. 19ª ed. São Paulo, Saraiva.

ROCHA, Sílvio Luís Ferreira (1999). "Irrelevância da vontade do agente na teoria do ato administrativo". *RTDP* 25/43-55. São Paulo, Malheiros Editores.

ROLIN, Luiz Antônio (2003). *Instituições de Direito Romano*. 2ª ed. São Paulo, Ed. RT.

SANTI, Eurico Marcos Diniz de (2001). *Lançamento Tributário*. 2ª ed., 2ª tir. São Paulo, Max Limonad.

SEABRA FAGUNDES, M. (1950). *O Controle dos Atos Administrativos pelo Poder Judiciário*. 2ª ed. Rio de Janeiro, José Konfino Editor.

SILVA, José Afonso da (2000). *Aplicabilidade das Normas Constitucionais*. 4ª ed. São Paulo, Malheiros Editores.

SILVA, Luís Virgílio Afonso da (2002). "A proporcionalidade e o razoável". *RT* 798/23-50. São Paulo, Ed. RT, abril/2002.

SILVA PEREIRA, Caio Mário da (1996). *Instituições de Direito Civil*. 6ª ed. Rio de Janeiro, Forense.

STASSINOPOULOS, Michel D. (1973). *Traité des Actes Administratifs*. Atenas, Librairie Générale de Droit et de Jurisprudence.

SUNDFELD, Carlos Ari (1994). "Entidades administrativas e noção de lucro". *RTDP* 6/263-268. São Paulo, Malheiros Editores.

__________ (1990). "Competência legislativa em matéria de processo e procedimento". *RT* 657/32-36. Ano 79. São Paulo, Ed. RT, julho/1990.

TAVARES, André Ramos (2002). *Curso de Direito Constitucional*. São Paulo, Saraiva.

TEIXEIRA, José Horácio Meirelles (1991). *Curso de Direito Constitucional*. Texto organizado e atualizado por Maria Garcia. Rio de Janeiro, Forense Universitária.

TELLES JR., Goffredo (1985). *Direito Quântico*. 6ª ed. São Paulo, Max Limonad.

VIEHWEG, Theodor (1979). *Tópica e Jurisprudência*. Trad. de Tércio Sampaio Ferraz Jr. Brasília, Departamento de Imprensa Nacional (título original: *Topik und Rechtsphilosophie*).

ZAGO, Lívia Maria Armentano Koenigstein (2001). *O Princípio da Impessoalidade*. Rio de Janeiro, Renovar.

ÂMBITO DE VALIDADE DA LEI DE PROCESSO ADMINISTRATIVO (LEI 9.784/1999) – PARA ALÉM DA ADMINISTRAÇÃO FEDERAL

Uma Proposta de Interpretação conforme a Constituição de seu Art. 1º

BERNARDO STROBEL GUIMARÃES

Mestrando em Direito Administrativo na USP
– Especialista em Direito Administrativo e Direito Tributário

1. Introdução. 2. Comentários ao "caput": 2.1 Âmbito de incidência da Lei de Processo Administrativo. Para além da Administração Federal – 2.2 Distinção entre "processo" e "procedimento" como pressuposto necessário para fixação da incidência da Lei Federal de Processo Administrativo e suas contingências – 2.3 Fixação do alcance da lei e interpretação possível da reserva federativa do seu art. 1º, "caput". 3. Comentários ao § 1º: do exercício da função administrativa como critério de fixação da incidência da Lei 9.784/1999. 4. Comentários ao § 2º: impossibilidade de se determinar a incidência da Lei Federal de Processo Administrativo exclusivamente pelo critério orgânico ou subjetivo. 5. Conclusões pontuais.

1. Introdução

Nada obstante a Lei de Processo Administrativo não figurar propriamente entre as novidades do direito administrativo brasileiro, muito ainda há de se trabalhar com ela para que se fixe seu real alcance, firmando-se, vez por todas, as reais possibilidades de seu manejo.[1] Muito do instrumental contido na Lei 9.784/1999 (Lei Federal de Processo Administrativo – LPAF) ainda carece de ser estudado com os rigores que o tema exige – e, portanto, aplicado de maneira corriqueira.

Aliás, o momento para repensar a Lei de Processo Administrativo não poderia ser

1. Acerca da atualidade e possibilidades em aberto do tema, eloqüentes as palavras de Carlos Ari Sundfeld: "O direito administrativo brasileiro sofreu, em 1999, um impacto cujos efeitos devem se fazer sentir nos próximos anos, podendo-se antever sua significativa transformação. A razão é o surgimento de duas leis gerais sobre processo (ou procedimento) administrativo" ("Processo e procedimento administrativo no Brasil", *As Leis de Processo Administrativo – Lei Federal 9.784/1999 e Lei Paulista 10.177/1998*, São Paulo, Malheiros Editores, 2000, p. 17).

mais propício, haja vista as próprias alterações que se fazem sentir no bojo do direito administrativo. Um dos pontos onde manifestamente a mudança se manifesta é na *necessidade, cada vez maior, de justificar o exercício da função administrativa.* Este influxo, mais que impor a necessidade de se repensar o alcance da "motivação" dos atos estatais, predica a necessidade de haver canais arejados e efetivos de diálogo entre o cidadão e a Administração Pública. Cada vez mais se caminha para um direito administrativo de "Estado" – e, pois, constitucional –, deixando para trás um paradigma de direito administrativo de "Governo". Está-se a preferir o interesse público primário em detrimento do secundário, o que manifestamente não pode prescindir do diálogo entre os diferentes atores da relação estatal, que tem como seu vértice necessário o cidadão. Diálogo, este, do qual o cidadão foi, por muito tempo, alijado.

Diante deste quadro de alteração do direito administrativo inaugurado pela Constituição de 1988, o processo administrativo ganha *status* constitucional, justamente por ser via idônea para que se instaure o diálogo entre a Administração Pública e os cidadãos. Mais que o atendimento do seu caminho lógico, *deve a ação administrativa demonstrar que vem a pôr em marcha reclames legítimos que vão ao encontro do interesse público.* Nesta quadra, o processo administrativo ganha relevo como forma de legitimação do agir estatal e, por definição da Constituição, justificação do próprio exercício do "poder".[2]

Conclui-se, pois, que *o processo administrativo, máxime em função de sua índole constitucional, é dos instrumentos mais poderosos para que se tenha um exercício democrático e legítimo do agir estatal.* Infelizmente, esta ferramenta é subutilizada, deixando baldo de sentido um importante quadrante da Constituição.

Não por outra razão afirmou o STJ, em acórdão que cuida do tema: "A Lei n. 9.784/1999 é, certamente, um dos mais importantes instrumentos de controle do relacionamento entre Administração e cidadania. Seus dispositivos trouxeram para nosso direito administrativo o devido processo legal. Não é exagero dizer que a n. Lei 9.784/1999 instaurou, no Brasil, o verdadeiro Estado de Direito".[3]

Neste espírito, um dos pontos que ainda está a merecer análise adequada da doutrina e da jurisprudência é a *fixação adequada do âmbito de validade da LPAF.* Não bastasse, por si só, ser movediço o trato com a referida lei, razões de índole constitucional concorrem para o fenômeno de sua subutilização; aliando-se à timidez com que se tem manejado a Lei 9.784/1999, soma-se a própria incerteza que ainda gera o fenômeno da processualidade no âmbito da Administração, erigido pela Constituição.

Feito este aporte introdutório, à guisa de *estado da arte*, cabe justificar minimamente o presente ensaio.

Como já se teve o ensejo de deixar entrever, *o eixo lógico-jurídico que permite elucidar o grosso das dúvidas em relação à LPAF reside em seu cotejo com as disposições constitucionais que dão conteúdo e suporte à processualidade administrativa.* Destarte, qualquer dúvida em relação aos limites e possibilidades de aplicação da LPAF deve remeter o intérprete, de imediato, ao Texto Magno.

Com este cuidado (*ao menos uma pretensão sincera neste sentido*), aborda-se

2. Anota, sobre o tema, Diogo de Figueiredo Moreira Neto: "Com efeito, a idéia do processo como instrumento de legitimação na Filosofia moderna, especialmente na Ética Política, fruto da racionalidade argumentativa, tem merecido a atenção dos mais conspícuos pensadores do Direito contemporâneo" (in *Direito Regulatório*, Rio de Janeiro, Renovar, 2003, p. 156).

3. STJ, 1ª S., MS 8.9460-DF, rel. Min. Humberto Gomes de Barros, j. 22.10.2003, *DJU* 17.11.2003, p. 197.

questão que se julga fundamental para o emprego da lei – qual seja: fixar com acerto seu âmbito de aplicação.

Para tanto, optou-se por tecer as considerações pertinentes ao tema diretamente referidas ao seu art. 1º, fazendo-se, assim, as ponderações que se julga necessárias a suportar as inferências havidas, com imediata referência ao enunciado da lei. Este método, se bem que pouco utilizado de forma pontual, tem a virtude de dar maior concretude ao labor teórico que se pretende desenvolver, pois possibilita imediata referibilidade entre as razões da lei e da Constituição, desvelando os aspectos práticos do labor jurídico.

Antes ainda de empreender a análise que se pretende do art. 1º da Lei 9.784/1999, necessita-se, ainda que minimamente, fixar o ponto de vista usual acerca da questão, que – adianta-se – busca ser refutado nesse ensaio.

A opinião mais difundida acerca do âmbito de aplicação da LPAF, fazendo análise meramente gramatical, identifica que esse plexo normativo incide *sobre as relações desenvolvidas no seio da Administração Federal direta e indireta*. Nada além, nada aquém.[4]

Por fim, sendo essa a opinião usual acerca do tema – *e por manifestamente o presente texto se afastar dessa orientação* –, cabe, desde logo, à moda de José Souto Maior Borges, fazer uma apologia do erro,[5] ressalvando de antemão a possibilidade do equívoco. Isso pois, caso não se logre demonstrar qualquer das propostas ora esposadas, por certo restará o consolo de ter levado a efeito tentativa sincera de contribuir para a análise do fenômeno "processo administrativo".

Seguindo esta linha, cabe pôr em mira o objeto primeiro do estudo pretendido:

"Art. 1º. Esta Lei estabelece normas básicas sobre o processo administrativo no âmbito da Administração Federal direta e indireta, visando, em especial, à proteção dos direitos dos administrados e ao melhor cumprimento dos fins da Administração.

"§ 1º. Os preceitos desta Lei também se aplicam aos órgãos dos Poderes Legislativo e Judiciário da União, quando no desempenho de função administrativa.

"§ 2º. Para os fins desta Lei, consideram-se: I – órgão – a unidade de atuação integrante da estrutura da Administração direta e da estrutura da Administração indireta; II – entidade – a unidade de atuação dotada de personalidade jurídica; III – autoridade – o servidor ou agente público dotado de poder de decisão."

Fixado o objeto do estudo, cumpre analisá-lo à luz da Carta Magna, fazendo releitura dos seus termos e buscando possibilitar um novo ponto de vista acerca da matéria. É justamente uma interpretação constitucionalmente conforme do instituto a única pretensão que se permite nesse artigo.

2. Comentários ao "caput"

2.1 *Âmbito de incidência da Lei de Processo Administrativo. Para além da Administração Federal*

Problema sempre tormentoso de hermenêutica é firmar adequadamente o leque de situações que estão sob a égide da norma interpretada; é um dos problemas clássicos que se põem ao jurista. Imprescindível, assim, fixar a abrangência da Lei 9.784/1999, haja vista a leitura usual levar a uma resposta que – crê-se – não se sustenta diante de nosso sistema jurídico, em especial da Constituição Federal de 1988.

4. Nesse sentido, consultar os comentários ao art. 1º da Lei Geral de Processo Administrativo in José dos Santos Carvalho Filho, *Processo Administrativo Federal – Comentários à Lei 9.784, de 29.1.1999*, Rio de Janeiro, Lumen Juris, 2001, pp. 38 e ss.

5. José Souto Maior Borges, *Ciência Feliz*, 2ª ed, São Paulo, Max Limonad, 2000.

O primeiro artigo da LPAF busca (como tantas outras) determinar o âmbito de aplicação desta lei. Neste passo, a primeira impressão que se extrai do texto é a pretensão de a lei incidir no âmbito da Administração Federal, tanto direta quanto indireta (*interpretação gramatical*). Esta assertiva é, seguramente, verdadeira; no entanto, não responde por completo à questão do âmbito de incidência da Lei 9.784/1999, e não pode ser tomada de maneira a excluir outras hipóteses.

Superada a óbvia constatação de a lei se aplicar ao âmbito federal, cumpre ir além: ou seja, perquirir se a lei teria aptidão para disciplinar situações que, porventura, se desenvolvam além da esfera federal, no âmbito da Administração Pública Estadual ou Municipal.

Crê-se que a resposta é de todo afirmativa, por contingências de ordem constitucional que passam a ser explicitadas. Somente assim pode-se dar trato sistemático ao tema, logrando referir o art. 1º em nosso sistema constitucional que deu plena guarida ao *processo administrativo*.[6]

Como primeiro argumento a ser alegado em favor da não-exclusividade de aplicação desta lei somente à Administração Federal, traz-se a prescrição contida no seu próprio art. 1º, *caput*, *in fine*: "(...) visando, em especial, à *proteção dos direitos dos administrados* e ao *melhor cumprimento dos fins da Administração*" (grifamos). Necessário, assim, discorrer minimamente acerca dos fins da Administração e do direito dos administrados.

Da mais elementar leitura do art. 37 da CF de 1988 infere-se que os fins primeiros a que se submete a atividade administrativa revestem-se de hierarquia constitucional e vinculam *toda* a Administração, seja na esfera de competência da União, seja na dos Estados, Distrito Federal e Municípios. O mesmo fenômeno se dá em relação aos direitos inerentes à qualidade de cidadão-administrado, que, por serem outorgados pelo Texto Magno, na qualidade de normas centrais,[7] estão indenes a qualquer desnaturação, mesmo se perpetrada sob a invocação do princípio federativo.

Com efeito, *o princípio federativo tem o propósito justamente de garantir o máximo atendimento dos direitos fundamentais*.[8] A partição constitucional de competências entre os entes federados funda-se na suposição de que diferentes ordens políticas, cada qual ocupando um campo de atuação definido (isto é, competência), possibilitam um atendimento mais imediato dos direitos fundamentais.

A repartição constitucional de competências contém em seu bojo o ideal de que cada pessoa política tem mais aptidão para concretizar certos valores, cuja competência, por esta razão, é a ela outorgada pela Constituição. Note-se que há certos valores que, inclusive, devem ser tratados de maneira conjunta, para serem concretizados de maneira adequada. O atendimento dos valores constitucionalmente tutelados é o critério retor da partição de competências federativas engendrada pelo constituinte originário.[9]

6. "Todos são iguais perante a lei, sem distinção de qualquer natureza, garantindo-se aos brasileiros e aos estrangeiros residentes no País a inviolabilidade do direito à vida, à liberdade, à igualdade, à segurança e à propriedade, nos termos seguintes: (...) LV – aos litigantes, em processo judicial ou administrativo, e aos acusados em geral são assegurados o contraditório e ampla defesa, com os meios e recursos a ela inerentes" (CF de 1988, art. 5º, LV).

7. Classificação de Raul Machado Horta, *Estudos de Direito Constitucional*, Belo Horizonte, Del Rey, 1995, pp. 390-393.

8. Sobre o tema "Estado Federativo", consulte-se, por referência obrigatória: Raul Machado Horta, *Estudos de Direito Constitucional*, cit., pp. 345-522.

9. Aliás, quer-nos parecer que toda partição de competências se dá para melhor atendimento das finalidades que justificam sua própria existência. Com efeito, o exercício das competências só se faz legítimo em face da satisfação das finalidades pú-

Tal conclusão se alcança, especialmente, da análise das competências concorrentes (CF de 1988, art. 24), que se justificam precisamente sob o influxo dos argumentos expostos, na medida em que certos valores, para serem curados de maneira adequada, exigem a composição entre diferentes ordens federativas.

A atribuição de competências distintas entre diferentes entes federais não é um fim que se baste em si, e visa, pois, a garantir o máximo atendimento de valores constitucionalmente tutelados, especialmente direitos e garantias individuais. É a legitimação democrática do poder que coloca todo exercício do poder sob o influxo do exercício de uma função. Ou seja, o princípio federativo busca dar guarida também a outros valores constitucionais, e existe como maneira de instrumentalizá-los. A repartição federativa de competências é a maneira que o constituinte julgou escorreita para a realização dos diversos fins a serem perseguidos por nosso Estado Constitucional.

As regras contidas na LPAF claramente buscam garantir o *atendimento dos fins da Administração* e os *direitos dos administrados*; ambos os conceitos revestem-se de dignidade constitucional, e não só podem como devem ser concebidos de maneira parelha em toda nossa Federação. Com efeito, esse condicionamento se impõe até em face do exercício das competências federativas, que, quando exercidas, devem guardar respeito a essas balizas. Não se concebe que qualquer ente da Federação venha a exercer suas competências descurando dos valores: *direitos dos administrados* e *finalidades da Administração.*

Não haveria sentido em se conceber que os fins da Administração Pública no Estado do Sergipe ou no Município de Curitiba fossem outros senão os mesmos fins da Administração Federal, tudo em conformidade e na acepção empregada pelo art. 37 da CF de 1988.

Também seria inviável considerar que os direitos conferidos aos cidadãos inerentes a esta qualidade, quando no trato com a Administração Federal, fossem diversos dos que lhes são conferidos quando jungidos à esfera estadual ou municipal.

Tanto os princípios que sujeitam a ação administrativa quanto os direitos dos cidadãos são conformes ao longo de toda nossa Federação, na medida em que esses termos forem buscados na Constituição e na medida em que as diversas pessoas políticas só legislam em atenção, e dando guarida, a tais predicados.

Ou seja, há um mínimo conferido pela Constituição que não está sujeito a temperamentos, caracterizando o "núcleo duro" de nossa função administrativa, que é definido pela própria Carta Magna e implica respeito aos direitos dos cidadãos e às finalidades da Administração.

Com a assertiva não se pretende negar dignidade às contingências de nosso esquema federativo e à possibilidade de haver regramentos distintos concebidos por diferentes pessoas políticas. Apenas se explicitam os eixos de sua racionalidade, conferidos pela própria Constituição Federal. Cumpre explicitar melhor a idéia.

Com efeito, os diferentes âmbitos onde se concebe o exercício de função administrativa (União, Estados, Distrito Federal e Municípios) e se reconhece, inclusive, capacidade para legislar acerca de direito administrativo devem guardar no exercício dessas funções estreita consonância com a Carta Magna. Pode-se dizer mais.

O exercício destas competências só se faz legítimo atendendo-se rigorosamente às contingências de ordem constitucional, que fixam os valores ótimos do sistema, a serem perseguidos e concretizados pelas diferentes ordens legais. Neste passo, *só tem sentido o exercício das competências legislativas (e sua própria repartição federati-*

blicas que as justificam, sendo que todo exercício de poder deve orientar-se para este fim, inclusive as especializações *va) para integrar e efetivar os valores postos pela ordem constitucional*, que são os vetores que condicionam todo o agir estatal (nas funções de administrar, julgar e legislar).

Pesquisa mais minuciosa empreendida no nosso sistema constitucional é necessária para que se fixe o regime que a Constituição outorgou ao "processo administrativo" à guisa de definir seu âmbito de incidência. Para tanto, mister enunciar, de plano, o conteúdo que os princípios da ampla defesa e do contraditório (direitos fundamentais) assumem em nosso Estado (concebido como República Federativa): "Art. 5º. Todos são iguais perante a lei, sem distinção de qualquer natureza, garantindo-se aos brasileiros e aos estrangeiros residentes no país a inviolabilidade do direito à vida, à liberdade, à igualdade, à segurança e à propriedade, nos termos seguintes: (...) LV – aos litigantes, em processo judicial ou *administrativo*, e aos acusados em geral são assegurados o contraditório e ampla defesa, com os meios e recursos a ela inerentes; (...)" (grifamos).

Numa primeira aproximação com o conteúdo da norma constitucional que garante o contraditório e a ampla defesa aos litigantes e acusados, é de se ressaltar, fazendo-se o necessário cotejo com o *caput* do art. 5º, que não há discriminação, no seio da Federação, possível de ser levada a cabo de maneira constitucionalmente eficaz no que tange ao exercício destes direitos.

Ou seja, não hão de operar, no que toca à integridade do contraditório e da ampla defesa (isto é, em relação ao processo), distinções de natureza alguma entre brasileiros, por toda a Federação, e estrangeiros. Todos fazem jus a serem tratados de maneira íntegra, sendo-lhes garantido o devido processo legal onde quer que se encontrem. Com efeito, *contraditório* e *ampla defesa* devem sempre ser franqueados quando se estiver a tratar de processo. Veja-se que *tais conceitos condicionam todo o exercício do Poder Público; não só a Administração, mas também o exercício das funções legislativa e judicial.*

Como primeira premissa, fixe-se que não há possibilidade de se conceber duas maneiras distintas de operar o devido processo legal em nossa Federação. Sequer a alusão ao princípio federativo (como pretendido na lei) teria o condão de alterar esta constatação, pois revestida da mais alta índole constitucional. A garantia é íntegra e não pode ser alijada em seu conteúdo, *vinculando todas as pessoas políticas que integram nossa Federação ao seu pleno atendimento.*

O devido processo legal, quer seja no processo administrativo, quer seja no judicial, não pode ser concebido de maneira diversa em duas entidades políticas distintas. Repisando a célebre lição de Celso Antônio Bandeira de Mello, invocando a Constituição, não há motivo jurídico apto a legitimar este discrímen.[10]

Resta, pois, a perplexidade da enunciação clara contida no *caput* do art. 1º da Lei 9.784/1999, que afirma que a lei "estabelece normas básicas sobre o processo administrativo no âmbito da Administração Federal". Cabe, pois, buscar fixar a amplitude a ser dada ao tema, estando minimamente explicitada a impossibilidade de se conceber ampla defesa e contraditório de maneira diversa ao longo de nossa Federação.

2.2 Distinção entre "processo" e "procedimento" como pressuposto necessário para fixação da incidência da Lei Federal de Processo Administrativo e suas contingências

Para que bem se possa compor a questão e dar sentido à prescrição inaugural da Lei 9.784/1999, é necessário fixar, por imprescindível, a *distinção entre "processo" e "procedimento"* – distinção que, aliás, estribará o grosso das posições que serão adotadas no presente trabalho. Por vezes toma-

10. Celso Antônio Bandeira de Mello, *O Conteúdo Jurídico do Princípio da Igualdade*, 3ª ed., São Paulo, Malheiros Editores, 2000.

da por inútil, crê-se que apenas a diferenciação entre os dois institutos permite fixar com propriedade o âmbito de incidência da Lei 9.784/1999.[11]

Na raiz da distinção proposta está a própria prescrição do inciso LV do art. 5º da CF de 1988, que identifica o fenômeno "processo" com a existência de "litigantes" e "acusados".

A prescrição une, pois, o devido processo legal (isto é, ampla defesa mais contraditório) à situação de conflituosidade entre os cidadãos e a Administração. Assim sendo, o *processo é fenômeno que se junge de maneira indelével à noção de "ampla defesa" e "contraditório" assegurados a litigantes e acusados.* Onde houver litigantes e acusados, surgirá o fenômeno do processo, com suas garantias.

Caracteriza-se o processo como instituto jurídico qualificado pela necessidade de se assegurar a ampla defesa e o contraditório em face de situações de conflituosidade. *Processo administrativo pressupõe, destarte, a contraposição entre interesses; caso faleça esta nota de conflituosidade, não se poderá denominar a relação havida de "processo", conforme a acepção que lhe emprega a Constituição.*

Tal constatação é de fácil verificação no âmbito da função judiciária, reconhecendo-se a qualidade de litigantes (ou acusados) às partes contendoras, sendo incontestável seu direito ao devido processo legal. Ninguém terá dúvida, *v.g.*, em afirmar a absoluta nulidade de uma sentença que cercear o direito à prova de uma das partes, ou que não a chamar ao processo de maneira eficaz. Não há problemas para que se admita a absoluta inaptidão de se reconhecer autoridade pública ao ato estatal que se pratique sem observância do contraditório e da ampla defesa, caso se esteja a exercer função jurisdicional.

Contudo, tal percepção é mais nebulosa em relação ao exercício da função administrativa, por razões eminentemente históricas, onde as situações de conflituosidade havidas entre Administração e cidadãos foram sempre, de hábito, chamadas de "procedimento". Impende fixar a acepção do fenômeno sob o sistema da Constituição, para que a dúvida terminológica não passe a ser de conteúdo e acabe por gerar angustiamento de direitos/garantias fundamentais.

O que não se pode admitir (como infelizmente se vê) é que o rótulo "procedimento" leve à insustentável conclusão de que, no seio da Administração, verificando-se "conflituosidade", estejam dispensados (ou abreviados) o devido processo legal e as garantias a ele inerentes, podendo haver o exercício de função administrativa que não atenda aos requisitos da ampla defesa e do contraditório.

A distinção não é meramente terminológica, e o fenômeno "processo" no seio da Administração não se confunde com "procedimento".[12] *São maneiras radicalmente distintas do exercício das competências conferidas à Administração.* A racionalidade entre as duas maneiras de atuar não pode ser confundida, sob pena de grassar a perplexidade e não se dar resposta adequada ao alcance da LPAF.

Neste sentido, aliás, vêm-se pronunciando alguns autores, nada obstante estar longe de ser pacífica a distinção como aqui proposta.[13] Romeu Felipe Bacellar, após fa-

11. No sentido de ser indiferente a distinção ora levada a efeito, consulte-se: Carlos Ari Sundfeld, "Processo e procedimento administrativo no Brasil", cit., *As Leis de Processo Administrativo – Lei Federal 9.784/1999 e Lei Paulista 10.177/1998*, especialmente a nota 5 nas pp. 19-20.

12. Este pressuposto é tomado como "condição geral estipulativa", sem o qual sequer é possível tratar do fenômeno do processo no seio da Administração, na obra que desde já se indica como referência indispensável, de Egon Bockmann Moreira, *Processo Administrativo – Princípios Constitucionais e a Lei 9.784/1999*, São Paulo, Malheiros Editores, 2000.

13. Para uma crítica profunda em relação à posição adotada e, como de estilo, incisiva, con-

zer profunda análise nas letras jurídicas pátrias e estrangeiras acerca dos dois fenômenos, logra explicitar o que se entende por "processo" na seara administrativa, com (de acordo com a linha ora adotada) absoluto rigor: "Quando à competência adiciona-se a colaboração de sujeitos e contraditório, o procedimento expressa-se como processo. O processo administrativo é forma de exteriorização da função administrativa qualificado pela participação de interessados em contraditório, imposto diante da circunstância de se tratar de procedimentos celebrados em preparação a um provimento (ato de poder imperativo por natureza e definição), capaz de interferir na esfera jurídica das pessoas".[14-15]

Do que se expôs, já se está a notar que "processo" e "procedimento" são realidades distintas, sendo que *a noção de "processo", onde quer que ele se manifeste, vincula-se (por injunção constitucional) à litigiosidade havida entre os sujeitos contendores, condição que, se verificada, lhes garante a ampla defesa e o contraditório.*

Tanto o processo como o procedimento estão compreendidos no hiato lógico havido entre a existência prévia de uma competência e o ato concreto praticado no exercício desta competência. Contudo, isso não está a autorizar confusões terminológicas ou de conteúdo.

Pode-se dizer que ambos os fenômenos tratam da passagem de um plano abstrato gizado por norma para um plano concreto de atuação da Administração; no entanto, quando há litigiosidade, há exigência de se passar pelo crivo do contraditório e da ampla defesa, para a prática do ato. Em ambos os casos (processo e procedimento administrativo) haverá a prática de um ato administrativo ao fim; porém, no caso de este ato compor uma situação de litigiosidade, ele deverá ser praticado sob a forja do devido processo legal, agregando essa condição para sua perfeição.

A *dissimilitude entre os dois institutos situa-se, fundamentalmente, em relação a como se exercerá esta passagem, ou seja, quais os requisitos para que o ato final cumpra seus pressupostos e seja reconhecido como perfeito.*

No procedimento, por falecer a nota de conflituosidade, não há necessidade de a Administração ater-se necessariamente às razões do cidadão, considerando-as expressamente (isto é, sob a pauta do contraditório) para proferir decisão. O ato final somente precisa atender aos interesses da Administração definidos em lei, o que se dá pelo atendimento da forma escorreita para sua produção, bem como o atendimento inegociável das finalidades públicas definidas na lei e na Constituição.

No processo, haja vista a nota de conflituosidade havida, é imprescindível que o ato final a ser praticado (*que põe fim, no seio da Administração, ao conflito*) possibilite a efetiva participação do cidadão. Precisamente, há de se reconhecer o ato final do processo como um ato que encerra um conflito, e por isto não prescinde de fazer valer as razões de ambas as partes, sopesando-as, para que seja produzido de forma juridicamente legítima.[16] Aí, pois, reside a impor-

sulte-se, por todos, Marçal Justen Filho, "Considerações sobre o processo administrativo fiscal", *Revista Dialética de Direito Tributário* 33/108, São Paulo, Dialética.

14. Romeu Felipe Bacellar, *Princípios Constitucionais do Processo Administrativo Disciplinar*, São Paulo, Max Limonad, 1998, p. 48.

15. Ainda, no mesmo sentido, consulte-se a opinião da Lúcia Valle Figueiredo, *Curso de Direito Administrativo*, 3ª ed, São Paulo, Malheiros Editores, 1998, especialmente pp. 379 e ss.

16. A nota característica do conflito jurídico vincula-se à idéia de que na multiplicidade de mensagens transmitidas pelo Direito pode haver deficiência na sua transmissão, gerando expectativas frustradas perante as mensagens que o Direito assume como válidas. É o magistério de Tércio Ferraz Jr, *Direito, Retórica e Comunicação*, 2ª ed., São Paulo, Saraiva, 1997.

tância de se explicitar a identificação feita pelo Texto Magno do processo como fenômeno qualificado pela conflituosidade.

É a conflituosidade (seja por haver litigantes, seja por haver acusados) que torna imperativo dar possibilidade a ambas as partes de se manifestarem para a produção do ato final, pois é este ato final que comporá, no plano jurídico, a divergência. Romeu Felipe Bacellar, novamente, manifesta-se com clareza a respeito desta exigência: "(...) o sentido reside na identificação de sujeitos processuais – litigantes e acusados – os quais, através do processo, participam da elaboração do provimento final, atingidor de suas esferas jurídicas. Os litigantes e acusados são sujeitos processuais e não meros objetos ou espectadores, receptores passivos da decisão pronta, sem chance de participar".[17]

É lídimo, pois, afirmar que a distinção que separa o ato administrativo praticado ao fim de um procedimento e o que se pratica ao fim de um processo é essencialmente de regime jurídico, pois, não se concebe processo sem contraditório.[18]

Complementando a idéia, cabe perquirir quando é que exige nossa Constituição o processo, ou seja, quando é que se exige o atendimento do contraditório e da ampla defesa para que se exerça a função administrativa.

Elucidativa a prescrição constitucional que enuncia: "ninguém será privado da liberdade ou de seus bens sem o devido processo legal" (CF de 1988, art. 5º, LIV).

Com efeito, *o processo é imprescindível para que se manifeste qualquer ato estatal concreto*[19] *tendente a interferir no patrimônio jurídico dos cidadãos (liberdade e propriedade).*[20] Na dicção elegante e sintética de Marçal Justen Filho: "A invocação constitucional do art. 5º, LV, impôs a observância de um devido processo na via administrativa. Assegurou-se aos particulares o direito à ampla defesa, com a garantia inafastável do contraditório. Tornou-se fora de dúvida que a decisão administrativa, sempre que for apta a produzir o sacrifício de interesses ou direitos privados, deverá ser o resultado de um procedimento administrativo, respeitado o princípio do contraditório".[21]

17. Romeu Felipe Bacellar, *Princípios Constitucionais do Processo Administrativo Disciplinar*, cit., p. 67.

18. No mesmo sentido dos autores ora mencionados, em relação à dicotomia processo/procedimento, levando a análise às minúcias do direito tributário, em obra sem par no nosso Direito pátrio, consulte-se: James Marins, *Direito Processual Tributário Brasileiro (Administrativo e Judicial)*, 3ª ed., São Paulo, Dialética, 2003.

19. Diz-se "ato concreto" para afastar a idéia de lei (em sentido amplo), que é ato estatal abstrato e genérico que não interfere na esfera jurídica dos cidadãos, e sim, verdadeiramente, a define.

20. Acerca da extensão a ser dada aos vocábulos "liberdade" e "propriedade", como motores do *devido processo legal*, é de se ver que esses termos não comportam leitura estrita, e sim visam à definição da esfera jurídica legitimamente protegida dos cidadãos. Elucidativa neste particular a tradição americana do *due process of law*, que, mesmo o identificado textualmente, conforme a 5ª e a 14ª Emendas, com a proteção da *vida*, da *liberdade* e do *patrimônio*, reconhece a necessidade da observância do devido processo legal quando houver exercício da atividade do Poder Público sujeitando a esfera jurídica (individual) dos cidadãos. São tais procedimentos chamados de *administrative adjudication*, e seu sentido não se esgota na proteção da *vida*, da *liberdade* e do *patrimônio*. Para uma análise detida do exposto acerca do Direito Norte-Americano, *de onde se retiradas estas idéias*, consulte-se: Vera Scarpinella Bueno, "Devido processo legal e a Administração Pública no direito administrativo norte-americano – Uma breve comparação com o caso brasileiro", in Lúcia Valle Figueiredo (coord.), *Devido Processo Legal na Administração Pública*, São Paulo, Max Limonad, 2001, pp. 13-79.

21. Marçal Justen Filho, "Considerações sobre o processo administrativo fiscal", cit., *Revista Dialética de Direito Tributário* 33/108. Ressalvamos, contudo, com o máximo acatamento, nos termos já expostos, discordância acerca da consideração do autor de não haver um processo administrativo propriamente dito, sob o fundamento de que o fenômeno "processo" cinge-se à jurisdição, ne-

Neste passo – e indo além no conceito –, pode-se dizer que o fenômeno "processo administrativo" conecta-se com a própria correição do desempenho da função administrativa que deve guardar conformidade com o patrimônio jurídico dos cidadãos, não se tolerando qualquer intervenção que seja desproporcional. Na lição de Vera Scarpinella Bueno: "O relevante, hoje, é focar o devido processo na ação governamental e na sua necessária razoabilidade, independentemente da qualificação jurídica do direito violado".[22]

Se, obviamente, o particular não pode pretender interferir no patrimônio de outro sem atentar às garantias do devido processo legal (garantido pela chancela indefectível do Judiciário), também não pode pretender a Administração Pública interferir na esfera jurídica dos cidadãos sem que lhes garanta o devido processo legal. A posição da Administração Pública e suas prerrogativas (donde destacamos a autoexecutoriedade) não rende ensejo para que se rompa com o devido processo legal, caso se verifique a litigiosidade.

Não há posição de supremacia (em nome de interesses públicos) que possa fazer a Administração se arvorar da faculdade de não ofertar o devido processo administrativo. Sem medo de repetição, não está o comando constitucional sujeito a temperamentos de qualquer ordem, mesmo os advindos de invocações da supremacia do interesse público sobre o privado.

O Texto Magno exige que, quando exercite a Administração determinada competência e tal manifestação implique ingerência no patrimônio e na liberdade dos cidadãos (isto é, *patrimônio jurídico*), o ato produzido não se dê por simples procedimento, mas por processo, se assim o reclamar o administrado. No momento em que houver a contraposição de interesses entre Administração e cidadãos, deverá surgir o processo, com todas as suas garantias.

A distinção demonstra sua pertinência, pois no primeiro caso não é necessário (conquanto seja facultado) conferir ao cidadão a ampla defesa e o contraditório, e no segundo sim. Com efeito, quando o ato a ser produzido implicar disposição por parte da Administração do patrimônio e da liberdade dos cidadãos, é de manifestar esta competência sob a pauta do processo.

O procedimento indica a maneira como irá se operar a manifestação do exercício do poder público, colocando-o dentro de uma pauta racional e, pois, controlável. A procedimentalidade é ínsita ao agir do Estado. Não há de se conceber que possa vir a agir o Estado em desconformidade com o procedimento que lhe é imposto pela lei. Isto por elementar contingência da própria noção de agir estatal, que pressupõe o atendimento de finalidades necessariamente públicas e necessariamente sindicáveis. O procedimento – inimigo do arbítrio – é a garantia máxima do controle da Administração.

O processo, para além de indicar como se manifestará o Poder Público, cumpre a função de fazer garantir que o cidadão fará constar suas razões na manifestação do Poder Público que lhe toque a esfera jurídica mais íntima. O ato que traduz o exercício do poder público no que tange à liberdade e ao patrimônio não pode prescindir de garantir a possibilidade de manifestação do cidadão, e sua juridicidade está condicionada a que se franqueie ao administrado a oportunidade de tomar parte da feitura do ato final.

Enunciando com simplicidade, *o comando constitucional impõe que se ouça (ou se dê possibilidade de fazê-lo) o cidadão e se avaliem suas alegações sempre que o Estado pretenda adentrar sua esfera jurídica no que toca à liberdade e ao patrimônio.*

cessariamente, haja vista ser seu elemento ôntico a relação triangular (autor, juiz e réu), que faleceria nas lides administrativas.

22. Vera Scarpinella Bueno, "Devido processo legal e a Administração Pública no direito administrativo norte-americano – Uma breve comparação com o caso brasileiro", cit., in Lúcia Valle Figueiredo (coord.), *Devido Processo Legal na Administração Pública*, p. 19.

Voltando à pesquisa do âmbito de aplicação Lei 9.784/1999, cabe consignar a utilidade da distinção. Antes, ainda, faz-se necessário meditar sobre mais uma disposição constitucional. Cabe, pois, lançar olhos sobre a competência legislativa em matéria processual e procedimental:

"Art. 22. Compete privativamente à União legislar sobre: I – direito civil, comercial, penal, *processual*, eleitoral, agrário, marítimo, aeronáutico, espacial e do trabalho; (...).

"Art. 24. Compete à União, aos Estados e ao Distrito Federal legislar concorrentemente sobre: (...) XI – *procedimentos* em matéria processual; (...)" (grifamos).

Da análise dos dispositivos que traçam a competência em matéria de processo e em matéria de procedimentos nota-se que, *para a Constituição, "processo" e "procedimento" são realidades inconfundíveis*. Pensar de maneira diversa, tomando os vocábulos como sinônimos no plano administrativo, seria anular a inteligência da norma que atribui, privativamente, legislar sobre processo à União.

Se há na Constituição menção tão expressa afirmando que *processo* e *procedimento* são realidades distintas (separadas pela divisão de competências legislativas), é preciso perquirir qual o sentido que a própria Constituição atribui a tal diferença. Não comporta dúvida que a Constituição concebe conceitos distintos de *processo* e *procedimento*, senão não haveria sentido na atribuição de competências a pessoas políticas distintas.

Volvendo ao que se disse, é preciso encarar o processo como instituto vinculado a situações de conflituosidade, enquanto o procedimento vincula-se ao exercício da função pública (dinamização de competência previamente atribuída).

Ferindo a questão por outra banda, é de se pôr em mira o porquê de a Constituição atribuir à União competência privativa para legislar sobre processo, e não sobre procedimento. Novamente, é a posição do devido processo legal enquanto garantia inalienável do cidadão (art. 5º, LV, da CF) que tem o condão de aclarar o tema.

Isto, pois, afigura-se inconcebível em nosso esquema federativo que questão deste jaez pudesse receber tratamento diverso em diferentes entes federativos.

Referindo a questão sob o prisma do processo administrativo, objeto imediato deste estudo, pensar que em diferentes quadrantes da Administração pudessem ser concebidos diferentes processos administrativos (na acepção em que a Constituição emprega o termo) seria negar a unidade constitucional do processo.

No que toca a assegurar-se o contraditório, a ampla defesa com os meios e recursos a ela inerentes, há de se respeitar a unidade constitucional. Isso não significa negar em absoluto a competência de outros entes federativos para legislar sobre o tema, conquanto tratem de procedimento, ou impingir a pecha de nulidade a procedimentos específicos regulados por leis próprias que visam a resguardar especificidades de setores onde haja particularidades.

A distinção entre *processo* e *procedimento* é pressuposto para que se fixe o âmbito de alcance da lei, não só por ser inconcebível pretender que se dê trato distinto ao devido processo legal em diferentes entes federativos, mas também *por ser explícita a atribuição privativa da União para legislar sobre processo, conceito que se reveste de conteúdo próprio na Constituição.*

Como visto, "processo" – *para a Constituição Federal* – assume significação diametralmente oposta de "procedimento", submetendo a Administração, quando no exercício das competências que lhe são atribuídas, a um regime jurídico diverso. Regime que se qualifica pela necessária participação do cidadão (ampla defesa e contraditório) para produção do ato final (terminativo da conflituosidade).

Ao atribuir competência à União para legislar sobre processo e ao ter fixado o conceito ao atendimento efetivo da ampla defesa e do contraditório, infere-se que *a descrição legislativa que venha a concretizar o devido processo legal valha para toda a Federação.*

Isto por conta de duas conclusões inesquiváveis que se haurem da Constituição: (i) *dignidade constitucional do processo administrativo* e (ii) *reconhecimento da distinção entre "processo" e "procedimento", inclusive quanto ao exercício da competência legislativa.* Postos estes aclaramentos, cabe fazer breve síntese das idéias expostas, explicitando o âmbito de aplicação da Lei 9.784/1999, consoante as premissas que se traçaram.

2.3 Fixação do alcance da lei e interpretação possível da reserva federativa do seu art. 1º, "caput"

Finalmente, cabe pôr em elenco mais sistemático as considerações acima expendidas, para que se fixe o âmbito de incidência da Lei 9.784/1999, que, como visto, vai mais além que o âmbito da Administração Federal.

Como visto, o primeiro predicado metodológico a ser reclamado do intérprete quando do trato com o diploma legal é que seja feita a distinção entre *processo* e *procedimento.* Em verdade, nem todas as regras (*produtos da interpretação*) contidas na lei vão se orientar à prática de atos terminativos de conflitos – e, pois, nem todas as prescrições representam regras de processo administrativo, consoante aqui definido.[23]

Isto é, na Lei 9.784/1999 estão contidas regras de processo e procedimento, e sua identificação é que comanda sua aplicação escorreita.

Primeiramente, cumpre consignar – até por tudo que se expôs – que as regras da Lei 9.784/1999 que tocam ao instituto "processo" devem ser aplicadas em todos os quadrantes da Administração.

Onde se identificarem as regras da LPAF com o atendimento do contraditório, da ampla defesa e as garantias a ela inerentes, se há de aplicá-las, sem qualquer sorte de reserva, em função de não se poder negar ao cidadão as garantias do devido processo legal.[24]

Não se trata, neste caso, de extensão analógica, principiológica, aplicação subsidiária, supletiva, ou coisa que o valha; as regras da LPAF aplicam-se diretamente ao âmbito distrital, estadual ou municipal quando se tratar de regras de processo.

Na doutrina, sustentam Nelson Nery Jr. e Rosa Maria de Andrade Nery que as normas principiológicas da LPAF teriam aplicação imediata para além da esfera federal e que as normas gerais se aplicariam em caso de lacuna nas leis que disciplinam processos específicos.[25] Sem embargo deste ponto de vista, crê-se que o fenômeno é diverso.

23. Aliás, o fenômeno de uma mesma lei conter normas de caráter distinto não é propriamente uma novidade no direito administrativo. É o que se passa, por exemplo, com a identificação das regras da Lei Geral de Licitações que assumem o caráter de "normas gerais", que condicionam à sua observância todos os entes federativos, e as normas que não se revestem desta natureza, que podem ser alteradas pelos Estados, Municípios e Distrito Federal.

É o que Marçal Justen Filho chama de "questão topológica" (*Comentários à Lei de Licitação e Contratos Administrativos*, 8ª ed., São Paulo, Dialética, 2002, p. 15).

24. Cumpre fazer ressalva em face de normas específicas que neste caso terão precedência nos termos da LPAF, art. 69. Contudo, é de se dizer que não é a mera existência de lei específica em relação a um tema, que fixe normas acerca de um determinado processo, que governa a dispensa da aplicação das normas previstas na lei geral; há de ser levado a efeito minudente juízo de compatibilidade, e se aplicará a LPAF em tudo aquilo em que não houver norma específica em sentido diverso. É a opinião de Carlos Ari Sundfeld, "Processo e procedimento administrativo no Brasil", cit., *As Leis de Processo Administrativo – Lei Federal 9.784/1999 e Lei Paulista 10.177/1998*, p. 27.

25. Nelson Nery Jr. e Rosa Maria de Andrade Nery, *Código de Processo Civil Comentado e Le-*

Não é pelo fato de as normas serem principiológicas ou pelo fato de serem gerais que se aplicará a Lei 9.784/1999 a hipóteses que vão além do âmbito federal. Esta aplicação é regida pelo critério constitucional. Não é qualquer juízo em relação à estrutura da norma que rege a aplicação da Lei 9.784/1999 além do âmbito federal. É, sim, o simples fato de se identificar uma regra como garantidora do devido processo administrativo.

Ou seja, quando as regras da LPAF forem normas *processuais* (*garantam o devido processo administrativo*) elas devem ser aplicadas, não por serem gerais ou principiológicas, mas por serem elas que garantem a efetivação dos comandos indefectíveis da Constituição, atendendo à competência legislativa para tanto.

O exercício por parte da União da sua competência privativa para legislar sobre processo vincula a aplicação direta da Lei 9.784/1999 em todos os níveis da Administração Pública quando se identificarem suas prescrições como sendo relativas a processo, ou seja, quando estas regras cuidarem de garantir ao cidadão contraditório e ampla defesa.

Porém, para que não quede vazia de sentido a restrição enunciada no art. 1º, que limita a aplicação da lei ao âmbito da Administração Federal, é necessário buscar o sentido possível que ela pode assumir. Neste passo, impende dizer que as regras que tratarem de procedimento (enquanto exercício de competência sem necessário atendimento da participação do cidadão) devem vincular apenas a Administração Federal.

Apenas neste caso (regra de procedimento) faz sentido a enunciação do princípio federativo para legitimar a aplicação restrita da lei de processo à Administração Federal. Neste caso, cumpre dizer que *não poderia de maneira alguma a lei editada pela União dizer como se procederá ao exercício da função administrativa nos outros escaninhos da Administração.* A autonomia dos entes da Federação não admite esta sorte de ingerência, sendo que a elas incumbe tratar de como exercerão sua função administrativa.

Enfim, em rasa síntese, *no que tange às* ***regras de processo*** *a Lei 9.784/1999 deve ser aplicada a todos os quadrantes da Administração Pública, e no que toca ao* ***procedimento*** *restrita está sua aplicação ao âmbito federal.*

3. *Comentários ao § 1º: do exercício da função administrativa como critério de fixação da incidência da Lei 9.784/1999*

O § 1º do art. 1º da LPAF trata de dizer que mesmo para além da Administração Pública aplicam-se suas previsões quando haja o exercício da função administrativa no seio dos Poderes Judiciário e Legislativo.

Além do didatismo da proposição, encerra-se em seu bojo conceito dos mais importantes. Note-se que *a incidência da lei está jungida ao exercício da* ***função administrativa*** – conceito, este, hoje, por estrutural, imprescindível para compreensão do próprio direito administrativo.

Pode-se definir por "função", em Direito, a necessária relação ao atendimento de interesses alheios quando no exercício de uma prerrogativa. O fato de haver prerrogativas, em si, nada diz; o que se põe em mira é que elas estejam a atender a um fim que é alheio ao seu titular. É o legítimo atendimento de finalidades alheias ao detentor da prerrogativa a nota essencial da função. É o próprio dever de dar guarida ao interesse de outrem que legitima haver prerrogativas.

Outro não é o fenômeno que caracteriza o direito administrativo,[26] onde *todas* as

gislação Processual Civil Extravagante em Vigor, 6ª ed., São Paulo, Ed. RT, p. 1.437 (comentários ao art. 1º da Lei 9.784/1999).

26. Sobre o tema, por inexcedível, consulte-se: Celso Antônio Bandeira de Mello, *Discricio-*

prerrogativas que se concedem à Administração visam a atender a finalidades públicas. Ou seja, *as prerrogativas da Administração hão de ser manejadas sempre colimando o atendimento de finalidades públicas*, que por vezes não se confundem com seus próprios interesses. Ousa-se dizer que justamente a fixação da incidência do regime jurídico administrativo é a chave de abóbada para compreender a função administrativa, compreendendo dialeticamente o regime de prerrogativa e sujeições – enfim, compreender o próprio direito administrativo.[27]

Trazem-se estes conceitos haja vista seu manifesto valor metodológico quando do trato com a LPAF, justamente auxiliando a determinar seu âmbito de incidência. Para mais que buscar fixar se determinada atividade está contida, ou não, neste art. 1º em função do sujeito que pratica o ato e está a exercer competência, deve-se perguntar se há o exercício de função no caso em análise; se a resposta for positiva, necessariamente – lembrados os temperamentos feitos acima – aplicam-se as disposições contidas na lei.

nariedade e Controle Jurisdicional, 2ª ed., São Paulo, Malheiros Editores, 1993, em especial o Capítulo II.

27. Novamente torna-se imperioso citar Celso Antônio Bandeira de Mello, *Curso de Direito Administrativo*, 14ª ed., São Paulo, Malheiros Editores, 2002, fundamentalmente o Capítulo I, donde se extrai a elucidativa passagem que demonstra a utilidade de adotar estes primados como método de trabalho, em função de seu elevado valor metodológico: "O sistema de uma disciplina jurídica, seu regime, portanto, constitui-se do conjunto de princípios que lhe dão especificidade em relação ao regime de outras disciplinas. Por conseguinte, todos os institutos que abarca – à moda do sistema solar dentro do planetário – articulam-se, gravitam, equilibram-se, em função da racionalidade própria deste sistema específico, segundo as peculiaridades que delineiam o regime (no caso, o administrativo), dando-lhe tipicidade em relação aos outros. (...). De todo o exposto se verifica a grande importância da noção de regime administrativo, cujo desenvolvimento pormenorizado é o objeto deste próprio ramo do Direito" (pp. 63-64).

Em síntese, *onde manifestar-se função administrativa aplicar-se-ão os preceitos da Lei 9.784/1999*, com as ressalvas feitas ao se comentar o *caput* do presente artigo.

4. Comentários ao § 2º: impossibilidade de se determinar a incidência da Lei Federal de Processo Administrativo exclusivamente pelo critério orgânico ou subjetivo

Por fim, seguindo em seu didatismo, classifica a lei o que se entenderá por *órgão*, *entidade* e *autoridade*. Cumpre, antes de analisar estas categorias, fazer advertência vestibular. Note-se, inicialmente, que para os fins da lei não se adota a classificação em tela como sendo absolutamente rígida, podendo levar o interprete à tentação de restringir a aplicação da Lei 9.784/1999 em função dos critérios subjetivos lá definidos, tomando-a por exaustiva.

Define o Decreto-lei 200, de 25.6.1967, em seu art. 4º, os entes que compõem a Administração Pública, subjetivamente considerada.[28] Trata este diploma da Administração direta (*serviços integrados na estrutura administrativa*) e da indireta (*entidades personalizadas*) composta por (a) autarquias, (b) empresas Públicas, (c) sociedades de economia mista e (d) fundações públicas.[29-30] A alusão à Administração direta

28. "Art. 4º. A Administração Federal compreende: I – a Administração direta, que se constitui dos serviços integrados na estrutura administrativa da Presidência da República e dos Ministérios; II – a Administração indireta, que compreende as seguintes categorias de entidades, dotadas de personalidade jurídica própria: a) autarquias; b) emprêsas públicas; c) sociedades de economia mista. (...)" (preservou-se a redação original).

29. Redação dada pelo art. 1º, I, da Lei 7.596/1987.

30. No que tange à classificação proposta pelo Decreto-lei 200/1967, é de se ver que ela não é exclusiva do âmbito federal; as categorias mencionadas aplicam-se aos âmbitos estadual, municipal e

e indireta consta também do *caput* do art. 1º da Lei 9.784/1999.

Por seu turno, a previsão do § 2º do art. 1º trata de mencionar, nos incisos I e II, o que se compreende por "órgão" e por "entidade", distinguindo-os em função da sua personalização, ou não.

Nota-se, destarte, que a classificação subjetiva referente à atividade administrativa não é estranha à LPAF, haja vista em seu art. 1º constar referência à Administração direta e indireta (*caput*) e aos fenômenos da desconcentração (§ 2º, I – órgão) e da descentralização (§ 2º, I – entidade). Contudo, esta classificação não esgota o fenômeno da incidência da Lei 9.784/1999, aplicando-se a lei exclusivamente em função dos sujeitos integrantes da Administração direta e indireta (cf. Decreto-lei 200/1967).

O critério de incidência da Lei 9.784/1999 é material e exsurge em função do exercício de função administrativa, mesmo que para além das previsões expressas deste § 2º.

Ao fixar o que se compreende por "órgão", "entidade" e "autoridade" e as categorias integrantes da Administração direta e indireta, não se está a restringir a aplicação apenas ao que possa imediatamente ser identificado com estas figuras. Isto porque *a incidência da Lei 9.784/1999 rege-se pelo exercício da função administrativa*. É este o único método de trabalho idôneo a explicitar com precisão a incidência da lei.

Assume relevo tal advertência, pois as prescrições contidas no § 2º só podem ser compreendidas sob este enfoque, não cabendo qualquer reducionismo em função exclusivamente do critério subjetivo, que é meramente auxiliar.

Pensar de modo diverso seria o angustiamento da dignidade constitucional do processo administrativo, que se faz imperativo quando da prática de atos que possam importar interferência no patrimônio jurídico dos cidadãos. À completude da garantia constitucional não pode ser oposto o critério subjetivo definido em lei.

Para fins da aplicação escorreita da LPAF, mais que a classificação das diferentes instâncias da Administração Pública em função dos sujeitos que a integram (levando em conta os fenômenos da concentração e desconcentração), é de se ter em mira que suas prescrições aplicam-se tanto caso não haja personalidade jurídica própria (no casos dos *órgãos*) quanto caso haja personalidade própria (no caso das *entidades*), bem como nos casos de haver poder de decisão (exercido por *autoridade*), ou quaisquer outros casos. *Basta que se verifique exercício de função administrativa.*

Não se pode pretender que a incidência da LPAF esteja sujeita a considerações bizantinas a respeito de elementos de classificação da atividade administrativa em função de critérios meramente subjetivos. As classificações, conforme lição já célebre, são sindicadas pelo critério de sua *utilidade*, não sendo idôneo pôr em xeque a essência do que se pretende ordenar em função do critério de ordenação eleito. Ou seja, não é lícito com base na classificação buscar explicar o fenômeno classificado, por evidente tautologia do raciocínio.

Adverte Celso Antônio Bandeira de Mello que *não se reduz o fenômeno do exercício da função administrativa à enunciação legal dos sujeitos que integram a Administração* (como se poderia supor de uma leitura precipitada do art. 1º da Lei 9.784/1999, ou do Decreto-lei 200/1967): "Percebe-se que o critério retor da classificação foi o orgânico, também chamado subjetivo. (...). O modelo destarte concebido, é bem de ver, revela-se inapto para descortinar todas as modalidades pelas quais se desempenham atividades administrativas públicas. Com efeito, a expressão 'Administração indireta', que doutrinariamente deveria coincidir com 'Administração descentralizada', dela se afasta parcialmente. Por isto fica-

distrital (cf. Maria Sylvia Zanella Di Pietro, *Direito Administrativo*, 10ª ed., São Paulo, Atlas, 1999, p. 56).

ram de fora da categorização como Administração indireta os casos em que a atividade administrativa é prestada por particulares, 'concessionários de serviços públicos', ou por delegados de função ou ofício público".[31]

Logo, ao se interpretar o § 2º é de se ter em mira que é perfeitamente possível que se aplique a lei para além do que se define (em especial, levando em conta o disposto no Decreto-lei 200) por "órgão", "entidade" e "autoridade", basta que haja exercício de função administrativa.

Apenas o exercício da função administrativa está apto a determinar a incidência da LPAF, juízo que não pode ser suplantado por qualquer consideração de ordem subjetiva.

Tanto é assim que, mesmo além do aparato da Administração, quer direta, quer indireta, aplicam-se as disposições da Lei, como bem se lê no § 1º, que fixa a incidência dos seus dispositivos no âmbito do Legislativo e Judiciário quando a função que se está a desenvolver é administrativa. A prescrição do parágrafo anterior é clara ao sufragar as alegações vestibulares.

Cabe, enfim, analisar brevemente os conceitos dos incisos do § 2º e seu sentido em relação ao processo administrativo como entidade autônoma, atentos à advertência feita ao longo deste tópico de que estes critérios são auxiliares, contudo não têm aptidão de definir, por si, quando a relação deve se dar sob o influxo do processo e das regras a ele inerentes.

"Órgãos" (inciso I), como assinala a unanimidade da doutrina, são apêndices de pessoas jurídicas que integram a Administração Pública[32] que não possuem personalidade jurídica própria. Assim, é característica essencial do órgão não possuir personalidade jurídica própria. O que identifica o órgão é o singelo exercício de competências que lhe são outorgadas pela pessoa jurídica à qual ele está jungido – desde, claro, que esta outorga se afigure legítima. Sobre o tema, assinala Celso Antônio Bandeira de Mello: "Os órgãos não passam de simples partições internas da pessoa cuja intimidade integram, isto é, não têm a personalidade jurídica (...). Em síntese, juridicamente falando, não há, em sentido próprio, relação entre órgãos, e muito menos entre eles e outras pessoas, visto que, não tendo personalidade, os órgãos não podem ser sujeitos de direitos e obrigações".[33]

Identifica-se *órgão* em função do exercício de competência (mesmo que seja de julgamento), sem que, no entanto, este exercício possa vir a instaurar uma relação autônoma entre o órgão e quem quer que seja. Tal advertência assume extremo relevo no que toca ao estudo do âmbito do processo administrativo, para que não se incida no vício de supor que a relação processual vincula o órgão propriamente dito. Mesmo que o órgão exerça uma competência decisória, por exemplo nos termos do art. 11 da LPAF,[34] é de se ver que tal fenômeno decor-

31. Celso Antônio Bandeira de Mello, *Curso de Direito Administrativo*, cit., 14ª ed., p. 137.

32. Por vezes, identificam-se os órgãos exclusivamente como produto da desconcentração efetuada dentro do seio da Administração Pública direta, sendo este fenômeno estranho à Administração indireta. É neste sentido o magistério abalizado de Maria Sylvia Zanella Di Pietro: "Compõem a Administração Pública, em sentido subjetivo, todos os órgãos integrantes das pessoas jurídicas políticas (União, Estados, Municípios e Distrito Federal) aos quais a lei confere o exercício de funções administrativas. São os órgãos da Administração direta do Estado" (*Direito administrativo*, cit., 10ª ed., p. 56). Com a escusa do entendimento transcrito, crê-se nada obstar a que o fenômeno se dê no bojo da Administração indireta, nada vedando que seus integrantes deleguem funções dentro da estrutura, com vistas a melhor atender às suas finalidades. Neste sentido, pertinente a alusão de órgãos integrantes da Administração indireta. Parece ser, inclusive, este o espírito da Lei 9.784/1999, que identifica órgãos tanto no bojo da Administração direta quanto indireta.

33. Celso Antônio Bandeira de Mello, *Curso de Direito Administrativo*, cit., 14ª ed., pp. 122-123.

34. "Art. 11. A competência é irrenunciável e se exerce pelos órgãos administrativos a que foi

re de uma partição interna de competências, e não autoriza a suposição de haver relação entre o órgão e quem quer que seja. Neste caso, o órgão será incumbido da tramitação do processo, contudo o provimento final a ser exarado não sujeita o órgão a nada, e sim vincula a entidade efetivamente dotada de personalidade.

A relação vincula o ente efetivamente dotado de personalidade ao qual o órgão está sujeito. Os órgãos têm relevo para a lei na medida em que, nada obstante não sejam parte da relação processual, eles são focos de competência. Além da possibilidade de haver órgãos com competências decisórias, eles podem ser chamados a participar da prática de certos atos processuais sem, contudo, assumir a condição de parte (pois não estão vinculados ao provimento final). Neste sentido, temos o exemplo, *v.g.*, de pareceres que devem ser exarados para a instrução do processo, dentre outros exemplos que podem ser colhidos da LPAF.[35]

"Entidades" (inciso II), para fins da LPAF, são todos os entes que exercem função administrativa – *unidade de atuação* (em regime de prerrogativas e sujeições) –, *dotados de personalidade jurídica própria.* Como avulta com clareza da análise dos dispositivos em análise, distinguem-se os *órgãos* das *entidades* em face da presença, ou não, de personalidade jurídica. Acresça-se a isto que é irrelevante para fins de determinar a incidência, ou não, de regras de processo administrativo que a personalidade seja de direito público, pois nos casos em que se estiver diante de pessoa de direito privado que esteja fazendo as vezes do Estado devem incidir tais normas no que houver exercício de função administrativa. Veja-se, com isto, que estão a ser rompidos os cânones do Decreto-lei 200/1967, por não se adotar o critério de Administração direta ou indireta (como se faz tradicionalmente), e sim vincular à relação processual as entidades dotadas de personalidade própria.

Nos casos onde haja personalidade jurídica própria a relação processual se estabelece diretamente com a entidade, que age em nome próprio e responde, portanto, por seus atos.

Por fim, "autoridade" (inciso III) é conceito que vem vincular os agentes que desempenham em concreto a função pública, haja vista as pessoas morais não agirem concretamente, senão por meio de pessoas naturais que dão ânimo às previsões abstratas que estruturam as personalidades advindas da razão legal.[36] Novamente, o critério é de auxílio, na medida em que mesmo sem as autoridades integrarem diretamente o processo administrativo devem dele participar, por vezes. Assim, não estão indenes da aplicação da lei, naquilo que lhes for pertinente, as autoridades, quando chamadas a participar da relação processual administrativa.

O que importa concluir da análise da classificação imposta pela LPAF é que mais importante que tentar determinar seu âmbito de incidência, com fulcro na classificação proposta, é notar que o critério que go-

atribuída como própria, salvo os casos de delegação e avocação legalmente admitidos."

35. A título meramente exemplificativo, é possível consultar os seguintes artigos: "Art. 35. Quando necessária à instrução do processo, a *audiência de outros órgãos* ou entidades administrativas poderá ser realizada em reunião conjunta, com a participação de titulares ou representantes dos órgãos competentes, lavrando-se a respectiva ata, a ser juntada aos autos"; "Art. 42. Quando *deva ser obrigatoriamente ouvido um órgão consultivo*, o parecer deverá ser emitido no prazo máximo de 15 (quinze) dias, salvo norma especial ou comprovada necessidade de maior prazo" (grifamos) – dentre outros que fixam a participação de órgãos no correr do processo.

36. Neste ponto é de se destacar a crítica de José dos Santos Carvalho Filho (*Processo Administrativo Federal – Comentários à Lei 9.784, de 29.1.1999*, cit., pp. 47 e 48 e ss.), que prefere a dicção "agentes públicos", que seria gênero. Parece-nos, contudo, que a dicção "autoridade", por ter assento constitucional (art. 5º, LXIX), não padece de qualquer imprecisão digna de crítica.

verna sua aplicação (em especial, no que toca a processo propriamente dito) é o desempenho de função público sob o influxo do regime jurídico administrativo (prerrogativas e sugestões). Os conceitos postos em elenco são instrumentais e não bastam, por si sós, para definir a incidência, ou não, das normas de processo contidas na lei; é a dignidade constitucional do instituto que não permite o reducionismo de se tomar a classificação como essência.

5. Conclusões pontuais

A análise do art. 1º da LPAF, como se tentou demonstrar, rende ensejo a vastas considerações acerca do tema "processo administrativo". De algumas delas buscou-se tratar com minudência, outras apenas ficaram indicadas ou sugeridas, em nome da delimitação proposta. O que é de se ter por definitivo é que nada do conteúdo apresentado está indene de crítica; o objetivo único era lançar algumas reflexões críticas acerca do tema "processo administrativo", que está a merecer maiores atenções.

Contudo, a bem da operacionalidade e da ampla possibilidade de sindicância, faz-se necessário apresentar um arremate para a discussão proposta. Seguindo a linha metodológica adotada, que reclama análise crítica das propostas apresentadas, melhor será fazer uma recolha dos pontos defendidos que se arvorar de proposições que incidam no vezo de pretender a perenidade.

Em rasa síntese, reduz-se o texto aos seguintes pontos de discussão:

5.1 Contraditório e *ampla defesa* são garantias fundamentais que sujeitam todo o exercício do poder estatal (funções executiva, legislativa e judiciária) à sua irrestrita observância.

5.2 Tal garantia é una em todos os quadrantes da Federação, devendo ser ofertado integralmente o devido processo legal toda vez que a Constituição o impuser como necessário à prática de atos estatais.

5.3 "Processo" e "procedimento", no que toca ao exercício de função administrativa, são conceitos distintos em face da Constituição, sendo modos absolutamente diferentes de desempenhar/concretizar as competências conferidas à Administração.

5.4 Processo, por injunção constitucional, vincula-se à noção de conflituosidade, que, se e quando verificada, predica o contraditório e a ampla defesa, agregando necessariamente a participação do interessado para a prática do ato que institucionalmente compõe o conflito.

5.5 Procedimento, ao seu turno, indica a maneira como se irá concretizar a possibilidade de agir outorgada abstratamente por uma competência previamente delimitada, circunscrevendo o agir da Administração dentro de uma pauta racional e, pois, controlável.

5.6 Nos termos da Constituição Federal, "processo" e "procedimento" são realidades inconfundíveis. Pensar de modo diverso seria anular a inteligências da norma que atribui exclusivamente à União legislar sobre processo.

5.7 As normas de processo vertidas na LPAF (enquanto normas que se vinculam a compor conflitos tratando de contraditório e ampla defesa) devem ser aplicadas para além da esfera federal, valendo para o Distrito Federal, Estados e Municípios também.

5.8 Já, as normas que se referem a procedimento, que não cuidem do devido processo legal, têm sua aplicabilidade restrita ao âmbito federal. apenas.

5.9 É o exercício por parte da União da sua competência privativa para legislar sobre processo que vincula a aplicação direta da Lei 9.784/1999 em todos os níveis da Administração Pública.

5.10 O critério que governa a aplicação da lei é material e vincula-se ao exercício de função administrativa voltada a surtir efeitos no patrimônio jurídico dos cidadãos e independe da adoção de critérios subjetivos ou orgânicos.

GRÁFICA PAYM
Tel. (011) 4392-3344
paym@terra.com.br